"十四五"国家重点出版物出版规划项目

国家社会科学基金重大项目结项成果

国家出版基金项目
NATIONAL PUBLICATION FOUNDATION

# 百年中国古籍整理与古文献学科发展研究

总主编◎周少川

## 第一卷

## 古籍整理与古文献学的初兴
## （1911—1949）

本卷主编◎牛润珍　杨翔宇

中国社会科学出版社

**图书在版编目（CIP）数据**

百年中国古籍整理与古文献学科发展研究 ：全五卷 /
周少川总主编. -- 北京 ：中国社会科学出版社，2024.
11. -- ISBN 978-7-5227-4217-5

Ⅰ . G256.1

中国国家版本馆 CIP 数据核字第 2024NC6251 号

| | | |
|---|---|---|
| 出 版 人 | 赵剑英 | |
| 责任编辑 | 李凯凯　涂世斌　鲍有情　单　钊 | |
| 责任校对 | 赵雪姣 | |
| 责任印制 | 李寡寡 | |

| | | |
|---|---|---|
| 出　　　版 | 中国社会科学出版社 | |
| 社　　　址 | 北京鼓楼西大街甲 158 号 | |
| 邮　　　编 | 100720 | |
| 网　　　址 | http://www.csspw.cn | |
| 发 行 部 | 010-84083685 | |
| 门 市 部 | 010-84029450 | |
| 经　　　销 | 新华书店及其他书店 | |

| | | |
|---|---|---|
| 印刷装订 | 北京君升印刷有限公司 | |
| 版　　　次 | 2024 年 11 月第 1 版 | |
| 印　　　次 | 2024 年 11 月第 1 次印刷 | |

| | | |
|---|---|---|
| 开　　　本 | 710×1000　1/16 | |
| 印　　　张 | 266.75 | |
| 字　　　数 | 3706 千字 | |
| 定　　　价 | 980.00 元(全五卷) | |

凡购买中国社会科学出版社图书，如有质量问题请与本社营销中心联系调换
电话：010-84083683

# 总　序

中国是历史悠久的文明古国，中华文明能够持续传承数千年而不中断，其中一个非常重要的原因，就是拥有承载中华文明的浩如烟海的典籍，其保存至今仍有约 20 万种，5000 余万册。中国古籍是中华文明绵延五千多年从不间断的历史依据。在漫长的历史进程中，中国古籍发挥了积累传播知识、嬗递文化传统、保存精神财富的巨大作用，它们和其他众多历史文物一起，在世界文明体系中创造了辉煌的中华文明。

## 一

英国的李约瑟博士在《中国科学技术史》中写道："也许不用多说，中国所能提供的古代原始资料比任何其他东方国家，也确实比大多数西方国家都要丰富。"[①] 中国不仅拥有大量古代典籍，中华民族还具有高度重视整理传承前代典籍的优良传统。

中国古代的古籍整理可以追溯到春秋时期孔子对于"六经"的整理。白寿彝先生曾经把中国古代的典籍整理史总结为由不自觉到自觉再到提升的三个飞跃。他认为"孔子是第一个整理古籍的"，不过和司马迁一样，他们整理古籍都有自己的目的。孔子整理"六经"

---

① ［英］李约瑟：《中国科学技术史》第一卷《导论》，科学出版社、上海古籍出版社1990 年版，第 74 页。

是为了讲学，司马迁整理古籍是为了撰史，因此"他们都还不是自觉地要整理古籍"。西汉末年的刘向父子校理群书，"这可以说是比较自觉地进行整理古籍的工作"，到了唐代刘知幾写《史通》、清代章学诚写《文史通义》，他们不仅能利用古书中的材料，还能"就古籍的本身进行研究，作出评价，并指出如何写书，采取什么形式。这可以说是整理古籍的第三次飞跃"①。可以说，刘知幾、章学诚的古籍整理和评论已经带有文献学研究的性质了。

中国古代的典籍整理到了清代，达到鼎盛。诚如张舜徽先生所言："清代朴学大兴，以考证名家的学者，风起云涌。研究经、史、诸子，各号专门。有的人穷毕生精力以治一书，从校勘文字，以至疏释全书，投下了不少劳动，这对整理文献来说，是有很大贡献的。"②清代汉学兴起以后，学者们以经学为中心，兼及小学、史学、地理、天文、历算、金石和诸子百家，对中国几千年来的典籍进行大规模的整理。以经学为例，首先，出现了大量的新注新疏。清人遍注群经，"十三经"皆有新疏新解。章太炎在他的《訄书·清儒第十二》中条列了他认为较好的清人解经新疏，如惠栋《周易述》、江声《尚书集注音疏》、陈奂《毛诗传疏》、孙诒让《周礼正义》、胡培翚《仪礼正义》、刘文淇《左传正义》等15种。有的学者对一部经书就作出多种疏解，如焦循即有《易通释》《易图略》《易章句》等"易学三书"。其次，清人重视汉学，故有不少整理成果是对汉人经说的发覆。如张惠言对虞翻易学的钩稽考证便有《周易虞氏义》《周易虞氏消息》等5种。再次，关于经书的辨伪考辨成果。如关于《古文尚书》的辨伪，有阎若璩作《尚书古文疏证》，以一百多条证据论述《古文尚书》的矛盾；其后又有惠栋《古文尚书考》、丁晏《尚书余

---

① 白寿彝：《古籍整理与通史编纂》，载《白寿彝文集·中国史学史论》，河南大学出版社2008年版，第157页。

② 张舜徽：《中国文献学》第九编《清代考证学家整理文献的业绩》，中州书画社1982年版，第281页。

论》、段玉裁《古文尚书撰异》等进一步论证，使《古文尚书》之伪成为定论。易学方面则有胡渭作《易图明辨》，引经据古，以有力证据揭穿宋人制造河图洛书等易图的荒谬。考证方面比较突出的有关于《周礼》《仪礼》的许多专题考据。如沈彤《周官禄田考》、王鸣盛《周礼军赋说》、戴震《考工记图注》、段玉裁《仪礼汉读考》、洪颐煊《礼经宫室答问》、程瑶田《丧服文足征记》等。清人对历代经学著作进行辑佚，数量也很可观。最后，清人还重视对各种经学著作的整理汇编工作。如由纳兰性德刊刻的《通志堂经解》收清以前解经著作 146 种，共 1860 卷；阮元主持编纂的《皇清经解》收清乾嘉以前的经学著作 185 种，达 1800 卷；王先谦主持编纂的《皇清经解续编》则收录清后期经学著作 206 种，计 1430 卷。仅以此三部经解丛书而论，所收解经著作则已达 537 种。与经部密切相关的小学类典籍，则由于清代学者的发扬光大而蔚为大观，发展成独立的文字学、音韵学和训诂学等专学。其中小学类典籍整理最多的应属《说文解字》，有学者统计，清代关于《说文解字》的整理成果就有 300 多种。①

清代对于史学典籍的整理也包括校勘、注释、补遗、辑佚等多项工作。大量的校注考补工作是针对二十四史进行的，比如张文虎《史记札记》、惠栋《后汉书补注》、王念孙《读〈汉书〉〈后汉书〉杂志》，钱大昭对《汉书》《后汉书》《三国志》的辨疑，李慈铭对《汉书》等七部正史的札记，还有王先谦《汉书补注》、杭世骏《三国志补注》、彭元瑞《五代史补注》等，不胜枚举。补遗工作主要集中在补正史之表志，这些成果多收于《二十五史补编》之中，其中以补艺文志、经籍志为多，达 40 余种，凡正史中缺艺文志或经籍志者皆有补作，有的一书所补艺文志达数种。又以补夏辽金元艺文志者为多，如王仁俊《西夏艺文志》、厉鹗等人《补辽史经籍志》4 种、

---

① 郭在贻：《〈说文段注〉与汉语词汇研究》，《社会科学战线》1978 年第 3 期。

杭世骏《补金史艺文志》4 种、钱大昕等人《补元史艺文志》2 种，又有吴骞《四朝经籍志补》、黄虞稷与卢文弨《补辽金元艺文志》、金门诏《补三史艺文志》。清代对古籍的辑佚整理无论官私皆有很大成绩，比如乾隆时官修《四库全书》就从《永乐大典》中辑出佚书516 种，其中史部 79 种，包括《旧五代史》150 卷、《建炎以来系年要录》200 卷等著名史籍。私人辑佚的史书也不少，如章宗源所辑《古史考》《汉官仪》《南越志》等，孙星衍所辑《括地志》，汪文台所辑《七家后汉书》，张澍所辑《世本》《帝王世纪》，徐松所辑《宋会要辑稿》，汤球所辑《晋书》《十六国春秋》等。清人的辑佚工作，使许多散佚的重要史籍恢复了部分内容，有的甚至基本恢复了原貌，以供学界使用。至于清人对史书的考证，则以王鸣盛《十七史商榷》、钱大昕《廿二史考异》和赵翼《廿二史札记》三家最为著名。

关于子部典籍，梁启超认为正是清人的校勘整理工作，推动了先秦诸子学研究的发展。他说："晚清'先秦诸子学'之复活，实为思想解放一大关键。此种结果，原为乾嘉派学者所不及料，然非经诸君下一番极枯燥、极麻烦的校勘工夫，则如《墨子》《管子》一类书，并文句亦不能索解，遑论其中所含义理。所以清儒这部分工作，我们不能不竭诚感谢。"① 清代学者的典籍整理，纠正了古籍在流传过程中的许多错误，补充了诸多遗漏，保证了中华传统文化更为完整地传承与发展；此外，他们还通过典籍整理，为许多学科的发展提供了新的资料、新的活力和新的思路，促进了经学、史学、小学以及金石、天文历算等学科在清代的飞速发展，这是清代典籍整理所产生的直接效果。

清代学者对历代典籍系统整理的实践，不仅实现了对我国传统文

① 梁启超：《中国近三百年学术史》，载汤志钧、汤仁泽编《梁启超全集》第十二集，中国人民大学出版社 2018 年版，第 526 页。

化的全面总结，而且还有另一层重要意义，就是在整理过程中，一并推动了目录、版本、校勘、辨伪、辑佚、注释等各项文献学专学的不断进步，使之从典籍整理的一般方法和手段，逐步积累了法则和成例，奠定了专学的基础。以清代的校勘学为例，其发展有几个突出的表现。一是清人遍校群书，有些重要的典籍经多人多次校勘，校勘已成为一种普遍的风气，成为整理典籍和治学的基础。清代考据学的成就，首先依靠校勘来发现问题，所以梁启超说："校勘之学，为清儒所特擅，其得力处真能发蒙振落。"① 二是清代校勘学涌现出大批名家，如何焯、惠栋、卢文弨、钱大昕、戴震、王念孙、顾广圻、俞樾等。仅张之洞的《国朝著述诸家姓名略》中就记载校勘专家 31 人，其实并不止这些，许多学者通过校勘作出了大学问。三是留下了许多重要成果，如何焯《义门读书记》、卢文弨《群书拾补》、阮元《十三经注疏校勘记》、顾广圻《思适斋集》、王念孙《读书杂志》、王引之《经义述闻》、俞樾《古书疑义举例》，等等。由此总结了一些宝贵的校勘经验，其中王念孙、王引之父子和俞樾大量总结了古书的致误通例；而关于校勘的目标和方法，顾广圻提出"以不校校之"，段玉裁则提出"欲定其一是"的不同观点。

概言之，清代以其整理群书的辉煌成就和古文献学研究的精湛方法，为此后一百年的古籍整理事业和古文献学的发展，奠定了雄厚的基础，提供了丰富的经验。清代典籍整理和古文献研究的成就昭示后人，典籍整理和古文献研究是推动文化进步的重要手段，不仅在中国如此，对整个人类文明的发展进程来说也是如此。

## 二

20 世纪初叶，中国的社会和文化发生巨大的改变，随着新文化

---

① 梁启超：《中国近三百年学术史》，载汤志钧、汤仁泽编《梁启超全集》第十二集，第507 页。

运动和白话文的兴起，具有现代意义和范式的古籍整理工作在1911年以后逐渐展开。此前，中国历代虽然也有整理以往典籍的历史，特别是清代的典籍整理更是取得了丰硕的成果，然而自1911年迄今的古籍整理运动，却是一场在语言文字、整理方式、诠释理念，及其所赋予的时代精神等方面，都和以往完全不同的文化运动。尤其在1981年9月17日，中共中央专门发布了《关于整理我国古籍的指示》，在文件中郑重指出："整理古籍，把祖国宝贵的文化遗产继承下来，是一项十分重要的、关系到子孙后代的工作。""整理古籍是一件大事，得搞上百年。"① 极大地激发了我国学术界、文化界和社会各阶层整理古代典籍、传承发展优秀传统文化的热情，由此带来了古籍整理出版事业大发展的崭新局面，古文献学科也因此得以确立和不断精进。自1911年至2011年这一百年来的古籍整理不仅产生了大量整理成果，为各个历史时期的文化建设提供重要内容，而且还催生了古文献学科。

进入21世纪，随着我国社会主义经济的繁荣和国际地位的不断提升，文化建设越来越成为民族凝聚力和创造力的源泉，成为综合国力竞争的重要因素。为了提高国家文化软实力，丰富全国人民的精神生活，党中央发出"建设社会主义文化强国"的号召，弘扬中华文化和社会主义核心价值观，提高中华文化的国际影响力，从而形成与我国国际地位相称的文化软实力的格局。要发展中华文化，培育民族精神，建设中华民族共有的精神家园，离不开传承发展我国优秀的传统文化。中国古籍是中华民族历史文化的主要载体，只有加强古籍整理工作和古文献学研究，并通过不断的扬弃，才能更好地发掘中华民族丰富的精神文化遗产，使之保持民族性、体现时代性，成为社会主义新文化建设的重要资源。因此，中共中央办公厅、国务院办公厅于

---

① 中共中央：[中发（1981）37号]文件，参见杨牧之主编《古籍整理与出版专家论古籍整理与出版》，凤凰出版社2008年版，第1页。

2022 年 4 月专门发布了《关于推进新时代古籍工作的意见》，对新时代古籍工作的指导思想、发展目标和具体工作，提出了一系列针对性很强的意见，体现了党中央对古籍工作的高度重视。

同时，古籍整理事业和古文献学本身的发展逻辑，也迫切要求总结近三四十年乃至百年间古籍整理事业和古文献学科发展的历史规律。正如清代学者阮元所说："学术盛衰，当于百年前后论升降焉。"① 这是说，学术发展在经过一个长时段之后，应该及时分析其发展脉络和升沉消长的原因。"百年前后"只是一个概说，不过现当代的古籍整理和古文献学发展，自 1911 年至 2011 年本书立项，恰好是一个百年阶段。及时回顾百年间古籍整理和古文献学发展的历史，探索其演进路径和动力机制，总结其丰硕成果和理论结晶，用以指导不断发展的古籍整理工作和古文献学科的建设，是非常必要和及时的。以上社会发展和学术文化自身发展的需求，正是本书所研究的重大课题的背景和缘由。

百年中国古籍整理和古文献学科发展这一重大课题的研究，对于传承发展中华优秀传统文化，对于学科建设和学术创新具有重要的理论价值和实践意义。

第一，本书以学术史的形式，梳理百年来中国古籍整理与古文献学科的发展历程，廓清主要史实，展示古籍整理与古文献学研究的辉煌成就。不仅可以为相关专业的研究者提供一部探索百年专业发展脉络、汲取前贤研究成果的学术专史，也可弥补以往中国现代学术史在本领域研究的不足，具有重要的学术价值。

中国古籍浩如烟海，中国古籍整理的历史源远流长，从春秋时期的孔子到清代学者，绵延不绝。历朝历代都将整理以往的典籍作为传承文化、继往开来的重要途径，投入大量人力物力，成就显著、影响

---

① （清）阮元：《十驾斋养新录序》，载（清）钱大昕《十驾斋养新录》卷首，上海书店 1983 年版。

深刻，这些都曾得到具体而深入的研究和总结。辛亥革命以后，推翻封建帝制，中国进入近现代社会，思想文化焕然一新。自 1911 年以来，古籍整理和古文献学研究不仅具有完全不同于以往的文化意义，而且研究范围和视野扩大。在现当代科技发展的推动下，研究手法不断更新，研究队伍不断壮大，涌现了罗振玉、王国维、梁启超、胡适、张元济、陈垣、郭沫若、顾颉刚、王重民、白寿彝、张舜徽等一大批大家名家。百年间古籍整理工作与古文献学科相互影响，相得益彰，其阶段性发展历程和丰硕成果理应得到全面阐述和深刻总结，以载入青史，昭示后人。

第二，通过本书的研究，总结和提炼百年古籍整理的新方法和理论成果，将有助于古籍整理工作的理论建设与方法创新，对于不断提升 21 世纪古籍整理的学术质量具有重要的理论价值和实践意义。

百年来的古籍整理在总结前人方法和技巧的基础上，创新了标点、今译、外译、评注、导读等多种形式，为传统文化的现代表达积累了丰富的经验。在出版技术上，由石印、胶印到缩微胶片，再到古籍的数字化、网络化和由人工智能参与的古籍整理，日新月异的科技手段，赋予古籍整理革命性的飞跃发展。另外，随着百年中国社会的巨变，古籍整理的目的已从单纯的整理国故，上升到推陈出新、为民族复兴提供文化资源的高度。百年整理古籍的实践经验也为各种古籍整理形式的法则和规范积累了学理标准和通例。本书的研究成果将通过系统的方法论提炼和理论总结，为 21 世纪古籍整理事业的整体发展和理论建设奠定更为坚实的基础。

第三，本书对古文献学科的历史总结及理论、方法的探索，将有助于进一步明确古文献学科的学科定位和发展方向，促进古文献学科建设的不断完善，推动古文献学研究的繁荣发展。

正如白寿彝先生所指出的，历史文献学是一门既古老而又年轻的学科。古文献的整理研究历史悠久，然而古文献学是在 20 世纪 80 年代才最终得以确立的。因此古文献学的学科理论还很薄弱，学科体系还不够完善，许多古文献学教材中对于本学科的学科定位以及分支学科的阐述莫衷一是，比较混乱，甚至对于学科建设的内涵也没有清楚的认识。习近平总书记提出，要建设中国哲学社会科学的学科体系、学术体系和话语体系。因此，有必要通过本书的研究，考察百年来古文献学研究实践的成果，从理论上探讨总结该学科的深层理念、研究对象、学科体系，以及本学科亟须完善的其他理论问题，真正落实好习近平总书记提出的关于建设中国哲学社会科学"三大体系"的指示，不断推进本学科的学科建设。

第四，本书的研究还结合国家文化发展战略的现实需要，深刻阐明古籍整理与古文献学研究在当代文化建设中的重要作用，以及发挥这些作用的途径与目标，并把握古籍整理与古文献学的发展趋势和特点，提出一系列为迎接文化发展新挑战的前瞻性、科学性应对策略。

党的十八大以来，以习近平同志为核心的党中央高度重视传承发展中华优秀传统文化，习近平总书记就此发表了一系列重要讲话，阐发了许多新思想和新观点，提出在传承发展中华优秀传统文化时要坚持创造性转化和创新性发展的"双创"方针。古籍是传统文化的重要载体，而古籍整理是传承、发展中华优秀传统文化的基础工程和重要途径，对于延续和发展中华文明，实现中华民族伟大复兴的"中国梦"有着重要的作用。因此，习近平总书记号召要让"书写在古籍里的文字活起来"，国家近年已经实施了保护古籍的十年计划，目前也正在进行古籍整理出版的"十四五"规划。古籍整理与古文献学科建设如何更好地落实"双创"方针，服务国家文化发展战略的需要，任重而道远。本书针对现实文化需求提出的理论分析和科学对策，将进一步引起社会各界对古籍整理事业和古文献学科建设的重视，这对于更好地落实《关于推进新时代古籍工作的意见》，开展古籍整理和古文献学研究的具体工作，促进古籍整理和古文献学在民族复兴的伟大进程中切实有效地发挥作用，具有重要的实践意义。

# 三

20 世纪至今的中国古籍整理运动波澜壮阔，特别是 20 世纪 80 年代党中央号召整理古籍之后，古籍整理和古文献学科的建设取得了举世瞩目的成就。国内外对这一领域的学术史研究和总结，大致有以下几个方面的成果。

## （一）古籍整理与古文献学的历史和成就回顾

这一专题的探讨有几种情况：一是较多地集中于对新中国古籍整理事业和成绩的回顾，如对近 10 年、近 30 年、近 50 年古籍整理工作的讨论，甚至是对近六七十年整理成就的总概括。其中较突出的是杨牧之的长篇论文《新中国古籍整理出版工作的回顾和展望》①，该文从几个角度论述了新中国成立后 50 年间古籍整理出版的历史进程和显著成就，如数量大幅增加、学术质量提高、选题范围扩大、人才培养和总体规划等，并对古籍整理出版工作面临的任务提出要求与希望，是一篇分析较为全面、数据可靠，对古籍整理出版形势和任务分析有深刻见解的论文。顾青《近十年古籍出版工作述评》② 总结了最近十年古籍整理出版的经验、成就、特点及不足，并指出古籍整理工作在新时代肩负的重大责任。卢有泉《新中国 60 年古籍整理与出版》③ 不仅回顾了中华人民共和国成立 60 年间古籍整理出版的成就，还着重讨论了古籍整理出版的大众化及与新媒介的关系等问题。

二是对 20 世纪这一长时段的古籍整理工作的讨论。这方面的论著不多，已见有徐梓《二十世纪古籍整理工作的成就及今后的发

<hr/>

① 杨牧之：《新中国古籍整理出版工作的回顾和展望》，《古籍整理出版工作简报》2003 年第 9—10 期。
② 顾青：《近十年古籍出版工作述评》，《中国出版史研究》2018 年第 1 期。
③ 卢有泉：《新中国 60 年古籍整理与出版》，《编辑之友》2009 年第 10 期。

展趋向》①，该文较为宏观地梳理 20 世纪古籍整理的成就，重点讨论了 20 世纪 80 年代以后人才培养、古籍今译及一些大工程的情况，对今后的发展趋势如计算机的运用、重大工程及其他古籍整理的查漏补缺提出建议。黄永年《百年来的中国古文献研究》② 从领域的扩展、辨伪、校勘理论与成果、注释的新格局、标点和索引、版本鉴定成就六个方面论述了 20 世纪古文献研究领域的成果，作者认为这些方面是该领域有突破性的重大成就。王子今的专著《20 世纪中国历史文献研究》③ 重点在于讨论 20 世纪对古文献的利用和研究，书中也兼及 20 世纪的古籍辨伪、辑佚和汇编等，但这些方面讨论的内容不多。

三是对民国时期古籍整理工作的讨论，这方面的论文较少，除本书作者杨翔宇发表的论文，仅见傅振伦《民国时期国内古籍整理述略》④ 一文，该文从古籍重印、古籍编目、善本书志、对《四库总目》的整理、编刊工具书、专题史料整理等几方面扼要叙述了民国时期古籍整理的一些成果，但缺漏颇多，如比较零碎和简略，未做系统的学术史评述。此外对于民国时期重要的古籍出版单位也有一些专文研究，如齐琳、刘萌所撰硕士学位论文分别以中华书局和商务印书馆在民国时期的古籍出版工作为对象，分析了其出版工作的历程、理念及贡献等。另在一些文献学著作、教材中也不同程度涉及 20 世纪文献整理的成果。如王余光《中国文献史》⑤ 第四章第七节 "近代文献整理的理论与实践"；张家璠、黄宝权《中国历史文献学》⑥ 第十章第二节叙述了近代文献整理的工作与成就；李修生、龙德寿主编

---

① 徐梓：《二十世纪古籍整理工作的成就及今后的发展趋向》，载中国历史文献研究会编《中国历史文献研究会第 26 届年会论文集》，2005 年。

② 黄永年：《百年来的中国古文献研究》，载王元化主编《学术集林》第 17 卷，上海远东出版社 2000 年版，第 98—151 页。

③ 王子今：《20 世纪中国历史文献研究》，清华大学出版社 2002 年版。

④ 傅振伦：《民国时期国内古籍整理述略》，《古籍整理研究学刊》1986 年第 1 期。

⑤ 王余光：《中国文献史》（第一卷），武汉大学出版社 1993 年版。

⑥ 张家璠、黄宝权主编：《中国历史文献学》，广西师范大学出版社 1989 年版。

《古籍整理与传统文化》① 第四章和第五章分别论述了民国与新中国
成立后的古籍整理事业，针对民国时期重点关注王国维、鲁迅、陈垣
等人在古籍整理上的贡献，针对新中国时期首先划分阶段进行考察，
其次则专门论述少数民族古籍整理工作。谢玉杰、王继光主编《中
国历史文献学》②，杨燕起、高国抗主编《中国历史文献学》（修订
本)③，黄爱平主编《中国历史文献学》④ 等，都有一些章节涉及民国
的古籍整理和古文献学研究。

### （二）编制书目以记录古籍整理出版的成果

目前记录古籍整理出版的目录主要有 4 种。第一种是《古籍目
录》，国家出版局版本图书馆编纂，1980 年出版，著录 1949—1976
年整理出版的古籍 2336 种；第二种是《古籍整理编目》，古籍整理
出版规划小组编纂，1981 年出版，著录 1949—1981 年整理出版的古
籍 2600 多种；第三种是《古籍整理图书目录》，同样由上述机构组
织编纂，1992 年出版，著录 1949—1991 年整理出版的古籍 6563 种；
第四种是《新中国古籍整理图书总目录》，杨牧之主编，2007 年出
版，著录 1949—2003 年整理出版的古籍 17000 余条，删除因一书多
版的重复著录，收录的古籍整理成果超过万种。上述目录反映了
1949—2003 年 50 余年古籍整理出版的基本成就。

### （三）对古籍整理的具体工作、整理方法与特点的讨论

黄义侠《近 50 年来古籍整理出版的特色》⑤ 分析了新中国古籍
整理出版注重底本和校勘、网罗全面、形式多样、重点突出、讲求质

---

① 李修生、龙德寿主编：《古籍整理与传统文化》，辽宁大学出版社 1991 年版。
② 谢玉杰、王继光主编：《中国历史文献学》，民族出版社 1999 年版。
③ 杨燕起、高国抗主编：《中国历史文献学》（修订本），北京图书馆出版社 2003 年版。
④ 黄爱平主编：《中国历史文献学》，中国人民大学出版社 2010 年版。
⑤ 黄义侠：《近 50 年来古籍整理出版之特色》，《农业图书情报学刊》2007 年第 1 期。

量、地方色彩突出等几个方面的特点。杨牧之主编《古籍整理与出版专家论古籍整理与出版》，选辑了历年在《古籍整理出版情况简报》上发表的文章136篇，分几个专题，讨论了古籍整理出版的作用、具体业务的建议、人才培养、存在问题等，是研究古籍整理具体问题的一部集大成的文集。其中如黄润华《民族文字古籍整理管见》，指出加强整理少数民族文字古籍的必要性，并提出进行普查、编制联合目录、及时开展整理等措施。黄龙祥《建国以来古医籍整理若干问题的初步考察》，指出在古医籍整理上存在的妄改、妄删和排印方法、校勘方法的失误。程毅中《对于校勘工作的一些意见》，针对文学古籍整理存在的一些校勘问题提出商榷，指出有些校勘异文出校太多，流于琐碎；有的因不认识异体字或假借字而出校，不仅多余还暴露了知识缺陷；并提倡校勘应有所选择、有所判断，不宜局限于校异同。崔文印《关于古书今译的若干断想》，则探讨了古籍今译中直译、意译、神译三种类型，指出古籍今译的基本要求是"信"，则忠实于原文，在"信"的基础上如能传神和有意境，就更为佳善了。① 2012 年出版的《古典文献学理论探索与古籍整理方法研究》是中央民族大学主办的同名学术研讨会的论文集，其中有不少文章也涉及古籍整理方法问题，尤其是针对少数民族古籍的整理。如徐丽华《论藏文古籍整理中的几个问题》指出了藏文古籍书名、作者的特别之处及汉译常见的问题，胡建设《彝文古籍文献翻译规范性问题述略》梳理了彝文古籍翻译的历史，并提出翻译中需要注意的全局意识、音译、识读与断句、翻编形式、"信达雅"之争等问题，这些文章对进一步开展少数民族古籍整理工作有重要价值。②

---

① 以上所述各篇分别见杨牧之主编《古籍整理与出版专家论古籍整理与出版》，凤凰出版社 2008 年版，第 119、380、426、466 页。

② 以上两篇分别见朱崇先主编《古典文献学理论探索与古籍整理方法研究》，民族出版社 2013 年版，第 90—100、111—121 页。

### （四）对 20 世纪古文献学研究与学科建设的总结和发展前瞻

全面回顾和讨论 20 世纪古文献学科建设的论著并不多，但有一些论文是从讨论现代文献学的角度兼涉古文献学研究的，如王余光《20 世纪中国文献学研究综述》①、李伟超《20 世纪中国文献学回顾》② 等。周国林《二十世纪中国古文献学检论》③，探讨了古文献学的"名"与"义"，论述 20 世纪古文献学的起点、阶段性发展、基本队伍、规划和基本走向。不过，他谈的是古文献整理和研究，并未涉及古文献学科的研究和建设。周少川《中国历史文献学学科建设的思考》④《当前历史文献学学科建设刍议》⑤ 则对 20 世纪 20 年代开始的古文献学科建设作出了宏观梳理，分析了学科建设的内涵和三个层面，指出古文献学研究脱离其他学科、脱离社会实际等不足，同时对 21 世纪古文献学的发展提出了建议。有些论文对特定时段的文献学研究加以总结，如蒋宗福《新时期中国文献学研究综述（1978—2005）》⑥ 总结了改革开放后 20 余年内文献学学科、主要分支学科、文献学理论、文献学史等领域内取得的丰硕成就，并指出了学科发展思考方面的新进展。周生杰、杨瑞《改革开放四十年古典文献学研究成果综述》⑦ 以古典文献学为名，从文献学史、学科性质、文献学家个案、相关学科等方面总结了改革开放以来 40 年的古文献学研究

---

① 王余光：《20 世纪中国文献学研究综论》，《图书情报工作》2002 年第 11 期。
② 李伟超：《20 世纪中国文献学回顾》，《情报资料工作》2002 年第 5 期。
③ 周国林：《二十世纪中国古文献学检论》，《淮北煤炭师范学院学报》（哲学社会科学版）2006 年第 4 期。
④ 周少川、陈晓华：《中国历史文献学学科建设的思考》，《历史文献研究》总第 22 辑，华中师范大学出版社 2003 年版，第 1—8 页。
⑤ 周少川：《当前历史文献学学科建设刍议》，《淮北师范大学学报》（哲学社会科学版）2012 年第 6 期。
⑥ 蒋宗福：《新时期中国文献学研究综述（1978—2005）》，《绵阳师范学院学报》2006 年第 4 期。
⑦ 周生杰、杨瑞：《改革开放四十年古典文献学研究成果综述》，《中国矿业大学学报》（社会科学版）2018 年第 6 期。

成果，并指出当前研究存在着问题意识不够、理论研究不足等问题。此外，周少川的《新世纪古文献学研究的交叉与综合》①，则对古文献学在未来发展中如何与其他学科结合，拓宽视野，提出了八方面的意见。

除上述对20世纪古文献学整个学科发展的回顾之外，还有一些对古文献学分支学科的讨论，其中比较突出的是曹之、司马朝军《20世纪版本学研究综述》②，文章先从20世纪前后两期总结了版本学的发展，接着分析了20世纪版本学在概念、研究对象、内容、方法和科学地位等方面的理论探讨。彭斐章、付先华《20世纪中国目录学研究的回眸与思考》③ 分两部分，前一部分是对20世纪目录学成就的回顾，认为现今在理论研究、目录学史研究和应用研究上取得了突破性进展；后一部分则指出应从书目控制、情报理论、网络资源管理等方面加强对网络环境下的目录学研究。王锷《二十世纪中国古籍目录研究与实践综述》④ 不仅总结了20世纪目录学研究的成就，还梳理了各类新古籍目录编纂工作的具体成果。刘重来《中国二十世纪文献辨伪学述略》⑤ 将20世纪的辨伪学分为构建、缓慢发展、多元发展三个时期进行考察，重点分析了改革开放后新时期辨伪学多元发展的契机、特点与成就，另外还专辟一节记述了中国港台地区辨伪学的成果与贡献。陈力《二十世纪古籍辨伪学之检讨》⑥ 分析20世纪前半叶和后半叶古籍辨伪学的不同特点，并由此对辨伪的方法与理论加以检讨。曹书杰《中国辑佚学研究百年》⑦ 认为20世纪的辑佚学具有发端、创始、泛化叙介、理性探讨

① 周少川：《新世纪古文献学研究的交叉与综合》，《文献》2010年第3期。
② 曹之、司马朝军：《20世纪版本学研究综述》，《图书与情报》1999年第3期。
③ 彭斐章、付先华：《20世纪中国目录学研究的回眸与思考》，《图书馆论坛》2004年第6期。
④ 王锷：《二十世纪中国古籍目录研究与实践综述》，《图书与情报》2001年第4期。
⑤ 刘重来：《中国二十世纪文献辨伪学述略》，《历史研究》1999年第6期。
⑥ 陈力：《二十世纪古籍辨伪学之检讨》，《文献》2004年第3期。
⑦ 曹书杰：《中国辑佚学研究百年》，《东南学术》2001年第5期。

等阶段性发展特点，并指出 21 世纪的辑佚学应加强在个案、分类、方法和理论方面的研究。在对分支学科的回顾中，也有针对某一时段的专门考察。如裴成发《90 年代以来我国目录学研究述评》①，郝润华、景雪敏《二十世纪九十年代以来版本学研究综述》②，王国强、刘云飞《近十年中国文献辨伪学研究述评》③，等等，这些文章关注特定时段，对整体研究有细化与补充的价值。

### （五）对古籍整理工作和古文献学科的理论总结

20 世纪 80 年代以来，为了适应我国古籍整理事业的繁荣发展，古文献学界相继推出了多种有关古籍整理概论的专著。黄永年《古籍整理概论》④ 是问世较早的一部专著。该书分底本、影印、校勘、辑佚、标点、注译、索引和其他共八章，全面而精要地论述了古籍整理工作各个方面的内容，以及古籍整理自身在方法、工序和相关知识上的特点。来新夏《古籍整理讲义》⑤ 由论分类、论目录、论版本、论句读、论工具、论校勘、论考证、论传注八论组成，分析了整理古籍所需的八种基本技能。刘琳、吴洪泽合著《古籍整理学》⑥ 是第一部提出"古籍整理学"的著作，系统论述了古籍整理学的理论、古籍整理的相关学科、古籍校勘、古籍标点、古籍注释、古籍今译、古籍辑佚、古籍抄纂和古籍整理手段的现代化等问题；在第一章《古籍整理学的理论》中，作者对古籍整理学的研究对象与范围、学科定位、古籍整理的指导思想、古籍整理学相关学科都做了清晰的论述，为古籍整理的理论研究进行了有益的探索。许逸民《古籍整理

① 裴成发：《90 年代以来我国目录学研究述评》，《图书馆学刊》2000 年第 3 期。
② 郝润华、景雪敏：《二十世纪九十年代以来版本学研究综述》，《古籍整理研究学刊》2011 年第 1 期。
③ 王国强、刘云飞：《近十年中国文献辨伪学研究述评》，《图书馆论坛》2015 年第 12 期。
④ 黄永年：《古籍整理概论》，陕西人民出版社 1985 年版。
⑤ 来新夏：《古籍整理讲义》，鹭江出版社 2003 年版。
⑥ 刘琳、吴洪泽：《古籍整理学》，四川大学出版社 2003 年版。

释例》① 是一部着重总结古籍整理工作具体方法、标准与规范的著作，书中运用大量例证对古籍整理的基本方法加以细化分析，对古文献学基本理论问题和古籍数字化等古籍整理新问题也有所讨论与回应。

对于文献学学科理论，则有许多不同的看法。周少川《浅谈建立文献学的理论体系》② 一文从宏观角度指出，古文献学的理论体系包括理论基础及本体论、认识论和方法论四个方面。理论基础是指导古文献学不断发展的方针；本体论主要解决文献本身的问题，如文献的本质和特征、文献的价值和作用、文献的形态与异同等；认识论涉及文献学的研究任务和对象、学科结构、实践意义、发展规律，文献学与传统文化、文献学与当代文化建设等问题，是对文献学活动的价值判断；方法论主要讨论文献学研究的传统方法，对当代科技成果的吸收等。王余光、汪涛、陈幼华《中国文献学理论研究百年概述》③ 一文将 20 世纪中国文献学的理论研究划分为古典文献学、现代文献学、分科文献学和综合文献学四大部分，并指出关于文献学的研究对象、研究内容、学科性质等基本问题仍众说纷纭，分歧较大。谢灼华、朱宁《20 年来我国文献学理论研究综述（1978—1998）》④ 归纳了在文献的概念与属性、文献学学科性质与定位、文献学研究对象与内容等问题上的诸多不同观点。董恩林《关于文献学内涵、体系诸问题的再思考》⑤ 指出造成歧义的根源有三，一是对文献学的研究对象与范围没有确切的界定；二是在界定传统文献学理论诸范畴时，忽

① 许逸民：《古籍整理释例》，中华书局 2011 年版。

② 周少川：《浅谈建立文献学的理论体系》，《历史文献研究》北京新五辑，北京师范大学出版社 1994 年版，第 382—383 页。

③ 王余光、汪涛、陈幼华：《中国文献学理论研究百年概述》，《图书与情报》1999 年第 3 期。

④ 谢灼华、朱宁：《20 年来我国文献学理论研究综述（1978—1998）》，《晋图学刊》1999 年第 3 期。

⑤ 董恩林：《关于文献学内涵、体系诸问题的再思考》，《历史文献研究》总第 27 辑，华东师范大学出版社 2008 年版，第 70—81 页。

略了"文献学"脱胎于"校雠学"这一根本前提；三是古典文献学与现代文献学不分彼此、勿论古今，对历史文献学与古典文献学硬设壁垒。因此他主张区分传统文献学与现代文献学，并指出传统文献学的体系应当以"文献文本整理与利用"为主线开展研究。李明杰、许小燕《中国文献学学科体系的历史演变与现实重建》① 梳理了近代以来文献学学科体系经历了从"校雠学"转为"文献学"的民国时期，以版本学、校勘学、目录学组成的"三位一体"结构的改革开放初期，20 世纪 90 年代至 21 世纪初的"大文献学"时期三个阶段，认为将文献学划分传统文献学和现代文献学已不合时宜，并构建了以文献学研究对象和核心研究内容为基础的新的文献学学科体系。

### （六）国外及中国港台地区的研究状况

从国外方面看，欧美做了不少中国古籍的整理、选编注译方面的工作，这是欧美汉学的基础。他们也充分利用中国的古文献开展汉学研究，但是对百年来中国古籍整理和古文献学发展的研究，至今未见。

日本和韩国出于文化渊源的关系，对中国古籍利用较多，了解的历史也长，因此对中国古籍整理的进展关注相对多一些。日本对中国古籍整理和古文献学研究情况的认识，大致有两个途径。一是请中国学者撰文介绍情况，在日本发表，如吴格谈中国的古籍修复、对馆藏古籍的利用；许逸民谈《中国古籍总目提要》的编纂；王素谈中国近年对出土文献的整理和研究；荣新江谈对敦煌文献的整理和刊布。二是日本学者自己对一些中国古籍整理项目的评说，如冈洋树《中国所藏蒙古文文献新目录〈中国蒙古文古籍总目〉》②、黑泽《云南省

---

① 李明杰、许小燕：《中国文献学学科体系的历史演变与现实重建》，《图书情报知识》2016 年第 2 期。

② ［日］冈洋树：《中国所藏蒙古文文献新目录：中国蒙古文古籍总目编委会编〈中国蒙古文古籍总目〉上、下、索引》，［日］《东方》总 252 期，2002 年 2 月。

社科院东巴文化研究所编译〈纳西东巴古籍译注全集〉》①，是对我国少数民族文字古籍整理两项成果的介绍。此外还有二阶堂善弘《〈中国基本古籍库〉——世界最大的汉籍数据库》②，评介了我国一个较大的古籍数字库。韩国方面，则有徐元南《现代中国古籍整理研究》③，从建立队伍、培养人才、取得成果、对外合作等几个方面评述了1983—2001年我国高校古委会系统的古籍整理工作，并特别介绍了北大在整理日本宫内厅所藏中国古籍善本方面与日本的合作。沈庆昊《汉文元典整理与汉文古籍的现代翻译在日本、中国》④，介绍了中国古籍在中国、日本的今译情况，开列了一些中国古籍今译的书目。金真喆《中国古籍编纂与研究现状：以〈中华大典〉〈儒藏〉为中心》⑤ 则介绍了我国《中华大典》《儒藏》工程的编纂队伍、内容体例和进展情况。

　　中国港台地区方面的研究成果主要集中于台湾。台湾学者的研究与本书的研究内容比较密切、参考价值较大的，有彭正雄《台湾地区古籍整理及其贡献》⑥ 一文。该文对20世纪50年代至20世纪末台湾地区的古籍整理成就，按专题形式如编目、标点、校勘、辑佚、注译、索引、汇编等进行介绍，并扼要分析这些工作对保存古籍、方便学术研究的贡献；同时检讨了存在的不足，指出当局与团体仍对古籍的收购保护不力，对古籍整理重视不够，影响了古籍整理的开展等问

---

　　① ［日］黑泽直道：《云南省社会科学院东巴文化研究所编译〈纳西东巴古籍译注全集〉全100卷》，［日］《东洋学报》2003年，第85卷第3号。

　　② ［日］二阶堂善弘：《〈中国基本古籍库〉——世界最大的汉籍数据库》，［日］《汉字文献情报处理研究》第7期，2006年10月。

　　③ ［韩］徐元南：《现代中国古籍整理研究》，［韩］《汉语文学论集》第18号，韩国汉语文学研究会，2001年。

　　④ ［韩］沈庆昊：《汉文元典整理与汉文古籍的现代翻译在日本、中国》，［韩］《民族文化》第30辑，韩国古典翻译院，2007年。

　　⑤ ［韩］金真喆：《中国古籍编纂与研究现状：以〈中华大典〉〈儒藏〉为中心》，［韩］《民族文化》第32辑，韩国古典翻译院，2008年。

　　⑥ 彭正雄：《台湾地区古籍整理及其贡献》，《台湾"中央图书馆"台湾分馆馆刊》1996年第3卷第1期；又载《衡阳师专学报》（社会科学版）1997年第1期。

题。台湾学生书局 2004 年出版的《五十年来的图书文献学研究
（1950—2000）》中有一些论文从不同角度总结了台湾五十年来的文
献学发展，如周彦文《五十年来目录学的发展与著作》、赵飞鹏《五
十年来版本学的研究与著作》、陈仕华《五十年来台湾"四库学"之
研究》等。① 此外，其他的研究则较多地集中在以下几个方面。一是
类似日本，邀请中国大陆地区一些学者撰文介绍古籍整理的机构和人
员，如高校古委会和高校古籍研究所，介绍国图、上图的馆藏古籍。
二是评介古籍数字化工作及古籍电子检索，对古籍数字化价值的分
析，如翁敏修《"中国古籍善本目录导航系统"介绍》②、郭明芳
《"中研院"汉籍全文资料库》③、张晏瑞《"中文古籍书目资料库"
评介》④、陈惠美《古籍数位化的价值浅谈》⑤。三是对域外汉籍情况
的分析，如张琏《海外佚存古籍的源流与学术价值》⑥ 等。

　　就上述情况而言，国外及中国港台地区在这方面研究的状况有两
个特点，一是对古籍整理成果的个案评述，以及介绍中国大陆地区古
籍整理和古文献研究的机构、队伍的情况为多；二是介绍性文章为
多，系统深入的研究很少，仍未见对中国古籍整理与古文献学科发展
做长时段的学术史总结。

　　有关本领域以往的研究成果，还可参阅本书 1—4 卷各卷所附
"主要参考文献"。总体而言，上述已有的研究成果为本书的研究奠

　　① 以上分别见邱炯友、周彦文主编《五十年来的图书文献学研究（1950—2000）》，台北：
学生书局 2004 年版，第 277—294、247—276、295—308 页。
　　② 翁敏修：《"中国古籍善本目录导航系统"介绍》，（台北）《国文天地》2011 年第 26 卷
第 10 期（总第 310 期）。
　　③ 郭明芳：《"中研院"汉籍全文资料库》，（台北）《国文天地》2011 年第 26 卷第 10 期
（总第 310 期）。
　　④ 张晏瑞：《"中文古籍书目资料库"评介》，（台北）《国文天地》2007 年第 23 卷第 4 期
（总第 268 期）。
　　⑤ 陈惠美：《古籍数位化的价值浅谈》，（台北）《国文天地》2007 年第 23 卷第 2 期（总第
266 期）。
　　⑥ 张琏：《海外佚存古籍的源流与学术价值——兼谈汉学研究中心所藏景照海外佚存古
籍》，（台北）《汉学研究通讯》1999 年第 18 卷第 1 期（总第 69 期）。

定了坚实的基础，提供了丰富的材料，然而也留下较大的研究空间。第一，最主要的是对 20 世纪古籍整理与古文献学科发展的研究，大多属于过程叙述和要点归纳，未能上升到学术史的高度来研究，缺乏对代表性古籍整理成果学术得失的分析，缺乏对整理方法论的总结。第二，在学术史记述方面，民国时期的阐述和分析非常薄弱，对中国港澳台地区在这一领域的学术建树也未有系统的总结。第三，缺乏对古籍整理与古文献学科重大理论问题的深入探讨和提炼总结，不能进行有效的建构性理论建设，也未能阐述古籍整理与古文献学两者间由实践到学科建设的密切联系和互动关系。因此，亟须通过深入的研究，解决上述遗留的问题。

## 四

本书在中国社会历史发展的背景下，梳理百年间中国古籍整理与古文献学科的发展历程，阐述其运作机制和研究方式，探究古籍整理与古文献学科建设之间、古籍整理和古文献学与社会发展之间的互动关系；总结百年古籍整理与古文献学的重要成就与经验教训，提炼出具有时代特色的方法论、基本理论和学科理论，以形成较为系统的理论架构；并从中概括出前瞻性启示，为今后的古籍整理实践和古文献学科建设，提出前瞻性、科学性的对策与建议。

全书分为五卷。第一至第三卷是在中国社会历史发展的整体背景下，把 1911—2011 年百年中国古籍整理活动和古文献学科建设分为民国时期（1911—1949）①、新中国前 30 年（1949—1979）和改革开放新时期（1979—2011）三个历史阶段分别阐述。每卷大致按以下历史线索和逻辑关系展开系统研究：社会发展的需要与古籍整理和古

---

① 中华民国建立于 1912 年，本书因研究时段始于 1911 年，故而将"民国时期"上溯至 1911 年，特此说明。

文献学的展开、古籍整理的范围与形式、古籍整理的成就与代表性成果、古籍整理方法的进步、古文献学研究与学科建设、古籍整理与古文献学研究的主要机构、古籍整理与古文献学研究对社会发展的推动等。通过论述各阶段古籍整理与古文献学研究的发展历程，总结其阶段性成就和方法论特点，评价其代表性成果的得失，探索古籍整理实践与古文献学科建设之间、古籍整理及古文献学研究和社会发展之间的互动关系，并从中得出规律性的认识。

第四卷为总论卷，对古籍整理的重要意义、基本原则、学术检讨、评价标准和若干热点问题进行辨析；以及从古籍整理与古文献学的关系、古文献学的研究对象和任务、学科特质和定位、学科结构与学科建设的内涵、各分支学科的理论探索等方面展开系统论述。该卷希望从理论概括的高度，总结百年古籍整理的利弊得失与各种整理范式的学术标准，探讨古文献学科基本的学理范畴，构建古籍整理的基本理论框架和古文献学的学科理论体系，并从中提炼出重要观点和前瞻性启示。

第五卷的任务是按一定的分类体系编制《百年中国古籍整理图书目录》和《百年中国古文献学著作目录》，以具体反映百年古籍整理与古文献学科发展的成果。按照上述总体框架所设计的结构，本书的基本内容应包括两条主线和四个层面。

**（一）两条发展主线**

本书各卷关于两条发展主线的内容，既有分别的论述，又注意到两者间的密切结合与互动发展的关系。

**第一条主线是古籍整理工作的发展，包括以下几方面的内容。**

一是梳理百年间古籍整理发展的历史进程和阶段性特点，阐述不同时期古籍整理发展的演进路径和基本走向。不同时期、不同阶段的社会性质、社会环境和思想倾向不同，必然深刻影响古籍整理的发展进程，如民国时期和新中国成立以后古籍整理的理念就不相同，而在民国这一时期内，抗日战争前后古籍整理的重点也不尽相同，因此要在把握时代背景的前提下揭示古籍整理历史发展的阶段性特征。

二是阐明古籍整理范围和形式的变化。百年古籍整理的范围从四部经典到笔记、野史、小说、戏曲，从传世文献到出土文献，从汉文典籍到少数民族文字典籍，整理的范围不断扩大。古籍整理的形式也从通常的影印、点校、注释、选编汇编、编目索引，增加了今译、外译、数字化等多种形式。各种整理形式本身也在不断变化革新，以简单的标点而言，就有多种范式的变化。本书从各个历史阶段古籍整理范围和形式的演变，深入说明古籍整理规模的扩大和发展路径的拓宽。

三是论述不同时期古籍整理的代表性人物和机构。百年古籍整理中涌现出不少杰出人物，他们的突出成果、丰富经验和思想，是这一领域珍贵的文化遗产，需要总结和继承。不同时期的古籍整理还出现不少管理、研究、出版机构，比如新中国成立后出现的全国规划小组、高校古籍整理工作委员会、高校中的古籍研究所，以及中华书局等古籍出版社，等等，尤其是改革开放新时期，有关管理部门的规划和协调显现出主导作用，高校研究所成为古籍整理的生力军。阐明这些机构的运作机制、模式和功效，也是本书的重要内容。

四是展现古籍整理的丰硕成果，总结利弊得失。古籍整理的丰硕成果包括具体作品、方法论和古籍整理的基本理论等方面。本书不仅从宏观上展现古籍整理的巨大成就和发展趋势，通过对一批精品的个案评析，标树古籍整理的"善本"，使其学术质量发挥积极的导向作用；同时还广泛搜集资料，从中归纳古籍整理所出现错误的通例，用以提示今后古籍整理工作者加以防范和规避，从而达到提倡古籍整理精品意识，引领古籍整理向着高质量、高标准提升的目的。百年古籍整理的成就还反映在整理方法的不断创新和古籍整理经验的积淀，整理理论的提炼和相关理论体系的建构，在本书第四卷中有系统论说。对百年古籍整理丰硕成果（包括学术和理论）以及经验教训的总结是本书研究的重点内容之一。

**第二条主线是古文献学科建设的发展，有以下几方面内容。**

一是古文献学科的构建和演进。本书从三个历史时期分阶段论述古文献学科的初兴、渐进、确立和繁荣，论述其构建与演进过程。在阐述各阶段的演进发展时，除揭示时代需求和古籍整理经验积累等动因外，也阐明了各分支学科的支撑作用。比如20世纪30年代古文献学科初兴时，陈垣的校勘学、姚名达的目录学史、袁同礼的古代藏书史等研究，就发挥了重要的奠基作用。同时，也重点分析了各阶段代表性成果对于学科发展的作用，如郑鹤声等《中国文献学概要》、张舜徽《广校雠学》《中国文献学》、吴枫《中国古典文献学》以及白寿彝的有关论著等，分析其对专业知识、基本理论和研究方法的表述，考察其对学科体系构建的创新和推进。

二是古文献学各分支学科研究的发展。古文献学科的构建不仅汲取了分支学科的营养，反过来因其对总体学科理念的阐发及对研究方法的论述，又推动了分支学科的发展。本书对古文献学的分支学科界定为目录学、版本学、校勘学、注释学、辨伪学和辑佚学6门专学。分析各分支学科在知识内容、研究目标、研究方法和体系上的创新，说明各分支学科在丰富古文献学科内容、提高学术水平上的作用。论述时同样突出了代表性著作在学术上的突破和影响。

三是学科建设实践与人才培养的成就。学科建设实践包括了学者的职业化、固定的教席和教学培养计划、学会组织、专业期刊，以及与之配套的学术制度（如学术评估制度），等等。古文献学科建设的实践是从1949年新中国成立以后才开始的，并且在新时期得到全面的发展。本书从学科的教学科研管理和制度建设等方面，以及自1949年以后在各个层次上对古籍整理和古文献学人才的培养做深入分析，阐明古文献学科的教师队伍建设与人才培养在培育、壮大古文献学科，为古籍整理事业和学术文化界输送、储备专业人才方面的作用。与此同时，从中总结其经验教训，从科学发展的需要出发，为有关决策部门提出合理化建议。

四是学科理论的探索和提炼。古文献学科在发展进程中积累了大量的文献学思想和学科理论素材，已故的任继愈、白寿彝、张舜徽、刘乃和、黄永年、赵守俨等先生，以及一批活跃在古文献学界的老中青学者，在相关论著中对古文献学的学科理论进行了有益的探索。本书的一个重要内容，就是从古文献学的深层理念、学科体系、学科建设内涵等几个方面，归纳已有的理论素材，加以提炼和系统化，努力构建古文献学科的理论体系，以凸显研究成果的学术价值和理论创新意义。

五是把百年古籍整理和古文献学科发展放到社会历史的总相中去考察和研究，既说明社会历史环境的发展变化对古籍整理和学科建设的影响和推动，又揭示古籍整理事业和古文献学科发展对于社会发展的反作用，特别是对于社会文化建设的贡献。

### （二）四个层面的具体论述与理论总结

从横向来看，本书的基本内容又可分解为四个层面。

第一，历史层面。着重叙述百年来古籍整理和古文献学科发展的基本史实，这一层面有较丰富的材料，是本书阐述的主要内容。其中包括古籍整理和古文献学科的阶段性演进、运作机制和运作方式、主要成果及其在学术和技术上的突破。在各阶段的学术史叙述中特别注意阐明多个领域的互动关系，一方面，说明大规模的古籍整理实践如何丰富了古文献学科的内容，而古文献学的成果如陈垣的"校勘四法"等，又如何在古籍整理的实践中发挥了指导作用；另一方面，既说明20世纪社会历史的发展和巨变成为古籍整理和古文献学发展的重要动力，又揭示了古籍整理与古文献学在文化建设和社会进步中的贡献。以往关于少数民族文字古籍整理和古文献学的发展，以及中国港澳台地区古籍整理和古文献学发展的研究成果甚少，本书在这些方面则增添了重要的内容。

第二，方法论层面。科技史和学术史的发展表明，许多重大的科研学术成果与变革，往往是先从方法上突破的。因此，研究百年古籍整理和古文献学的发展，方法论层面上的总结非常重要。本书综观百年发展，对其中不少成功案例进行了方法论的条理和总结，比如新式标点的发明和进步，"四部丛刊"的原版缩印，百衲本"二十四史"的配版描润，"二十四史"和《清史稿》的校点，古籍今译的意境与传神，古籍影印和缩微技术的发展，域外汉籍的收集和回归，《大中华文库》的外译，特别是最前沿的古籍数字化、网络化技术，古籍多功能数据库的建设，古籍整理人工智能化，以及古文献学的"e考据"，等等。方法论是介于史实和理论之间的层面，主要放在第一至第三卷中论述。在阐述中既有经验事实的描述，又有抽象概念的论述；前者说明对某种方法如何运用，后者说明其技术特点、运用范围和革新意义。

第三，古籍整理的基本理论与学科理论层面。百年古籍整理的学术史总结不仅要注意历史叙述，还要把古籍整理实践中的理性认识做系统化归纳，提升到理论的层面。本书认为，古籍整理是传承发展中华优秀传统文化的基础工程和重要手段，应该从延续和发展中华文明、从实现中华民族伟大复兴的高度认识新时代古籍整理的重要意义。在古籍整理的理论指导方面，阐述新中国古籍整理工作中批判继承、古为今用、推陈出新的原则；本书特别指出，21世纪古籍整理的方向，就是贯彻习近平总书记提出的在传承中华优秀传统文化时，要坚持创造性转化和创新性发展的"双创"方针。在古籍整理的基本理论方面，本书着重阐明开展古籍整理工作要具备的前提和条件；归纳多年来古籍整理所出现的具有共性的致误通例，以规避可能出现的失误；并从学理上总结各类古籍整理方式必须达到的标准和要求，以推动古籍整理的规范化，达到提高整体学术水平的目的。此外，还对多年来古籍整理的一些热点、重点问题展开理论辨析，为今后更好地规划古籍整理工作，优化古籍整理出版的布局和结构，减少重复投入和资源浪费，提供理论依据。

在古文献学的学科理论方面，阐明古文献学与古籍整理工作的关系，古文献学科的研究对象和任务，学科的性质、特点和科学价值，明确学科的定位。在学科体系方面，针对目前存在的泛化学科范围的倾向，从学科的内在理路上，辨析和厘清古文献学所包括的分支学科、涉及的边缘学科和关联的相关学科，说明主次位置，并重点对各分支学科发展的前沿问题展开讨论。近年来，有关古文献学科建设的呼声日高，但对学科建设的内涵却不甚了了，本书对此作出分层阐述，并对如何加强学科建设的运作和保障，优化学科环境等提出对策。

第四，书目的层面。本书编制了《百年中国古籍整理图书目录》和《百年中国古文献学著作目录》，希望从直观的书目史料上反映百年间古籍整理和古文献学的成果。前者是目前规模最大、涵盖最广的古籍整理图书目录。后者著录百年间古文献学的专著一千多种，是第一部专门著录古文献的目录。此前虽有《新中国古籍整理图书总目录》（1949—2003），但缺载民国时期、港台地区以及少数民族文字的古籍整理图书，《百年中国古籍整理图书目录》则包含了这些方面的内容。另外，本目录著录古籍整理图书的条目，从学术史研究的基点出发，重在反映古籍整理成果的准确数量，而不是古籍整理图书出版的版次和印数。例如：

**周易译注**（中国古典名著译注丛书　周振甫译注别集）　周振甫译注，中华书局1991年，台湾五南图书出版公司1993年，（香港）中华书局1996年，江苏教育出版社2006年。

这条著录，别人可能著录或统计为4种古籍整理图书，而本目录则只著录为一项古籍整理成果。因此，本目的著录总量可能与其他统计数字不太一样。比如，有的报道统计新中国70多年间共出版3万余种古籍整理图书①；而本目录著录 1949—2011 年的古籍整理成果是 2 万余种。这不仅是统计年数有 8 年之差的问题，更主要的是前者所称 3 万余种其实包含了同一整理成果多次出版的数量；而本目录著录的 2 万余种实际是 2 万余项古籍整理成果，尽管它在不同出版社出版多次，也只著录为一项。这是不同取向的统计结果，本目录的著录和统计从总结古籍整理成就的实效出发，可以为今后的古籍整理史研究和有关部门对古籍整理出版的规划，提供更符合实际的数据。

## 五

本书的研究与撰写主要依据以下基本思路展开。

一是明确指导思想，把马克思主义的立场观点方法贯穿到研究之中。古籍整理和古文献学研究是弘扬中华文化、繁荣发展中国特色社会主义文化的基础工作，要在习近平新时代中国特色社会主义思想的指导下，把握好正确对待文化遗产的原则、观念和方法，把握好对各阶段古籍整理和古文献学发展的学术史分析和评价。

二是明确研究对象，把握适度范围和规模。本书研究的"古籍整理"指的是运用复制、校勘、标点、注释、辑佚、摘选汇编、今译外译、编目索引、数字化等各种方式，对产生于 1911 年以前的古代典籍进行加工，使之更便于利用的工作。

因整理的是典籍，故像甲骨文、简帛、金石等零篇文献的整理，拟不列入本书的研究和讨论之中；但出土文献中的简帛、敦煌经卷包含有典籍，其相应的整理工作，则应列入古籍整理的范围。

本书讨论研究的"古文献学"学科，因受高校学科专业设置的限制，被分列于历史、文学两大学科门类之下而称为"历史文献学"和"古典文献学"，其实二者学科内涵基本相同，故统称为"古文献

① 杜羽：《斯文在兹——古籍小组与新中国古籍整理出版》，《光明日报》2019 年 11 月 11 日。

学"。有关甲骨文、简帛、敦煌文献的研究已经有专门的甲骨学、简帛学和敦煌学，因此这些方面的研究不纳入古文献学范围做集中的讨论和研究。

三是明确社会存在与思想意识、学术文化的关系。本书将百年古籍整理与古文献学科的演进放在社会发展的总相中去考察，着力挖掘各时期古籍整理和古文献学发展的动因和时代特点。反过来，也注重阐述古籍整理和古文献学对社会发展的作用和影响，从而有助于深刻认识开展古籍整理和古文献学研究的意义。

四是明确古籍整理实践与古文献学科建设之间的互动关系。在"实践—认识—再实践—再认识"的认识规律的指导下，通过具体的历史考察和分析，说明二者之间互相影响、互相促进的路径和相得益彰的表现，总结经验，以推动这种良性循环更好地发挥作用。

五是明确学术史研究中理论提炼和学理总结的关键作用。古籍整理和古文献学研究具有技术性强、重视方法的特点，但是理论建设比较薄弱。本书的研究注意从百年古籍整理和古文献学科建设的实践中，发掘历史智慧和理论素材，提炼理论认识，作出创新性的理论探索，推进古籍整理的理论建设和古文献学科理论的发展。

六是明确立足当代、面向未来，立足中国、面向世界的发展方向。研究的时段虽设定为百年，但下限又不止于 2011 年，特别是对于近些年古籍数字化、古籍整理人工智能化的新技术前沿，以及对于古籍整理和古文献学研究的发展新态势的把握，有时会延伸到 2018 年。虽然研究的对象是中国的古籍整理和古文献学科，但是研究视野则不局限于中国，比如关注域外汉籍的整理、国外科技发展的新动向等。总之，既从百年古籍整理和古文献学发展实践中汲取营养，获得启示；又探索下一步科学发展的任务和对策，并从方法论的比较上借鉴国外一些古籍整理的科技手段和文献研究的方法，以保持我国的古籍整理和古文献学研究水平居于国际前沿，为推出更多具有中国特色、中国风格、中国气派的文化精品，扩大中华文化在国际上的交流和影响服务。

本书的创新特色主要有四方面。

一是在学术史考察上解决"盲点"和"弱点"。对百年中国古籍整理和古文献学科发展历程的考察，以往有不少薄弱环节甚至盲点，如民国时期的发展就未有系统的论述，只有少量碎片式的记述，是较大的薄弱环节；再如对中国港澳台地区、少数民族文字古籍整理的系统阐述，就几乎是盲点。本书通过对这些领域的开拓性研究，解决以往遗漏的问题，力求形成真正代表国家水平，涵盖全面的学术史力作。

二是深入开展古籍整理和古文献学研究的方法论总结。方法论的突破往往带来科研成果的质的飞跃，古籍整理这种技术性较强的工作尤其如此，特别是近年来随着计算机技术的飞速发展，古籍数字化、古籍整理和古文献研究人工智能化新技术和新方法不断出现。以往对重大古籍整理成果的方法论总结不多，往往偏重于分析整理成果的学术价值，本书则重视把握古籍整理和古文献学研究在方法上的重要变革，不仅加以经验事实的描述，而且从经验中抽象出概念，以说明其本质、特点、运用范围和革新意义，将经验升华为方法论的结晶。方法论的创新总结，将成为促进古籍整理与古文献学研究跨越式发展的动力。

三是理论建设的创新特色。理论创新是学术不断向前发展的生命力，百年古籍整理工作实践经验非常丰富，但理论建设较少，虽然也有不少探索，但仍未形成系统的理论体系。古文献学的学科理论也很薄弱，本书的理论研究和探索将明显改变这种局面。除了第一至第三卷在历史叙述中阐明理论上的进步外，专设第四卷以系统梳理概括和提炼百年间理论探索的成果，在继承的基础上加以深化和创新，力求在构建和完善古籍整理与古文献学的理论体系上实现突破性进展；并在总结百年启示和把握本领域最新动态的情况下，对如何迎接新的挑战和新的发展提出前瞻性的应对措施和策略。

　　四是编制《百年中国古籍整理图书目录》和《百年中国古文献学著作目录》，以品种目录的形式，全面系统记载本领域百年间的发展成就，以弥补以往此领域书目著录的缺陷，为百年古籍整理和古文献学研究的学术史提供真实依据和具体史料。

　　古籍整理事业发展和古文献学科建设是传承发展中华优秀传统文化的基础，对于繁荣发展新时代中国特色社会主义文化具有重要作用。我们期待社会各界对本书的研究提出批评帮助，期待有更多的力量投入这一领域的建设，以促进古籍整理事业和古文献学科的繁荣发展。

周少川

2021 年 11 月撰成

2023 年 10 月校订

# 总 目 录

## 第一卷　古籍整理与古文献学的初兴
### （1911—1949）

## 第二卷　古籍整理与古文献学的渐进
### （1949—1979）

## 第三卷　古籍整理与古文献学的
## 繁荣（1979—2011）

## 第四卷　百年古籍整理与古文献
## 学科的理论探索

### 上编　古籍整理的理论探讨

### 下编　古文献学学科理论的认识

## 第五卷　百年中国古籍整理图书目录
　　　　　百年中国古文献学著作目录
　　　　　（附书名索引）

### 百年中国古籍整理图书目录

## 百年中国古文献学著作目录

本卷主编：牛润珍　杨翔宇

作　　者：牛润珍　杨翔宇　陈　祺

# 前　　言

　　民国时期，中国社会进入急剧的转型变革期，不仅政治体制、经济结构、生活方式发生了重大转变，思想文化方面也迥异传统。由于对白话文的提倡，语言、文体发生巨大变化，再加上西方思想文化的影响，由此开始的百年古籍整理和古文献学在目标、手段等许多方面都与以前迥然有别，故民国时期的古籍整理和古文献学呈现出初兴的特征。从社会环境看，民国社会长期动荡，列强入侵，古籍被毁，冲击古籍整理事业，但传承民族文化，激扬民族精神的抗争从未停息。由于社会在新旧变革中转型，整理国故，温故知新，革故鼎新，古籍整理与古文献学科建设在新旧之争中不断摸索前进，并取得明显的可贵突破。民国时古籍整理和古文献学科的兴起，为百年古籍整理和古文献学科的发展奠定了基础。

　　民国初年，西学引进，新学兴盛，同时也出现了全盘否定传统文化的偏见。有偏必纠，一些学者提出"整理国故"的口号，以及整理的范围和方法，"整理国故"思潮是这一个时期古籍整理与古文献学兴起的重要原因。此外，由于中外交流日益频繁，流失海外的一些中国古籍被搜访复归，促进了古籍整理，还有出版技术的新发展，便利了古籍整理与传播，这些都是古籍整理与古文献学兴起的重要动因。

　　民国时期整理出版的古籍文献数量众多。据统计，民国时期民营出版机构、图书馆等公立机构、藏书家这三大系统共整理古籍18222

种，出版古籍 2 万余种，包括《说郛》100 卷，《续藏经》7140 卷。①
民国时期整理出版的古籍图书，可以分为两大类：一是对传世古籍的
整理。于经史子集四部，通过编纂丛书、翻拍影印的手段，保存了古
代典籍，又采用今译、索引等新方法，便利了民众的阅读，普及了传
统文化知识。在此过程中，逐步创立了专门的整理手段和研究方法，
最终形成了独立的专学。二是海外访书活动络绎不绝。域外访书活动
肇始于清代，民国时期文化交流日趋密切，古本小说、敦煌经卷、太
平天国史料等散落于日本和欧美的珍贵文献，赖当时学人悉心搜访，
始为世人所知，筚路蓝缕，功不可没。如此丰硕的古籍整理成果，离
不开无数学人默默奉献，辛勤工作。民国时期的古籍整理者群体，大
致可以分为三大类：第一类是以张元济为代表的供职于出版机构的编
辑群体，他们的古籍整理实践活动与商业出版紧密相关，故而其整理
出版手段多样，从而满足不同层次读者的需求；第二类是以陈垣为代
表的任职于高校的学者，他们躬身实践，参加到古籍整理工作中来，
并从中挖掘和总结历代古籍整理的经验使之形成体系流传至今；第三
类则是以刘承幹为代表的私人藏书家，他们秉承中国古代私人藏书家
的优良传统，校书刻书，在民国古籍整理实践中占有一席之地。

　　民国时期的文献学研究是现代学科意义上的古文献学理论的滥觞
时期。它上承传统校雠学，下启现代文献学，在中国文献学发展史上
具有重要地位。这一时期，受西方学科理念的影响，不仅出现了
"文献学"和"中国文献学"的概念和提法，而且还出现了中国历史
上第一部以"文献学"命名的学术专著。20 世纪 30 年代之后，随着
民族危机的出现，"学术中国化"的思潮弥漫学术界，以"校雠学"
命名的著作大量出现，它们在构建文献学体系方面作出了自己独特的

---

① 据《民国时期总书目》《中国丛书综录》《中国丛书综录补编》《中国近现代丛书目录》
《中国丛书广录》《商务印书馆图书目录（1897—1949）》《中华书局图书总目（1912—1949）》
《善本古籍影印目录（1911—1984）》等大型书目中著录的民国时期出版古籍进行统计，同一古
籍整理成果的不同版次，整理古籍按一种计算，出版数量则按实际统计。

贡献。

与此同时，这一时期文献学分支学科的建设也有较大的推进和提升。如目录学方面，学科理念得以深化，中国目录学史和图书分类法研究都有较大突破。在版本学方面，除了对传统版本学进行总结，还出现了以"版本"命名的专著——《版本通义》，版本学研究出现新体例。此外，中外学者对中国雕版印刷的研究也有了新的进展。在校勘学方面，民国学者对校勘重要性的认识有了较大程度的提升，对校勘方法和程序进行了归纳、总结和阐释，对校勘通例和原则进行了分析和提炼，进一步促进了校勘学的发展。辨伪学在这一时期也得到较大发展，胡适、梁启超对辨伪学理论和方法进行了系统总结和归纳，顾颉刚则阐释了中国辨伪学的发展历程，这些研究促成了辨伪学从古代的重辨伪实践向现代的重理论建构的转型。在辑佚学方面，民国时期出现了梁启超、刘咸炘、王重民、张舜徽等学者的辑佚学研究成果，大大促进了民国辑佚学的发展。

文献学的学科建设也依赖于其相关学科的发展。关于文献学的相关学科，目前学界说法不一。依据文献学及各个专门学科发展的实际情况，将典藏、年代、史讳等各个专学作为与文献学相关的学科当无异议。在典藏学方面，袁同礼的中国古代藏书史研究和陈登原的《古今典籍聚散考》为这一时期典藏学理论建设的重要成就。与此同时，陈垣在年代学、史讳学、史源学等方面的建树也为民国文献学的理论构建及后来中国文献学的学科建设作出了奠基性的贡献。

由于民国只有不到四十年的历史，许多学者经历晚清、中华民国、中华人民共和国三个时期，他们的学术著作的撰著、出版、印制前后经历了两个甚至三个时期。因此，本书所论述的民国时期古籍整理与文献学著述包括以下几种情况：一是撰著于晚清，但出版于民国时期的著作，如叶德辉《书林清话》等；二是撰著和出版均在民国时期的著作，本书所论述的内容绝大多数属于此类；三是基本思想和体例形成于民国时期，但学术著作出版在中华人民共和国成立之后，如程千帆《校雠广义》、顾颉刚《中国辨伪史略》等。本卷所说的"文献学"是相对于"古籍整理"的"实践"而言的。民国时期的文献学虽然正在建设之中，但是已经有了丰富的学科内容，其内容包括文献学的基本理论（文献、文献学、古文献等的定义，文献的载体、体裁、体例、体式等）和方法（目录、版本、校勘、辨伪、辑佚、注释等），还包括文献学的发展史，如蒋元卿的《校雠学史》和《中国图书分类之沿革》、孙毓修的《中国雕板源流考》、顾颉刚的《中国辨伪史略》、王重民的《清代两个大辑佚书家评传》、袁同礼的宋明清《私家藏书概略》系列论文的研究，在本卷中都有论述。有些目录书和工具书，学术性很强，其中也有文献学方法的论述，如张心澂《伪书通考》、陈垣《二十史朔闰表》等，故也属本卷的论述范围。

民国时期古籍整理和文献学建设的成就和经验为新中国成立后中国文献学发展奠定了坚实基础。在民国学人、出版家和藏书家的不懈努力下，诸多传统文献得以整理出版，这不仅是为古书续命，同时也有利于学术研究和传统文化的普及，对于继承和弘扬中华优秀传统文化发挥了重要作用。在中国学术史上，民国古籍整理和文献学发展具有"承前启后"的历史地位，积极总结这一时期的古籍整理出版和学科建设方面的成就和经验，对于指导当下的古籍整理工作和古文献学科建设都有着极强的现实指导意义。

在本卷写作过程中，牛润珍教授和杨翔宇教授分别设计了第一、二章和三至六章的框架结构。具体撰写分工如下：杨翔宇教授撰写第一章第一节，第三至六章及前言和结语部分，牛润珍教授和陈祺博士撰写第一章第二、三节和第二章，全书最后由牛润珍教授和周少川教授进行修改和润色。

# 目　　录

# 第 一 章
# 民国古籍整理之演进

中华文化源远流长，古籍作为文化的重要载体，一定程度上代表了一个时代曾经达到的智慧高度。古籍整理是连接历史和现实的桥梁，是"存亡绝续"的工作，它不仅延续了历史和文化，更重要的是保存了历史和文化。作为一种特有的文化活动，古籍整理与社会政治、经济和文化有着紧密的联系。任何时代的古籍整理，都是在特有的时代背景下进行的，都带有时代的独特烙印。民国时期是中国古代传统社会向现代社会转变和过渡的重要时期，这一时期的社会制度、语言文字、思想文化都发生了重要变化。一方面，民国时期战乱频仍和时局动荡，这制约着古籍整理的基本进程和走向；另一方面，面对持续的中西文化纷争，保存和弘扬中华固有之文化成为民国时期重要的文化思潮，这成为刺激和推动古籍整理事业蓬勃发展的重要因素。此外，这一时期中外学术界的频繁交往及印刷复制技术的进步也在客观上对古籍整理事业的发展起到了积极的推动作用。

民国时期的古籍整理事业，大体呈现由兴入盛，再自盛转衰的总趋势。20世纪初，随着各类高等院校及研究机构的创办和建立，现代高等教育和科学研究有了一定程度的发展，从而为古籍整理事业营造了良好的外部环境。随后兴起的"整理国故"思潮，倡导对传统典籍文献进行科学系统的整理，也在一定程度上推动了古籍整理事业的快速发展。抗日战争爆发后，社会形势岌岌可危，为了防止传统典籍毁于战火或落入他人之手，一些有志之士在艰苦的环境中持之以恒，以顽强的毅力坚守着古籍整理的阵地，延续着未竟的古籍整理事业，从而出现了古籍整理、影印出版的高潮。20 世纪 40 年代，随着国内政治经济形势的恶化，古籍整理事业受到了一定影响，呈现衰落的趋势，但仍有一部分学者在以不同的方式从事着古籍整理活动。正是由于民国学者"为古人续命"的责任和担当，从而出现了一大批古籍整理的精品，为 20 世纪后半期的古籍整理事业奠定了坚实的基础。

## 第一节　传承与过渡：清末民初的古籍整理

### 一　民国初年政府对古籍整理事业的支持

古籍是传统文化的载体，文献整理与学术文化的发展相辅相成。一方面，古籍整理旨在辅助学术文化的传播和推进。另一方面，学术文化的发展必然在客观上促进古籍整理事业的兴盛。清代是中国古代学术文化发展的又一高峰时期。有清一代，朴学盛行、名家辈出，他们校勘、考证、注释、编纂了诸多文化典籍，整理了大量古代文献，范围遍及经、史、子、集四部。因此，这一时期也是中国古籍整理事业的大发展时期。对此，张舜徽给予较高评价，他说："清代朴学大兴，以考证名家的学者，风起云涌，研究经、史、诸子，各号专门。有的人穷毕生精力以治一书，从校勘文字，以至疏释全书，投下了不少劳动，这对整理文献来说，是有很大贡献的。"[①] 张氏指出，清代在文献整理方面有代表性的成果可以归纳为四个方面，即语言文字方面的整理、经传方面的整理、史实方面的整理和周秦诸子方面的整理。他还强调，清代学者整理文献的工作范围"本很广博"。除了上

---

① 张舜徽：《中国文献学》，上海古籍出版社 2011 年版，第 234 页。

述对历代典籍进行校订注释之外，还做了许多辨伪、辑佚的工作。① 从这一意义上说，清代学者所进行的研究工作，"成果辉煌"。他们在整理古代文献的过程中，"建树了不朽业绩""值得我们景仰和感谢"。② 下至清末民初，西学东渐，乾嘉考据学虽然受到一定程度的冲击，但传统学术依然保持了顽强的生命力。传统知识分子中的大多数仍秉持前清诸儒遗训，延续其未竟之业，校勘、注释、整理和影印了大量古籍文献。同时，印刷技术的改进、出版机构的增加，也是这一时期古籍整理事业发展的重要原因。

民国初年，政府对文化事业的鼓励，也在某种程度上促进了当时古籍整理事业的发展。如北洋政府为纂修《清史稿》曾多次发布征书令。1914 年 9 月 28 日发布《大总统告令》（大总统袁世凯颁征书令），"著各省巡按使派定专员，除《四库全书》著录外，凡属关于有清掌故及有关清史书籍，无论已刊未刊，就近征集，随时送交该馆，以备审择，如有关清史重要足供采用之书，其著书之人无论存殁，并由该馆呈请表彰，用昭激劝，布告遐迩，咸使闻知"③。同年10 月 17 日《清史馆馆长赵尔巽为各省分布〈征书章程〉事致各省巡按使咨文》颁布，要求清史馆各省巡按使将清史馆拟定征书章程"送请代等官报，印刷分布全省周知等情，查照办理施行文"④。该《征书章程》规定了清史馆征书范围、方式等，同时要求各省巡按使向清史馆举荐著中一两人，为清史馆名誉征访员，专办征访事宜。此后，各地即刻响应该通告，如作为国务总理的徐世昌以修清史事，在

① 洪湛侯认为清代是中国文献学发展的恢复、鼎盛期，他将这一时期的文献学发展总结为八个方面，即考据之学勃兴、编纂成果卓著、印刷技术更新、金石之学兴盛、校勘成绩斐然、发现珍罕文献、辨伪仍在发展、辑佚风靡一时（洪湛侯：《中国文献学新编》，浙江大学出版社2008 年版，第348—374 页）。由此可见，他与张舜徽对于清代文献学与古籍整理发展的认识是基本一致的。

② 张舜徽：《中国文献学》，上海古籍出版社 2011 年版，第 249 页。

③ 《大总统袁世凯特颁征书命令》，载许师慎编《有关清史稿编印经过及各方意见汇编》（上），台北："中华民国史料研究中心"，1979 年，第 4 页。

④ 王国彬：《1914 年设立清史馆的几件史料》，《历史档案》2003 年第 4 期。

直隶、河南设专处（因为直隶为其原籍，河南为其寄籍，北京为其住址）。其中，河南专处名为中州文献征辑处，由李时灿主办，设分处于开封，即中州文献征辑处开封分处。① 李时灿乃当时著名藏书家，早年便整理过中州地方古籍，清史馆成立后，其被聘为名誉协修，担任中州文献总编辑。李时灿主持的"中州文献整理"则是这一征书活动产物。②

## 二　传统书坊及中小书局的古籍整理

古籍整理成果只有在出版之后才能流传，为后人知晓。现代社会，由于学术分工的细化，古籍的整理和出版分别由不同类型的学者承担。文献学家和文史学者更多的是进行古籍整理工作，而古籍的出版则由编辑出版界人士承担。但在清末民初，很多出版界人士兼具文献学家和教育家的角色。因此，也有很多古籍整理是在出版机构中完成的。在旧式刻书机构中，扫叶山房始终以校刻出版中国传统典籍为主。清道光时期，随着西方石印技术的传入，③ 扫叶山房逐渐放弃传统的雕版印刷技术而采用新式的石印技术，民国年间"已基本不再采用传统的雕版印刷"④，石印技术独占鳌头成为古籍出版的主要手段，正如民国七年（1918）所编《扫叶山房发行石印精本书籍目录》序所言，"因锓板不便，易以精本石印行世"。据该目录统计，1912 年至 1918 年扫叶山房石印古籍的数量已达 419 种，而光绪年间仅为 103 种。⑤

---

① 《河南文史资料》编辑部编：《河南文史资料第 35 辑　雪苑懿叟忆往》，中国人民政治协商会议河南省委员会、文史资料委员会 1990 年版，第 46—47 页。

② 申畅：《李敏修和清代中州文献》，《史学月刊》1982 年第 3 期。

③ 关于石印技术传入中国及在中国最早使用的情况，传统说法认为，光绪二年（1876）上海徐家汇土山湾印刷所印制天主教宣传品是中国使用石印技术的开始。张秀民经过考证则提出不同的观点，他认为早在道光时期广州和澳门都有印刷所采用石印技术。参见张秀民《中国印刷史》，上海人民出版社 1989 年版，第 579—580 页。

④ 杨丽莹：《扫叶山房史研究》，复旦大学出版社 2013 年版，第 162 页。

⑤ 据光绪三十年（1904）《上海书业公会书底挂号簿》统计，扫叶山房南北号在光绪年间共出版铅石印书籍 132 种，其中石印 103 种，铅印 19 种。参见《上海书业公会书底挂号簿》，上海档案馆藏，全宗号：S313－1－77。

短短数年间石印古籍数量的成倍增长，从一个侧面印证了石印技术在扫叶山房的推广和大规模使用。同时石印技术在古籍出版和整理方面的优势也得以彰显，古籍出版的石印技术逐渐为人们所认可，正如序中所言，"古学复兴，今其时矣。第以政体屡更，海内云扰，板本摧毁，手民流散；而一二石印精本，始见重于当世之士夫，纸墨焕然，历岁如新，乃信成之速而传之久者，石印兼擅其胜。此殆将为代兴之时代欤"①。新的印刷技术极大地推动了古籍整理出版事业的发展，这就使得"素以保存国粹振兴文学为职志"的扫叶山房在这一时期整理和出版古籍的数量骤升，"历年以来，出板不下数百种"②。1900年前后扫叶山房的古籍整理和出版，主要是翻印同治光绪年间本坊的刻本，内容则是以课艺类书籍为主。民国建立之后，虽然也印刊了一些学堂所用书籍，但其数量所占比重已明显减少。综合扫叶山房民国以来发行各书目的统计，我们可以发现，经史两部书籍所占比例最小，"总量不过一百种"，而"集部类书籍多达三百多种，次为子部，近两百种"③，这也印证了扫叶山房这一时期的古籍出版以"周秦诸子之学术，及汉唐以来之文辞"为重点的理念。其中子部类书籍有《百子全书》《清人说荟》。集部中的主要代表有明张溥辑《汉魏六朝百三名家集》、丁福保辑《汉魏六朝名家集》、凌德辑《汉魏六朝文绣》、席启寓《唐诗百名家集》等。扫叶山房石印古籍的方式有两种，一种是"雇人将原书重新用楷书抄写后摄影石印"，即扫叶山房所言"本号特缮大字精本，并延名宿，悉心雠校，付诸石印"；另一种是按原本影印，即"同付影印，字画圈点，悉与原本丝毫无二"。1918年编《扫叶山房发行石印精本书籍目录》所列419种书籍中，"据原本影印的不到四分之一，四分之三以上都是重写后印"④。扫叶

---

① 参见《扫叶山房发行石印精本书籍目录》序，民国十二年（1923）重订本。
② 参见《扫叶山房发行石印精本书籍目录》序，民国十二年（1923）重订本。
③ 杨丽莹：《扫叶山房史研究》，复旦大学出版社2013年版，第175页。
④ 黄永年：《古籍整理概论》，上海书店出版社2013年版，第40页。

山房对古籍的整理出版促进了中华文化的传播与交流，在社会上产生了广泛的影响，如《文艺杂志》第八期《懒窝笔记》中"俄人购书"条中有这样的记载："沪上扫叶山房书坊，以刊印旧籍，驰誉中外。每岁以诗文别集、笔记等销行东瀛者，毋虑数百箱；而欧美各国亦颇有来购经史子集者。今年春间，曾在扫叶见有西人选购书多种，每种必数十部。"① 由此可见，扫叶山房在民国时期对古籍的整理出版，一方面缘于国内文人的读书需求，另一方面"也与喜爱中国文化之西方读者的需求有紧密关联"②。

　　文明书局为清末民初时期具有中等规模的民营出版机构，光绪二十八年（1902）创办于上海南京路，后迁至河南路。③ 民国初年，文明书局石印出版了大量笔记小说，为"保存古籍史料，传承文化，以及为学术研究之便利"④ 做出了重要贡献。该局校刻的首部笔记小说集《说库》为线装本，共 60 册，用小开本有光纸石印，便于携带。《说库》收入汉代（如东方朔《海内十洲记》）至清代（如黄人《大狱记》）的笔记小说 170 种，编者为每种笔记小说撰写叙录，使古籍状况一目了然。文明书局在编纂该丛书时力求完备精良，为保存古籍不遗余力，如其例言所云，"本编所录，务从完本，其早经散佚已无完本者，仍行甄入，以存古籍。近日仿刻古籍，都非善本，鲁鱼亥豕，讹夺迷目。本编甄别，半系秘本抄本，名家手校未经刊印本。其已刊者，则依据江浙藏书家之精本原刻本，校订之功，其详其慎。"⑤ 此外还有以进步书局名义刊印的《笔记小说大观》221 种，500 册，为《说库》的姊妹篇，内容与《说库》不相重复。《笔记小

　　① 均耀：《慈竹居零墨·俄人购书》，《文艺杂志》1915 年第 8 期。
　　② 杨丽莹：《扫叶山房史研究》，复旦大学出版社 2013 年版，第 180 页。
　　③ 朱仁明：《文明书局的笔记小说》，《上海师范大学学报》（哲学社会科学版）1990 年第 4 期。
　　④ 周利荣：《文明书局考》，《出版史料》2007 年第 2 期。
　　⑤ （清）王文濡：《说库》（上），广陵书社 2008 年版，第 1 页。

说大观》所收笔记，"自晋唐起，直至宋元明清，凡属名作，无不收录"①，如晋代葛洪《西京杂记》、宋代黄庭坚《宜州家乘》、清代毛祥麟《墨余录》等。"清代笔记丛刊"是文明书局出版的又一丛书，分8函，160册。所收笔记仅以清代为限，大多为《说库》所未收，如王韬《瓮牖杂谈》、刘献廷《广阳杂记》、徐锡麟《熙朝新语》等。中国历代笔记小说，"于兹搜罗殆尽，在学术和史料上有着重要的参考价值"。同时，文明书局出版的笔记小说多为线装袖珍本，携带方便，价格低廉，深受民众喜爱，在民国初年石印业中，文明书局可谓"独辟蹊径"②。

鸿宝斋是上海书业公所早期的重要成员，其大力参与书业公所的创建和维持，对近代出版业的发展做出了积极贡献，在近代出版史上占有一席之地。在校刻古籍方面，鸿宝斋同样发挥了重要作用，其"出版之旧文化书籍，行销颇广，营业最盛时，每年可做十余万生意"③。与晚清鸿宝斋出版书目相比，民国时期所校刻的"旧小说""文学用书""字学用书""历史古鉴"占据了较大比例。④ 由此可见，在古籍的保存、整理、影印和校刻方面，鸿宝斋做出了积极的贡献，发挥了不可替代的历史作用。

其他如广益书局、千顷堂书局等中小书局在影印古籍、传承文化方面也发挥了应有的作用。

---

① 周利荣：《文明书局考》，《出版史料》2007年第2期。

② 朱仁明：《文明书局的笔记小说》，《上海师范大学学报》（哲学社会科学版）1990年第4期。

③ 《中国征信所调查报告·鸿宝斋书局》第6405号，中国征信所调查报告书档，1934年，上海市档案馆藏，全宗号：Q320-1-1303。

④ 鸿宝斋晚清出版书目以科举用书为主，在经史子集四部中以时文类所占份额最大，其和诗赋类、试策类、文料诗构成的科举用书占鸿宝斋所售书籍的40.4%，而排名第二的经部亦和科举考试密切相关，两者相加达53.4%，超过半数。而民国书目中与科举用书类似的"学校读本及新旧自修参考书"则位列第四，占总数的10%。这一时期"旧小说"种类达274种，占19%；"文学用书"达237种，占16.4%；"历史古鉴"和"字学用书"达85种，占5.9%。（详情参阅许静波《鸿宝斋书局与上海近代石印书籍出版》，《新闻大学》2012年第3期）

### 三 私人藏书家校理古籍

中国古代私人藏书家整理校刻典籍素有传统，应该说"自雕版普及的宋代就开始了"，"而以明清为盛"①。南宋廖莹中、明代毛晋、吴勉学、洪楩均是著名的藏书家和刻书家。此外，嘉兴项笃寿万卷楼、项元汴天籁阁兄弟、高承埏稽古堂所刻典籍均校勘详密，可谓"刻书之精品"②。明代私家刻书还有一个特殊的现象，就是藩府刻书，这些藩府刻本不仅用纸精良，而且讹误较少、质量上乘，堪称精品，历来为藏书家所珍重。下至清代，更多的刻书家将对善本的珍爱化为刻书行动。他们或搜罗旧抄旧刊，辑刻丛书；或得宋刊元椠，重雕复刻。在朴学学风影响下，清代藏书家"多致力于考据、辑佚、校勘之学，而于古书则倡导恢复本来的面目，故校刻古书既多且好"③。在这些藏书家中，以金山钱氏家族刻书历史最久，数量也最多④。据杨家骆统计，清代私家刊刻的丛书总数就有一千五百种以上，占现存丛书总数的二分之一以上。民国初年，一些学者纷纷仿效古人藏书之雅好，庋藏古籍。同时，这些藏书家也继承前代传统，编书刻书，在民国初年的古籍整理中发挥了重要作用。如刘氏嘉业堂、张氏适园、陶湘涉园，在校刊整理古籍方面都做出了突出的贡献。

（一）嘉业堂藏书楼的古籍整理与刊印

嘉业堂藏书楼不仅以丰富的藏书闻名于世，而且整理校刊了大量典籍，以雕版印书蜚声海内外，在近现代刻书史、出版史和印刷史上

---

① 周少川：《藏书与文化：古代私家藏书文化研究》，北京师范大学出版社 1999 年版，第308 页。

② 叶德辉著，李庆西标校：《书林清话》卷 5《明人刻书之精品》，复旦大学出版社 2008年版，第 111—112 页。

③ 周少川：《藏书与文化：古代私家藏书文化研究》，北京师范大学出版社 1999 年版，第311 页。

④ 关于钱氏家族及其他清代藏书家的刻书成就，周少川在其专著《藏书与文化：古代私家藏书文化研究》第 311—314 页有较为详细的说明，可参阅。

占有重要地位。嘉业堂的刻书活动，几乎与其藏书聚散相始终。

嘉业堂藏书楼主人刘承幹（1882—1963）世居浙江吴兴南浔，其祖以丝织业起家，后又扩充其他经营投资，在当时可谓富甲一方。殷实的家底、丰裕的收入奠定了刘氏家族雄厚的经济实力，这也成为刘承幹兴建嘉业堂藏书刻书的重要物质基础。同时，杭嘉湖地区浓郁的学术氛围、藏书刻书的优良传统也是刘承幹嘉业堂藏书刻书的重要因素。众所周知，自五代始尤其是南宋建都以来，杭州一带逐渐成为全国校刻典籍的中心乃至学术文化中心，① 不仅官方刻书十分兴盛，私家刻书亦蔚然成风。他们或刊刻先贤师友著述，或将家藏善本付梓流通，流韵所及，皆以刻书为风雅之事。② 因此，嘉业堂刻书是对杭、湖地区优良刻书传统的继承。此外，嘉业堂刻书也是受时代风气浸染所致。自清同治年间张之洞督粤，主持刊刻大型丛书百数十种，倡导"刊书不朽"③ 之说起，在其思想引导下，光绪以降，"海内刻书之风几视乾嘉时相倍"④。时风所致，为了抢救和保存传统文化遗产以嘉惠后学，⑤ 刘承幹决意斥巨资刊刻古籍，使其藏书"为千百化身，以公诸天下后世"⑥。关于嘉业堂刻书的目的、种类和功用，刘氏曾做过简短总结，他说："因念昔贤所著，见于诸家著录而亡佚者

---

① 张秀民：《中国印刷史》，上海人民出版社1989年版，第287页。

② 张秀民：《中国印刷史》，上海人民出版社1989年版，第56页。

③ 张之洞有言："凡有力好事之人，若自揣德业学位不足过人，而欲求不朽者，莫若刊布古书之一法。但刻书必须不惜重费，延聘通人，甄择秘籍，详校精雕。其书终古不废，则刻书之人终古不泯。……且刻书者，传先哲之精蕴，启后学之困蒙，亦利济之先务，积善之雅谈也。"（张之洞《书目答问》，台北：商务印书馆1986年版，第77页）

④ 叶德辉著，李庆西标校：《书林清话》，复旦大学出版社2008年版，第8页。

⑤ 刘承幹在其著述中曾多次表达自己的这一期许，如他强调明末常熟毛晋（1599—1659）对己之影响，而他要踵毛晋之迹，通过乱世刻书，使不经见之籍得以保存、传布和普及（详情可参见刘承幹《嘉业堂丛书序》，载缪荃孙、吴昌绶、董康撰，吴格点校整理《嘉业堂藏书志》，复旦大学出版社1997年版，第1243页）。他还说要使"著述家毕生精神之所注，不幸而束缚于瑶函锦赙之间，或漂流于鼓担织筐之内，表而出之，似于艺林不为无功"（刘承幹：《嘉业堂丛书序》，载缪荃孙、吴昌绶、董康撰，吴格点校整理《嘉业堂藏书志》，复旦大学出版社1997年版，第1244页）。

⑥ 刘承幹：《嘉业堂丛书序》，载缪荃孙、吴昌绶、董康撰，吴格点校整理《嘉业堂藏书志》，复旦大学出版社1997年版，第1244页。

盖多，其幸而仅存者，不可无以永其传。曾购得朱氏《结一庐丛书》版，盖以所自刻者，汇为《嘉业丛编》，此为校刊丛书之始。嗣是有《吴兴丛书》，所以存乡先哲也；有《求恕斋丛书》，所以存故家文献也；有《留馀草堂丛书》，所以表理学微言，亦怵夫浇纯散朴，为乃铎之振也。他若《希古楼金石丛书》、《宋四史斋景宋四史》及《章氏遗书》、《旧五代史注》、《晋书斠注》，诸为世所希见者，不能覼缕，悉校刊弆藏楼中。"① 从以上刘氏所述，不难发现其刊刻书籍以丛书为大宗。这源于丛书有保存文献、便于士人求学与研究之功用。对此，张之洞曾有精辟之论，其曰："丛书最便学者，为其一部之中，可该群籍，搜残存佚，为功甚巨。"② 刘承幹亦有同样的认识，他指出刊刻丛书不仅可以"得一书而诸类俱备""增扩其见闻"，有裨益于当今学者的探讨和研究，而且"有德于往贤，嘉惠来哲"，可谓"厥功为钜哉"。③

底本的鉴定和选择，是保障刻书质量的不可或缺的一步。嘉业堂刻书之始，底本的筛选和抉择主要由博学鸿儒缪荃孙负责，④ 己未年（1919）十一月缪氏卒后，嘉业堂刻书底本则由刘承幹决定。⑤ 正是他们的严格筛选和监督，使嘉业堂刊刻书籍的质量得以保障。关于嘉业堂刻书之来源及底本选择，⑥ 刘氏也曾述及，乃"撷其所藏之精絜

---

① 刘承幹：《嘉业藏书楼记》，载缪荃孙、吴昌绶、董康撰，吴格点校整理《嘉业堂藏书志》，复旦大学出版社1997年版，第1405页。

② 张之洞著，范希增补正，高路明点校：《书目答问补正》，北京燕山出版社1999年版，第250页。

③ 刘承幹：《借月山房汇钞序》，载缪荃孙、吴昌绶、董康撰，吴格点校整理《嘉业堂藏书志》附一《嘉业堂群书序跋》卷4，复旦大学出版社1997年版，第1380页。

④ 嘉业堂刻书由缪荃孙总司其事，在《求恕斋日记》壬午年（1942）十二月二十七日，癸丑年（1913）五月十七日、五月二十八日，甲寅年（1914）五月十三日，乙卯年（1915）七月十四日，丁巳年（1917）正月十三日等均有记载。

⑤ 此方面的情况在《求恕斋日记》辛酉年（1921）四月十三日、五月二十日、八月初二日，壬戌年（1922）五月二十八日、六月初十日等亦有记载。

⑥ 黄永年认为，底本选择是古籍整理的一个"工序"，而且是所有"工序"中"最主要的、起决定作用"的"工序"，这是因为"古籍不论用哪种方法来整理，都必须尽可能选择好底本"。（参见黄永年《古籍整理概论》，上海书店出版社2013年版，第5—6页）

精钞，人间所罕见者，次第镌板，以示同好"①。也就是说，嘉业堂刻书的底本多数来源于自己收藏的稿钞本及宋明清刻本，只要是世所罕见，均依次镌刻，从而体现刘承幹"流播文献，保存国粹"之刻书旨趣。在嘉业堂刻书的底本中，稿本和抄本多为吴兴及南浔地方著述和乡邦文献，明清刻本则是以吴兴地方著述和《留馀草堂丛书》中的理学著作为主。此外，影宋刻"四史"除选择宋刻本为底本外，尚有部分世所罕见的明清刻本。随着刻书活动的开展，既有的书稿已不能满足刻书的需求，因此除了刊刻自己收藏的稿本、抄本和宋明清刻本外，刘承幹还积极购买其他藏书家辑刻之书板，或用所购书板直接刷印，或剜改重刻牌记和序跋再印，嘉业堂购入的第一宗书板即朱氏《结一庐丛书》。此外，他还进一步物色其他未刊著述和向友朋同仁函借书稿，不少友人帮助刘氏寻求底本，或向著书者后人征集遗稿，或将自己著作献出，从而为嘉业堂刻书活动提供了充足的底本来源，保障了嘉业堂刻书活动的顺利开展，同时也使得前人著述得以保存和流播。

校勘作为古籍整理的重要方法和工序，在嘉业堂刻书活动中也占有重要地位。对此，刘承幹给予充分重视，他不仅高薪聘请名家主持刊正，而且敦请经验丰富、学识渊博、态度严谨的名人专家校勘。嘉业堂刻书多由缪荃孙主持，故缪氏校书刻书理念一定程度上代表了嘉业堂校书的指导思想。在嘉业堂刻书过程中，缪荃孙提出了"校须六次"②的理念。嘉业堂刻书必须经过初校、覆校和总校的程序。初校和覆校曾由许湜祥、杨钟义二人担任，总校则由缪荃孙本人担任。据粗略估计，嘉业堂刻书过程中从事校勘者前后多达四十余人，除著

---

① 刘承幹：《嘉业堂藏书志自序》，载缪荃孙、吴昌绶、董康撰，吴格点校整理《嘉业堂藏书志》，复旦大学出版社1997年版，第1页。

② 即"校须六次。两人初校，覆校改错，改完总校办划一，揭签发刻。刻成校亦同之，改好印清样"。引自缪荃孙撰，昌彼得句读《艺风堂文漫存》乙丁稿卷三，台北：文史哲出版社1973年版。

者自己参与校勘外，嘉业堂聘请之人多为精于雠校的校勘学家，同时更有专门之家，如曹元忠之校经学，褚德彝之校金石，沈增植、孙德谦、张尔田之校《章实斋遗书》等，而影宋《史记》则由叶昌炽、管世骏、杜肇纶、王舟瑶四人专校。同时，鉴于"刻书易而校勘难"的理念，为了保证校勘质量，提高刻书水平，刘承幹也亲自参与许多书籍的校勘，且不止校阅一遍。据《求恕斋日记》所载可考，刘承幹本人前后校书多达160多种，可谓贡献巨大。刘氏本人的校书活动对于嘉业堂刻书质量的提高发挥了重要作用。

嘉业堂刻书不仅校勘精良，同时对承担刻书事宜的刻书铺也有严格要求，敦促他们"慎选好手"①，力求做到版面干净整洁，笔画均匀有力，刀锋坚挺爽快，质量精益求精。对于不合乎要求者，则严令割剜修补，甚至不惜毁板重刻，以停止供给书稿相惩戒。对于影宋刻"四史"，刘承幹提出了更为严格的要求，如在致承担刻写者饶星舫和陶子麟函中所言："既曰影宋，须与宋椠本一律，不能稍有游移"；"影宋刊本，原贵与旧本无二，斯为完善"。由此可知，正是刘承幹对刻书铺的严格要求和时相督促及自始至终坚持精益求精的原则，使嘉业堂的刻书质量得以保障，其刻书事业得以顺利进行。

（二）张钧衡适园的丛书刊刻与古籍整理

张钧衡（1872—1928）与刘承幹、蒋汝藻并称民国吴兴三大藏书家，他们不仅热衷藏书，而且乐于古籍整理和刻书。这一方面得益于浙江湖州长期以来注重藏书刻书的人文氛围，同时也与张氏本人对藏书的认识密不可分，他认为藏书"秘不示人"弊大于利，如清初"绛云楼"失火，钱谦益藏书毁于一旦即为沉痛教训。同时也应该看到，近代中国动荡不安，战乱频仍，险恶的社会环境使得私家藏书旋聚旋散，特殊的历史局势使得藏书家刊刻古籍保存国粹的意识更为强烈。正是基于这种认识，张氏广泛整理刊刻古籍，使古籍文献得以保

---

① 详见《求恕斋日记》，癸丑年（1913）五月二十八日条，国家图书馆出版社2016年版。

存和流通，避免其遭受"藏匿不返之患"①。

1911年，张钧衡以"国学扶轮社"名义排印《张氏适园丛书初集》七种，皆清人罕传之作。对此，《续修四库全书提要》曾给予高度评价。②后在缪荃孙指导下，张钧衡又刊刻了《适园丛书》和《择是居丛书》。《适园丛书》刊刻体例仿清乾嘉间大藏书家鲍廷博父子刊刻的《知不足斋丛书》，以得书之先后，随辑随刊，不分门类。在历时五年（1913—1917）的刊刻过程中，《适园丛书》先后收书74种，共12集、192册。其中有相当一部分为金石书画、书目题跋类书籍，从某种程度上反映了张钧衡等刊刻者收藏金石书画的志趣和目录学研究的志向。《适园丛书》所刻各书底本来源为张氏自藏典籍，其中很多是未刊稿本和流布不广的抄本，具有较高的学术价值，如《敬乡录》《千顷堂书目》等；还有一些为清代禁书及清人稿本，如《鲁春秋》《群雄事略》《百宋一廛书录》《汉石经考异》等。此外，《适园丛书》所收之书有不少难得的足本善本。《择是居丛书》刊刻于民国十五年（1926）前后，收书19种，56册。其中宋元古本即占16种，主要有《吴郡志》《寒山诗集》《尚书注疏》《诗品》《乐书正误》等。张氏《适园丛书》和《择是居丛书》所收之书涉及经史子集四部，内容较为丰富，以《适园丛书》第十二集为例，经部书有清瞿中溶《汉石经考异补正》、清丁晏《左传杜解集正》等，史部书有宋彭百川《太平治迹统类》、清徐炯《五代史记补考》等，子部书有宋陈翥《桐谱》、宋陈敬《新纂香谱》等，集部书有宋陈师道《后山先生集》、宋刘克庄《后村诗话》等。

校勘方面，张均衡也做出了最大努力。除了搜罗众本进行对校之

---

① 严佐之：《清代私家藏书目录琐论（代前言）》，载《近三百年古籍目录举要》，华东师范大学出版社2008年版，第4页。

② 《续修四库全书总目提要·丛书部》："当清季光宣间，海上人士喜刊明季稗乘，以发扬国粹，张氏此书亦秉其旨，虽所搜辑未如刊者（笔者按：此当指《适园丛书》）之广博，然明遗著赖永其传，堪与刊本相辅相行者也。"（国家图书馆出版社、中华书局2010年版，第410页）

外，他还广泛利用类书、总集或其他传本进行他校和理校。如《适园丛书》第一集在收录元代吴师道《敬乡录》十四卷时，张钧衡就进行了认真的比对和校勘，他先后以《骈体文钞》《三唐人集》《唐文粹》《宋文鉴》《中州集》分别校对刘孝标、骆宾王、冯宿、俞紫芝、滕茂实诸文。对于陈龙川文，他以《续宋诗纪事》《宋诗纪事》《宋元学案》《姑苏志》诸文献"互相参校"，"大约十得其七"。他还说："今洪志已佚，此书止有传钞本，校雠亦复不易。"① 对校勘的精益求精，使得刊刻丛书的质量得以保证，也为后世保存了难得的善本文献。

辑佚作为古籍整理的方法是指从类书、古注中把已经佚失的古籍搜辑出来。它"虽不能恢复该古籍的全貌"，但"至少能起窥豹一斑的作用"。② 张钧衡刊刻丛书收书时务求完备，力争做到不遗不漏。他以乾嘉时鲍廷博《知不足斋丛书》为榜样，对于罕见之书，往往据他本补足之后才付之刊刻。如明代《千顷堂书目》长期以来只有钞本，1913年，张氏据十万卷楼钞本和汉唐斋残钞本将其刻入《适园丛书》第二集，此后始有刻本行世。但张氏对此并不满足，因为其所据十万卷楼钞本和汉唐斋残钞本中的卷十三至十六、卷二十三至三十二，已将卢文弨、吴骞两家校补增入，余则未补，尚不完备。1920年前后，张钧衡在得到吴骞校本的迻录本后便对此前刊刻本重新做了修补。虽然修补之后的本子也未必尽善尽美，但还是反映了张氏刻书精益求精、追求完备的精神。张氏刻书不仅追求卷帙完整，同时还有意收录各书的序跋和题识。在张氏看来，虽然原书跋语，"无关宏旨"，但却"不敢轻削"。因为这些序跋和题识对于典籍"期间流移授受之原委，与夫反复订证之苦心皆为表微"。这种收录原书序跋、题识的做法，不仅保存了重要文献，使得原书更为完备，而且对

---

① 张钧衡：《敬乡录跋》，载《适园丛书》第一集，吴兴张氏民国年间刻本。
② 黄永年：《古籍整理概论》，上海书店出版社2013年版，第98页。

后世研究著者学术源流、治学旨趣以及文献的版本流传和沿革提供了诸多方便，具有重要的学术研究价值。

序跋撰写虽然不是整理古籍的"方法"，但却是整理的一道"工序"，任何古籍整理之后都少不了撰写序跋这个工作。当然，"只有在做好其他工序的基础上才有可能写出好序跋，但真正要写出好序跋，还得有更多的学问"①。对于"适园丛书"和"择是居丛书"所收各书，张钧衡大多撰写跋语，这些跋语或介绍该书流传情况和版本源流，或分析该书价值和内容，或说明作者生平及学术旨趣，或记录此书校勘刊刻情况。如"适园丛书"收录《闽行随笔》，不仅介绍了作者范文光生平、交游及家世，同时还说明了《闽行随笔》的成书经过、流传情况及该书内容及特点，② 具有重要的学术价值。这些序跋作为张氏所刻丛书的重要组成部分，不仅为后世研究前人典籍提供了重要参考，而且也成为研究张氏本人学术思想不可或缺的重要文献。

（三）陶湘涉园古籍整理与刊印

陶湘（1870—1939），字兰泉，号涉园，江苏省武进县（今常州市）人，清末民初著名藏书家和刻书家。陶湘自幼随父读书，聪明颖悟，稍长探综群籍，斐然有著述之志。陶湘藏书处涉园藏书最多时达三十万卷，藏书数目在近代藏书家中屈指可数。陶湘涉园藏书不仅数量多，而且质量十分考究，其藏书除珍藏宋元本、大量旧钞本、稿本和清刻本外，还有如下特点：一是重视明版本书的收藏，多达四万卷；二是搜罗毛晋汲古阁刻书甚全，毛晋刻书六百余种，两百多年之后，陶湘极力网罗达五百四十余种，约占毛晋刻书数量的百分之九十五；三是搜罗吴兴闵板套印本尤备；四是注意搜罗清代武英殿刻本书籍；五是讲求书籍的装帧。

---

① 黄永年：《古籍整理概论》，上海书店出版社 2013 年版，第 7 页。
② 可参阅张钧衡《闽行随笔跋》，载《适园丛书》第七集，吴兴张氏民国年间刻本。

陶湘嗜好藏书的同时尤其嗜好刻书。在晚清民初藏书家中，陶湘刻书之多与精，可谓无与伦比。之所以有如此成就，一是因为"敬心"，二是因为"恒心"，即对德贤先哲之崇敬和锲而不舍之精神。正如其子陶祖椿等在为陶湘所写《行述》中所言："其刊书也，尤为一生精力之所粹。自镂板以至校雠，无不躬执其役，风雨晦明，未尝或辍。尝诏不孝等曰：非敬无以举事之体，非恒无以集事之成。吾生平于刻书，略有成就者，赖此二字之力耳。"① 陶湘涉园刻书主要有《儒学警悟》七种四十卷、《百川学海》十集一百种、《影刊宋金元明本词》四十种、《影刊汲古阁钞宋金元词》七种、《喜咏轩丛书》五编、《百川书屋丛书》七种及续编五种、《托跋廛丛刻》十种、《涉园墨萃》十二种、《营造法式》三十六卷、《八经》八种、《元程钜夫全集》三十册、《元顾氏草堂雅集》等。

在典籍的选择方面，为了文献的保存和流播，陶湘涉园刻书更多地选择世间流传较少之书，如《儒学警悟》为海内孤本，宋金元明各词集及各种丛书多为传世甚少或人间难寻之书。陶湘刻书在底本的选择方面也颇为讲究，如《百川学海》所据底本为南宋咸淳本，历经明朝文徵明玉兰草堂、清朝徐乾学传是楼、季振宜静思堂等著名藏书家递藏，为铭心珍品；《儒学警悟》底本为明钞明装，经盛昱郁华阁、缪荃孙艺风堂收藏，并经缪荃孙精校；《托跋廛丛刻》所据底本亦皆宋元板或旧钞本。陶湘学养深厚，在选择底本时，常常将多种版本反复比较，订伪存真，汰劣取优，如其仿宋崇宁本刻《营造法式》一书时，商务印书馆已有影印本行世，影印本底本为丁氏八千卷楼藏抄本，而"丁本系重抄张氏（蓉镜）者，亥豕鲁鱼，触目皆是"。陶湘认为《四库》本据天一阁抄宋本录入，又经《永乐大典》本补正，较诸家传抄本可信。于是亲自查考，以文渊、文溯、文津三本互勘，复以晁、庄、陶、唐摘刊本、蒋氏所藏旧抄本对校，丁本之缺者补

① 转引自张煜明编著《中国出版史》，武汉出版社1994年版，第287页。

之，误者正之，"间有文义难通，明知讹误而各本相同者，不敢臆改则仍之而存疑焉，至于行款字体均仿崇宁刊本"①。由此可知陶湘在版本选择上所持的严谨审慎之态度。同时他还延请诸多名家校订，如宋金元明本词四十种为吴昌绶原辑并字字校勘；《儒学警悟》七集为缪荃孙亲手校订并作序；《程雪楼集》由章钰校勘。

在书版的刻写方面，陶湘要求亦极为严格，涉园刻书写手绝大多数出自民国年间摹刻古本最好的武昌陶子麟和北京文楷斋，如陶湘所印宋金词七种即为陶子麟锓木。此外，民国初年著名写手饶星舫（一名香舫，湖北黄冈人）也多次为陶湘涉园刻书，《儒学警悟》即为其中之一。在具体的刊刻印刷过程中，陶湘对技术上的要求则更为严格，如其刻《营造法式》一书时，底本缺北京宫殿图式部分，为了准确，陶湘特地邀请京都承办官工老匠师贺新赓等依卷说明做成宫殿模型，标准尺寸，再据以刻版。又该书卷三十三、三十四两卷为彩画，陶湘按照说明填色，"五彩套印，少者四五版，多者十余版"②，所费心力尤多。版本上的择善而从，技术上的精益求精，才使涉园刻书质量超越于一般坊肆刻书之上，从而极大地推动了民国古籍整理事业的发展。

## 四 新式古籍出版方式及出版机构的出现

### （一）古籍印刷技术的革新

清末民初印刷技术的进步主要是体现在对西方印刷方式的引进和借鉴，这些新式印刷方式主要是指凹版活字印刷和平版石印技术。

西方的凹版活字印刷源于中国的活字技术（主要是泥、木、铜活字），这种技术传入西方后，活字以铅制成，用于刊行中文书籍。

---

① 陶湘：《武进陶湘字兰泉号涉园七十年记略》，转引自曹红军、李健《武进陶湘刻书考》，《四川图书馆学报》1997 年第 6 期。

② 陶湘：《武进陶湘字兰泉号涉园七十年记略》，转引自曹红军、李健《武进陶湘刻书考》，《四川图书馆学报》1997 年第 6 期。

这种技术在清末传回中国，最初仅为华商企业采用，如上海华商集成图书公司以印行活字版《古今图书集成》著称。该印刷方式较中国传统雕版印刷术而言，节约版面，可以重复利用，生产效率极高，因而影响力也逐渐扩大。

西方平版石印技术也在清末传入中国，但这种印刷方式最初主要为教会及外商出版机构采用。该印刷术可保存古籍原貌，可利用机器动力以节约人力，因而逐渐成为中国出版业的新宠，同文书局于1890年最早用石印技术翻印《古今图书集成》。①

甲午战争之后，在外资企业刺激下创办的一系列新式民营出版企业，为降低成本，纷纷采用了西方技术重印古籍。② 民国初年的出版行业基本上延续这种以新式印刷方式刊印古籍的趋势。以二十四史为例，1914年，民国第一图书局用铅字排印出版了《二十四史》；1916年，上海商务印书馆石印了全套《二十四史》。

（二）新式出版机构的古籍刊印——以商务印书馆为例

民国初年，新式出版机构在古籍整理方面的出版活动不多，商务印书馆则是新式出版机构在民国初年古籍整理出版业绩中的佼佼者。商务印书馆成立于清光绪二十三年（1897），由夏瑞芳、鲍咸恩、鲍咸昌、高凤池等人在上海创办。最初只是经营票据、纸品的小型印刷机构。1902年，张元济加入商务印书馆，成立商务印书馆编译所。编译所成立以后，商务的业务就逐渐开始由印刷厂向出版业转变。商务印书馆在古籍整理翻印方面有着很好的传统，早在1900年就有排印的《通鉴辑览》《纲鉴易知录》出版，后来又出版《五经备旨》《左传》等10多种。③ 张元济主持工作以后，在1907年相继推出

① 汪家熔：《商务印书馆史及其他——汪家熔出版史研究文集》，中国书籍出版社1998年版，第256页。

② 王余光：《中国新图书出版业初探》，武汉大学出版社1998年版，第40页。

③ 汪家熔：《商务印书馆古籍出版工作概述》，载《商务印书馆史及其他——汪家熔出版史研究文集》，中国书籍出版社1998年版，第211页。

《唐四家名集》《唐人八家集》《元人十种诗》等数种据汲古阁精钞本影印的古籍。

民国初年，商务印书馆整理刊行的重要古籍主要有《百衲本二十四史》和《涵芬楼秘笈》。《百衲本二十四史》采取影印方式，其中除《旧五代史》《元史》《明史》等数种以明清时版本作为底本外，其余均以宋元版为主要底本，加以校勘审定，字体适中，印行精美，于1916年推出。《涵芬楼秘笈》则是以涵芬楼所藏善本秘笈为依托所出版的一套古籍丛书。涵芬楼本是商务印书馆为方便编辑事务，于1904年筹建起来的专门收藏善本古籍的藏书室。此后藏书室的收书范围逐渐扩大，在古籍善本之外，中外新出图书都有收藏，并在1909年正式定名为涵芬楼。《涵芬楼秘笈》的辑印出版由孙毓修总其成，收书五十一种，以影印为主，少量采用排印，仿效鲍廷博《知不足斋丛书》的体例，分十集出版，在1916年至1921年出齐。这套丛书以搜奇集异为宗旨，所选之书多内容罕传，或是版本少见，所采底本多据旧抄本和写本。孙毓修在为这套丛书所作的"序"中特别强调了影印手段在古籍整理出版中的优势与特色，"摹写上版，虽字画不改，终觉貌似神遗。摄印则神貌兼至，其善一矣；古书多不失本真，其善二矣；镂版可以传久而不能速成，摄印则可速成而亦能传久，其善三矣"①。值得一提的是，商务印书馆古籍整理的代表作《四部丛刊》初编，也在这一时期开始酝酿。1918年张元济在致刘承幹的书札中就提到，"敝处拟印《四部举要》，前承奖励，益自激励。草目业已拟就，谨呈上一册，伏祈鉴定"②。

民国初年古籍整理活动呈现出新旧交融的基本特色，亦是当时社会面貌的真实写照。在这一时期，私人藏书家、旧式书坊的古籍编印延续了古代的优良传统，所刻之书，质量上乘，从数量上看也明显多

---

① 孙毓修：《涵芬楼秘笈》，国家图书馆出版社2001年版，"序"第1—2页。
② 张元济：《张元济书札》（上），商务印书馆1997年版，第368页。

于同期新式出版机构，创造了属于旧书业的最后辉煌。随着新文化运动的深入开展，新旧之间的平衡被打破，进入 20 世纪 20 年代，私人藏书家、旧式书坊的古籍整理活动日渐难以维系。在学术勃兴、商业竞争等多重因素的催发下，在新式出版机构、图书馆、学术机构的广泛参与和推动下，古籍整理事业走向了一个新的阶段。

## 第二节 借汉学求科学：20 世纪 二三十年代的古籍整理

近代"科学"对于中国的影响是"外源型"的，乾嘉"汉学"则是循着中国传统学术文化发展的内在理路至清代兴起的学术体系。"五四"以来，"民主"与"科学"的理念深入知识界，西方科学精神的倡导，与乾嘉汉学的实证精神不谋而合。学者们将中学西学打通，借鉴西学的方法，沿承汉学传统，总结中国传统历史文化，整理刊布古书，构建中国现代学术体系。与此同时，20 世纪二三十年代，国民政府在形式上实现了全国统一，政治相对稳定，经济进一步发展，教育经费投入逐年增加，为古籍整理事业的进一步发展提供了良好契机。由此可见，科学精神的倡导，政府财政的投入，都是促进这一时期古籍整理事业繁荣发展的重要因素。

### 一 相对稳定的社会文化环境促进古籍整理发展

20 世纪二三十年代，古籍整理发展与政府文化事业的需求密切相关。比如，南京国民政府统一全国后，开始筹划纂修各省市县志书，1929 年，国民政府颁布《修志事例概要》，规定各省设立通志馆，各市县设立文献委员会。[①] 1931 年《院令县市设文献委员会》规

---

① 《中华民国 18 年国民政府令准〈修志事例概要〉》，转引自杨军昌《中国方志学概论》，贵州人民出版社 1999 年版，第 407—408 页。

定"各省市政府所在地应设文献委员会为永久机关，对于本市县文献材料负保存、征集之责，各区得设分会，任调查事宜"。并对"文献委员会"要征集的文献内容进行了具体说明。①"志馆"及"文献委员会"的明确分工，引发修志机构对于"旧籍"的搜集，也促进了史志文献整理工作的发展。

1934 年年初，国民党政府在南昌发动"新生活运动"，目的则在于改良社会生活，恢复中国固有道德，以求民族复兴。新生活运动以传统的"四维（礼义廉耻）""八德（忠孝仁爱信义和平）"为核心，要求国民在日常生活、衣食住行的点滴都自觉遵循固有之道德。而尊孔读经就是当时恢复固有道德的重要手段之一，"读经，实为急宜注意之问题。经书为我国一切文明之胚胎，其政治哲学较之现在一般学说均为充实，吾国之所以能维持数千年历史不坠者，实赖此政治哲学尚有一线之存在也。希望全国人士，从速研究，以发扬光大吾国之国有文化"②。1934 年 8 月，全国恢复祭礼。同年 9 月，蒋介石在庐山为军官讲授《大学》。蒋介石的倡导与庐山讲经，使得尊经复古的氛围迅速弥漫开来，在政府的支持下，全国各地相继成立了一批读经讲经的机构，其中不乏章太炎在苏州所设的国学讲习所、李廷玉所建国学研究社等颇具影响力的机构。20 世纪 30 年代这股读经复古的潮流，从本质上带有浓厚的封建色彩，并不能代表当时社会文化发展的方向。但是由于这股潮流是由国民政府主导推行的，就其影响力和波及范围来看还是很深远的，"大书店和次大书店之竞出古书风气是与近几年来的复古读经运动呈同一速度而成长的"③。可见，由读经引发了翻印古书的热潮，古籍整理活动受到政府文化政策引导和推进，呈现出繁荣的景象。

---

① 《院令县市设文献委员会》，《江苏省政府公报》1931 年第 759 期。
② 程淯编：《历代尊孔记·孔教外论合刻》，东方读经会 1938 年版，第 43—44 页。
③ 李麦麦：《论竞出古书与民族自杀》，《文化建设》1935 年第 1 卷第 11 期。

## 二 古籍整理适应学术发展而勃兴

20 世纪 20 年代之后，高等院校的创办、中央研究院的建立，推动了现代教育、科技研究的进步与发展，为古籍整理事业创造了良好的外部条件。这一时期古籍整理事业的迅速发展既得益于安稳的外部环境，同时也交织了多股因素的催发与刺激。其中如"整理国故运动"思潮，主张重估中国传统学术之价值，并在此基础上采用科学的方法，对"国故"进行系统的整理。这一思潮在社会上影响广泛，数年间"整理国故"的浪潮席卷全国，古籍整理事业也就由此全面发展起来。

20 世纪二三十年代古籍整理事业蓬勃开展，"书籍的出版量，委实比往常增多了几倍了，什么《四库全书》《四部丛刊》《十三经注疏》、经史子集、《国学丛书》《万有文库》等，大书店均在大量地出版；什么《西厢记》《三国演义》《水浒传》《聊斋志异》《镜花缘》等，小书店均有大量的竞卖，只要你走进书店，触目尽是这类古书"①。这种现象的出现固然与社会环境、文化政策有密切的联系，但就本质而言，欣欣向荣的学术文化研究才是当时古籍整理事业前进的最大动力。20 世纪二三十年代的学术界异常活跃，旧学在沉寂了一段时间之后，经由整理国故运动的呼吁与倡导，迅速成为学术界的热点。在大量西方理论涌入的情况下，运用新的理论和评价传统文化的价值更是当时最为热门的话题。学术界大声疾呼的"文化革命"也被越来越多的人所接受，这种学术文化研究的高潮成为二三十年代古籍整理出版的最大动力。整理国故的呼吁，引发了国学研究热潮，与之对应的则是国学书籍的热销，著名者如《四部丛刊》《四部备要》，两大丛书收罗广博，便于学界使用；还有适应初学者需求的《国学基本丛书》等。胡适和梁启超所开列的《国学书目》，既是青

---

① 沈汶：《通讯：古书流毒的危险性》，《是非公论》1936 年第 29 期。

年学子研习国学之门径，亦是古籍整理出版界的有利向导。以下就以文学的戏曲小说研究和史学的疑古思潮为例，从更为精微的角度考察学术发展对古籍整理的深刻影响。

（一）戏曲小说研究对古籍整理的推动

戏曲小说，在中国古代并不受重视。虽然在元代以后，戏曲、小说的创作日渐繁盛，但因儒家传统观念的限制，被划入不登大雅之堂的行列，其地位始终不能与诗文相提并论。这种局面一直要到近代才发生改变。西方文艺理论的传入，逐步改变了学者们视戏曲小说为末流的看法。这种观念的转换，直接促成了戏曲小说成为学术研究的对象而被纳入现代学术体系中，形成了专学。民国戏曲小说的研究开始于王国维的《宋元戏曲史》，此后有吴梅《中国戏曲概论》、鲁迅《中国小说史略》、陈独秀《论戏曲》、齐如山《说戏》，以及胡适《红楼梦考证》及系列文章、郑振铎的相关戏曲论文等，都是这一时期戏曲小说研究的重要成果。这些成果的取得是建立在大量戏曲小说被发现和整理出版的基础上的。戏曲小说由于历来不受重视，流传收藏境况不佳，散佚较多。晚清民国以后，随着学术研究的开展，戏曲小说的价值才不断被发掘和重估，"十年以来小说、戏曲、佛经为研究的专业者日多，注意力所及，虽穷乡僻壤，烂纸破书亦无不搜罗及之"①。以学术研究为导向，网罗搜访新材料，引发当时古籍出版界对戏曲小说文献整理的热衷。戏曲方面，董康先后编成《盛明杂剧》二集、《曲海总目提要》；刘世珩刊成《暖红室汇刻传剧》；上海朝记书庄于1923年先后影印出版《蒋士铨九种曲》《古今杂剧三十种》；新发现的《永乐大典戏文三种》也很快就在1931年由北平古今小品书籍印行会刊行。小说方面，《大唐三藏取经诗话》《新编五代史平话》《大宋宣和遗事》等历来罕见的古本小说，均由相关机构整理出版。特别值得注意的是，这一时期对小说文献的搜罗整理，不仅仅局限于国内，

① 郑振铎：《一九三三年的古籍发现》，《文学》1934年第2卷第1—6号。

眼界已经放宽到海外。在杨守敬成功访书经历的基础上，以董康、孙楷第、王古鲁、郑贞文、郑振铎为代表的一批学人，致力于戏曲小说文献的搜集，先后赶赴东瀛访书，成绩斐然。孙楷第于1931年前往日本调查所藏中国古典小说，后撰成《日本东京所见小说书目》。王古鲁则更进一步，往来穿梭于日本各大公私图书馆，尤以在轮王寺所获最丰。王氏在日期间以抄录和摄影的方式，获取了《古今小说》等大量小说异文和书影照片，回国后陆续整理出版。海外所获戏曲小说的新材料，既丰富了研究对象，也在不断推动着学科的纵深发展。

民国年间，戏曲小说研究作为专学逐步建立起学科体系。在学科发展和学术研究推进的前提下，促成了戏曲小说文献的大量辑印出版，这是学术研究引导古籍整理发展的例证。

（二）辨伪疑古思潮与古籍整理的互动

20世纪20年代，在五四新文化运动反对封建、提倡科学的影响下，史学界兴起了一股对传统古史观进行质疑和批判的思潮。这股思潮继承了中国古代已有的以“疑经”为主要特色的史学批判传统，并将其发扬光大，引发学界围绕中国上古史展开了一场大讨论，在海内外史学界引起巨大反响，其代表人物就是顾颉刚及其带领下的“古史辨派”。

顾颉刚在北大求学期间，受到胡适启发，标点研读了姚际恒《古今伪书考》、崔述《考信录》等古代辨伪名作，学术态度和主张也逐渐由“辨伪”走向“疑古”，其核心观点即为“层累的造成的中国古史”，对中国以往的上古史体系提出了全面的质疑与挑战。古史辨派的学术活动虽然重点在于辨“古史”，在于厘清古史的真伪。但在辨古史的过程中，同样牵涉古书的问题，“古书是古史材料的一部分，必须把古书的本身问题弄明白，始可把这一部分的材料供古史的采用而无谬误；所以这是研究古史的初步工作”①。在古史辨派的学

---

① 顾颉刚编著：《古史辨》（第3册），上海古籍出版社1982年版，“自序”第4页。

术活动中，辨古书和辨古史就是两条同时开展、互相推进的基本线索，"辨伪事的固是直接整理历史，辨伪书的也是间接整理。因为伪书上的事实自是全伪，只要把书的伪迹搞定，便使根据了伪书而成立的历史也全部失其立足之点"①，这其中辨伪书的工作就是古籍整理实践活动。具体来说，古史辨派的古籍整理活动，主要体现在了两个方面，一方面是对于先秦典籍的全面考察。古史辨派的学术活动，以对古史系统的批判与重建为最终目的。这其中必然牵涉到大量的先秦典籍，首当其冲的自然是以《尚书》《周易》为代表的早期经典，除此之外，《老子》等同时代的诸子百家之书也在整理考察的范围之内。另一方面则体现为对历代辨伪典籍的整理。古史辨派的学术路径，固然受到西方学术的影响，但就源头来看，依然是发源于中国古代辨伪的思想。正是基于充分厘清中国古代辨伪学成就与价值的考量，顾颉刚等人一开始就筹划出版《辨伪丛刊》，经过标点辑佚等多项工作，相继出版了《古今伪书考》《四部正讹》《朱熹辨伪书语》《古学考》《论语辨》《诗辨妄》《崔东壁遗书》等一批以辨伪为主题的古籍整理作品。古史辨派的学术活动，反映出了学术研究与古籍整理的互动关系。古籍整理的发展需要学术研究作为导向，专业研究者的参与也促进了古籍整理在内容和手段上趋向精深与多样化。

　　20世纪二三十年代，古籍整理事业的发展与学术的繁荣息息相关。学术研究带来的旺盛需求、国学热下的专业普及都是古籍整理发展的巨大动力。这一时期的古籍整理事业迎合了学术研究前进的步伐，得到学术研究的推动和指引，在出版界、学术机构、公共图书馆的全面参与之下获得了令人瞩目的成就。古籍整理出版的数量十分巨大，在古籍影印和排印之外，古籍检索编制、运用标点符号点校古籍等新的手段和方法也得到了初步尝试与有益探索，普及类古籍作品的出版领域也在不断扩展。

---

① 顾颉刚编著：《古史辨》（第1册），上海古籍出版社1982年版，"自序"第35页。

### 三　重要机构与人物的古籍整理成就

20 世纪二三十年代古籍整理，参与者非常之多。这其中还有一个商业经营上的因素，就是古籍整理出版的成本相对较低，"同一份量的一册书，新编的或新译的，要若干编译费，而取材于古书，则购买底本之费抵不到编译费百分之一，再加上点句费，还不及一半。照营业的原则来说，成本越轻越好，这自然是翻印古书便宜"①。成本低廉，销路畅通，使得出版社、学校、图书馆等大量社会团体和机构，寄希望于在古籍整理市场上有所斩获。当然，在商业利润之外，也自有他们传承中华民族文化的一份本心。一批代表性的机构与人物，为民国古籍整理事业做出了重要贡献，他们的事迹也应是此期古籍整理出版史中不可或缺的篇章。

（一）张元济与商务印书馆

进入二三十年代以后，商务印书馆的古籍整理出版业务也达到了一个新的高度，"自咸、同以来，神州几经多故，旧籍日就沦亡，盖求书之难，国学之微，未有甚于此者"②。张元济主持下的商务印书馆以恢复和弘扬民族传统文化为己任，秉承"文化消沉之际，得网罗仅存之本，为古人续命"③的宗旨，经过精心挑选，优选底本，严谨校勘，整理出版了一批优秀古籍，堪称当时古籍整理出版的领头羊和风向标。凭借多年积累，商务印书馆在古籍整理方面的家底日益雄厚，涵芬楼收藏的珍本秘籍是其古籍整理活动开展的宝贵资源。张元济本人国学功底深厚，精熟于古籍整理业务，同时又吸纳了很多有抱负的知识分子参与古籍编印，人才优势明显。王云五继任以后，又着力开拓普及类古籍读物的潜在市场。对于商务印书馆在这一时期古籍

---

① 胡怀琛：《最近上海各书局翻印古书潮之考察》，《时事新报》1936 年 12 月 23 日。
② 张元济：《印行〈四部丛刊〉启》，载《张元济论出版》，商务印书馆 2011 年版，第 34 页。
③ 顾廷龙：《回忆张菊生先生二三事》，载《商务印书馆九十年》，商务印书馆 1987 年版，第 14 页。

整理的主要收获，我们可以从两方面来认识。

一是在数量上，整理出版的古籍数量多。该馆在此期整理出版的古籍，主要是以古籍丛书为主，先后出版有《四部丛刊》（1919—1922）、《续古逸丛书》（1922—1938）、《百衲本二十四史》（1930—1936）、《丛书集成初编》（1935—1937）、《四库全书珍本初集》（1935）等一批古籍丛书，内容包罗广泛，"在汇刻丛书经验的基础上，以常用、实用与罕见相结合，荟萃古人之书，不拘门类，兼收并蓄"①，逐步形成了自己的特色。这几套古籍丛书，无论是收书种类，还是从内容特色等方面来看，都具有独特的价值，也显示出商务印书馆老道的学术眼光。《四部丛刊》以包罗宏富，版本精良著称，是学术研究必备之书。《续古逸丛书》为日本访书所得之汇刻，因版本罕见，依原书版式大小影印，以求留真。《百衲本二十四史》作为史部专题丛书，荟萃了传世二十四史的最佳版本，凸显版本特色。《丛书集成初编》意为集丛书之大成，汇集了自宋至清的百部重要丛书，以罕见与实用为收书原则。数量多、主题鲜明是商务印书馆在古籍整理方面的显著特色。

二是质量上优势明显，具体来说是底本择善而从，校勘严谨踏实。商务印书馆这一时期出版的古籍丛书，多采用影印的方式，所以底本的选择就成为丛书质量优劣的重要判断依据。该馆虽然有涵芬楼之藏书作为依托，但大规模的整理影印出版，涵芬楼所藏还是远远不够的。以影印《四部丛刊》为例，"王秉恩、沈曾植、翁斌孙、严修、张謇、董康、罗振玉、叶德辉、齐耀琳、徐乃昌……孙毓修、张元济共二十五家联名发布通启，并各出珍藏，择其善本提供"②。藏书家的鼎力相助，才有了《四部丛刊》在版本收藏上的显著特色。即便如此，《四部丛刊》重印时，又抽换了二十一种底本，商务印书

---

① 王绍曾：《近代出版家张元济》，商务印书馆1984年版，第59页。

② 胡道静：《孙毓修的古籍出版工作和版本目录学著作》，载《商务印书馆九十五年》，商务印书馆1992年版，第76页。

馆"择善而从"的底本甄选态度可见一斑。校勘严格突出地表现在《百衲本二十四史》的整理中。此书由张元济亲自主持校勘，各史之后附有跋语，即是校勘收获的结果。其中关于卷页的缺损，文字脱误具体情况以及致误原因都有比较精详的说明，"君自刊印伊始，独任校勘之役。每一史成，辄缀跋文于后，胪版刻之源流，举文字之同异，恒与前贤相发明，或引今时之创获。其致力之精能，记问之赅博，海内人士，披观而服之久矣"①。在《百衲本二十四史》的影印过程中，张元济还创造性地发挥"描润"之法，最大限度地恢复宋元旧刻字体整齐、古雅的艺术特色。经由商务印书馆整理出版的古籍质量上乘、校勘精审、印刷精美，自然受到读者的青睐，一些书还远销海外，为国外学术机构所珍藏。

商务印书馆在古籍整理和出版方面的这些特点与优长使其取得了较大成就，同时也为20世纪二三十年代的古籍整理出版界树立了榜样，成为整个行业学习和仿效的对象，从而带动了古籍整理事业在这一时期的快速发展。

（二）中华书局

中华书局是当时出版界仅次于商务印书馆的综合性出版机构，由陆费逵、戴克敦、陈寅等人在上海创办，创办时间恰和中华民国成立的时间一致。中华书局经营的诸项业务中，以教科书业务为大宗，特别是在创办之初，鉴于对社会形势的准确判断，依靠新式教科书的畅销而一炮走红，在经济利益、社会声誉双丰收的情况下，中华书局适时进行业务调整，"贩卖西书以输入欧美文化，供学子之钻研；搜集古书以流传国学，引宿儒之注目"②。这种调整就预示着中华书局将古籍整理纳入到自己的主营业务中来。自1914年起，就陆续有《史记》《汉书》《文选》《古今文综》《五朝文简编》等整理出版。

① 傅增湘：《〈校史随笔〉序言》，载张元济著《校史随笔》，上海古籍出版社1998年版，第1页。

② 钱炳寰：《中华书局大事纪要（1912—1954）》，中华书局2002年版，第14页。

20世纪二三十年代，这两家出版社在出版市场的竞争十分激烈，"中华书局与商务印书馆为吾国最有悠久历史与规模最宏大之印刷机关；双方虽志同道合，而以营商手段行传播文化事业，故常不免有同业互竞之举；虽不见显揭旗帜，然其角逐之痕迹固历历在明眼人目中也。"① 双方在教科书、工具书等领域展开全面交锋，这股竞争态势同样也扩展到了古籍出版方面。激烈的竞争也推动了中华书局在古籍整理出版方面的推陈出新与不断壮大。"针锋相对"和"另辟蹊径"是此期中华书局古籍整理的最大特色。

"针锋相对"，主要是针对商务印书馆的古籍整理出版经营而言的。具体来说就是不甘居于商务印书馆之后，整理出版的古籍作品多含竞争之意，这一点尤以《四部备要》和《古今图书集成》最具代表性。《四部丛刊》因其底本精善、校勘仔细，学术价值高，自问世以来就受到学术界的广泛欢迎。《四部备要》就是在《四部丛刊》大行其道之时，中华书局推出的与商务印书馆抗衡的作品。《四部备要》多收通行本，采用聚珍仿宋技术排版出版，为一般读者的古典文献阅读提供了便利，加之售价低廉，深受读者好评，"一方面力求经济，一方面又务使读者不至于有损目力，此种经营擘划，实为今年辑印古书之所仅见者"②。《古今图书集成》的影印出版即是另一例，最初"商务"和"中华"都有影印计划，后"商务"主动退出，"以同业竞争过烈，难免两败俱伤，中华对《古今图书集成》之筹备影印，即早于商务，商务不妨放弃，以专让中华为之"③。《古今图书集成》自康熙年间编成之后，因为卷帙浩繁，印本较少，流传较少。"中华"于1933年得富商陈炳谦所赠铜活字本《集成》为底本，又从浙江省立图书馆借出所缺部分和《考证》部分，从1934年起陆续

---

① 慕骞：《对于中华商务两大书局影印珍籍之意见》，《浙江省立图书馆馆刊》1934年第3卷第1期。

② 陈高傭：《中国文化与中国古籍》，《新中华》1934年第2卷第5期。

③ 王云五：《岫庐八十自述》，江西教育出版社2011年版，第241页。

影印出版问世，此书亦是中华书局踏足古籍影印业务最为成功之典范。

"另辟蹊径"是针对中华书局古籍整理中的选题策略而言的。商务在张元济的主持下，依靠涵芬楼藏书的精善，与海内藏书家的稔熟，在古籍善本的借取等方面有着得天独厚的优势，所以其古籍出版以刊布秘本、弘扬学术为最大特色。中华书局在这方面自然难与商务匹敌，所以另辟蹊径，以实用和普及为宗旨。同样以《四部备要》为例，"吾国学术，统于四部。然四库著录之书，浩如烟海；坊肆流传之籍，梦若乱丝。承学之士，别择维艰；善本价昂，购置匪益。本局同人有鉴于此，爰于前年择吾人应读之书，求通行善本，汇而集之，颜曰《四部备要》。提纲挈领，取便研求；廉价发行，以广传布"。《备要》印行之目的就是方便取阅，故而收书以通行实用为主，受众面也较广。1936 年推出的《中国文学精华丛书》，撷选历代文史经典中的名篇名作，如《史记精华》《李太白诗》等，共出版 68 种 80 册，在整理中还邀请国学专家对作品进行注释，并采用新式标点，在普及传统文化方面有着巨大的贡献。

中华书局的古籍整理事业在商业竞争中不断趋于成熟和优化，并根据自身条件，形成了简明实用的基本特点。20 世纪二三十年代的古籍出版界，商务印书馆和中华书局是高高矗立的两座山峰。激烈的市场竞争促使二者不断推陈出新，在古籍整理出版的内容上，互相补充，相得益彰；在整理的手段和方法上，日渐多样化。以"商务"和"中华"为代表的出版界，整理刊行琳琅满目的古籍作品满足了不同层次的读者需求，也承担着弘扬传统学术，传承中国文化的伟大使命。

（三）洪业与哈佛燕京学社引得编纂处

哈佛燕京学社成立于 1928 年，是由美国哈佛大学和中国燕京大学联合设立的学术研究机构。它在培养专业人才，开展中国学研究、促进中外文化交流等方面有着突出的贡献。作为学术机构，哈佛燕京学社在古籍整理方面最卓越的成就就是设立引得编纂处。编制古籍索引，推动了索引编纂的科学化。

1930 年秋，在洪业的倡议下，引得编纂处正式成立。洪业（1893—1980），字鹿岑，号煨莲，福建福州人。早年赴美留学，1923年起受聘于燕京大学，长期担任历史系教授。编纂处成立以后，洪业出任主任一职，凭借着哈佛燕京学社雄厚的财力，再加上聂崇岐、李书春等人的协助，在 1931 年到 1937 年的短短数年间，陆续主持和领导整理出版引得约四十种。在"整理国故运动"风行全国之时，以科学方法研究中国旧学成为学界热门，古籍索引编制恰恰就是以科学手段整理中国旧籍，所以引得编纂处的实践活动在开辟古籍整理新领域，推动索引编制科学化、规范化方面影响深远。

所谓引得，即英文"index"的译名，"引得是一种学术工具，学者用之，可于最短时间之中，寻检书籍内部之某辞或论文"[①]，其含义与中国古代的"通检""备检"类似。中国古代典籍卷帙浩繁，想要查找资料，颇为费劲。明清时期虽然也出现了《古今万姓统谱》《史姓韵编》一类的书，但与学术研究的实际需求还是相差甚远。利用科学的手段和方法，编纂高质量的索引是引得编纂处成立的重要目标。编纂处成立之初，洪业就率先创制了"中国字庋撷"检字法，又拟定《引得编纂手续纲要》，将引得编纂过程细分为"选书、选本、标点、抄卡、校抄、编号、稿本、格式、校印、撰序"十个步骤，以科学务实的态度规范着索引编制的过程。

随着准备事宜渐趋完备，编纂处旋即投入到索引编制中来，并将目标圈定在了中国古代经、史、传记类典籍。从 1931 年起，以平均每年六种的速度，高质高效地整理出版古籍索引 42 种，其中与古籍相关的有 40 种之多，包括了 31 种引得和 9 种引得特刊。既有如《三

---

① 洪业：《引得说》，载刘梦溪主编《中国现代学术经典——洪业、杨联陞卷》，河北教育出版社 1996 年版，第 9 页。

十三种清代传记综合引得》《艺文志二十种综合引得》《八十九种明代传记综合引得》这类编制规模宏大、专题特色鲜明的索引，也有针对单书编制的索引如《说苑引得》《白虎通引得》《诸史然疑校订附引得》等。洪业等人的引得编纂在学术界产生了较大影响，正如郑振铎所言，"最近七八年，索引的编纂，方才成为一时的风气。燕京大学的引得编纂处，在洪煨莲先生的主持之下，陆续的出版了20多种的引得，其用力独劬，其影响最大"[1]。古籍索引的编纂对于学者开展学术研究、翻检材料大有裨益，甚至在史学观、史学现代化方面都有贡献。[2]

1937 年抗日战争全面爆发，哈佛燕京学社引得编纂处的工作陷入困境，一度中断。燕大复校以后，仍继续开展引得编纂，直到1951 年正式停办。引得编纂处的古籍索引编纂在拓宽古籍整理的范围和领域、方便资料查阅、推进学术研究方面功不可没，其与古籍索引编纂的具体步骤和操作手段，亦是值得深入发掘和总结的古籍整理方法。

（四）亚东图书馆

在民国时期的古籍整理出版界，还出现了以"图书馆"为名的整理机构。这些机构大致分为两类：一类是有名无实，虽然以"图书馆"为名，实际上却并非提供公共文化服务的图书馆，是专门从事图书出版发行业务的书店，其典型代表如亚东图书馆、梁溪图书馆等；另一类则是有名有实，以国立北平图书馆，浙江省立图书馆为代表，利用馆藏古籍、版片从事古籍整理工作。

亚东图书馆，成立于 1913 年，由汪孟邹所创办。汪孟邹（1878—1953），安徽绩溪人。早年在安徽芜湖经营"新书店"，创办科学图书社，发行由陈独秀主编的《安徽俗话报》。也正是在陈独秀

---

① 郑振铎：《索引的利用与编纂》，载《郑振铎古典文学论文集》，上海古籍出版社1984年版，第802 页。

② 余英时：《顾颉刚、洪业与中国现代史学》，《中国史研究动态》1981 年第8 期。

的鼓舞下，汪孟邹于1913年前往上海，筹办了亚东图书馆。然而草创阶段的亚东图书馆，经营状况并不理想。1913—1918年生意很不好①，除代卖杂志期刊和北大出版部的书籍，出版物也只有地图、地理书等寥寥数种，"亚东是家小出版商，它除掉陈独秀和我们一般朋友，编写了一些书交给他出版之外，简直没有什么资本"②。

1919年以后，随着五四新文化运动的发展，亚东图书馆开始在出版界崭露头角，这其中有一个很重要的原因，就是汪孟邹和新文化运动的领袖陈独秀、胡适等人有着同乡之谊，善于接受新的观念思想。他敏锐而准确地把握了新文化运动给出版界带来的巨大变化，适当调整了出版的思路，紧跟新文化运动的发展，推出新的作品与著作，并由此而在出版界立足。这类作品包括了新诗集，如《三叶集》《尝试集》，政论性文集《胡适文存》《独秀文存》等，与古籍整理相关的则是标点中国古典小说。

五四新文化运动中，有一项很重要的内容，就是推广白话文和新式标点。亚东图书馆标点古典小说的活动，毫无疑问是迎合了新文化运动的需求，这种初创与尝试也是古籍整理在新形势下的积极探索。以古典小说作为标点对象，也显示了亚东图书馆的精明之处。一来古典小说的文字浅近，与艰涩难懂的经史旧籍相比，标点出错的概率要小很多；二来对于古典小说，普通民众素来喜爱有加，完全不用担心销路不畅。1920—1937年的这段时间里，在汪原放、汪协如、汪乃刚等人的协作下，先后出版了采用新式标点分段整理的古典小说十五种，包括了《水浒传》《红楼梦》《儒林外史》《西游记》《三国演义》《官场现形记》《三侠五义》等，并不断翻印，风行全国，一度甚至出现盗版。

亚东图书馆的古典小说标点活动大致包括了三项工作。一是运用

---

① 汪原放：《亚东图书馆与陈独秀》，学林出版社2006年版，第34页。
② 胡适：《口述自传》，载《胡适自传》，黄山书社1995年版，第303页。

新式标点符号，对古典小说进行断句和标点，以一种全新的面貌来呈现古典小说。根据汪原放所作的附在"亚东本"小说之前的"句读符号说明"可知，当时标点所用的符号主要有十二种。这在便于读者阅读的同时，也以实际行动呼应了推广新式标点的倡议，甚至起到了规范和示范标点符号使用的作用。二是对古典小说进行分段。"分段可以说是一种放大的标点，它是对古典白话小说的内在结构的一种把握。"① 通过段落的划分，突出和集中了相关情节与内容，提高了阅读的效率。三是撰写"校读后记"。"把校读的经过说一说，不必多，有些认为有问题的地方，都举出一些例子来说一说"②，主要用来交代在校勘中出现和存在的问题。以亚东本《红楼梦》的"校读后记"为例，内容就包括五个方面，即重印的缘起、"程乙本"的说明及校读、新本与旧本的比较、从前读时疑问的解决、"程乙本"里的问题。对版本的选择、校读收获、版本内容对比及存在的问题逐一进行介绍分析，便于读者加深对作品的了解和认识。除此之外，亚东本还邀请胡适、孙楷第等著名学者，为标点本古典小说撰写序跋，介绍作者生平，考证内容源流，以作导读之用。亚东本的标点整理工作受到了陈独秀、胡适等人的实际指导，这对提高标点质量、规范整理范式是有好处的，如增加"句读符号说明""校读后记"就是胡适提议的。

亚东本古典小说在当时受到了广泛好评，鲁迅曾说："他的标点和校正小说，虽然不免小谬误，但大体是有功于作者和读者的。"③ 20 世纪 30 年代中后期起，随着战事迫近，粗制滥造"标点本"的泛滥，以及"一折八扣"书的大行其道，加之新文化运动的热潮渐退，亚东图书馆的经营逐渐走下坡路。除翻印已出小说、出版由顾颉刚整

---

① 刘永强：《标点本：作为明清白话小说的一种文本样式》，载《中国古代小说研究》（第二辑），人民文学出版社 2006 年版，第 357 页。

② 汪原放：《亚东图书馆与陈独秀》，学林出版社 2006 年版，第 62 页。

③ 鲁迅：《望勿"纠正"》，载《鲁迅选集》，线装书局 2007 年版，第 121 页。

理的《崔东壁遗书》外，甚少涉足古籍整理业务，直至1953年停业。

（五）其他机构与个人的古籍整理活动

商务印书馆、中华书局、哈佛燕京学社引得编纂处及亚东图书馆在20世纪二三十年代的古籍整理出版上是比较有影响力的，它们在大规模整理古籍的基础上，充分运用新的技术手段及学术方法，使古籍整理呈现出新的特色与风貌。除此之外，当时参与古籍整理的机构和学者不胜枚举，以下集中论述其他一些值得注意者。

1. 丁福保的古籍整理活动

丁福保（1874—1952），字仲佑，号畴隐居士，又号梅轩，江苏无锡人。丁氏先后求学于南菁书院、东吴大学和东文学堂，故而国学根基深厚，又通晓外语和西方自然科学。丁氏生平勤于著述，编写撰著了三百余种书籍，在医学、文字学、佛学、古泉学、数学等方面有着深厚的研究，学术涉猎之广博，研究之精深，极为罕见，被誉为百科全书式的学者。因此，他在古籍整理方面的成绩涉及若干学术领域。

丁氏最为重要的古籍整理成果是中医古籍目录。他所编《四部总录·医药篇》按照脉经、专科、杂病、医学、方剂、医案、养生、杂录的分类进行著录，开列书名、作者、版本等基本信息，是对民国以前中医古籍文献的集中清理，堪称高水平之作。

在文字学方面，丁福保以《说文解字》为核心，花费了30年的时间，收集《说文》类书籍182种，系统地对《说文解字》进行校录、订正和匡谬，补编了几百单字，终成66册的鸿篇巨制《说文解字诂林》。之后又编成《说文解字诂林补遗》16册。在成功编撰《诂林》的基础上，又相继编成《尔雅诂林》《群雅诂林》《释雅诂林》《方言诂林》等。这些小学类古籍的整理成果材料搜罗宏富，翻检便利，汇合了前代学者治学的主要成就，是研习古文字和训诂学的必备工具书。

在佛学方面，丁氏的主要贡献在于注释了一批佛经，如《六祖坛经笺注》《金刚经笺注》《四十二章经笺注》等。此外，还利用赴日考察的机会，寻获国内已佚《一切经音义》一百卷，归国以后汇总《续一切经音义》，合编成《一切经音义汇编》。

在古泉学方面，丁氏自幼就喜欢收藏古钱币，于此用力颇深，此期又刊成《古泉丛书》。《古泉丛书》收书 15 种，属于古籍范畴的有 9 种，包括了 6 种前人谱录的影印本，如《古泉拓本》《大泉图录》，另外还改编了 3 种谱录，如《泉苑菁华》《古泉丛话》合刻等。

在文史典籍方面，主要以汇编诗文总集为主，先后编成了《全汉三国晋南北朝诗》（此书编成后直至 1953 年才出版）、《汉魏六朝名家集》等。此外尚有《文选类诂》《陶渊明集笺注》等注释类著作问世。

### 2. 开明书店

开明书店成立于 1926 年，主要经营青少年读物、教科书。在古籍出版风潮渐热之时，开明书店也参与其中，并以历代正史为核心，打造出专题特色鲜明的古籍整理作品，其代表作即《二十五史》及《二十五史补编》。

《二十五史》即《二十四史》加上柯劭忞的《新元史》，同样以影印的方式出版，底本上选择了殿本《二十四史》和退耕堂本《新元史》。开明的《二十五史》有一个显著的特点就是书后附有人名索引，加之在装帧上采用了洋装，书的册数减少，售价也便宜不少，深受好评。

《二十五史补编》是与《二十五史》配套的一部作品，以历代正史为中心的纪传体史书往往存在表、志不全或是粗疏的问题，开明即以此为突破口，选择历代考订校正类的作品，将其合刊成《二十五史补编》。作为资料性极强的《二十五史补编》，其影响一直持续至今。

虽然开明书店整理出版的古籍不多，但其实用性极强，在《二十五史》及《二十五史补编》外，《十三经经文》《十三经索引》

《六十种曲》亦是广受好评之作。

3. 江苏省立国学图书馆

公共图书馆系统也是民国时期古籍整理活动的重要参与者，陈训慈曾概括当时省立图书馆刊刻古籍的情况："省立图书馆之印行馆珍藏本，或编印专著，尚为近年之事。其间南京图书馆以馆藏之多珍，与方针之所重，印行珍本为特多。次则山东省馆之兼有博物馆之性质，藏金石甚多，故所出如汉魏石经残字、两汉印帚等，皆蔚为巨制，间亦有影印之珍本。此外如浙馆之印行目录学著作，赣馆之重印《豫章丛书》，豫馆之筹刊《中州丛刊》，陕馆之印行碑林目录，以及皖馆之编行乡贤像传，皆吾人所闻之，其未闻而出有佳籍者，殆尤不在鲜也。"① 许多省级公共图书馆以馆藏资源为依托，整理出版了各具地方特色的古籍作品。

江苏省立国学图书馆是民国年间参与古籍整理且成就较为显著的公共图书馆。特别是1927年柳诒徵出任馆长以后，"欲恢张国故，便利学人，宜取善本、孤本影印发行，则如一人化身千亿，恒干之外，子孙繁多，一面可以嘉惠艺林，一面可以获取重值"②。他以该馆丰富的藏品为基础，专门设立影印部，"影印故籍，流布海内，于是陶风楼之名稍稍闻于世"③。以"陶风楼"名义影印发行的珍本秘籍和所编古籍书目，广泛流传世界各地，极大促进了中外文化交流。

国学图书馆仅在1927—1934年间，就印行了各种典籍63种，其中经部5种、史部34种、子部8种、集部16种。此外，还整理出版了一批反映江苏地方文化的志书，如《南雍志》《金陵梵刹志》等；又以馆藏为依托，影印了《洪武京城图录》《医说》等罕传典籍。所

---

① 陈训慈：《全国省立图书馆现状之鸟瞰》，《浙江省立图书馆馆刊》1935年第4卷第3期。

② 《中央大学国学图书馆第一年刊》，载北京图书馆出版社古籍影印室编《近代著名图书馆刊荟萃三编》，北京图书馆出版社2006年版。

③ 柳诒徵：《陶风楼记》，《国风半月刊》1932年第1期；又见《浙江省立图书馆月刊》1932年第1卷第7—8期。

刊之书多采用影印方式，内容则呈现地方特色和馆藏特色。

4. 神州国光社

神州国光社是由画家黄宾虹等于清末（1908）创办的出版机构。黄宾虹（1865—1955），近代著名画家，祖籍安徽，出生于浙江，1907 年迁居上海，曾在报社、书局从事新闻、美术编辑工作，担任过《神州国光集》《国粹学报》等刊物编辑。1937 年，黄宾虹迁居北平，被聘为故宫古物鉴定委员，兼任国画研究院导师等教职。20 世纪初期，神州国光社主要以书画等艺术类论著出版和卷册影印为主要业务。如 1911—1920 年间，黄宾虹和邓实主持的"美术丛书"共出版 4 集，共 120 册。①

1928 年国民党第十九路军军长陈铭枢买下该社，其规模不断扩大，出版方向亦有重大调整。一方面，该社继续从事艺术类文献出版，如 1928—1936 年出版了"美术丛书"补辑 4 集，共 40 册。另一方面，该社将重点转移到了出版社科和文艺书方面来，如在 20 世纪 30 年代以后，该社出版的最为重要的是"中国内乱外祸历史丛书"。② 1936 年蔡元培在给该丛书第一册《烈皇小识》作序时，回顾了该丛书的出版缘由，"自中华民国成立，中国国民党之民族主义以渐普及，凡清代所指目为违碍之书，转为有志者所偏嗜。程演生先生有鉴于是，乃与诸同志组织中国历史研究社"，"得三百余种，编为《中国内乱外祸历史丛书》而印行之"。③ 该丛书收录《庚子国变记》《三朝野记》《倭变事略》《烈皇小识》《避戎夜话》《东南纪事》《虎口余生记》《甲申传信录》《信及录》《扬州十日记》《东行三录》《三湘从事录》等书，④ 其中多有被清代定为违禁之书，内容多为激发人们反清斗争者。

① 肖建军：《中国旧书局》，金城出版社 2014 年版，第 163—164 页。
② 肖建军：《中国旧书局》，金城出版社 2014 年版，第 164 页。
③ 蔡元培：《中国内乱外祸丛书序》，载（清）文秉《烈皇小识》，神州国光社 1936 年版。
④ 肖建军：《中国旧书局》，金城出版社 2014 年版，第 164 页。

抗战前夕，该丛书出版计划的制定，体现的不再是满汉民族矛盾，而是中外民族矛盾的加深。神州国光社整理古籍的精神，开启了抗战时期古籍整理与现实联系的风气，即"借宋学求事功"的古籍整理理论先河。

总之，这一时期的古籍整理呈现出"借汉学求科学"的特点，无论是出版界、图书馆、学术机构，抑或是学者个人，都能够秉承实事求是的原则对古籍进行整理。这一时期的古籍整理在整体规划、整理手段、新领域开拓等方面都能够开一时之风气，推动着古籍整理事业的进一步发展。20 世纪二三十年代的古籍整理繁荣发展期，很快就被战火的硝烟所打断。随着抗日战争的全面爆发，民国古籍整理事业又进入到了新的发展阶段。

## 第三节　借宋学求事功：抗战期间及战后的古籍整理

宋学尤其是南宋浙东事功学派的显著特征即立足现实，针砭时弊，主张以经世致用之学置身于实践，致力于为社会做出积极的贡献。从 30 年代开始，随着抗战时期民族救亡运动的急遽高涨，如何发扬民族精神便成为学术文化界关注的重心。由此整个学术界的治学风气发生明显转移，即从新文化运动以来提倡崇尚科学实证、"为学术而学术"转向强调"经世致用"和"学术救国"，这是这一时期大部分有社会责任感的知识分子的学术共识和学术自觉。在古籍整理领域，他们积极抢救古籍，整理乡邦文献，借此重振民族精神。

### 一　日本侵略严重影响古籍整理事业发展

抗战时期的民族危机对古籍整理产生了重大影响。这一时期，许多中国藏书家担心其藏书毁于一旦，开始大肆低价贱卖所藏，加剧了中国古籍外流现象。与此同时，一些学人为避免中国古籍免受战争之灾，或流失海外，亦十分重视中国古籍之整理、搜集。如 1937 年"八·一三"事变发生以后，民国政府决定将故宫及北平图书馆藏善本古籍运往上海，后几经辗转被运往美国国会图书馆暂管。[①] 1939年，美国国会图书馆东方部负责人赫墨尔称，"中国藏书家将其世藏珍本，以贱价售之，半为避免被日人掠去，半为维持其难民生活"，并宣言"将来研究中国史学的哲学者，将不往北平而至华盛顿，以求深造"[②]。1940 年前后，郑振铎、张元济、张寿镛、何炳松、张凤举等一批以抢救文献，保存文化为己任的志士组成"文献保存同志会"[③]，通过收集整理古籍保存国粹。抗战期间及战后中国古籍文献整理出版的主要过程大体如下。

20 世纪 30 年代起，中日之间的摩擦和斗争就日益频繁。1932年，日军发动"一·二八"事变攻击上海，商务印书馆及涵芬楼遭受炮火侵袭，涵芬楼所藏珍本秘笈毁损殆尽，商务印书馆的资产损失严重，业务经营受到影响。1937 年，抗日战争全面爆发之后，古籍整理事业继续开展的社会环境急转直下。

在出版界，1937 年日军挑起"八·一三"事变，攻打上海，淞沪会战爆发。虽然中国军民誓死抵抗，但到十一月时，上海还是沦陷了。作为当时中国出版界的中心，上海的沦陷意味着出版业的重创。1937年淞沪会战爆发后，"因各大书局大多把出版重心迁离上海，而留着的书铺则以旧日的存书应着门面，新出的单行本简直寥若晨星"[④]。以商务、中华为代表，大大小小的出版机构要么撤离上海，前往相对安定的大后方，要么索性停业。武汉、桂林、长沙等地的出版事业相继发

---

① 潘美月、沈津：《中国大陆古籍存藏概况》，台北："国立"编译馆 2002 年版，第 11 页。

② 沈津：《书韵悠悠一脉香·沈津书目文献论集》，广西师范大学出版社 2006 年版，第 173 页。

③ 沈津：《书韵悠悠一脉香·沈津书目文献论集》，广西师范大学出版社 2006 年版，第 170 页。

④ 杨寿清：《上海沦陷后两年来的出版界》，载宋元放主编《中国出版史料（现代部分）》（第二卷），山东教育出版社 2001 年版，第 238 页。

展起来，重庆则成为战时出版业的中心。大小书店竞相出版新书的局面也是一去不复返，即便是商务印书馆这样的大型出版机构，1942年3月后，"日出新书就新版、重印不分"①，连日出新书一种都无法保证。对古籍整理发展的另一致命打击是这一时期出版界出于商业利润的计算，调整了经营的策略，将重点放在学校教科书上，"商务的业务收入主要依靠发行中小学教科书"②。一般图书、古籍、学术著作的出版由于利润微薄，遭到了缩减。另外，在战争环境下，编辑队伍的流散与不稳定、印刷设备的落后、纸张供应无法得到保障等实际操作中存在的客观问题，也是影响和制约古籍整理出版的重要因素。

　　教育界和学术界的情况与出版界十分类似。抗战爆发以后，位于东南沿海和京津等地的高校纷纷选择内迁至昆明、重庆、四川、西安等地。据统计，在抗战八年间加入内迁队列的全国高校累计一百余所。③ 至于如燕京大学等留守沦陷区的学校，更是受到日方的百般刁难，甚至不得不停课，正常的学术研究惨遭中断。这一时期，以中央研究院为代表的学术机构，也加入到内迁的队伍，栖身于李庄、昆明等地。学术界和教育界的内迁，对于古籍整理事业的影响，一方面是学术资源的缺乏，干扰了古籍整理研究的正常开展；另一方面则通过内迁换取了相对稳定的环境，依靠专家学者个人之力，在战争环境下取得了一定的收获。应该说，抗战爆发极大地制约和阻碍了先前蓬勃开展的古籍整理事业，在这一时期，幸得一部分出版机构和专家学者的坚守与努力，古籍整理事业才不至于中断，中国文化传承之命脉方得延续。1945年，随着抗战的胜利，内迁的出版社、高校、研究机构相继回迁。但是，遭遇八年的战争，战后的环境早已不同往日，社

---

　　① 汪家熔：《抗日战争时期的商务印书馆》，载《商务印书馆史及其他》，中国书籍出版社1998年版，第167页。

　　② 张毓黎：《商务印书馆总管理处迁渝时期的工作概况》，载宋原放主编《中国出版史料（现代部分）》（第一卷），山东教育出版社2001年版，第67页。

　　③ 余子侠：《抗战时期高校内迁及其历史意义》，《近代史研究》1995年第6期。

会经济凋敝、物质资源极度匮乏、通货膨胀严重，加之内战阴影的弥漫，古籍整理事业也只能在艰难之中寻获新机。

## 二　古籍整理出版业在动乱中的坚守与进步

1937—1949 年的十余年间，战火不断，社会环境日趋艰险，在多方的坚守之下，虽然整理出版的古籍数量明显减少，但古籍整理事业却并没有中断和停止，就总体而言是在动乱与危机之中艰难发展，呈现出两大特点：一是延续性，即落实和延续原有的整理计划，最大限度地避免战争因素的干扰；二是坚守性，即便是处境日渐险恶，古籍整理事业仍然傲然坚守，不断有新作品推出。特别值得肯定的是，这种延续与坚守，并不仅仅出现在局势相对稳定的大后方，哪怕是在华北、华东的沦陷区，也还出现了中法汉学研究所、文献保存同志会等机构和张寿镛、赵诒琛等个人，在民族存亡的危急关头，默默地为中华传统文化的传承贡献着绵薄之力。

### （一）战火之中的延续

古籍整理作为一项传承有序的学术活动，并没有因为抗日战争的突然爆发戛然而止。纵然战事爆发后，社会形势顿然吃紧，但各出版社、学术机构依然按照原来的既定计划，在硝烟和战火之中延续着古籍整理活动。

以商务印书馆为例，《景印元明善本丛书》是抗战以前就开始预约征订的一套丛书，1937 年抗战爆发时已经出版了 5 种。这套丛书堪为《丛书集成》的姊妹篇，是在排印本《丛书集成》的基础上挑选十种丛书，按照原书大小影印线装。所挑选的十种丛书，很多仅见于《四库存目》的记载，在版本方面有一定的价值。战争爆发后，商务虽承诺 1937 年 12 月和 1938 年 3 月两次出齐，[①] 实际则直到 1940

---

① 汪家熔：《抗日战争时期的商务印书馆》，载《商务印书馆史及其他》，中国书籍出版社 1998 年版，第 141 页。

年才出齐。同一时期，商务和北平图书馆合作出版的《国立北平图书馆善本丛书》也是这种情况。中华书局影印《古今图书集成》的活动也一直延续到了 1940 年。再如哈佛燕京学社引得编纂处，在 1937 年抗战爆发到 1941 年停办的短短四年间，也相继整理出版了《藏书纪事诗引得》《春秋经传注疏引书引得》等十一种古籍索引。即便如张寿镛这样的藏书家，辑刻《四明丛书》这样的大型作品，也没有因为战火而中断，还坚持刊刻了三集。除克服外部环境的困难，完成原有的整理出版规划外，重印、重刊古籍整理图书，则是此期出版社易于取得成效的一种途径。诸如《百衲本二十四史》就在 1944 年秋推出重印版；还有重印新出的《万有文库》第一、二集《简编》，就是以《万有文库》为依托，重新选择了五百种出版。在某种学问一、二集中收有多种著作的，选取一种。如《易》，原有《周氏姚氏学》《周易论略》《周易解集》三种，《简编》选《周易姚氏学》一种。[①] 这类重刊重印的做法在解决战时学校经费缺乏、学术研究又有需求的两难困境中是有很大贡献的，而且在选书的具体操作中，也蕴含着对已有古籍整理作品重新审视的态度和目光。

（二）困境中的坚守

完成已有的整理出版规划固然需要肯定，但在恶劣的环境下，坚持从事古籍整理，则更加值得赞许。这一时期，无论是在沦陷区还是在大后方，许多机构和个人还是坚守着古籍整理的领地，整理出版了一些颇具新意的作品，在激励爱国热情，振奋民族精神方面有着积极的影响和作用。同样以商务印书馆为例，此期商务印行的代表作是《广东丛书》。该丛书的编纂得到了广东政府的支持，同时还成立了由各界名流所组成的编印委员会。该书分前后两集，第一集收书七种二十八册，1940 年由商务出版。第二集收书三种九册，1947 年仍由

---

① 汪家熔：《抗日战争时期的商务印书馆》，载《商务印书馆史及其他》，中国书籍出版社 1998 年版，第 164 页。

商务出版印行。编纂《广东丛书》的宗旨，叶恭绰在序言中说得非常明白，"研究乡邦文化，发扬民族精神"①。此期还有如吴丰培所编收录新疆地区文献资料的《边疆丛书续编》、江苏省立苏州图书馆所刊《吴中文献小丛书》、南京文献委员会刊印《南京文献丛刊》等，都在弘扬地方文化、保存乡贤旧著方面发挥着积极作用。

贵阳文通书局，是民国时期贵州最大的出版机构。由于位置偏远，其影响力并不能和商务、中华相提并论。但在抗战爆发后，文通书局由于损失较少，地位迅速上升。此时适逢高校西迁，文通书局聘得顾颉刚、白寿彝等著名学者支持编辑所工作，整理出版了如《贵州文献汇刊》《边疆问题丛书》等典籍。同时它还支持内迁学者的古籍整理研究，高亨所著《周易古经今注》就在这一时期由文通书局出版。

沦陷区的古籍整理出版虽然干扰很多，但也没有中断，尤其值得一提的是赵诒琛的刻书活动。赵诒琛为昆山人，赵氏家族素有藏书雅好，"峭帆楼"即为其藏书之处。1937—1941年四年间，在王欣夫的协助下，相继刊成《丁丑丛编》《戊寅丛编》《己卯丛编》《庚辰丛编》和《辛巳丛编》五部丛书，采用铅活字排印出版，所收之书多为乡邦文献，以钞本、稿本居多。书后也多附有跋文、校记，用来交代作者生平、刻板源流等相关信息。在国难日深、社会动荡年代，赵诒琛以个人之力，辑刻多种古籍丛书，其中艰难拮据可想而知。但也正是这份坚守，使民国抗战时期的古籍整理事业得以继续发展。

（三）战后的恢复

抗战胜利后，南京国民政府重新将因战事中断的修志事宜提上日程，官方支持下古籍搜集活动得以继续。1946年内政部公布《地方志书纂修方法》，同年《各省市县文献委员会组织规程》规定了文献

---

① 叶恭绰：《广东丛书第二集序》，载《遐庵小品》，北京出版社1998年版，第295页。

委员会搜集资料之范围。①

战后的"志馆"及"文献委员会"功能恢复到战前水平，如《各省市县文献委员会组织规程》，规定"文献委员会"被分为四组：(1) 编纂组，担任编纂省市县志及各种文献专刊等事宜。(2) 采集组，担任设计、调查、征集、访询、通信等事宜。(3) 整理组，担任登记、编目、绘图、鉴定、收藏、陈列等事宜。(4) 总务组，担任文书、会计、出纳、出版等事宜。②

战后随着社会秩序的恢复，古籍文献整理机构亦恢复工作，战时许多被迫中断和延误的古籍整理事业亦得以最终完成。1937 年后受战争影响，许多文献整理成果仅存稿本，而未最终刊行。这些成果在抗战结束后，得以逐渐出版，叶恭绰所整理的《广东丛书》就是一例。

### 三 代表性机构的古籍整理业绩

#### （一）中法汉学研究所的通检编纂

抗战爆发以后，沦陷区的高校、学术机构纷纷西迁南下。即使坚持留守的，其正常学术研究的氛围也受到极大的干扰和破坏，沦陷区研究工作的开展陷入困境之中。但是，1941 年成立的中法汉学研究所却是一个特例。为了继续保持法国文化在华北的影响，同时也为了北京中法大学的校产不被日伪政权侵占。1939 年法国驻华大使戈思默就提出了建立汉学研究所的动议，直至 1941 年 10 月最终落实。研究所成立以后，根据研究方向的不同，下设了民俗学组、语言历史组、通检组、法文研究班等几个机构。其中，与古籍整理关联最多的就是通检组。

"通检"其实就是"索引"，这是法国汉学界的习惯称法。自从

---

① 《各省市县文献委员会组织规程》，《法令周刊》1946 第 9 卷第 46 期。

② 《各省市县文献委员会组织规程》，《法令周刊》1946 第 9 卷第 46 期。

哈佛燕京学社引得编纂处引领了古籍索引编制的潮流之后，叶绍钧、杨殿珣等人也参与其中，《十三经索引》《二十五史人名索引》《石刻题跋索引》等纷纷问世。然而，抗战的爆发导致引得编纂处的活动大受限制，1941 年年底陷入停办的困境。恰恰就在此时，中法汉学研究所成立，又设有通检组。引得编纂处的很多成员，如聂崇岐、贵增祥等人就进入中法汉学研究所进行工作。由于学术条件得到保证，再加上具有丰富实践经验的编纂人员的加盟，研究所的通检编制迅速走上正轨，古籍索引编制事业从而没有因为学术机构的变迁而停滞。

汉学研究所的通检编纂以 1946 年为界，前期在聂崇岐等人的主持和率领下，整理出版了八种古籍通检。1946 年以后，随着抗战胜利，燕京大学在北平复校，聂崇岐等人就回到哈佛燕京学社引得编纂处，汉学研究所的工作转交给吴晓玲、邓诗熙等人负责，"中法汉学研究所"也改由巴黎大学接管，改名为"北平汉学研究所"，在三年时间里整理出五部通检。

汉学研究所的通检编纂虽然受到引得编纂处的很多影响，但其特色仍然是很鲜明的。在内容方面，汉学研究所的通检侧重两个方向，一是秦汉子书，如《论衡通检》《新序通检》《吕氏春秋通检》《淮南子通检》等，这主要是受到汉学研究所专长于民俗学研究的影响；二是辽金史籍，这是新任负责人的蒙元史家韩百诗建议的，加之吴晓玲以戏曲小说研究见长，在宋元史方面也有一定造诣，所出的《大金国志通检》《契丹国志通检》《辍耕录通检》等，就很好地解决了原书中的人名称谓复杂混乱的问题。在排检方式上，引得编纂处以洪业创制的"中国字庋撷法"为基础。汉学研究所在这方面并没有亦步亦趋，而是选择了笔画检字法，依照笔画的多少来排序进而检索，这是比较明智而合理的选择。在"中国字庋撷法"逐渐为人们遗忘的时候，笔画检字法依然保持着旺盛的生命力，直到今天还在使用。在底本选择上，汉学研究所比较重视实用性，很多书都是以《四部丛刊》为底本的。20 世纪 40 年代，《四部丛刊》在市场上较易寻获，所收之书尤以版本精善著称，如此广受好评的通行书自然是底本的不二之选。当然也有例外，如《申鉴通检》《战国策通检》等，《四部丛刊》所收并非最好，就改选其他底本，"编纂体例一仍旧贯，精确谨严，堪与燕大引得丛书相比拟，而专重汉代要籍，尤为该丛刊之特点"①。汉学研究所的通检编纂以其特色鲜明、严谨精确颇为时人赞许，上海古籍出版社在 1986 年还重印了部分古籍通检，其学术影响一直持续至今。

在战争年代成立的中法汉学研究所，在恶劣的社会环境中，坚持开展古籍通检编纂，有效地弥补了哈佛燕京学社引得编纂处停办的空缺，在近十年的时间里，整理出版十五种古籍通检，尤其是对秦汉典籍和宋元史籍的整理最具特色，是民国后期古籍整理中的最大亮点。以哈佛燕京学社引得编纂处和中法研究所为代表的古籍索引机构，丰富和拓宽了古籍整理的手段和领域，科学规范了索引编纂，在推进学术研究的纵深发展方面发挥了积极的作用。

（二）沦陷区的古籍搜救与整理

随着抗日战争的不断发展，上海以及江南地区相继沦陷。作为长久以来的人文荟萃之地，毁于战争炮火的珍贵古籍不计其数。即便是在私人藏书家百般呵护下，侥幸保存的珍本古籍，面对社会形势的恶化，也因为变卖、窃取等多种因素而纷纷流向市场，传统典籍惨遭厄运，"抗战以来，全国图书馆或呈停顿，或已分散，或罹劫灰。私家藏书亦多流亡，而日美等国乘其时会，力事搜罗，致数千年固有之文化，坐视其流散，岂不大可惜哉"②。上海在当时就成为古籍流散的中心，哈佛燕京学社、华北交通公司等单位均驻守上海，为美国、日本收购古籍。即便是北京的书肆，也因为有利可图，纷纷南下，"江

---

① 《中法汉学研究所新出古籍通检三种》，《燕京学报》1947 年第 32 期。

② 顾廷龙：《张元济与合众图书馆》，载《上海近代藏书纪事诗》，华东师范大学出版社 1993 年版，第 92 页。

南的图籍，便浩浩荡荡的车载北去"①。正是由于这种典籍的严重散失和外流，一批有识之士出于维系中国传统文化的考虑，在沦陷区内进行古籍的搜购和整理，其中以合众图书馆和文献保存同志会的工作最有成效。

1. 合众图书馆

合众图书馆，是 1939 年由叶景葵、陈陶遗、张元济发起创立的私人图书馆，"（陶遗、景葵、元济）等当昔国军西移以后，每痛倭寇侵略之深，辄念典籍为文化所系，东南实荟萃之区，因谋国故之保存，用维民族之精神……命名合众者，取众擎义举之义，各出所藏为创"②。取名"合众"，就意味着该馆的藏品是由社会各界人士捐赠而来，"先后承蒋抑卮、叶恭绰、闽侯李氏、长乐高氏、杭州陈氏等加以赞助，捐书甚夥……章鸿钊、马叙伦、郑振铎、陈聘丞、徐调孚、王庸、钱钟书等数十人以及社会潜修之士同情匡助，现在积存藏书约十四万册"③。在社会各界匡扶资助下，合众图书馆的藏书不但数量增长快，质量也有显著提升，手稿本、名家抄校本、宋元旧刻本、明清精刊本等都有收藏，并且逐渐形成了专注嘉兴海盐地方著述、全国山水寺庙书院志、名人钞本稿本收藏的特色。

在吸纳江南藏书家的珍藏丰富馆藏、保存文献的同时，合众图书馆还将所藏的珍本秘笈刊印流传，"志在使先贤未刊之稿或刊而难得之作，广其流传"④，其典型代表就是"合众图书馆丛书"。该丛书分两集，第一集出版于 1940—1945 年，收书十四种；第二集仅收书一种，1948 年出版。丛书的编纂很好地贯彻了传布先贤未刊之作的

---

① 郑振铎：《求书日录》，载《西谛书话》，生活·读书·新知三联书店 1998 年版，第 409 页。

② 张元济：《呈为设立私立合众图书馆申请立案事》，载《读史阅世》，陕西师范大学出版社 2007 年版，第 172 页。

③ 张元济：《呈为设立私立合众图书馆申请立案事》，载《读史阅世》，陕西师范大学出版社 2007 年版，第 172—173 页。

④ 顾廷龙：《合众图书馆丛书第一集跋》，载《顾廷龙文集》，上海科学技术文献出版社 2002 年版，第 264 页。

宗旨，所收十五种典籍，"没有一部是大部头的，而且没有刻本，所用底本都是稿本抄本"①。所收之书又都配以跋文，介绍图书的价值。十五种典籍花费八年时间才最终出齐，亦可见当时古籍整理的艰难维系。除此之外，1948 年，合众图书馆还利用征集到的版片，重新刻印了宗惟恭所编的《咫园丛书》等，共计五种。

2. 文献保存同志会

合众图书馆的文献搜购整理工作是通过筹建私人图书馆以吸纳藏书、刊刻典籍来实现的，而这一时期出现的文献保存同志会则是得到政府支持，专门在上海搜罗流散典籍并妥善保管的一个组织。"战事转移，日月失光，公私藏本被劫者渐出于市……私念大劫之后，文献凌替，我辈苟不留意访求，将必有越俎代谋者。史在他邦，文归海外，奇耻大辱，百世莫涤。"② 正是目睹了珍籍流失海外的惨痛现状，郑振铎、何炳松、张寿镛等人联名致电教育部和中英庚款委员会，建议国家购买图书，避免旧籍落入敌手或是流到海外。这一呼吁得到了积极的回应，1940 年政府决定依靠中英庚款委员会的财力，同中央图书馆合作，成立"文献保存同志会"，共同抢救沦陷区的典籍文献。

作为一个专门组织，文献保存同志会以张元济、张寿镛、何炳松三人为委员，各有分工。但在实际采购保管中，以郑振铎出力最多。文献保存同志会的主要工作是围绕两条渠道来展开，一是针对私人藏书家，采取主动游说的方法，尽量收购其所藏珍籍。这方面的收获是很大的，铁琴铜剑楼、群碧楼、嘉业堂、适园等一大批私人藏书楼均有售书给文献保存同志会的记录。二是以书店为重要目标。古旧书店作为古籍流通的主要渠道，以此为突破口，自然就截住了源头。虽然书商往往漫天开价，但从古旧书店所获的典籍也不在少数，既有零散

① 沈津：《顾廷龙与〈合众图书馆丛书〉》，《新世纪图书馆》2005 年第 4 期。
② 郑振铎：《劫中得书记》，广西师范大学出版社 2010 年版，"序"第 4 页。

的珍本，也有大家散出之后，为书贾所得的收藏有序的典籍，如刘世珩玉海堂藏书就是通过此渠道获得。从 1940 年 2 月成立文献保存同志会到同年年底，所购的沦陷区古籍就已经超过三万部。这些收购回来的古籍，又按照价值分为甲、乙、丙三类。根据 1946 年的统计，从 1940 年到 1941 年 12 月不到两年的时间里，文献保存同志会收购的全部成果，包含了甲乙类的善本古籍四千八百六十四部，丙类即通行本更是多达一万一千多部。①

文献保存同志会在收集典籍的同时，也尽最大努力，整理出版了《玄览堂丛书》。《玄览堂丛书》初名《晚明史料丛书》，后经保存会委员何炳松看过之后，认为"过于凄凉，无兴国之象"②，遂改名。至于整理出版之目的，郑振铎在《玄览堂丛书》序中说得非常明确，"今世变方亟，三灾为烈，古书之散佚沦亡者多矣，及今不为传布，而尚以秘惜为藏，诚罪人也。……每孤本单传，若明若昧，一旦沦丧，便归澌灭。予究心明史，每愤文献不足征，有志搜访遗佚，而数十年而未已，求之冷肆，假之故家，所得珍秘不下三百余种，乃不得亟求其化身千百，以期长守，力有未足，先以什之一刊布于世"③。总之，就是为了使典籍不致湮没，能够长时间地传承和延续下去。

《玄览堂丛书》共分三集，初集三十一种，一百二十册，1940 年在上海影印出版。续集二十种，一百二十册，1947 年由国立中央图书馆影印出版。三集收书十二种，影印出版直到 1955 年才最终完成。《玄览堂丛书》的选编，基本上是以明季史料为主，搜罗罕见罕传之本，内容涉及明代军政、外交、典章制度等，是内容丰富的明代史料汇编。

尤其应该注意的是，郑振铎在文献保存同志会成立以前，就在上

---

① 傅璇琮、谢灼华主编：《中国藏书通史》，宁波出版社 2001 年版，第 1327 页。
② 郑振铎著，刘哲民、陈正文编：《抢救祖国文献的珍贵记录——郑振铎先生书信集》，学林出版社 1992 年版，第 55 页。
③ 郑振铎编：《玄览堂丛书》1，广陵书社 2010 年版，"序"第 1—2 页。

海秘密搜罗散佚古籍，其最大的收获与发现便是脉望馆钞校本《古今杂剧》。《古今杂剧》一书是研究中国古代戏曲的宝库，该书最早为赵琦美所藏，此后又被钱谦益、黄丕烈等名家收藏。黄丕烈之后，收藏源流不清，一度以为失传。直至民国年间从丁祖荫处散出，郑振铎斥巨资从书贾处购得全书，并称其发现"不下于'内阁大库'的打开，不下于安阳甲骨文字的发现，不下于敦煌千佛洞抄本的发现"①。此书发现之后，因其史料丰富亟需向学术界公开，但在当时条件下，无法影印出版，遂改为排印。在郑振铎、张元济、王季烈等人的努力下，历时三年，选择未见传本的孤本元明杂剧一百四十四出，重新加以断句，统一体例，校勘文字，印成《孤本元明杂剧》。此书的出版，对于方兴未艾的古典戏曲小说研究无疑发挥了重要作用。

合众图书馆与文献保存同志会的古籍收藏收购及其刊印活动，在战火纷飞民族危亡的年代，无疑是保存传承民族文化、振奋民族意识的善举和义举。他们在搜救古籍的同时，克服物质条件的种种限制，最大限度地将搜罗所获典籍刊行于世，是民国时期古籍整理事业发展进程中的重要一环。

3. 金毓黻与张江裁

辽东学者金毓黻是民国时期著名的史地学家，他曾参修《奉天通志》，对东北地方古籍有过许多研究，著有《东三省舆地总略》（1931）等。全面抗战前夕，他主持编修了《辽海丛书》（即《东北丛书》，1933—1936）。抗战时期，他又主持了《辽东文献征略》（1937）、《辽海书征》（1942）、《东北文献丛书》（1943）的编辑工作。《辽海丛书》分为正集（十集）与附集，收录东北地方古籍83种，共380卷。② 基于东北地方文献流传的特点，该书起例发凡之拟

---

① 郑振铎：《〈劫中得书记〉新序》，广西师范大学出版社2010年版，第4页。
② 邓衍林：《中国边疆图籍录》，商务印书馆1958年版，第74页。

有所因革；其资料的辑录极为广博，而去取尤为严谨。正如本丛书凡例所言："本编所收群籍，大略不出专著、文征、杂志三类。若辽海先正著述则属之专著；其原书已逸，由它书缀集可能成编者，则属之文征；至前代方志，传本极少，体似专著，义同杂志，本编亦取而重印之；若其书已逸，又无零篇断简可征者，则撰辽海经籍考，预悬存目，以待征访。"①《东北文献丛书》收录五种，即金毓黻的《辽海书徵》《东北文献零拾》《东北古印钩沉》《圣经崇谟阁满文老档译文》和张亮采的《补辽史交聘表》。

北京作为古代帝都，其中宫廷、各衙门等档案、文书不可胜计；同时，居北京的地方文人之著述，记载发生在北京地区的重大历史性事件，亦不可胜数。民国时期学人对这类文献的整理当然也不在少数，而抗战时期，北京沦陷激发了学人对北京文献的整理。如民国时期文献学家张江裁（1908—1968），张伯桢之子，伯桢字篁溪，康有为弟子，与藏书家伦明关系密笃。家富于藏书，收藏图书与刊刻图书，曾刊刻有《万木草堂丛书》等数种。张江裁继承张伯桢藏书，且益加购藏，收藏北京地方史料最为丰富，同时他对于北京风俗掌故极有研究。张江裁不足 20 岁受聘于燕都史馆修志。1930 年，国立北平图书馆历史学会邀其调查北平风土，以纂北平志。他在此基础上，辑成《梨园史料》（1934）、《北平史迹丛书》（1937）、《京津风土丛书》（1938）、《燕都风土丛书》（1940）等丛书，收录明清学人有关京、津地区的风土类著述。②

（三）南方地区的古籍整理

抗战时期，南方地区的古籍整理较北方地区有更为优越的条件。一方面，大量北方文化机构和学者，受战争影响南迁，为南方古籍整理事业提供了机构和学人储备；另一方面，南方地区受战争影响，在

---

① 金毓黻：《辽海丛书》（影印本），辽沈书社 1985 年版，"影印说明"第 1 页。
② 韩朴：《北京地方文献工具书提要》，中国书店 2010 年版，第 3 页。

范围上较北方为小，在时间上较北方为晚，这为南方古籍整理事业提供了一个相对稳定的社会环境。因此，抗战时期，南方古籍整理事业得以继续的地区也多集中在受战争影响较晚的华南、西南地区。

华南地区从事古籍整理的学者有叶恭绰。叶恭绰，广东番禺籍人，曾主持辑印了《广东丛书》，第一集主要为地方乡贤之著述，如收录张九龄《曲江集》；第二集主要为史地文献，如屈大均《皇明四朝成仁录》；第三集多收太平天国史料，如洪仁玕《资政新篇》等。

海南及南海地区古籍整理者有王国宪、向达、顾颉刚等。海南乡贤王国宪主持编印了《海南丛书》（1935），收录他40余年发掘之海南故籍，含明清两代文献16种。向达的《汉唐建西域与海南诸国古地理书》中有对海南地理文献的重要辑佚。1940年，顾颉刚等学者有感于时势，慨南洋各地先民开疆辟土本不易，又联想至十七世纪以来，西方势力东来，悟南洋屏藩地位之重要性，故而编《南洋文献丛书》（1940），该书收录刘宋以降，至民国时期重要的南洋文献。①

西南地区古籍整理者有赵藩、任可澄等。1914年，云南省省长唐继尧曾在云南图书馆内设《云南丛书》处，聘请赵藩等学者参修，该书以经、史、子、集四部分类，收集了云南地区汉族及诸多少数民族著述，尤其反映了当地印刷、医药等技术水平。② 又当地学者任可澄因曾参修《贵州通志》，广泛搜集当地文献，编成《黔南丛书》六期。③

随着抗战形势日益严峻，重要政府机关部门迁往西南地区，西南地方古籍受到较多关注，不少学者组织西南文献馆，专门搜集西南地区文献。抗战胜利后，西南文献馆将其搜集的资料编成西南各省方志目录，计藏、川省志书206种，云南省志书93种，贵州省志书34种，广西省志书24种，西康省志书15种；又编有《西南文献丛刊》，

---

① 《南洋文献丛刊之印行》，《图书季刊》1940年第3期。
② 余嘉华：《云南风物志》，云南教育出版社1997年版，第371页。
③ 陈琳：《任可澄与〈黔南丛书〉析》，《贵州文史论丛》2006年第4期。

收《滇南碑传集》《明季滇黔佛教考》《郑子尹年谱》《贵州名贤像传》4 种，则属于对地方史料的研究性著述，均为表彰当地先贤，以激发民族斗志。① 抗战以后，又有缪秋沈《宣威丛书》（1946），乃专采云南宣威县之乡贤著述。

## 第四节　民国古籍整理的前后变化与特点

民国初年的古籍整理在很多方面呈现出新旧结合的特色。一方面是整理结构上的新旧结合，既有传统的藏书家、书坊刻书，又有新式出版机构的整理活动。另一方面是在整理对象和手法上的新旧结合与转换，经史典籍整理的热潮不再，小说和丛书的整理成为新的热点，标点断句等新式整理手法也开始运用于这一时期的古籍整理活动。

经学典籍整理的衰落与社会制度文化的变迁是一致的。1905 年，科举制度废除，以经学为依托的仕途之道不复存在。1911 年爆发辛亥革命，清王朝的终结预示着经学所依赖的社会制度轰然倒塌。新文化运动更是对经学进行了鞭辟入里的批判。这一时期虽然也有"尊经复古"等诸多逆潮流的行为，但经学的权威地位早已一落千丈了。经学地位下降最直接的反映，就是民国初年经学典籍整理的日渐衰落。根据《民国时期总书目》和《中国丛书综录》等相关目录的统计，在 1912—1919 年间，整理出版的单种经学典籍屈指可数。不过，私人所刻丛书中，还是保留了部分经学典籍，如《嘉业堂丛书》中就收有经部典籍八种。

与经学典籍整理的衰落相对的，是诸子书、医籍和小说整理的兴起。经史子集四部之中，经部衰落，史部诸书主要以《前四史》为代表，商务印书馆、嘉业堂都有刊印《前四史》的活动。除此之外，

---

① 严文郁：《中国图书馆发展史：自清末至抗战胜利》，台北：中国图书馆学会 1983 年版，第 128 页。

此期编刻而成的丛书，特别是地方丛书，如《虞阳说苑》《金陵丛书》等，在搜集乡贤旧作、彰显地方文化上有着突出的贡献。子部之中，有两类书比较受欢迎。一类是荟萃诸子的集成之作，如扫叶山房的《百子全书》、育文书局《子书二十八种》等。《百子全书》先后在1915年和1919年两次印行，后一次还加上了圈点断句，方便阅读，足见当时汇刻子书深受欢迎。另一类是医籍。医籍与普通百姓的日常生活较为紧密，一直以来是古籍整理出版的大宗。这一时期出版了如扫叶山房的《陈修园医书全集》、大东书局的《古今医学会通十一种》、千顷堂的《御纂医宗金鉴》等重要中医古籍。同时我们还应该看到，这一时期比较有特色的是小说的整理出版。集部典籍之中，历来都以文集的刊印最为盛行。民国初年，这种情况发生改变，通俗易懂、文字浅显的白话小说成为热门。这种现象，一方面是受到"鸳鸯蝴蝶派"小说风靡全国的影响，另一方面也确实反映了当时中下层市民的阅读需求。所以，当时出现了大小出版机构竞相整理出版小说的局面，相继整理出版了《古今说部丛书》《笔记小说大观》以及一大批绘图本的小说，如《西游记》《聊斋志异》等。民国初年对于通俗小说的整理，虽然也存在着文辞不雅、格调不高等一些问题，但并不能就此否认通俗小说整理在民国初年古籍整理上所取得的成绩。

民国古籍整理事业30多年的发展史，与社会发展变迁紧密联系。民国初年，新旧社会的交替，无论是古籍整理作品还是参与者，均呈现出同样的新旧并存的特征。随着学术力量的推动和政府的舆论导向，20世纪二三十年代的古籍整理出现出了前所未有的繁盛景象，社会各界的广泛参与、整理手段的多元化、整理作品的丰富，满足了当时社会不同层次读者的需求，诞生了一批古籍整理的精品，也造就了民国古籍整理事业发展的黄金时期。抗战爆发，残酷地中断了这种繁荣。日军铁蹄之下，屡见化为灰烬的片纸残卷。然而，无论是内迁大后方者，抑或是留居沦陷区者，面对艰险恶劣的外部环境，在典籍存亡的关键时刻，还是毅然决然地坚守古籍整理事业，或编刻新书，或收罗旧籍，其传承传统文化的拳拳之心值得彰显和弘扬。虽然民国古籍整理事业发展的三个阶段，在社会环境的变动与发展中，表现出了各不相同的风貌，但"为古人续命"的传承使命是始终贯穿的精神核心。也正是这份执着与信仰，民国时期的古籍整理才能够不断适应社会发展需要，拓展古籍整理范围，以崭新的技术手段、多元化的整理方法取得丰硕成果，成为推动民国学术文化事业的有生力量。

# 第 二 章
# 民国古籍整理之成就

## 第一节 古籍整理范围及总体成就

民国时期是新旧交替的时期，这一特点反映在古籍整理印制方面也较为明显。民国初年部分古籍的翻印，基本继承了晚清古籍翻印的技术和手段，仍采用雕版和石印，如吴兴刘承幹嘉业堂刊行《章氏遗书》即用雕版，而扫叶山房为了印制方便则采用石印。此外，上海千顷堂书局的《汇刻书目》、大同书局的《格致镜原》、1935年北京大学刘复编印的《十韵汇编》和《一切经音义索引》，采用的也是石印技术。民国时期商务印书馆（以下简称"商务"）和中华书局（以下简称"中华"）则以白文重印了诸多古籍，如商务所印的《万有文库》第一集（1929）、《国学基本丛书》（1933）和《丛书集成》（1935），均有断句，但不加新式标点。中华书局则用聚珍本排印了《四部备要》等书。世界书局印有《诸子集成》，也属此类。同时商务和中华还影印了一些古籍，如商务印有《涵芬楼秘笈》（1916）、《续古逸丛书》（1919）、《四部丛刊》（1922）、《百衲本二十四史》（1930）、《四库全书珍本》（1933）、嘉庆《大清一统志》等（1934），中华影印有《六朝隋唐写经真迹》（1929）、《古今图书集成》（1934）等。此外，上海锦章书局影印有《十三经注疏》（1926）、开明书店影印有《二十五史》及其《补编》（1936）。流落国外的《永乐大典》，国内偶得零本，也有影印行世。除了类书、丛书的整理刊印，民国的古籍整理在单书的整理出版方面，则涉及经、史、子、集各个领域，这方面的成就将在本章第二节有较深入的类例说明。

民国时期古籍书目的编印也卓有成效，出现了一大批精品书目，如《书目长编》（北大国文系，1927）、《中国通俗小说书目》（孙楷第，1933）、《史部书目稿》（北平研究院史学会，1936）、《历代经籍志》（杨树达，1934）、《群书检目》（北平好望书店，1934）、《丛书集成初编目录》（商务印书馆，1935）。此外，北平图书馆和北大图书馆都编有普通书目、卡片和善本书目，还有《全国满文图书资料联合目录》（1933）、《北平各图书馆所藏期刊联合目录》（1928）、《国立北平图书馆特藏清内阁大库舆图目录》（1934）、《北京图书馆现藏中国政府出版品目录》（1928）。还有生活书店《全国总书目》（1935）、开明书店《全国出版物总目录》（1939），重庆图书馆编有抗战时期出版图书目录。

目录学和图书学是进行古籍整理必须掌握的相关知识，这一时期商务出版了卢震京《图书学大辞典》，邵懿辰编、其孙邵章增补《四库简明目录标注》，此后的《邵亭知见传本书目》、孙殿起《贩书偶记》及续编，皆著录不见于《四库总目》之古籍。1913 年，张均衡刻《明代内阁藏书目录》，后又编《善本书目乙编》。民国时期，北京大学图书馆、天津直隶图书馆都编有善本书目。故宫博物院这一时期也编有《故宫善本书影》《观海堂书目》及所藏殿本书目。

在《四库全书》及《续修四库全书》的相关目录和提要编印方面，民国年间有《乾隆各省进呈书目》，刊入《涵芬楼秘笈》；此后有《四库全书荟要目》（《松邻丛书甲编》本）刊行，1932 年，故宫又据《清宫史续编》增订。20 世纪 20 年代，扫叶山房石印了《四库全书简明目录》，后浙江图书馆又改编印行；大东书局影印武英殿本《四库全书提要》，附以索引及《四库未收书提要》三卷。20 世纪 30 年代，上海书店影印《四库全书总目》附《四库未收书提要》，燕京大学引得编纂处印《四库全书总目引得》及《未收书目引得》，医学书局出版了王重民所编《四库抽毁书提要稿》，商务印出《四库未收书提要》，附四角号码、人名、书名索引，余嘉锡撰《四库提要辨证》，世界书局出版杨家骆辞典馆的《四库全书大辞典》，陈乃乾编索引式的《禁书目录》。还有杭州抱经书局排印了所编《清代禁毁书目四种索引》，孙殿起编《清代禁书知见录》，商务选印诸多版本印制《四库全书珍本初集》。

　　为了整理研究古籍，除书目，民国时期还编刊了一些工具书。在图书索引的编制方面，开明书店编辑了《十三经索引》，便于检寻字句；燕京大学哈佛燕京学社设立引得编纂处，先后编成引得 64 种，又编专书引得数种；中法大学汉学研究所编成古籍通检 14 种。除此之外，还有开明书店编《群书词典》，医学书局编《全汉魏晋南北朝诗作者索引》，山东大学图书馆编《全唐诗文作者引得合编》《唐诗纪事著者引得》，青岛大学出版《全宋诗文作家引得合编》，北平图书馆刊印《清代文集篇目分类索引》，商务出版《宋元学案人名索引》等等。汇刻丛书目录的编纂也是民国古籍整理的重要内容，如罗振玉刻有《续汇刻书目》，杨守敬编《丛书举要》，医学书局印行《丛书书目汇编》，开明书店刊印《丛书子目索引》，刘声木补续《汇刻书目》，浙江图书馆编印《丛书子目索引》，杜苏喆编印《丛书书目续编初集》，杨树达编《群书检目》，孙殿起编印《丛书目录拾遗》，金陵大学图书馆编印《丛书子目备检·著者之部》，清华图书馆编印《丛书子目书名索引》等。

## 第二节　古籍整理成就之类例分析

　　民国时期古籍出版总数目大约为 2.6 万部，可见民国时期古籍整理出版的规模很大。如《丛书集成初编》便收《古籍丛书》百部，收单书约 6000 种，2.7 万卷，删去各丛书所录书之重复，实为 4100

种，约 2 万卷，其中包括宋代 3 种，元代 1 种，明代 25 种，清代 71 种；普通丛书 80 种，专科丛书 12 种，地方丛书 8 种。所收之书，"举凡备作参考的古籍，大致已经包罗在内"①。

## 一　经部典籍的整理

### （一）经学典籍的多元化整理

经是以"孔子为代表的儒家所编书籍的通称，它是被中国封建专制政府法定的经典"②。历朝历代，为了巩固和维护经学的正统核心地位，不断组织学者对经学典籍进行整理阐释，以国家法定的形式推行颁布，故而以《十三经》为中心，以历代解经作品为主体的经学典籍一直以来居于传世古籍中最为核心和神圣的地位。在长期的整理过程中，历代学者也逐步开拓了众多经籍整理的方法，在文字训诂、义理阐发等方面有着深厚的学术积累。

晚清民国以来，随着思想启蒙、中西文化交流的日益频繁，经学神圣至上的光环被打破，封建统治的思想根基不断动摇。特别是在五四运动的冲击之下，经学的式微成为一个不争的事实。纵然民国时期也出现了几次政府推动下的尊经复古潮流，但也无法挽回经学衰落的整体态势。在这种局面下，经学典籍整理的总体状况自然不能与前代同日而语，但是借助新的整理手段、整理方法，此期的整理在挖掘经学典籍所蕴含的多方面意蕴、系统总结继承前人优秀学术成果等诸多领域有着新的创获，突破了文字训释、义理阐发的传统框架。经学典籍的整理成果以一种趋于多样、更为生动的面貌呈现于世人面前。林庆彰在总结这一时期经学研究基本态势的时候，也谈到多元化的解经方向，并总结了"坚守乾嘉汉学阵营""延续晚清辨伪传统""利用民俗学解经""利用社会学观点解经"

---

① 中华书局编辑部编：《丛书集成初编目录·重印说明》，中华书局 1983 年版，第 1—2 页。
② 汤志钧：《近代经学与政治》，中华书局 2000 年版，第 1 页。

"利用马克思主义解经""利用弗洛伊德心理学解经"和"利用新出土文献解经"① 7 种具体的形式。具体来说，对经籍的多元化整理主要体现在四个方面。

首先，借助印刷技术的发展，将前人的经学整理成果以新的出版手段再次呈现给读者。中国古代雕版印刷术盛行，经籍整理的成果多以刊本的形式流传。在自然因素和人为因素的影响下，许多传本早已罕见。民国时期利用先进的影印、排印技术，既有功于典籍的保存，又便于取用，更是对于历代经部典籍的一次集中整理。以《十三经》为例，阮元所刻《十三经注疏》就在 1914 年和 1935 年先后为商务印书馆和世界书局翻印。扫叶山房则影印了"宋本十三经注疏"四十册。特别是在《四部备要》《四部丛刊》《丛书集成初编》等大型丛书中，收录了大量的前人整理之作，为学术资料的搜集和研究工作的开展提供了很多的便利。

其次，随着时代的发展，在新的文化环境下开创性地综合运用今译、标点、选注等手段，挖掘经籍所蕴含的多方面内容。在中国古代，经学典籍是为政权统治服务的，主要起宣传教化和思想统治的作用。随着经学地位的衰落，越来越多的学者开始注重经籍本身的内容，试图通过研究视角的转换，从经书中寻求和发掘其在史学、文学、哲学等多方面的价值。与之相呼应的就是在古籍整理方面，出现了一批以标点、今译为主要手段的作品，将佶屈聱牙、文字艰涩的古代作品，转化为一般民众广泛接受的国学读物。如《十三经经文》一书，即是由开明书店推出的对全部经文加以标点句读的作品。具体到各经而言，如《诗经》，其作为早期的一部诗歌总集，虽然一直尊于经典之列，但内容却多涉男女爱情、民俗风情、名物典志。独特的体裁和丰富的内容，使得《诗经》成为今译最佳的素材。民国年间，

---

① 林庆彰主编：《民国时期经学丛书》（第一辑），台中：文听阁图书公司 2008 年版，第 4—5 页。

郭沫若所著《卷耳集》、陈潄琴所编《诗经情诗今译》都是较有代表性的作品。前者于1925年选择了《国风》中的四十首爱情诗，一改昔日"诗无邪"的基调，甚至突破直译的范畴，以大胆热烈的笔触将诗中所描绘的爱情故事生动的表现出来。后者则是一部《诗经》今译作品的汇编，出版于1932年，其中收录了二十七首情诗（附录一篇《伐檀》不是爱情诗）的三十二篇译文，译者包括顾颉刚、钟敬文等学术名家。《诗经》今译的兴起，固然是因为其体裁和内容占据了得天独厚的优势。但在其他经书之中，即使是以古奥、玄妙著称的《尚书》《周易》也不乏今译今注之作。今译《尚书》者首推顾颉刚，顾氏对《盘庚》《大诰》等篇目均有译文问世。①《周易》今注作品中，以高亨的《周易古经今注》最具代表性，全书分为"通说""经注"两部分，分别出版于四十年代的贵阳文通书局和上海开明书店。"通说"是对《周易》的基本介绍，涉及书名、作者、成书时代等内容。"经注"部分是对六十四卦的注释。作者尽可能摆脱"象数""义理"的束缚，通过文字串讲、概括爻辞辞意，将古拙的经文非常通顺、朴实地叙述出来。高氏此书直至今日仍然是《周易》整理的典范之作，学术影响流传深远。再如王伯祥的《春秋左传读本》（开明书店，1940）、秦同培的《左传精华》（世界书局，1937）都是《左传》译注方面比较有代表性的作品。前者的特色在于注释详细，附有解题，后者名为"精华"，虽不似王书注释之细，但却附有译文，独具特色。至于四书类的整理作品就更是不胜枚举了，仅《四书白话句解》这一书名，就有好几种不同的版本，习见者如马宗道（永昌书店，1934）、王天恨（上海国学研究社，1934）、周觐光（求古斋书局，1927）等。这类作品译注方法大同小异，或逐句注释，或逐章译解，在交代人物、典章制度的同时，以译文的形式将全

---

① 顾颉刚的《尚书》整理计划并没有来得及全部实现，其在《尚书通检》中构想了《尚书学》的基本框架，即考察《尚书》在流传过程中的文字变异，钩稽散佚的经文，汇集学者著作，最后还要以甲骨文、金文材料做比对研究。

书的内容告诉给读者。综合运用注释、今译等手段，以白话、选注的出版形式，将经学作品的文字和内容平实通顺地表现了出来，打破了经学典籍高高在上，内容崇高神圣的传统形象。这种新式的整理方法和手段，从总体上来看是民国时期经学典籍整理方面的最大特色。

再次，民国年间亦不乏学者继承朴学传统，遵循传统经学研治之法，从文字和音韵等角度入手，通过训释字句、考证文字的乾嘉汉学之路，对经籍进行较为传统的整理，具有代表性的学者有章太炎、曹元弼等。章太炎作为学术大家，小学根基扎实，其所编著《春秋左传读叙录》《春秋左氏疑义答问》《广论语骈枝》等作品，都是各自领域的力作。曹学弼精通三礼学，又遍及群经，所以整理出版的著作较多，如《周易郑氏注笺释》《周易集解补释》《礼经校释》《孝经郑氏注笺释》《孝经校释》等。曹氏最为推崇汉儒郑玄，认为凡治书之要有二：“一精考训诂，一详绎辞意。”① 因此其所整理的经籍，往往训诂和义理阐发并重，融通全经，独具特色。再如吴闿生的《诗义会通》、简朝亮的《论语集注补正述疏》也都是《诗经》和《论语》方面的代表性作品。经学典籍在历代整理的过程中，由于学术路径的差异，或重音韵训诂，或重微言大义，留下了各朝各代的独特学术烙印。在秉承清人治经风貌的基础上，还出现了一批通过系统总结前人解经注经成果而整理编纂形成的集大成性质的经学著作，最具代表性的是程树德所撰《论语集释》，该书对历代《论语》的注释进行了总结性的整理，规避门户之见，力求材料的完备和系统，终成搜罗宏富、体例明确的集大成之作。古人治经，尝以小学为门径。所谓小学，即文字、音韵、训诂之学。因其为治经工具，故《尔雅》尊于《十三经》之列，小学类典籍亦被归于经学文献之列。民国年间，丁福保组织修纂的一系列小学著作，亦具集大成之色彩，其代表作即《说文解字诂林》。该书的编纂耗时三十年，采集了一百八十二种历

① 沈文倬：《曹元弼〈古文尚书郑氏注笺释〉》，《文献》1980 年第 3 期。

代《说文》著作，又经章太炎斧正，查一字即遍阅历代之说，是对《说文》一书的综合性资料汇编。《说文解字诂林》的编撰体例和范式，对于当代撰修《尔雅诂林》依然具有示范性的作用。此后丁氏又搜集相关之作四十六种，以《说文解字诂林补编》的形式出版。在此基础上，丁氏又相继辑成《尔雅诂林》《群雅诂林》诸书，[1] 均是此期小学类古籍整理的典范之作。

最后，民国时期的古籍整理能够充分运用已有出土文献，在文字考订、史实考证等诸多层面对经籍进行校订。晚清民国年间，随着甲骨卜辞、西陲汉简等重要历史文献相继出土，因其材料原始，于经籍的考订大有裨益。从新材料的运用这一角度而言，学者们更侧重于实际具体问题的研究。这方面，以于省吾的贡献比较多，他的《双剑誃诗经新证》《双剑誃易经新证》，在校注经文时，通过利用甲骨文、金文、敦煌卷子等新出土的古文献材料，不断修改完善前人的学术观点，继而发展形成新的观点，在经籍校勘、注释方面有着很高成就。再有如林义光的《诗经通解》，将金文、石鼓文引入《诗经》文字的疏通中，在文字畅达的前提下，许多悬而未决的问题迎刃而解。应该说，利用出土文献材料对传世经籍进行科学客观的校勘和注释，虽然在民国时期仅处于起步阶段，但却代表了古籍整理的一个全新方向，具有广阔的学术前景。

（二）以《论语》类典籍为核心的探讨

民国年间经部典籍的多元化整理代表的是一种总体概貌和发展趋向。具体而言，由于《十三经》经文内容差异较大，难易程度不尽相同，所以具体到每部经书的整理，还是略有差异的，其中《论语》类古籍的整理是一个亮点。

《论语》的文字内容较《尚书》《周易》浅显，加之多采用语录

---

① 韩嘉羊在《丁福保也曾编过〈群雅诂林〉》（《中国出版》1987 年第 5 期）中指出，《尔雅诂林》《群雅诂林》等书由于卷帙庞大，虽已辑成，并未能最终出版。

体的方式记载，阅读起来也比较生动。宋代朱熹作《论语集注》，后被收入《四书章句集注》，成为官方颁布的教科书，对科举考试有着极为深刻的影响。民国时期，虽然科举考试不再进行，《论语》作为法定教科书的地位不复存在，但整理工作并未因此停滞不前，突出的表现为学术性和普及性的双重特征。

所谓学术性，强调的是对前人学术成果、治学路径的认可和尊重，并在此基础上发展弘扬。在《论语》的整理发展史上，出现过一批经典性的本子，如何晏的《论语集解》、邢昺的《论语义疏》、朱熹的《论语集注》、刘宝楠的《论语正义》等。这些经典范本，在民国时期得到了较多的整理出版机会。根据《民国时期总书目》和《孔孟研究书目选编》的统计，《论语集注》在商务印书馆、中华书局等处出版五次，《论语正义》更是在商务印书馆、中华书局、扫叶山房先后出版九次，充分说明经典整理范本依旧保持着顽强的生命力。延续《论语》整理的优良传统，民国时期也出现了简朝亮《论语集注补正述疏》、程树德《论语集释》这样的鸿篇巨制。

简朝亮的《论语集注补正述疏》，梁启超称其为"志在沟通汉宋，非正统派家法，然精核处极多"①，可见规避汉宋门户之见正是此书最大的特色。同时，从书名我们亦可发现此书主要是对朱熹《论语集注》做补注和疏解，故在体例上是先抄录《论语》文本，再排列《集注》文字，最后才是简氏的述疏。述疏的内容主要包括了文字训诂及对朱熹集注内容的补充与考辨等。

程树德的《论语集释》则是一部集大成的《论语》整理作品。该书洋洋洒洒一百四十万字，对汉以来的论语注释进行了集中的整理，其价值主要集中体现为内容丰富和体例完整。内容丰富，主要是指《集释》一书，对汉代以来的《论语》注释进行了全方位的搜罗

① 梁启超：《清代学术概论》，中华书局2010年版，第74页。

整理。"《论语》注释，汉时有孔安国、马融、郑玄、包咸诸家，魏则陈群、王肃亦有义说。自何晏《集解》行，而郑、王各注皆废。自朱子集注行，而《集解》及邢、皇二疏又废。朱子至今又八百余年，加以明清两代国家以之取士；清初名儒代出，著述日多，其间训诂义理多为前人所未及，惜无荟萃贯穿之书。"① 程氏此书着力于"荟萃贯穿"之功，根据是书所附的《征引书目表》，其所采集的资料有十类，除了《论语》、"四书"、经总类、专经类和《说文》字书等经部典籍之外，还广泛涉猎正史、诸子笔记、类书、目录、文集中的相关内容，甚至还利用到了碑刻材料，征引材料的数量达到了 680种。这些材料，特别是很多宋以前之作品早已不存，程氏利用清人的辑佚书，将其一一择取，如包咸的《论语包氏章句》、王弼的《论语释疑》之类。为扩大材料来源，还参考利用了日本天文本《论语》和日本人物茂卿所著《论语征》。翻阅是书，则历代《论语》注释材料搜罗殆尽，可谓《论语》注释之集大成著作。体例完整，主要是从该书的编排来说的。在占有丰富资料的前提下，倘使不能以合理之次序编排之，亦会造成阅读使用之混乱。《集释》在编排上，采用按类编次的原则，"内容分十类：考异、音读、考证、集解、唐以前古注、集注、别解、余论、发明、按语"②。"考异"主要是针对《论语》文本的文字而言；"音读"列句读、字音之异同；"考证"者专指名物制度、地名、人名之考证；"集解"收录邢昺《论语义疏》中的旧注旧说；"唐以前古注"专收汉晋间《论语》的注释，材料多从类书、清人辑佚书中获得；"集注"则以宋代朱熹《论语集注》为主；"别解"多为历代新奇之说；"余论"摘录清人研治《论语》之说；"发明"是指理学家修身养性之言；"按语"则为程氏本人之发明。这一体例的编排设置，极为清晰，如求文字校勘者，可从"考

---

① 程树德撰，程俊英、蒋见元点校：《论语集释》，中华书局 1990 年版，"凡例"第 1 页。
② 程俊英：《〈论语集释〉前言》，载程树德撰，程俊英、蒋见元点校《论语集释》，中华书局 1990 年版，第 3 页。

异""音读"中寻找线索。从"唐以前古注""集解""集注""余论"的材料中，则可窥见经学发展之大貌，明汉宋学术之差异。程氏将丰富的材料，以此十类有序编排，读者亦可自取所需，这种分类集释的体例是极为合理和清晰的。

值得一提的是，欧风美雨之下，旧学衰微，程氏撰著此书，亦怀着为传统文化固本清源的宏伟理想，"以风烛残年，不惜汗蒸指皲之劳，穷年矻矻以为此者，亦欲以发扬吾国固有文化。间执孔子学说不合现代潮流之狂喙，期使国人之舍本逐末、徇人失己者俾废然知返"①。《论语集释》一书穷尽历代《论语》注释之作，上至汉晋残卷，延至宋儒、清儒之论，远采海外旧籍，在广博资料的基础上，创设分类集释之体例，合理安排其材料内容，举一书而包罗众作，堪为《论语》注释的集大成之作。

所谓普及性，是从民众阅读角度来说的。《论语》书中多载孔门子弟言行举止，即便不再是考取功名的敲门砖，其于个人道德修养、行为规范亦有良好的垂范作用。在白话文逐渐推广的局面下，将《论语》译作白话，发挥其在规范社会道德方面的作用就成为当时出现的新潮流，当时市面上出现了一批这样的白话整理文本，如《白话论语读本》《（广注）论语读本》《（广解）论语读本》《论语读本》《四书白话解说》等。其中张兆璱、沈元起所编的《白话论语读本》最为读者认可，在三四十年代，就由上海广益书局先后翻印五次。《白话论语读本》，书前有张、沈二人所撰的《孔子传略》。正文则分章旨、注释、解说三部分。每章之前先述章旨，再是《论语》正文、继而对正文的字词进行注释，最后用白话对全章进行解说。既有文字基础知识的讲解，又有全文大意的疏通，还对每章的主旨进行阐发，体例清晰、结构完整，是白话文解说经典的

---

① 程树德撰，程俊英、蒋见元点校：《论语集释》，中华书局 1990 年版，"自序"第 1 页。

积极有益尝试。

民国时期《论语》类文献的整理，既涵盖了此期经籍整理的共性特征，又因其本身内容和文字的特殊性，在经学传统的继承、白话译解等领域有所侧重，兼具了学术性和普及性的双重特征。

## 二　史部典籍的整理

### （一）史部古籍整理的范围和重点

中国古代的史学十分发达，最显著的特征就是从"左史记言，右史记事"的上古传说一直到《清史稿》，历代名家笔耕不辍，历史记载绵延不断。史部典籍涵盖的范围亦非常广泛，除了各种纪传、编年、纪事本末体史书之外，还包括了地理类、典志类、诏令奏议类、传记类、目录类等多种典籍。其中，最为核心的是以《二十四史》为主体的纪传体史书。

民国时期的史部典籍整理，从整理方式上来讲，主要还是依靠缩印、影印等现代出版技术，辅之以少量的选注、今译、索引手段。这大概还是因为史部典籍往往部头较大，以传统的注疏研治之法，很难在短时间内做出成绩来。

从范围上来讲，清代编修《四库总目》时，将史部划分了 15 个类目，此期的整理，大致涵盖了纪传、编年等基本史书体裁，但其核心与重点则毫无疑问地集中在《二十四史》及相关文献的整理上。正史类的整理以《百衲本二十四史》与《二十五史补编》最具代表性。编年体是与纪传体齐名的另一类重要编撰方式，其发展历史也很悠久。宋代司马光所编《资治通鉴》亦是编年体史书的典范之作。民国时期，对《资治通鉴》的整理也不在少数，商务印书馆就曾在 1917 年和 1919 年推出过两个不同的本子。前者为排印本，书后附有《通鉴释文》。后者的版本则是选取宋刻本《资治通鉴》影印而成的，又名《百衲宋本资治通鉴》。不过在当时流传较广，影响较大的则是上海国学整理社的整理本。此本的特色有二，一为影印圈句，对原文略作句读，方便阅读；二为附录内容较有特色，收录了《通鉴释文辨误》《资治通鉴外纪》《通鉴年数》三种著作。此书在1935—1936年间以缩印方式出版多次。此外，国学整理社还对清代毕沅所编《续资治通鉴》进行断句整理，于1935年出版。除《资治通鉴》，古老的编年体史书《竹书纪年》素为学界聚讼，此期也有王国维《古本竹书纪年辑校》和《今本竹书纪年疏证》先后问世。

记录典章制度的典籍，以"十通"最为出名。1935—1937年，商务印书馆将"十通"，即《通典》《通志》《文献通考》《续通典》《续通志》《续文献通考》《清通典》《清通志》《清文献通考》和《清朝续文献通考》依次影印，[①] 构建起了典章制度史料的渊薮。与此同时，商务印书馆又编有《十通索引》，方便钩沉史料，资料翻检。《宋会要辑稿》一书，作为宋代官方所编的典志体史书，保存了较多的原始材料，整理辑佚工作始于清人徐松，后又经广雅书局、嘉业堂等多方整理。[②] 1936年，在综合权衡下，"以刘氏新编之清本，与被剪裁之原稿校，吾人宁取原稿而舍清本"[③]，推出了两百册的《宋会要辑稿》影印本。《元典章》一书，传世者以沈刻本最为习见，1925年，在故宫发现了元刻本，后经陈垣校勘，1931年由北京大学国学门刊行《元典章校补》十卷。

史部还包括了大量地理类典籍。以方志为例，民国年间，对方志的整理是多方位的。既有对旧志的重印、翻印，如缪荃孙就重印了宋《中吴纪闻》《玉峰志》《御风续志》，元《昆山志》，明《太仓州志》

---

① 《清朝续文献通考》采用了排印的方式出版。

② 《宋会要辑稿》的整理颇费周折，徐松原稿先后经过广雅书局张之洞、屠寄，嘉业堂刘福曾、费有容的整理，原稿有一部分逐渐散佚，在整理过程中，对原稿文字上的修改也较多，渐失其本来面目。该书整理之事迹可参见陈智超《〈宋会要辑稿〉的前世现世和来世》，《历史研究》1984年第4期。

③ 《影印〈宋会要辑稿〉缘起》，载（清）徐松辑《宋会要辑稿》，中华书局1957年版，第3页。

5 种稀见志书。各地文化机构在刻印典籍时，亦注重弘扬当地的历史文化，整理选印了很多地方志。典型者如南京通志馆选印的《南京文献》，收录了《至正金陵新志》《正德江宁县志》等南京地方文献。而当时所编的大型丛书中，也收录了不少方志。如《丛书集成初编》中就收有《元和郡县志》《吴郡志》等。旧志的辑佚工作在此期间也取得重大收获，大约共辑录古方志一百多种。① 杨守敬的《辑古地志》、张国淦的《永乐大典方志辑本》、鲁迅的《会稽郡故书杂集》等都是其中的佼佼者。对地理方志类典籍整理，往往还包含有爱国之情，如影印本《大清一统志》跋文中就明确提出，"读是书者，其能无顾名思义，忧勤惕励，而谋所以保兹疆土之策，毋贻前人羞也"②。尤其值得一提的是，此期在中国水利工程学会的主持下，整理出版了《中国水利珍本丛书》，对中国古代治河治灾经验进行总结，具有重要的借鉴价值和现实意义。

目录类也是史部典籍的重要组成部分。民国年间在目录类著作的整理方面，首先是立足于目录学经典作品的翻印整理，如上海大东书局在 1926 年就推出了《四库全书总目提要》，书后附有阮元所编《四库全书未收书目》以及《索引》。再如《郡斋读书志》南宋淳祐袁州刊本于 1925 年在故宫甫一发现，就旋即在商务印书馆影印出版。其次是对历代目录的考订整理之作。如顾实的《汉书艺文志讲疏》、余嘉锡《四库提要辨证》、胡玉缙《四库书目提要补正》等。张鹏一的《隋书经籍志补》则是此期重要的辑补作品，通过对魏晋南北朝史籍史料的整理，补充了二百七十九部《隋志》失载之书。赵士炜在辑佚宋代目录学著作方面，也有很多成就，相继辑成《中兴馆阁书目辑考》《宋国史艺文志辑本》等。随着公共图书馆事业的兴起，

---

① 许卫平：《中国近代方志学》，江苏古籍出版社 2002 年版，第 164 页。

② 张元济：《影印钞本〈大清一统志跋〉》，载《张元济论出版》，商务印书馆 2001 年版，第 78 页。

还出现了一批图书馆所编的馆藏古籍目录，仅以故宫博物院图书馆为例，就先后出版了《故宫所藏殿本书目》《故宫殿本书库现存目》《故宫善本书目》《故宫普通书目》《故宫方志目》《故宫方志目续编》《故宫所藏观海堂书目》《故宫善本书影初编》和《重整内阁大库残本书影》等近十种古籍目录和书影。

民国时期以标点、译注等新方式对史部典籍的整理，多集中于别史、杂史、纪事本末类，如《战国策》《国语》《通鉴纪事本末》等，或以文辞优美见长，或以叙述清晰为擅，加之篇幅适中，标点、注译之法颇为可行。以丛书汇编方式整理各类史料也是这个时期常见的，重要者如《明季史料丛刊》《中国内乱外祸历史丛书》《清初史料》等，在保存罕传史籍方面，最具功劳。

（二）《二十四史》的系统整理

《二十四史》是中国古代用纪传体编写的二十四部史书的总称。清乾隆时修《四库全书》规定，"凡未经宸断者，则悉不滥登。盖正史体尊，义与经配，非悬诸令典，莫敢私增"①，将《二十四史》颁为正史，地位与《十三经》等同。《二十四史》以《史记》为首，汉代司马迁开创了纪传体史书的编撰先例，自此之后，纪传体史书不断涌现，从《前四史》《十七史》，直至《二十四史》《二十五史》。自雕版印刷通行以来，官方和民间也都有刊刻行为，合刻的如宋代井宪孟的《眉山七史》、明代毛晋汲古阁的《十七史》、明代南北监所刊《二十一史》、清武英殿所刻《二十四史》等。至于以单刻本行世者，更是不胜枚举。

民国年间对《二十四史》的整理，其代表性成果即商务《百衲本二十四史》。《二十四史》在民国年间的整理较为常见，主要是利用影印技术，对武英殿版《二十四史》进行了大规模的出版，商务

① （清）永瑢：《四库全书总目提要》，中华书局1997年版，第613页。

印书馆、中华书局、开明书店等均参与其中。殿本《二十四史》，作为官方颁行的正史，是清代和民国年间最为常见和通行的一个本子。虽然通行，但殿本《二十四史》也存在明显的问题，张元济就曾总结出"检稽之略""修订之歧""纂辑之疏""删窜之误"① 等数条。叶德辉也感言朴学大兴，却未能汇刊善本辑成《二十四史》，深为憾事。由此，张元济萌发了"辑印旧本正史之意"②。

《百衲本二十四史》的整理出版工作，前后耗费了20多年的时间，从1916 年开始，直至1938 年才全部出版，全书3301 卷，820 册。所谓"百衲本"，是指书中所用版本，来源广泛，互相补配，恰似僧人所穿之百衲衣。《百衲本二十四史》的学术价值，集中体现在两个方面，一是版本价值，二是校勘价值。版本价值，具体来说，就是对历代正史的传世宋元善本进行了一次集中清理。张元济在影印古籍时，对版本要求极高，一直以"书贵初刻"的标准，严格筛选版本。其所选底本历经多次变化，最后采用底本如表 2 - 1 所示。③

表 2 - 1　　　　　　《百衲本二十四史》所用底本列表

| 书名 | 版本 |
|---|---|
| 史记 | 涵芬楼、傅氏、日本上杉侯爵家藏南宋黄善夫本 |
| 汉书 | 铁琴铜剑楼藏北宋景祐本，少数残损缺页以元本补 |
| 后汉书 | 涵芬楼藏南宋绍兴本，配北平图书馆、日本东京静嘉堂文库残册 |
| 三国志 | 借用中华学艺社影日本图书寮藏南宋绍熙本 |

① 张元济：《〈百衲本二十四史〉前序》，载《张元济论出版》，商务印书馆2011 年版，第60—61 页。

② 张元济：《〈百衲本二十四史〉前序》，载《张元济论出版》，商务印书馆2011 年版，第62 页。

③ 张人凤编：《张元济古籍书目序跋汇编》（下册），商务印书馆2003 年版，第985—1047 页。

续表

| 书名 | 版本 |
|------|------|
| 梁书 | 北平图书馆藏宋蜀大字本，以涵芬楼藏元明递修本配 |
| 晋书 | 涵芬楼蒋氏藏绍兴重刊北宋本（以江南图书馆宋本配补） |
| 宋书 | 北平图书馆、刘氏嘉业堂宋蜀大字本，以涵芬楼藏元明递修本配 |
| 南齐书 | 傅增湘藏宋蜀大字本，含元补而无明修版 |
| 陈书 | 北平图书馆藏宋蜀大字本，配以中华学艺社借影日本静嘉堂文库藏同版式本，含元补而无明修版 |
| 魏书 | 北平图书馆藏宋蜀大字本，以涵芬楼、傅增湘藏本补，含元明补版 |
| 北齐书 | 北平图书馆藏宋蜀大字本，以涵芬楼藏元明递修本补 |
| 周书 | 吴县潘氏、涵芬楼宋蜀大字本配元明递修本补 |
| 隋书 | 涵芬楼藏元大德本 |
| 南史 | 北平图书馆藏元大德本，以涵芬楼藏元本补配 |
| 北史 | 北平图书馆藏元大德本，以涵芬楼藏元本补配 |
| 旧唐书 | 瞿氏藏残宋本，以涵芬楼藏闻人诠刊本补配 |
| 新唐书 | 日藏宋嘉祐刊本，以刘氏宋本补 |
| 旧五代史 | 刘氏嘉业堂刊原辑《大典》有注本 |
| 新五代史 | 傅增湘藏本宋庆元刊本 |
| 宋史 | 北平图书馆残元至正刊本，以涵芬楼明成化刊本补 |
| 辽史 | 涵芬楼藏元刊本 |
| 金史 | 北平图书馆藏元至正刊本，缺卷以涵芬楼元覆本配 |
| 元史 | 北平图书馆藏洪武初刻本，缺卷以涵芬楼藏后印本配 |
| 明史 | 武英殿本，附王颂蔚《编集考证捃逸》 |

　　这其中，包括了大量的宋元刻本，如《史记》《三国志》《陈书》诸史，甚至还用到了日本的古籍藏书。再若《旧五代史》一书，本是清代撰修《四库全书》时，由馆臣从《永乐大典》中辑出。在通行殿本不善、重金求购旧刻本不得的情况下，选择了刘氏嘉业堂所刻的原辑有注本。在网罗善本的基础上对于原书所存在的缺卷缺页现象，则采取了补配的方式，用其他善本补齐，以成完璧。这种在版本

上选择精益求精的态度，通过搜罗各类善本，底本互相补配，既突出了版本的精善，又保证了内容的完整性，确保了《百衲本二十四史》在版本价值上独树一帜的"善本""足本"特征。

《百衲本二十四史》的校勘价值，则是在版本价值的基础上更往前一步，在内容考订、文字校勘上意义重大。《百衲本二十四史》并不只是影印，在整理出版的过程中，张元济设立校史处，专事校勘，"影本即成，随续随校。有可疑者，辄录存之。每毕一史，即摘要以书于后。商务印书馆既复印旧本行世，先后八载，中经兵燹，幸观厥成。余始终其事，与同人共成《校勘记》百数十册"①。以《史记》为例，摘录数条校勘记，编成表2-2。

表2-2　　　　《百衲本二十四史校勘记·史记校勘记》举隅

| 卷 | 本纪卷一② | 世家卷十四③ | 列传卷一④ |
|---|---|---|---|
| 页 | 八 | 十四 | 一 |
| 行 | 前七行 | 前五行 | 后六行注 |
| 宋本 | 依鬼神以制〇乂王刘汲 | 四年秦破我 | 实〈一十九年汲〉 |
| 殿本 | 剒 | 秦 | 有百字 |
|  |  | 刘汲王 | 衲刘 |
| 备注 |  | 修 | 补百字 |

据《校勘记》可知，在校勘过程中，底本采用的是南宋黄善夫的三家注刻本，校本则采用了武英殿刻本，简称为"宋"与"殿"。参校本的选择更多，分别为"衲""汲""王""刘"。"衲"为刘喜海旧藏之百衲本，"汲"为毛晋汲古阁本刻本，"王"乃明代王延喆刻本，

---

① 张元济：《校史随笔》，上海古籍出版社1998年版，"自序"第1页。
② 张元济：《百衲本二十四史校勘记·史记校勘记》，商务印书馆1997年版，第6页。
③ 张元济：《百衲本二十四史校勘记·史记校勘记》，商务印书馆1997年版，第208页。
④ 张元济：《百衲本二十四史校勘记·史记校勘记》，商务印书馆1997年版，第233页。

"刘"是刘承幹影刻的宋蜀大字本。在校勘过程中，《校勘记》坚持实事求是、精益求精的原则。如第一条材料，根据宋本和王、刘、汲诸本可断殿本之误，所以从宋本。第二三条材料，据殿本和参校诸本，判断宋本存在错字和脱字情况，从而校改之。这充分说明，在《百衲本二十四史》校勘的过程中，并不盲目迷信宋本，而是综合诸本进行合理的分析判断，对文字的修改极为谨慎。经过版本补配和文字汇校后，《百衲本二十四史》形成了一个综合诸本之长的新的文本系统。①正是基于《百衲本二十四史》在版本和校勘上的突出价值。其一推出，就受到学界热评，如傅增湘所言，"括举正史而整齐之，竟克奏无前之伟绩"②。新中国成立以后，全面推动《二十四史》校点的整理工作，其中以百衲本为底者就有12种，其学术影响延续至今。

除了综合运用影印技术与传统文献学整理出版《百衲本二十四史》之外，此时期还有一批学者，专治一史，其作品在内容的精度和深度上有着突出的特点。最典型的一例，即卢弼的《三国志集解》。卢弼此书，虽然迟至1955年才在商务印书馆出版，但其实早在1935年既已完成，只是战事爆发，出版之事无力顾及才延后。该书主要针对《三国志》正文和裴松之注进行了比较详细的校勘、注释和考证，汇集了前人整理《三国志》的基本成果，不当之处，则多补充辩驳，以抒己见。尤其是在卢氏最擅长的地理方面，其考释最为精当。此书一出，即被认为是"关于《三国志》的最详注本"。再如杨树达的《汉书补注校正》《汉书管窥》，吴士鉴《晋书斠注》诸书，亦是该领域内用力极多，内容精深之作。

《史记》和《汉书》作为纪传体史书的典范之作，在当时受到的关注也自然多些。很多古籍今译、选注作品多以《史记》为对象，

---

① 参见王绍曾《为什么要整理出版〈百衲本二十四史校勘记〉——兼答汪家熔先生》，《江苏图书馆学报》2002年第4期。

② 傅增湘：《〈校史随笔〉序言》，载张元济《校史随笔》，上海古籍出版社1998年版，第1页。

如秦同培 1936 年在上海国学整理社出版的《史记精华》，又如中华书局的《史记精华》《汉书精华》等。

（三）《二十五史补编》的价值与贡献

开明书店整理出版《二十五史补编》，则是此期能与《百衲本二十四史》相提并论的一件盛事。正如张元济所言，"向来有价值之书，版本不厌其多。即如商务印书馆先印殿本《二十四史》，再印《百衲本二十四史》，且外间《二十四史》版本甚多，并不相仿"①。在《补编》推出之前，开明书店先组织整理出版了《二十五史》。《二十五史》中的《新元史》为柯劭忞所作，1921 年徐世昌将其列入正史。开明版《二十五史》在版本选择上，《二十四史》部分仍据武英殿刻本，《新元史》则选取了退耕堂刊本。在具体印刷上，采用了缩印的方法，将原来的十六版缩为一版，此后拍照制成锌版，付诸印刷。这样就将《二十五史》的篇幅大大缩小，全套书仅有九册，便于取阅。在整理过程中，还在每一史之后，编列参考书目，方便了解历代整理研究之概况，是不可多得的资料集。最后还附有《二十五史人名索引》，对于检索利用之事大为便利。所以，开明书店的《二十五史》虽然普通，但却极具特色，在方便读者使用上颇费工夫。

《二十五史补编》则是与《二十五史》配套使用的。历代正史，虽然都谨遵纪传体史书的编撰体例，但具体到每一部史书，其体例又各有异同。最为遗憾的是，正史中纪、传的部分都是齐备的，反映典章制度、社会民俗的表、志，往往疏漏不全。《补编》的整理，最主要的目的也正是在此，"历代的史书里头，表谱书志未必齐备；那原有这些门类的若干史，又往往因为当时作者的疏忽以及后世传刻的错误，引起读者的遗憾"②。所以开明书局将历代对正史志表的补续作

---

① 张元济：《张元济对于影印〈四库全书〉之意见》，载《张元济论出版》，商务印书馆 2011 年版，第 69 页。

② 叶圣陶：《〈二十五史〉刊起缘起》，载《叶圣陶序跋集》，生活·读书·新知三联书店 1983 年版，第 162 页。

品汇集起来，经校勘后于 1936 年排印出版。根据统计，《补编》总共收录作品 246 种，包括了刻本 180 种，稿本 60 多种。具体到每一部书的话，则包括了《史记》8 种、《汉书》28 种、《后汉书》26 种、《三国志》21 种、《晋书》45 种、《宋书》9 种、《南齐书》4 种、《梁书》3 种、《陈书》3 种、《魏书》12 种、《北齐书》3 种、《周书》3 种、《隋书》7 种、《南北史》7 种、《新旧唐书》14 种、《新旧五代史》16 种、《宋书》7 种、《辽史》9 种、《金史》6 种、《元史》5 种、《宋辽金元四史》3 种、《明史》6 种。这些作品大致可以分为三类，第一类是续作、补作，以补原书之阙，如郝懿行《补宋书食货志》、熊方《补后汉书年表》。第二类是校正之作，如汪远孙《汉书地理志校本》、毕沅《晋书地理志新补正》。第三类是考证、考订类作品，典型者如洪颐煊《汉书水道疏证》、杨守敬《隋书地理志考证》。从实际内容来看，《补编》收录之书，集中在兵志、艺文志、地理志、年表等数个门类。

以所收《艺文志》为例，探讨其学术价值。《补编》中有关艺文、经籍方面的作品有三十二种之多，具体参见表 2 – 3。

表 2 – 3　　　　　　　　《二十五史补编》所收录艺文志举隅

| | |
|---|---|
| 王应麟《汉艺文志考证》 | 黄逢元《补晋书艺文志》 |
| 姚振宗《汉书艺文志拾补》 | 聂崇岐《补宋书艺文志》 |
| 姚振宗《汉书艺文志条理》 | 陈述《补南齐书艺文志》 |
| 孙德谦《汉书艺文志举例》 | 张鹏一《隋书经志补》 |
| 刘光蕡《前汉书艺文志注》 | 章宗源《隋书经籍志考证》 |
| 钱大昭《补续汉书艺文志》 | 姚振宗《隋书经籍志考证》 |
| 侯康《补后汉书艺文志》 | 徐崇《补南北史艺文志》 |
| 顾怀三《补后汉书艺文志》 | 顾怀三《补五代史艺文志》 |
| 姚振宗《后汉艺文志》 | 倪璨《宋史艺文志补》 |
| 曾朴《补后汉书艺文志》 | 王仁俊《辽史艺文志补证》 |
| 侯康《补三国艺文志》 | 缪荃孙《辽艺文志》 |

续表

| | |
|---|---|
| 姚振宗《三国艺文志》 | 王仁俊《辽史艺文志补证》 |
| 丁国钧《补晋书艺文志》 | 黄任恒《补辽史艺文志》 |
| 文廷式《补晋书艺文志》 | 钱大昕《补元史艺文志》 |
| 秦荣光《补晋书艺文志》 | 倪璨《补辽金元艺文志》 |
| 吴士鉴《补晋书经籍志》 | 金门诏《补三史艺文志》 |

对于这三十二部作品，其学术价值应当从多方面进行评估。

首先是对史志目录的考订之功，这主要是针对校正、补正类作品而言的。仅就史志目录而言，《汉书·艺文志》和《隋书·经籍志》是两座高峰。前者发凡体例，以六分法统领群籍，是开先河之作。后者损益四部，影响深远。在目录分类、著录体例上，都是史志目录的。纵然是经典之作，其中亦不乏瑕疵。以《隋志》为例，《补编》所收三种，张鹏一之作重在补遗，特别是补充北朝学者之作，"后魏齐周诸人所著，见于各传暨《北史》《唐志》者，《隋志》类多逸漏"①。章宗源和姚振宗的作品，主要是对《隋志》所收录的典籍进行考辨，其中包括了对作者、书名的纠谬，还借助辑录体的形式，在书籍内容、作者生平、作者传存方面做出了考释，在纠正旧史错误的同时，扩充完善了其内容。

其次是对史志目录的增补之功。历代正史，由于受到编辑条件的限制，于表、志一类多有减省。《补编》中除去八种考订类作品，余者全为补阙之作。作品的时间范围和指向也是极为明确的，侧重于魏晋南北朝和辽金元。《汉志》编成以后，其间经历了典籍内容和数量的大发展，然而自《后汉书》起，直至唐初所修南北朝诸史，于《艺文志》均为缺略。《隋志》虽总括魏晋以来典籍之记载，但仍在部分需要通过这些补续之作来体现。至于补作辽夏金元之艺文志，其学术价值就更高了。由于宋明修史时的草率，辽金元史未有艺文志传

① 张鹏一：《隋书经籍志补》，载《二十五史补编》，中华书局 1956 年版，第 4929 页。

世。加之此期的国家书目和私人藏书目录也都阙如，所以对于当时典籍的流传、著述的刊行，缺乏足够的认识和了解。《补编》所收之补续之作，既可以充实完整正史的记载，也可以为具体的学术史、文献学研究提供宝贵的材料。还需要指出的是，这类补正、补续的作品，很少以单行本流传，多附于丛书之中，查阅多有不便。《补编》在网罗旧刻的基础上，还搜罗了万斯同、姚振宗等名家的稿本，以专题丛书形式、汇刊排印整理出版，与《二十五史》一起使用，可谓相得益彰。正如顾颉刚所言，"为昔人著作谋尽其用，为后来学术广辟其门，使材料不集中之苦痛从而解除，此真无量之功德，所当为史林永颂者"①。《二十五史补编》在提供学术资源，方便学术研究方面是很有功劳的。

### 三　子部典籍的整理

子部典籍的内容十分庞杂，《四库总目》曰："自六经以外立说者，皆子书也……儒家之外有兵家、有法家、有农家、有医家、有天文算法、有数术、有艺术、有谱录、有杂家、有类书、有小说家，其别教则有释家、有道家。叙而次之，凡十四类。"② 在诸家学说之外，还包括了农学、兵学、科学技术的内容。佛教、道教以及类书亦归此类。

（一）诸子典籍的汇编与普及

民国时期，经学传统趋于瓦解，西方学说大量涌入中国。沉寂已久的诸子学说，逐渐为人所重视，学术界由此开始了对诸子学说的重新评价与认识，并试图挖掘其所蕴含的现代价值。在这一局面的推动下，诸子典籍的整理也不断走向高潮，通过子书汇刊和标点、注译的方式，推动子书的普及。

民国时期以汇刊方式整理出版的子书有很多，如《诸子集成》

---

① 顾颉刚：《〈二十五史补编〉序》，中华书局 1956 年版，第 2 页。
② 四库全书研究所整理：《钦定四库全书总目（整理本）》，中华书局 1997 年版，第 1190 页。

《周秦诸子斠注十种》《二十二子》《百子全书》《子书二十八种》等。《诸子集成》由国学整理社所辑、世界书局出版，主要收录的是自先秦到魏晋时期的诸子著作，计有二十六家二十八种。所收之书主要是清人的校注本，辅之以断句和标点，是民国时期子书汇刊中比较有代表性的一种。《周秦诸子斠注十种》，由中国学会辑印，选择的都是名家精注精校本，包括《荀子考异》《荀子补注》《墨子刊误》《吕子校补》等十种，以清人注本为多。扫叶山房充分利用石印方式，采取断句标点的方式，对前代已有的汇刊子书，进行了综合性整理，如《百子全书》。该书原名《子书百家》，由崇文书局在清光绪元年（1875）刊成，收录了先秦到明代的诸子作品一百种，其中不乏《尸子》《子华子》等稀见子书。扫叶山房聘请专人，对《子书百家》进行句读圈点、校勘文字，经石印重新出版，名为《重加圈点百子全书》（即《百子全书》），先后出版4次，是当时市场上比较易得的子书汇刊。扫叶山房在民国初年，还曾推出过《二十二子汇函》《三十六子全书》等。再如上海育文书局，亦整理出版《子书二十八种》《三十二子》《子书三十六种》。此外，商务印书馆也曾推出《子汇二十四种》等作品。

运用标点、今译手段整理古籍是民国年间古籍整理的流行趋势，子书自然也不例外。如中华书局就曾推出了《庄子精华》《老子精华》等五种选注本的子书读本。商务印书馆则聘请叶圣陶、唐敬杲选注了《荀子》《列子》《墨子》和《韩非子》诸书，1939年时还推出了张之纯《评注诸子菁华录》，收录子书十八种。还有如叶玉麟先后整理了《庄子》《墨子》《韩非子》的白话易解本，20世纪30年代在广益书局出版。这类今译类典籍比较多，也有助于普通读者接受和认识先秦诸子之思想观念，破除儒学的迷雾，全面了解中国古代思想文化的多元性。

（二）子书专书整理的突出成就

子部典籍的专门整理，长期以来一直有着良好的学术传承。进入民国，学者们致力于某一专书的整理与研究，同样有很多成绩。特别是在先秦秦汉诸子著作的整理方面，几乎每一部子书，都有数种注释校勘之作，蔚为大观，其中尤以《墨子》文本整理成果最多。

墨家是春秋战国时期仅次于儒家的显学，然自秦汉以后逐渐衰微，几成绝学。与之对应的是《墨子》作为墨家学说的代表作，整理者甚寡，流传也日渐稀少，"唐以来，韩昌黎外无一人能知墨子者，传颂既少，注释亦稀。乐台旧本，久绝流传，阙文错简，无可校正，古言古字，更不可晓，而墨家尘理终古矣"①。直到清代，朴学之风大盛，才陆续出现了毕沅《墨子注》这样的全注本，而最能体现清代墨子整理成就的则是孙诒让的《墨子间诂》。

民国年间，《墨子》文本的整理，都是在孙氏《墨子间诂》的基础上展开的。此期对《墨子》文本的整理，既有对全书的考释校正，也有对《墨经》的专门整理。《墨经》或称《墨辩》，专指《经上》《经下》《经上说》《经下说》《大取》《小取》六篇，其内容多涉逻辑学、认识论以及自然物理知识，是《墨子》一书的重要组成部分。重要的整理作品包括了尹桐阳的《墨子新释》、支伟成的《墨子综释》、刘师培的《墨子拾补》等。对《墨经》的整理，也有梁启超的《墨经校释》、张其锽的《墨经通解》等作品问世。还有如谭戒甫穷毕生精力研治《墨子》，先后撰成《墨子长笺》《墨经易解》等作，于《墨子》和《墨经》都有所阐发。众多作品之中，以张纯一的《墨子集解》和吴毓江的《墨子校注》最有代表性。虽然各自撰述宗旨不尽相同，但在整理范式和学术价值上却有相通之处。概言之，二书在材料的搜集上极为充分，故而文字考释、义理训诂之成果具有说服力。

《墨子集解》（以下简称《集解》）一书是在张纯一《墨子间诂笺》的基础上增补而成的，其特色并不在于审核考订文字，而侧重

---

① （清）俞樾：《墨子间诂序》，中华书局 2001 年版，第 1 页。

于对《墨子》文句、段落和篇章大义的解说与阐发。故而其所选择的材料，主要是清代以来的各家《墨子》注本，如毕沅的《墨子注》、孙诒让的《墨子间诂》以及胡适、梁启超、刘师培等近人的研究成果。从体例来看，《集释》主要包括了解题、文字校注和张氏按语等几部分。其中解题和按语部分是全书特色，集中阐发了张氏自己的观点。如《亲士》一篇，篇名之下，先引毕沅和孙诒让之说，然后以"纯一案"的方式阐述自己对《亲士》一篇的看法，讨论其作者与成书年代，甚至还征引了赫胥黎的观点，来说明用贤亲士的重要性。张纯一的《墨子集解》，在广泛利用清代以来诸家校注成果的同时，侧重于对墨家义理的阐发，尤其是利用佛经解读墨子，自成一家。

吴毓江的《墨子校注》，特色则在于文字的校勘和审核。据吴氏自序可知，为了对《墨子》文本进行彻底梳理，主要做了三项工作，"一曰搜集异本；二曰征引善本；三曰寻求例证"①。前两项基本上就是围绕版本展开的，根据"自序""凡例"以及书后所附"墨子旧本经眼录"，吴氏撰述此书时，利用到了十七种传世的版本。最古者为卷子本《墨子》，此本为唐抄本，仅存数篇，是卷子本《群书治要》的一部分，藏于日本宫内省。其余还包括十四种明本和两种清本，重要者如正统道藏本、日本宝历年间的刻本等。在网罗异本的基础上，吴氏所做的"寻求例证"，则是从各种类书、古注中寻求线索，进行文字校勘。仅以《明鬼下》为例，在参稽众本的前提下，还引用了《汉书》颜师古注、《论衡》、《国语》韦昭注、《太平御览》、《法苑珠林》等各种材料，进行文字的校勘，力求还原《墨子》原貌。吴毓江的《墨子校注》，梳理了《墨子》版本的流传，依据众多古本抄本，在《墨子》文字的厘定和校勘上，收效显著。

《集解》和《校注》作为此期《墨子》文本整理的代表作，前

---

① 吴毓江：《墨子校注》，中华书局 1993 年版，第 3—5 页。

者侧重于义理之抒发与阐论，后者致力于文字的校勘与审定，但其整理工作都是在广泛搜集《墨子》各类传本注本的基础上展开的，可谓言之凿凿，成一家之说。合而观之，文字精审，义理精深，体现了民国《墨子》整理的最高水平。

民国时期在《淮南子》一书的整理方面也取得了巨大成就，《淮南子》一书本为西汉淮南王刘安及其门下宾客所编，内容多涉黄老思想，亦包含医学、民俗方面的知识。民国时期，对《淮南子》的整理，首推刘文典的《淮南鸿烈集解》。刘氏从《北堂书钞》《太平御览》等隋唐以来的类书中，辑存古注，继而在文字校勘、义理训释等方面抒发己见。整理国故的发起者胡适亦曾盛赞道："辨各家之同异得失，去其糟粕，拾其精华，于以结前哲千载之讼争，而省后人无穷之智力"①，认为刘氏此书乃"总账式国故整理"的典范。除刘氏《集解》外，其他整理本亦多，有吴承仕《淮南旧注校理》、刘家立《淮南集证》、吕传元《淮南子斠补》、马宗霍《淮南旧注参证》、于省吾《淮南子新证》等十余种。

兵学典籍在子部书中占有重要地位。晚清民国以来，国势衰微，屡遭列强欺凌，故而整理兵学典籍，深入继承和发扬古代兵学之精粹，在当时有着积极的现实意义。以著名的《孙子兵法》为例，除了有王治寿对《孙子十家注》进行传统的文字校勘、断句标点外，陈启元的《孙子兵法校释》，训释文字往往用现代兵学名词，沟通古今，以彰显其现代价值；钱基博的《孙子章句训义》，结合西方军事学观点，以两次世界大战的实例讲解《孙子兵法》，现代气息浓厚，观点独特；在陈华元的《孙子新诠》、陈和祥的《评注孙子读本》、刘邦骥的《孙子浅说》等著作中，亦都着力挖掘其在军事领域的价值与意义。

除上述以外，其他民国时期单本子书的整理成果亦较为丰富，《管子》有郭沫若的《管子校正》、闻一多和许维遹的《管子校释》、

---

① 胡适：《〈淮南鸿烈集解〉序》，载刘文典《淮南鸿烈集解》，中华书局1988年版，第1页。

支伟成的《管子通释》。此外，丁福保的《老子道德经笺注》、刘文典的《庄子补正》、容肇祖的《韩非子考证》、陈启天的《韩非子校释》和黄晖的《论衡集释》等都是此期较有代表性的子书整理成果。

（三）废止中医变局下的医籍整理

中医一直以来被认为是我国的国粹，其历史悠久，自成体系。晚清以来，随着西学东渐，西医理论及其诊疗体系传入我国。与此同时，随着对西方科学的日益崇拜，社会上逐渐产生了对中医的排斥与歧视情绪。特别是自中华民国成立以后，中医发展举步维艰。对传统中医的排斥与打压，几乎贯穿于整个民国时期。先是北洋政府时期，颁行"教育系统漏列中医案"，将中医教学完全排除在医学教育系统之外。1929 年，国民政府通过了余云岫等人提出的"废止旧医（中医）以扫除医药卫生之障碍案"，还拟定了"请明令废止旧医学校案"呈请教育部，此即民国时期著名的"废止中医案"。面对这两次重大打击，中医界人士纷纷出面请愿，力求自保，维护中医的合法地位。虽然中医在当时的处境比较艰难，经过多方呼吁，"废止中医"的提案并没有最终实行。但在此刺激下，中医界人士为了挽救传统医学，克服出版之限制与困难，在整理古代医籍方面做出了很多成绩，其显著特点在于对传统医学典籍的汇刊整理。

民国时期的医籍整理，其特色主要集中在三个方面。首先是对传统医籍进行汇刊，多以丛书方式出现。比较有代表性的成果如曹炳章所编的《中国医学大成》。曹氏本人为中医名家，筑有"集古阁"，专事收藏医籍，其个人所藏珍本善本，尽数收入《中国医学大成》之中。按照原先的设想，计划收书三百六十五种，以明清两代的各类医籍为主，辅以少量日本的汉文医籍作品，细分为医经、药物、诊断、方剂、通治、外感、内科、外科、妇科、儿科、针灸、医案、外集等十三类，按类分别收录典籍。在悉心编选之外，曹炳章还以圈句的方式对这批医籍进行了初步点校，后交上海大东书局排印出版，以期"启发后学之学医途径。是书一出，诚足以打破国医私传子孙之秘诀，开四千余年国医大成之新纪元"①。颇为遗憾的是，由于受到中日战事的影响，这套书并没有全部出版，仅出版了一百三十六种，五百余册。再如同期的裘吉生，亦致力于中医古籍的刊印整理。裘吉生先后编有《三三医书》《珍本医书集成》等。《三三医书》，取"医者须读三世书，求三年艾，方能三折肱"②之意，以家藏稀见之孤本善本，旁及日本汉籍医书汇刊而成。《三三医书》共分三集出版，每集刊刻医书三十三种，共收录医籍九十九种。《珍本医书集成》，收书九十种，分医经、本草、脉学、伤寒、通治、内科、外科、妇科、儿童科、医案、杂著等十二类。从书名可知，此书特色在于版本，收入了大量海内孤本稿钞本等稀见版本，如《内经博议》《难经古义》等，都是赖《珍本医书集成》而广为流传的。1936 年该书在上海世界书局排印出版后，拟编第二、第三集，后因战事逼近而作罢。

其次是医籍目录的整理，中国古代虽然也编有《医藏书目》《古今医籍考》和《医林书目》等中医古籍目录，但大多数早已亡佚，所存者仅有明代殷仲春的《医藏书目》，该书成书年代较早，内容记载也较为简略，不足以反映中国古代医籍之全貌。民国年间，在中医古籍目录的编制上出现了突破，其代表作即《中国医学大成总目提要》和《四部总录·医药编》（以下简称《医药编》）。前者为曹炳章所编，1936 年由大东书局排版印刷出版。该书实际上是《中国医学大成》一书的目录，对入选《大成》的三百六十五种医学典籍进行介绍，在介绍每本医籍内容的同时，还附带有历代医家的评注，对于初学者快速入门有很高的指导意义。丁福保所编《医药编》的贡献就更大了，此书以 1929 年为界，收录之前刊行的著作，正篇收有

---

①　曹炳章：《中国医学大成总序》，载《中国医学大成总目提要》，上海大东书局 1935 年版，第 6 页。

②　"三三"之名取自三个典故，取《礼记·曲礼》之"医不三世，不服其药"，《孟子·离娄上》之"今之欲王者，犹七年之病，求三年之艾也"，《左传》之"三折股肱为良医"，喻指遍阅医籍，广寻良药，方能悬壶济世。（详参段逸山《"三三"解》，《中医药文化》2008 年第 2 期）

五百余种，附录包括了《现存医学书目总目》《现存医学丛书总目》和《中国医学大辞典著录医学书目》以及补遗，著录的医籍总数在一千种左右。《医药编》按照脉经、专科、杂病、医学、方剂、医案、养生、杂录的分类进行著录，开列书名、作者、版本等基本信息，作者还从《郡斋读书志》等古籍目录书中，钩沉历代医籍材料辑成提要项，最后还附有人名书名索引。丁氏此书，是对民国以前中医古籍文献的集中清理，无论是从资料的丰富程度，还是从收书的数量范围上讲，都堪称高水平之作。

最后，民国时期中医医籍的整理还表现在海外汉文中医古籍的搜罗与整理。前文所述，如《中国医学大成》《珍本医术集成》中也都零星收有日本人所撰的汉文医籍《药征》《灵枢识》之类。大规模搜罗日本医籍做整理者则首推陈存仁，1936 年，陈氏受世界书局所托，赴日本搜罗医籍，次年便整理编成《皇汉医学丛书》（以下简称《丛书》）。《丛书》所收均为日本学者所撰的中医学著作，大部分为汉文所写，少量为日语书者则经翻译后刊行。这套书收录作品七十二种，分总类、内科学、外科学、女科学、儿科学、眼科学、花柳科学、针灸学、治疗学、诊断学、方剂学、医案医话类、药物学、论文集十三类进行著录。该书的整理出版是中日两国传统医学交流的友好见证，又是民国年间域外汉籍专题整理的一大尝试。史学大家陈垣在民国年间也积极促成了《医籍考》在国内的传播。陈垣在 1917 年和 1941 年两度远赴东瀛，在与日本学者的交往中，见到丹波元胤所著《医籍考》，翻阅之后觉得"其书仿朱彝尊《经义考》体例。条举中国历代医籍撰人卷数，著其存佚，录其序跋，及诸家详论，加以考订，精审无比"[①]。该书对道光以前的医籍进行了完整系统的著录，足以补中国医籍目录之阙。陈垣早有抄录刊布《医籍考》之意，但为各种条件所限，直至 1936 年才刊行。刊行

---

① 陈垣：《论医籍考》，载《陈垣学术论文集》（第二集），中华书局 1982 年版，第 328 页。

时陈垣还做了《题新印医籍考》七绝二首，以褒扬其功绩。该书在中国刊布流传，对历代中医古籍进行了总结和梳理，也为中医古籍目录学的发展提供了借鉴。

（四）类书及宗教文献的整理

子部典籍包罗较广，除上述子书整理和医籍整理外。1934 年，中华书局影印《古今图书集成》则是类书整理的一件盛事。《古今图书集成》作为我国现存最大的一部类书，自雍正年间以铜活字刊行问世以来，虽有上海图书集成局铅活字排印本和同文书局影印本先后出版，但因部头较大，印数较少，市面上流传不多。中华书局以康有为旧藏铜活字本为底本，又从浙江省图书馆借出龙继栋所撰《考证》二十四卷共同影印出版，由此成为《古今图书集成》最为通行的版本。再如《太平御览》一书，张元济从日本借得南宋蜀刊本，在《四部丛刊三编》中影印出版。

在释、道两家文献的整理方面，民国年间《大藏经》的编纂较有成就，先后有《频伽藏》和《普慧藏》刊行。前者全名为《频伽精舍校刊大藏经》，为英国商人哈同出资赞助，亦名《哈同大藏经》，1913 年刊成。该书收录佛经一千九百一十六种，八千四百一十六卷，是我国历史上第一部铅字排印的大藏经。《普慧藏》在 1943 年由盛普慧发起刊行，但仅印行一百册，就因战局、资金等因素终止了，未能实现全部的刊印计划。此期商务印书馆也影印了《道藏》《续道藏》以及日本所编的《续藏经》，还遴选了百余种道家典籍，以《道藏举要》的方式印行。著名的大藏经如《碛砂藏》《龙藏》等此期也有影印、刷印之事。民国古籍整理界的活跃人物丁福保，对佛教经典《坛经》《金刚经》等作了笺注，亦出资整理了《道藏精华录》等。

## 四 集部典籍的整理

集部从作品数量来看，应该是四部之中最为繁多的，特别是明清时期，文集刊刻成风，其中多数为集部著作。按照《四库总目》的分类，集部分为五类，即楚辞、别集、总集、诗文评和词曲。其中楚辞类最为古朴，其研究历史也很悠久。民国时期更注重从文艺学、诗学、神话学等多种角度，对《离骚》等作品的内容进行分析。从校勘整理的角度来讲，主要的作品有闻一多的《楚辞校补》《离骚解诂》，傅熊湘的《离骚章义》，卫仲璠的《离骚集释》等数种。① 就这一时期的集部古籍整理来看，诗文别集校注、总集汇编都有亮点；戏曲小说类的整理则异军突起；对历代文学的标点今译也成为一时风尚。

（一）诗文别集之整理

别集，一般是指个人作品的汇刊。这部分典籍的数量十分庞大，卷帙大小不一。虽有如《陶渊明集》《李太白全集》这样耳熟能详的作品，更多的则是沉寂无声，甚少有人知晓。民国年间的诗文别集整理，是沿着两个方向进行开拓的。一则重视诗文别集的刊布与流传，主要为学术服务；另则走向大众普及的路子，重点选注名家名作，着力于古典文学作品的普及和推广。

别集的刊布，在这一时期主要是依托各类大小丛书，出版了一批唐宋以来的诗文集。这批别集数量众多，版本考究。且不说《四部丛刊》等专门的古籍善本丛书，如江西一地耆旧先贤作品的《豫章丛书》，就辑录有二十余种宋人诗文集。这批别集的整理刊行，为文学专门研究的开展提供了宝贵的资料来源。

别集的注译工作是此期无法忽视的一个重要领域。与经史旧籍、子部众说相比，集部作品的阅读难度相对较小，很多作品朗朗上口，蕴含的意象也足够丰富，流传和接受的程度更高。翻阅《民国时期总书目·中国文学卷》，很多作品都冠以"音注""白话""白话注解"之名，如上海大达图书供应社出版的《（新式标点）白香山诗后

---

① 关于民国年间楚辞整理和研究的书目，可参考白铭编《二十世纪楚辞研究文献目录》，学苑出版社 2008 年版，第 36—50 页；崔富章主编《楚辞评论集览》，湖北教育出版社 2003 年版，第 553—686 页。

集》、上海群学社《杜工部诗选（白话注解 新式标点）》一类，不胜枚举。这类作品的增多，亦说明此期古典文学作品深受读者之喜爱，在陶冶情操和文学普及方面做出了重大贡献。

（二）总集的纂辑

总集的特色在于荟萃众人作品，既有贯穿历代的鸿篇巨制，如《全上古三代秦汉三国六朝文》，也有专精一类者如《六十种曲》。民国年间，虽然战火不断，社会环境复杂，但是学者们在困顿之中，依然笔耕不辍，整理了一批诗文总集。这一时期总集的纂辑，类型多样，成果丰富。以丁福保为例，丁氏的古籍整理多以内容宏富、资料广博著称。其在集部古籍整理中，就是以纂辑总集见长。规模大者如《全汉三国魏晋南北朝诗》，是一部收录两汉至隋唐间诗歌作品的总集，共五十四卷，能与《全唐诗》相匹配。《历代诗话续编》《清诗话》均可视作诗话类作品的总集。诗话本为评论诗歌作者和内容的一种文学体裁，起于宋时。清人何文焕编有《历代诗话》，所收之书止于明代，多为唐宋间作品，丁氏所编之书皆为接续何文焕之作。《续编》为唐宋时代的作品，以补何氏之缺收；《清诗话》则专收有清一代的诗话作品，共计四十三种。以丁氏之作配以《历代诗话》，诗话类体裁的古籍作品可谓备矣。

民国年间，唐圭璋在词学典籍整理方面，有着突出贡献，先后编成《全宋词》和《词话丛编》，为词学研究的发展奠定了良好的基础。

词学之盛是宋代文学的鲜明特色，宋词是和唐诗并提的古代文学两座高峰之一。清代就已编成《全唐诗》，唐诗之繁盛即可观之。宋词的辑录却一直未有大的突破，虽然也有《宋六十名家词》一类的作品的问世，但离宋词之原貌尚远。鉴于此，唐圭璋渐有编辑整理《全宋词》之意。自1931年起，直至1940年，全书的编辑工作才告完成，商务印书馆以线装本的形式整理出版，其影响力一直延续到当代。该书共收录两宋词人约一千家，词作两万余首，是民国总集编纂中的代表性成果。对于《全宋词》的学术价值，可以内容"全而精"、体例"谨而严"概括之。

总集的编纂，贵在求全，重在求精。《全宋词》既精又全的特色，在其编纂过程中就有体现。在《全宋词》"缘起"中，唐圭璋将其编纂过程，分为四个阶段，"一综合诸家所刻，二搜求宋集附词，三汇列选集，四增补遗佚"。第一步"综合诸家所刻"，就是指充分利用已有之选集别集。《全宋词》编纂以前，宋词总计主要有毛晋的《宋六十名家词》《疆村丛书》《校辑宋金元人词》《宋金元人词钩沉》等问世，以刻本流传别集，总量相对较多。这一步可以确保材料来源的精善。通过别集总集的对比，收入足本、善本，避免漏收、误收的发生，为编纂工作的细化奠定了基础。第二步"搜求宋集附词"，主要是针对散存于各类典籍之中，未成别集传世的词作。这一步是在"综合"的基础上网罗集外散存之词，进一步充实材料来源，以确保其"全"。第三步"汇列选集"，主要是针对校勘考证而言。通过历代词选中的作品，对于收录作品进行比勘校对，进一步审定其文字，辨明其作者，对已收词作进行考订，以确保文字内容的精审与准确。这一步着重于"精"的打造。第四步"增补遗佚"，扩大材料搜集的范围，"旁采笔记小说、金石、方志、书画题跋、花木谱录、应酬翰墨及永乐大典……钩沉表微"①，广泛收集各类古籍文献中散存的宋词作品，以求全备。正是基于这一严谨的编纂过程，故而在数量上来讲，《全宋词》达到了"存一代之文献"的编纂目的，而且在作者考订、文字校勘、作品归属的厘定等具体问题的考证上，则做到了精审。

编纂体例的严谨，主要体现在了体例和著录上。从体例上来说，依据作者身份进行分类编排，如"帝王、宗室、释道、女流"等，然后以人系词，按照词人进行作品收录。在著录中，先撰写作者小

---

① 唐圭璋编：《全宋词》（第一册），商务印书馆1940年版，"缘起"第1页。

传，然后录其作品，少部分还附有按语，对词作内容、误收情况进行考辨。附录中有一《宋词互见表》，为唐氏独创。宋词作品经过千百年的流传，作品往往混窜互见，同一首词为多本别集所录，是常见现象。《宋词互见表》就是针对这一现象做出的补充。例如表2-4所示：

表2-4 宋词互见误收情况举例

| 词牌名 | 首句 | 作者 | 出处 | 误收情况 |
| --- | --- | --- | --- | --- |
| 一剪梅① | 红藕香残 | 李清照 | 乐府雅词 | 误入《惜香乐府》 |
| | | 赵长卿 | 惜香乐府 | |
| 水调歌头② | 不见严夫子 | 胡寅 | 渚山堂词话 | 朱熹晦庵词无，殆非朱词 |
| | | 朱熹 | 钓台集 | |

一方面告知读者词作互见的基本情况，另一方面则是阐述判断作品归属的具体理由，以存己说。最后还有作者人名索引，按照姓氏笔画多寡排列，便于使用查验。

唐圭璋以个人之力纂辑而成《全宋词》，在作品收录、内容体例上都有独到之处。虽然在战争年代，错漏难免，但《全宋词》在内容的精审与齐备，体例的规范与严谨方面，还是值得当下断代文学总集编纂所借鉴的。

除了《全宋词》，唐氏还有《词话丛编》一书。词话与诗话相类，是关于词的评论著作。清人编有《历代词话》，唐氏在此基础上，重新收集作品，《词话丛编》收录了60多种作品，时间跨度自宋直至近代，于1934年出版。民国年间，唐圭璋在词学文献总集的整理纂集方面可谓成绩斐然。与唐圭璋同期，还有林大椿所辑《唐五代词》，正与《全宋词》构成序列。

---

① 唐圭璋：《全宋词互见表》（第二十册），商务印书馆1930年版，第1页。
② 唐圭璋：《全宋词互见表》（第二十册），商务印书馆1930年版，第3页。

（三）戏曲小说的蒐集整理

　　戏曲小说的蒐集整理是民国年间集部典籍整理中的热点和亮点。受到新文化运动和整理国故运动的影响，俗文学研究的兴起是民国时期学术界的一大潮流。昔日里无人问津的戏曲小说，摇身一变成为了研究热点。正是往日对其重视程度不够，所以此期戏曲小说的整理常常与其文献蒐集相伴随。

　　民国初年的戏曲文献整理者首推董康。作为一名热衷于此的学者，他充分利用个人藏书、海外访书之所获，陆续整理出版了《诵芬室读曲丛刊》《盛明杂剧》（两集）。前者所收为七种曲学作品，后者为翻刻之作，收录了 94 种明清戏剧剧本。1928 年，在《乐府考略》和《传奇汇考》的基础上编成了《曲海总目提要》，收录了 600多种剧本。吴梅是著名的曲家，有"奢摩他室"专门收藏古代戏曲，其所选编者有《奢摩他室曲丛》（两集）、《古今名剧选》等。断代戏曲文献之印行有卢前整理《元人杂剧全集》《明杂剧选》，郑振铎所编《清人杂剧》等。各类出版机构亦热衷于此，商务影印《元曲选》、开明书店排印《六十种曲》，此外尚有《南曲九宫正始》《古今杂剧三十种》等。此期还涉及新材料的发现，其中包括《元刊杂剧三十种》《永乐大典戏文三种》以及《脉望馆钞校本古今杂剧》，或从域外所得，或为藏家散出。这些新材料的发现，也在第一时间得到整理刊布，为研究工作的开展奠定了基础。1922 年古书流通处辑《重订曲苑》，1932 年圣湖正音学会在古书流通处原印本的基础上进行增删，重新辑录为《增补曲苑》，共 26 种，分金、石、丝、竹、匏、土、革、木 8 集。[①] 小说较之戏曲，更受市民阶层之喜爱，为文人雅士所鄙。这直接导致了古代小说的文本流传复杂，文字内容窜混，散佚状况严重，所以其整理研究工作头绪较多。简单来说，大致

　　① 北京图书馆编：《民国时期总书目（1911—1949）：文学理论·世界文学·中国文学》，书目文献出版社 1986 年版，第 174—175 页。

有三项。第一项是对小说的辑佚，以鲁迅《古小说钩沉》为代表。鲁迅著有《中国小说史略》，在这方面有着深厚的积累。《古小说钩沉》主要辑录的是唐宋以前的小说，以《汉志》《隋志》等为依托，广泛取材于类书、史籍等80多种材料，体例严谨，校勘审慎，堪为典范之作。同期亦有余嘉锡所辑《殷芸小说辑证》问世。第二项是对小说的标点。开风气者为亚东书局，在胡适和陈独秀等人的鼓励和指导下，对《水浒传》《儒林外史》《红楼梦》等近二十部古典小说进行标点整理，收到了读者的极大欢迎。此风一开，后继者接踵而来，商务印书馆推《标点宋人平话丛书》，开明书店亦有《三国演义》《红楼梦》等，一时之间，标点小说成为出版界之时尚。第三项则是小说的访求。此期学者的视野已不限于国内，不少学者走访日本、欧美等处，积极寻找流散海外的小说。无论是在具体古籍的获取编目，还是在对海外汉籍收藏状况的了解等方面，都做出了开创性的贡献。有功劳者如孙楷第、王古鲁等。

## 五　古籍综合类编

民国时期兴起了一股丛书汇刊的热潮。所谓丛书，是指汇集群书以成一书。其特点是包罗众书，在典籍的保存和传播方面有着深远的意义。许多早已不传的单行本典籍，都是依赖丛书流传下来的。正是因为丛书的这些特点，明清以来，丛书刊刻成为一时风尚。民国时期的丛书汇刊是古籍整理中成绩最大、收获最多的一个领域，其具体表现主要有二：一是对古代丛书的积极翻印；二是结合影印、排印的技术整理编纂了很多新的古籍丛书。

### （一）丛书之翻印

丛书编刻之风，自明清以来就很兴盛，"丛书之刻，在艺苑已为末事，然萌于宋，绳于明，极盛于我朝乾嘉之间，大师耆儒，咸孜孜焉弗倦，校益勤，刻益精，藉以网罗散佚，事多丛残，续先哲之精神，启后学之涂轨，其事甚艰，而其功亦甚巨"①。对于宋代以来丰富的古籍丛书资源，民国时期以影刻、影印等方式进行了集中整理。比较典型的如陶湘先后影刊了《儒学警悟》《百川学海》两部宋代丛书。上海的博古斋在这方面贡献较多，陆续刊刻了《津逮秘书》《墨海金壶》《借月山房汇钞》《拜经楼丛书》《岱南阁丛书》《士礼居黄氏丛书》等十余部明清时期编纂的丛书。商务印书馆也曾整理影印了《汉魏丛书》《学津讨原》《学海类编》等。其余如古书流通处、文明书局等也影印过《知不足斋丛书》《宝颜堂秘笈》等。

民国时期最重要的丛书翻印则是《四库全书珍本初集》。《四库全书》的影印出版在民国年间一直是命运多舛，前后波折不断。自1917年张元济始有影印全书之意以后，由于政府干涉、战争迫近等因素，全本影印计划屡遭破坏，前后商议数次均无功而返。1934年在时局趋紧的情况下，选印成了当时最好的选择。在政府的主导和斡旋下，商务印书馆和故宫博物馆积极参与配合，利用文渊阁《四库全书》南迁上海的契机，选印了其中231种（经61种，史19种，子34种，集117种），分装一千九百六十册，即《四库全书珍本初集》，是为文渊阁《四库全书》之首次亮相。与之一起选印出版的还包括《宛委别藏》。《宛委别藏》是阮元搜访所得的《四库全书》未收之书，收书160种。此次选印了其中的40种，1935年出版。《四库全书珍本初集》与《宛委别藏》虽然是以选印的方式出版，尚不能窥其全貌，但因所选之书由教育部组织专家进行商讨裁定，在内容上均有独到之处，学术价值颇高，可谓民国时期丛书翻印之盛事。

（二）丛书之新纂

由于丛书在典籍保存方面的巨大价值和功用，民国年间的古籍整

---

① 缪荃孙：《积学斋丛书序》，载《艺风堂文集》（现收入《续修四库全书》），上海古籍出版社2002年版，第98页。

理也很注重利用此种方式，对旧籍进行编纂整理，形成新的古籍丛书。

　　民国初年的丛书纂集整理，最初以刘承幹、张均衡、陶湘、董康等人为代表。他们作为传统的藏书家，与前人在藏书刻书的宗旨上是一脉相承的，故而秉承了藏书家的优良传统，专事丛书刊刻之务，刊印了一批很有特色的丛书，如《嘉业堂丛书》《求恕斋丛书》《诵芬室丛刊》《百川书屋丛书》等。

　　进入 20 年代以后，随着商务印书馆、中华书局等出版机构的兴起，丛书编纂整理走向高涨，相继编印了诸多特色鲜明、旨趣各异的丛书。最著名者当属《四部丛刊》《四部备要》和《丛书集成》。这三大丛书，因为其内容版本上的特色和价值，体现了这一时期丛书新纂的最高水平。

　　《四部丛刊》为商务所推，以底本选择考究，印刷精美著称。1919 年至 1921 年推出《四部丛刊初编》（以下简称《初编》），收书323 种。《初编》在 1929 年又再次重印，重印过程中替换 26 种书的版本。《续编》出版于 1934 年，收书 81 种。1936 年又推出《三编》，共收书 73 种。前后出版三辑，收录经史子集各类珍本 477 种。该套丛书最大的特色，在于版本的精善。张元济素来倡导"书贵初刻"，在《丛刊》编印过程中，除了尽出涵芬楼之珍藏外，还充分利用了海内外公私藏书机构的收藏。仅《初编》就收录了宋刊 45 种，金刻本 2 种，元刻 19 种，影宋本 13 种，影元本 4 种，还有明活字本、明校本、和刻本、高丽本等 50 余种。这批珍本旧椠以影印方式出版，化身千万，为学术研究提供了可贵的资料来源，是民国古籍整理的经典之作。

　　《四部备要》是中华书局 1924 年开始着力整理的一部丛书。全书共分五集，收书 351 种，先后出版 3 次，有线装本、平装本和缩印本问世。该书是当时与商务印书馆《四部丛刊》抗衡之作，故而在典籍的选取上颇具特色，以实用性为最大的原则，"择吾人应读之书，求通行善本，汇而集之"①。在实用原则的指导下，《备要》所收之书往往多选历代注释、精校本。以《十三经》为例，该书之收分为《十三经古注》《十三经注疏》和《清十三经注疏》。《古注》即汉晋间之旧注，《注疏》即为通行之《十三经注疏》，《清人注疏》收录的是有代表性的清人解经作品，可谓对乾嘉学术之褒扬。这三类作品，涵盖经注之作的主要发展阶段，《备要》尽数收之，使用起来较为便利。特别需要指出的是，《备要》采用了铅字排印的方式，后来的平装本和缩印精装本还进行了断句，实用性之特征更为突出。

商务印书馆自1935年起出版《丛书集成》，则是此期新纂的规模最大的一部古籍丛书，堪称丛书之丛书。商务原计划遴选宋代以来的丛书100种，去除子目重复的部分，整理出版4000余种典籍。抗战爆发后整理工作中止，但仍出版了近3500种。该书一反经史子集的传统分类，采用了现代分类法进行编排，共分总类、哲学、宗教、社科、语文学、自然科学、艺术、文学和史地10类，大类之下又细分41小类。作为一部大型丛书，其价值与特点主要体现在以下几个方面。

一是收书范围广泛。《丛书集成》所收一百部丛书，以杂纂类（80部）为主，还包括了少部分专科类（12部）和地方类（8部）。从时代来看，则涵盖了自宋至清的重要丛书。从内容来看，亦是各有特色，如《士礼居丛书》以影刻古籍闻名，《抱经堂丛书》《经训堂丛书》以校勘审慎著称，再如《古逸丛书》《存佚丛书》则专收海外珍籍。这百部内容特色鲜明的丛书，收书近6000种，删除重复之后，仍有4000余种，从数量上来看，已经超过《四库全书》的收录，在典籍保存与流传方面可谓居功甚伟，极大方便学者使用。

二是实用与罕见并重。"初编丛书百部之选择标准，以实用与罕见为主，前者为适应需要，后者为流传孤本。"② 实用之特色，无须

---

① 《校印〈四部备要〉缘起》，载张静庐辑注《中国近现代出版史料（现代甲编）》，上海书店出版社2003年版，第365页。

② 中华书局编辑部编：《丛书集成初编目录》，中华书局1983年版，"凡例"第1页。

多言，如《抱经堂丛书》《知不足斋丛书》都是收录名家精注精校本，据此整理，实用性自然很强。罕见之特色，主要针对典籍的内容和流传而言，或为内容罕见，或为流传稀少。若总类之中所收修《四库全书》时编制的《全毁抽毁书目》《禁书总目》《违碍书目》等都是甚少流传的作品，再如史地类"明稗史""清稗史"小类所收诸多晚明笔记史料、近代中西战事史料也是罕传之作。《丛书集成》在保存古籍上的功用，直到今日仍为人所津津乐道，"这样一部没有出齐的丛书，在50年内也起了很大的作用，原来很多罕见的书就可以在《丛书集成》里找到了"①。

三是编纂方式严谨科学。编纂方式的严谨贯穿于《丛书集成》编纂之始终。从选书开始，在删除重复之书中，就严格贯彻择善而从的基本标准，其凡例明言，"一书分见数丛书中，详略不一者，去最足之本；其同属足本，无校注者取最前出之本，有校注者取最后出之本。名同而实异者两存之"②。上述所言明确了选书求足本，贵初刻本，重精校本，存同名异书的选书标准，故而经过遴选的典籍在内容版本上都是有可取之处的。在排印出版过程中，也注重对收书版本的介绍，告知读者其选择的依据。如《说文解字》一书，其扉页题曰"本馆据《平津馆丛书》本影印。《初编》丛书尚有《小学汇函》本。此本覆宋，小学又覆此本"③。寥寥数语，就道出了选择《平津馆丛书》本《说文解字》的缘由，盖因此本先出，而《小学汇函》本为后出覆刻者。对于《四库》所收之书，还会在书前加入《总目提要》的内容。在印刷方式上，以排印为主，影印为辅，排印者都加以句读，方便阅读使用。影印者多为文字类典籍，不宜排印，故而影印以存其真。同时与《丛书集成》一起出版的，还有《丛书集成初编目录》，为所收百部丛书撰写了提要。在科学规范的编撰下，

---

① 程毅中：《古代丛书与丛书集成》，《文史知识》2000年第1期。

② 中华书局编辑部编：《丛书集成初编目录》，中华书局1983年版，"凡例"第1页。

③ 《说文解字》，《丛书集成初编》本，中华书局1985年版，扉页。

《丛书集成》之书在版本内容上均力求最佳，同时在书前附以版本介绍，以便读者了解其源流，断句排印之法更是便于读者阅读与使用。

民国年间以编纂丛书的形式荟萃古代典籍是最为常见的方式。除了这三大丛书外，前文中所提到的经、史、子、集各类专科丛书亦是一类。

采用影印方法整理出版的古籍善本类丛书，在《四部丛刊》之外，也有很多。在中国古代社会，由于典籍刻印流传较少，很多珍贵版本往往秘不示人。民国以来，私人藏书家逐渐接受了藏书开放的思想，公共图书馆相继建立，获取善本更加方便，故而出现了很多有影响力的古籍善本丛书。早先有刘承幹嘉业堂影宋刊本《前四史》。商务印书馆张元济擅版本，在其主导下，先后有《涵芬楼秘笈》《影印元明善本丛书》《国立北平图书馆善本丛书》等一批古籍善本类丛书出版。此类书籍既能满足学术研究的需要，也在很大程度上保护并利用了丰富的古籍资源。

以实用为特色出版的古籍善本丛书，除了《四部备要》《丛书集成初编》外，亦不能忽视《国学基本丛书》。该套丛书是《万有文库》的重要组成部分，先后分两集于1926—1937年间出版，收录了四百种古代典籍，经史旧籍多采清人注疏本，此外还收入了《农政全书》《天工开物》《营造法式》等农业科技方面的典籍。抗战爆发以后，又以此为基础出版了《国学基本丛书简编》，极大地方便了传统文化的推介和普及。

值得我们关注的是，民国时期还整理出版有两类丛书。一类是普及类古籍丛书，另一类是郡邑丛书。古代典籍的普及，一直以来是民国古籍整理界尽力拓展的领域。这固然和文化环境、时代风貌有关，但也不能忽略其背后的商业利益，数家出版机构在此角力，故而这类丛书极多，比较有代表性的是商务印书馆的《学生国学丛书》。这套丛书主要面向中学生，自1926年推出之后，前后整理出版了九十余种典籍，入选者以先秦诸子、唐宋散文、诗歌、历代典籍为主。对这类典籍进行注译者亦不乏名家，如缪天绶、叶圣陶、傅东华等人。其所谓选注，主要包括两项工作，第一是撰写序言，主要包括书籍内容、学术流传，类似于一篇白话导读。第二是对原著作品的注释，解释文字、生僻字注音等，使之适应中学生的阅读习惯和能力。此书出后，陆续出现了《详注国学读本》《国文精选丛书》《青年国学丛书》《国学基本文库》《国学门径丛书》《历代名人诗文选注》等一批跟风之作。运用标点、音注等手段，从事古籍的普及化整理，扩大经典阅读的受众面，是传承和弘扬传统文化的有效途径之一。这一批古籍普及类丛书的整理出版，为此做出了积极的贡献。

郡邑丛书的刊印在民国时期达到了一个新的高峰。根据《中国丛书综录》的统计，民国时期编成的郡邑类丛书等到了 46 种之多，①西北有《关陇丛书》《关中丛书》，东北有《辽海丛书》，西南有《云南丛书》《黔南丛书》，岭南有《广东丛书》，华中则有《豫章丛书》《湖北先正遗书》，东南有《安徽丛书》《四明丛书》《扬州丛刻》《吴兴丛书》等，从南到北，几乎囊括所有领域。特别值得一提的是金毓黼所辑刻的《辽海丛书》，共收书 83 种，1931—1934 年刊成，此书是地区首部郡邑类丛书，具有很高的学术价值，金毓黼编辑此书，四处走访，搜罗了一批世间仅存的稿本钞本，如《渤海国记》《宁远县志》等，校勘过程中又亲力亲为，纠正了许多讹误。此书还附有《总目提要》，对所收典籍内容、版本、作者情况进行介绍。在 20 世纪 30 年代，日军铁蹄渐逼中国东北之时，辑刻《辽海丛书》更是有振奋民族热情之义。

民国时期个人丛书的编撰整理也很活跃，著名者如章太炎的《章氏丛书》、叶德辉的《观古堂所著书》、刘师培的《刘申叔先生遗书》、沈家本的《沈寄簃先生遗书》等，均是较有代表性的作品。

民国时期以丛书辑印的方式对古代典籍进行集中整理，在保存典籍、传播经典方面发挥了重要作用，这种丛书辑印的古籍整理方式亦

---

① 上海图书馆编：《中国丛书综录》（一），上海古籍出版社 1982 年版，第 408—456 页。

可以为后世的古籍整理提供借鉴和参考。

## 六 新编古籍和新式分科下的古籍整理成果

### （一）新编古籍"国文读物"的整理

### 1. 初级国文读物

清末初级学堂教材多选用古籍。如习字、国文选用《御选古文渊鉴》做文法教材，用《圣谕广训直解》练习官话，习字教材为四体《千字文》（石印本或抄本）。①

民国时期初级教育仍多参考旧时蒙学读物。《龙文鞭影》《幼学琼林》《弟子规》等在民国时期被多次编译为蒙学读物，继续作为小学课本。如《幼学琼林》为旧蒙学课本，共4卷，采自然、历史、伦理等典故，以骈文编写，方便儿童诵读。现据《民国时期总书目》略列民国时期对此书的整理出版情况（见表2-5）。

表2-5　　　　　　　民国时期《幼学琼林》整理出版举隅②

| 出版年 | 出版社 | 整理者 | 整理方式 |
| --- | --- | --- | --- |
| 1925年 | 上海大达图书供应社 | 沈元起译成白文 | 文白对照 |
| 1931年 | 上海碧梧山庄 | 吴谷民演译 | 文白对照，并加新式标点 |
| 1933年 | 上海广益书局 | 叶玉麟注释翻译 | 国语解释 |
| 1935年 | 上海鸿文书局 | 嵩山居士校阅 | |
| 1936年 | 上海群学社书局 | 贵恕皆编，沈继先校 | 白话注释 |
| 1936年 | 上海沈鹤记书局 | 朱鑫伯注解 | 白话注解 |
| 1937年 | 上海国学整理社 | | 文言夹注 |

---

① 《江苏教育总会呈学请变通初小学堂》，载璩鑫圭、唐良炎《中国近代教育史资料汇编：学制演变》，上海教育出版社1991年版，第403、406页。

② 北京图书馆编：《民国时期总书目（1911—1949）·语言文字》，书目文献出版社1986年版，第167—168页。

续表

| 出版年 | 出版社 | 整理者 | 整理方式 |
|---|---|---|---|
| 1938 年 | 上海春江书局 | 周祖芬增订 | 文白对照，详细注释 |
| 1938 年 | 上海国学书局 | 李汉文校订 | 新增白话句解 |
| 1941 年 | 上海通俗图书 | | 精校仿宋版 |
| 1941 年 | 上海广益书局 | 朱惟公校 | 详细注释 |
| 1942 年 | 重庆上海书店 | | 精校仿宋版，文言夹注 |
| 1942 年 | 沈阳商务印书馆 | 杨馁编注 | 文言对照，白话注解 |
| 1943 年 | 长春大陆书局 | 张文华校订 | 夹注 |
| 1943 年 | 上海国学研究社 | 曹国峰标点、王天根校 | 文白对照，详细注解 |
| 1943 年 | 成都新亚书店 | 谢梅林、邹可庭参订 | 新增精校，白话注解 |
| 1943 年 | 上海艺海书店 | 曹本译注 | 新增白话注解 |
| 1944 年 | 上海亚光书局 | | 详细注解，新式标点 |

　　从《幼学琼林》的出版方式可以看出，当时旧式蒙学书籍极少直接翻印或排印出版作为"初级读物"，其出版之前，往往经过一番整理。整理方式大体有"校勘""标点""白话翻译"和"注释"四大方面；某一读物又常兼多种整理方式——这也是民国时期读物出版的主要特点。

　　2. 中级国文读物

　　中学读物相对小学读物种类更加丰富，包括散文、诗歌、小说、戏曲等多类文学作品。从出版形式来看，仍然是"标点""注释""白话翻译"等多种方式兼采，但也有几大独特特征：其一，多为节选，而非全文阅读；其二，多兼文法、文学常识等知识讲解。中学古籍读物成为民国新书出版业的重要竞争对象。现据《民国时期总书目》，略举民国时期各出版社重要"中级国文读物"出版特色如表 2 - 6。

表 2 - 6　　　　　**民国时期各出版社"中级国文读物"出版举隅①**

| 出版社 | 内容特色 |
|---|---|
| 上海大东书局 | 张廷华评选《历代文读本》，包括《宋元明文读本》（1922）、《唐文读本》（1922）、《南北朝文读本》（1926）、《周秦文读本》（1923）、《清文读本》（1933）、《名家骈体文读本》（1936），分六朝、唐、宋元明、清文 4 卷。 |
| 上海世界书局 | 1923 年《清代文评注读本》（言文对照），选清代文 80 余篇，分为杂记、书翰、传状、赠序、碑志等。1924 年《历代文评注读本》，收录陆游、苏轼、曾巩、王安石、韩愈等人记事文 28 篇。1924 年《文选读本》，从《文选》中选文若干，编排为论说、序跋、书牍、奏议、诏令、碑志、辞赋等。1936 年《（广注）名家论说文读本》，为历代论说文集，分论人、论事、论学、论理 4 卷，有注释。 |
| 商务印书馆 | 1924 年吴遁生、郑次川编《古白话文选》（高级中学国语读本），分为书信、语录、诗歌、词、曲、小说 6 类，选文 360 余篇。1935 年钱基博选注《模范文选》（中学读本），选《左传》《公羊传》《史记》《尚书》等古文 54 篇。1938 年吕思勉选注《古史家传记文选》（中学国文补充读本），选《史记》《汉书》等史籍中人物传记。1938 年杨荫深选注《古文家传记文选》（中学国文补充读本），选韩愈、柳宗元、欧阳修、王安石、苏轼、归有光、姚鼐等传记文 25 篇。1938 年陈幼璞选注《古今名人笔记选》（中学国文补充读本），选清代笔记一百多篇，分杂论、杂事、杂考 3 部分编排，有注释。 |
| 中华书局 | 1922 年谢无量《国文教本评注》（古文读本），分为论著、序录等多编，有圈点、题解和作者介绍、注释。1926 年《高级古文读本》（新中学教科书）。1936 年《（注释）分级古文读本》（中学国文科补充读本），选文并注释。1937 年《（评注）古文读本》（初中学生及青年自修用），3 册，选周秦至明代文，加题解、作者简介、篇法、章法、句法及字法等说明，有圈点。1940 年胡云翼《历代文评选》《唐文选》（高中国文名著选读），前者收录曹丕、钟嵘、刘勰、章学诚等有关中国文学批评的文章 28 篇，有注释；后者收唐代作家 15 人 59 篇文章，以散文为主，有注释。 |
| 开明书店 | 1931 年《开明古文选类编》，6 册，分为论说文、记叙文、抒情文、文论、学术文。 |
| 新华书局 | 1933 年许啸天《红皮文选》（中学活页文选），10 册，分为《诗经》《论语》《韩非子》《庄子》《楚辞》《尚书》《礼记》《易经》《公羊传》《国语》《老子》《国策》《墨子》《孟子》《荀子》《列子》《汉书》《史记》《夏本纪》，有白话译文和注释。 |

---

① 北京图书馆编：《民国时期总书目（1911—1949）·语言文字》，书目文献出版社 1986 年版，第 173—188 页。

这些出版社共同的特点，是对"古籍"进行分类整理，并添加白话翻译或注释等；但亦各有其竞争特色，如固定选编责任人，如上海世界书局之读物多由秦同培选注；又如形成文选系列丛书，如上海大东书局《历代文读书》等。

3. 高级国文读物

高级读本为大学读本。其在种类上，较中学读物又更为丰富。现据《民国时期总书目》略例举高级国文读物如表 2 – 7。

表 2 – 7　　　　　　　　民国时期各出版社高级读物举隅①

| 读物名称 | 大学 | 说明 |
| --- | --- | --- |
| 奉天两级师范学校国文讲义 | 奉天两级师范学校 | 1914 年，分书牍、奏疏、诏令、札记、颂赞等 9 类，选历代古文 100 余篇 |
| 国文选粹 | 平民大学 | 1930 年，分为叙事、传状、杂记、论辩、序跋、告语、箴颂、诔祝、诗歌、辞别 10 类 |
| 特种国文选 | 中央陆军军官学校 | 1937 年，分论说、记述、史传、应用、韵文 5 类，收 130 余篇，新式标点，并加注释 |
| 西南联合大学国文选 | 西南联合大学 | 1938—1939 年，闻一多、朱自清、王力等选编 |
| 大学国文 | 中央政治学校 | 1942 年，选秦至民国文 68 篇，有作者传略、注释及参考材料，分政理、典志、传记、治术 4 类 |
| 大学国文选 | 各大学 | 1943 年，国立编译馆编，部定大学用书 |
| 大学国文 | 国立贵州师范学院 | 1943 年，国立贵州师范学院国文学会编 |
| 中国大学国文校本 | 中国大学 | 1944 年，选历代古文百余篇，国文讲习会用书 |
| 大学国文选 | 国立中山大学 | 1947 年，国立中山大学文学院中国文学系 |
| 辅仁大学国文选本 | 辅仁大学 | 1948 年，大学国文讲义 |

大学"新编国文读物"与中、小学"国文读本"在整理出版方式上大体相同，多采取选编形式，并兼有注释、标点等。而大学读物

① 北京图书馆编：《民国时期总书目（1911—1949）：语言文字》，书目文献出版社 1986 年版，第 188—191 页。

又有其特色：在内容选择上更侧重学术性；同时，这些读物除"部定大学国文选"，多由大学教员编写，专供本学校学生参考。

（二）按新式分科开展的古籍整理

民国学者为了将其与近代西方传入的分科学术体系接轨，将古籍中的相关知识重新进行分类整理。现以民国时期大学分科下所设文科、理科两大类，分别叙述之。

1. 文科类古籍整理

中国古代法家典籍中的相关资料，被民国学者重新整理为法律史资料。1927 年程树德依据唐以前各律书，编写了《九朝律考》，并以此为基础，划定中国律法系统沿袭表。1938 年，丘汉平辑录了《历代刑法志》，这是研究中国历代刑法最为全面的古籍资料书。该书所录历代刑法资料分为两部分：一是历代正史《刑法志》；二是从各断代史纪、传中收集刑法资料，历代正史中无《刑法志》者参考它书。[①]

按照近现代学科分类的理念，中国古代史书中的《食货志》被民国学者认定为经济史资料。历代正史有《食货志》者 14 部，1939 年哈佛燕京学社所编《食货志十五种综合引得》，即是对这 14 部正史食货志所编之索引，1944 年吴其昌《群史食货志校勘记》则是针对已有正史《食货志》的研究和整理。正史中无《食货志》者有 11 部，民国学者也对其进行了订补。1935 年陶元珍有《三国食货志》，1946 年翦伯赞有《补三国食货志》。[②] 补食货志者，虽沿用"食货志"之名称，然在具体内容呈现方式上，大有古今结合之趋势。补食货志是为了实现古今经济研究术语上的一致性，并将中国经济史纳入世界经济史研究之范畴。如 1935 年陶元珍《三国食货志》的编写

---

① 丘汉平：《历代刑法志·目录》，商务印书馆 1938 年版，第 1—3 页。

② 陶元珍：《三国食货志》，上海商务印书馆 1935 年版；翦伯赞：《补三国食货志（上）：三国时代的农业》，《一般评论》1946 年第 1 期；《补三国食货志（中）：三国时代的手工业·商业·国际贸易及币制》，《一般评论》1946 年第 2 期；《补三国食货志（下）》，《一般评论》1946 年第 3 期。

将内容分为户口、劳动、土地、农业、货币与物价、交通与都市、工商业、人民生活与国家财政 8 类。[①]

此外，民国时期的中国饱受战争之苦，不少军事类古籍被重新分类整理，以备时需。一类是兵法语录。如 1926 年陈增荣《四忠兵略》辑录诸葛亮、宗泽、岳飞、史可法四人语录。1929 年宜永光《治兵箴言》收录周至民国治兵名言。1935 年蒋介石编《（增补）曾胡治兵纲要》。1936 年吴柱中《七大兵家语录》辑录《六韬》《孙子》《吴子》《司马法》《尉缭子》《三略》《李卫公问对》7 部兵书语录。1940 年蒋介石《先贤军政语录》辑录《戚继光语录》《增补曾胡治兵语录》《新编胡林翼军政语录》。另一类是兵法辑要。如1935 年陈毅夫《中国古代军事学》辑录风后（《握奇经》）、太公（《六韬》）、太公（《三略》）、孙子、吴子、尉缭子、司马、黄石公（《素书》）、诸葛亮（《心书》）、李卫公、曾胡等人兵法。1941 年萧天石有《兵经新论》，郑元瑞有《三十六计》[②] 等。

**2. 理科类古籍整理**

晚明西学东渐以来，中国传统知识体系中的科学知识得以被重新发掘。如 1924 年梁启超在《中国近三百年学术史》中特别强调了明末清初天文历算家结合西方"算学"精神，对中国传统"算学"的发扬——他也认为中国"算学"的真正独立在清代。[③]

民国学人继承清人传统，整理各类科学古籍。如《丛书集成》对所收录的算学古籍进行重新分类：《乘除通变算宝》归为对数表；《方圆阐幽》归为几何；《续数学》归为三角；《周髀算经音义》归为算学辞书、算器；《测量法义》归为测量术、测量仪器。算学古籍

---

① 谷霁光：《书评：三国食货志、三国经济史》，《政治经济学报》1937 年第 5 卷第 2 期。

② 参考北京图书馆编《民国时期总书目（1911—1949）·军事》，书目文献出版社 1994 年版，第 361 页。

③ 梁启超：《中国近三百年学术史》，载《梁启超全集》（第 8 册），北京出版社 1999 年版，第 4504 页。

出版在民国时期十分受重视，如商务印书馆《国学基本丛书》收录了清戴震《算经十书》、清圣祖《数理精蕴》、清宋景昌《数学九章札记》、清吴秋辉《算法正宗》、宋秦九韶《数书九章》、元朱士杰《四元玉鉴细草》等历代算学书。

民国时期流传着"中国古代科技落后"的观点，不少学人为反对这一观念，开始从中国古籍中辑录相关科学知识。郑贞文（1891—1969）和李乔苹（1895—1981）是民国时期利用中国传统古籍对中国古代化学知识进行系统梳理的学者。郑贞文曾在商务印书馆编译所工作，1928年，他与商务印书馆张元济同赴日本求访中国古籍，其中在科学古籍方面的最大收获，便是辑得古本《周易参同契》和《天工开物》两书。这两本书激发了他对中国古代化学史研究的兴趣，之后他搜集了十七种不同版本的《周易参同契》。① 李乔苹幼有家学，后立志学工，曾任职民国政府农工商部和北京工业大学。抗战全面爆发后，李乔苹仍坚持在北京任教，称"亡人国者，必先亡其文化。我国有悠久优良的文化，若我文化不亡，则孰能亡我。发扬光大，责在吾人"，于是他潜心搜集整理中国古籍中有关化学的史料多年。②

## 第三节　古籍整理的方法论总结

中国古籍整理事业的发端很早，历史也很悠久。在长期的整理过程中，因时代、社会的差异，整理方法不断演变和丰富。郑杰文就指出，从先秦到清代，先后经历了"微言大义""章句训诂""书证疏义""六经注我""书证求义"等多种方法的转换与交替。③ 晚清民国以来，校勘、注释、辑佚等传统的古籍整理方法继续向前发展，专

① 王治浩：《中国化学家与化学会》，北京大学出版社2012年版，第246页。
② 赵慧芝：《著名化学史家李乔苹及其成就》，《中国科技史料》1991年第1期。
③ 郑杰文：《中国汉语古籍整理研究方法的递变》，《文献》2010年第3期。

书整理、总集、丛书的辑刻颇有特色。随着白话文的推广、标点符号的运用，加之出版印刷技术的进步，此期的古籍整理方法也随之出现了新的变化。新式的标点、翻译等手段逐渐付诸实践，索引亦被引入到古籍整理的范围中来，至于印刷技术方面的进步，更是加速了此期古籍在复制整理上的飞速发展。多元化整理方法的尝试与创新，是民国时期古籍整理在方法上的巨大特色。

## 一　古籍复制技术的广泛运用

古籍复制，是一个比较宽泛的概念，既可以指模仿形式上的复制，从纸张、墨色，版式、行款等方面，对古籍进行接近原样的仿制；亦可以指通过摄影、印刷等技术环节，使古籍版式、字体等保持原貌的再生性复制。本文所论的古籍复制，主要指后者，尤其针对古籍的影印。从历史来看，影抄、影刻一类都可以看作早期的古籍复制，前者以人工摹描完成，后者在摹抄后仍需要付之梨枣。这种方式由于耗时耗力，成本巨大，虽然可以大致存古书之真，但运用范围不算太广。晚清民国以降，虽然一些藏书家对影抄、影刻之事仍然眷恋不舍，如刘氏嘉业堂、张氏适园、董康等仍有作品问世，但这仅仅是传统古籍复制的余绪。真正能够代表民国年间古籍复制潮流和方向的，毫无疑问是借助石印技术发展起来的古籍影印。

（一）古籍影印技术的成熟

民国时古籍的影印，主要依赖于此期印刷制版技术的发展，特别是石印技术的发展。石印技术是根据石材吸墨及油水不相容的原理创制的，具体来说，就是"先将文稿平铺在石版上，上面涂上脂肪性的药墨，使原稿在石版上显印出来，然后涂上含酸性的胶液，使字画以外的石质略为酸化再开始印刷。因酸化的石材受水拒墨而无色，未酸化的部分拒水着墨而显色，这样便将字画按原样印在空白纸页上"[1]。

---

① 《图书馆学百科全书》，中国大百科全书出版社1993年版，第413页。

石印制版技术又可以分为手写法和照相法。古籍影印多采用照相石印法，即"普通墨书写，照相获得反字负片，在石灰石（实际操作用亚铅板）涂感光液作正片。正片图文部分感光后附着在石上，获得反像，未感光部分用水冲洗掉，上墨，版即制成"①。制版完成之后即可付诸印刷。这一技术在晚清时逐渐传入我国，最初多为传教士所采用，主要用于印发宗教宣传材料。利用石印技术，从事古籍影印出版，以清末上海的"点石斋"为最早，之后陆续有同文书局、拜石山房等加入进来。石印技术最大的优势在于制版简便，成本低廉，摄影所得底片又可以随意放大或是缩小，满足各种不同需求。

进入民国以后，利用石印技术进行古籍复制，因为成本低廉，有利可图，日渐兴旺发达。各大小出版机构，以影印方式整理出版了数量巨大的古籍作品，《十三经》《二十四史》等都是此期常见的作品。此类古籍复制，大多数在影印古籍的底本选择、影印过程的具体规范诸多方面没有太多的讲究，纯粹是出版社、书局之间为了谋取商业利润而出现的跟风行为，并不能凸显此期古籍影印的特色。

真正能够体现此期的古籍影印新特色的，则以张元济和商务印书馆影印整理的一批古籍作品为代表。商务印书馆在民国年间运用影印技术，整理出版了一批力作，如《四部丛刊》《四库全书珍本初集》《景印元明善本丛书》等。在此过程中，逐渐规范和完善了古籍影印的基本范式，并且将传统古籍校理之术的理念融入影印技术之中，在古籍复制方面开拓出了新的思路和领域。

首先是古籍影印的科学规范化。商务在古籍影印过程中，对古籍影印的认识不断加深，从底本选择到最后出版，有着比较明确和规范的操作，足以为后人效法，简单概括之，即为"选本谨严、校勘明晰、影印精当"。从商务印书馆古籍影印的实例来看，侧重于影印版

---

① 汪家熔：《一本字典兴起一个行业》，《江苏图书馆学报》1998 年第 1 期。

本价值高的古籍，盖张元济一直以"流通善本，为余之夙愿"①。善本古籍的影印面对的首要问题，就是底本的选择。"选本谨严"指的就是这方面的特色。我们以《四部丛刊》为例，该套丛书最大的特色就在于版本。所收之书，除了以涵芬楼所藏外，还借助了海内外藏书家的私藏，故而版本类型丰富多样，包括了宋元旧椠、影抄本、明清稿抄本、活字本、和刻本、高丽本等。《初编》在 1926 年进行重印时，又对二十一种古籍的底本进行了替换。如是种种，充分说明商务印书馆在影印古籍底本选择上的精益求精。"校勘明晰"主要是针对底本确定以后，对古籍进行的校勘。古籍在传抄流传的过程中，难免致误。即便是公认的善本、古本，也不例外。《四部丛刊》三编，一共收录了四百七十七种典籍，其中带有校勘记的约为五十种，如《经典释文》《牧斋有学集》等。校勘记一般附于书后，标明具体的页码、行数，将存在的文字错误一一指正。撰述校勘记的除了张元济本人外，还有如傅增湘、孙毓修等文献学名家。在底本选择、文献校勘之外，即便是制版印刷时，商务亦非常仔细，此即所谓"影印精当"。由于底本的实际情况不尽相同，在照相制版时，往往会发现某些底本存在字迹模糊不清的情况。这就需要通过"描润"这一手段，对文字进行勾画，使之清晰，又不突兀，兼具美观和实用的特性。影印精当还包括商务在出版《四部丛刊》时，为了方便读者收藏，将原来开本不一的古籍，统一复制成开本一致的书册。这就需要在复制中采用缩印或扩印技术，以实现复制本的开本大小一致。为了如实告知原书的实际大小，以反映古籍原本的版本情况，则需要在书名页之前，专门交代原书版刻的开本情况，《四部丛刊》在各书卷前都有一个类似雕版印刷书之牌记，以交代原书开本。比如《四部丛刊》所收《经典释文》，书前标明"上海涵芬楼以《通志堂》本影印，别据

---

① 张元济：《张元济对于影印〈四库全书〉之意见》，载《张元济论出版》，商务印书馆 2011 年版，第 68 页。

叶石君校宋本撰札记。原书板框高营造尺六寸、宽五寸八分"①。对底本的情况和原刻本板式大小进行了简单介绍。经过"选本谨严、校勘明晰、影印精当"这三个步骤之后，一部能够反映古籍善本原貌的影印复制本才算大功告成。商务印书馆在实践中不断摸索出的这一套从底本选择、文本校勘到制版印刷的具体方法和程式，是此期古籍影印科学化、规范化的重要体现。

其次是融合传统古籍校理之术于影印技术，开拓发掘新的整理思路。这方面最有代表性的就是《百衲本二十四史》。"百衲本"的含义，是指采用的各种版本，残缺不全，彼此补缀而成，有如僧服的"百衲衣"一样。② 这种古籍补配本的创意并非商务首创，其源头或可追溯至清初，宋荦、钱曾等人均藏有多种残本补配而成的《史记》，戏称为百衲本，再如刘喜海也影刻有《百衲本史记》传世。商务所出的《百衲本二十四史》，版本和校勘的特色更为鲜明。从版本上来看，"衲史"既包含了同一版本残卷之间的补配，也包括了不同版本之间的补配，前者如《史记》所用的黄善夫刻本，就是综合了涵芬楼、傅增湘双鉴楼、潘氏宝礼堂和日本上山侯爵四家所藏的残本，实现了《史记》黄善夫刻本的完璧；后者典型者如《梁书》《北齐书》等，都采用了宋刊蜀大字本，阙者以元明递修补齐。通过版本之"百衲"，形成底本之后，商务还综合传世的其他版本，对"衲史"的文字进行校勘。如《史记》就利用到了刘喜海的百衲本、毛晋汲古阁本、王延喆的三家注本和殿本。进行文字校勘时，不尽信宋本，对文字异同、异文是非进行综合判断。在百衲汇校之后，形成了新的整理文本。《百衲本二十四史》之所以能够别具一格，很大程度上就是因为结合了传统古籍整理手法和现代影印技术。运用传统的古籍校理方式，在补配著述版本的过程中优选最佳版本，继而以严谨的

---

① 《经典释文》，商务印书馆《四部丛刊》本，第1页。

② 许振生：《商务印书馆与古籍整理》，载《商务印书馆一百年（1897—1997）》，商务印书馆1998年版，第570页。

态度进行文字校勘，最大限度地恢复古籍原本之面目。现代影印技术的加入，极大地提高了出版的效率，使得更多的读者能够分享到这一成果。故而《百衲本二十四史》的成就，远非旧时藏书家以一家所藏影刻出版所能比。该书的出版，整合利用了各家所藏古籍资源，经由传统文献学之法进行必要整理，辅之以现代影印技术，创制出了较为公认的古籍精本出版经验，其开拓的新思路，亦可以为我们当代所借鉴。

民国时期古籍影印技术的成熟和发展，意义重大。一方面通过影印复制技术，将大量宋元善本古籍的原貌，较为逼真地呈献给社会大众。从而在一定程度上，扩大了古籍珍本秘本的广泛流传和利用，为古书续命，为学界造福。另一方面则在整理的范式、整理的技术上有所创新。通过校勘、描润、配补等方法，大大提高了古籍底本的质量，使大批古籍在扩大流通的同时，文献价值也得到提升，从而凸显了古籍整理的学术价值。

（二）描润的探索与实践

在古籍影印的过程中，有一项非常重要的工作，即照片摄录、底片制版之后的描润。描润是指对古籍底本文字的缺误进行描补或校改。描润工作，并不是简单的技术操作。受到古籍底本等多重因素的制约，要对其中所出现的文字漫漶进行修补，需要先从古籍校勘的角度做细心甄别。在晚清古籍影印出现之时，就已经出现相应的描润了，"昔年总理衙门影印《古今图书集成》，所以有先就底本描润之举也"[①]。不过，对描润之法进行系统释例和程序总结的则是张元济。在他所撰的《记影印描润始末》一文中，对此进行了比较完整的介绍。

首先，明确描润的原因和基本目的。描润的原因，固然与原本印刷不清或古籍流传破损相关，如其所言"至于旧版，版多刓损，甚者

---

① 张元济：《记影印描润始末》，载《张元济论出版》，商务印书馆2011年版，第70页。

文字几不可变，墨渖旁溢，瘢垢盈纸，若不茸治，恐难卒读"①。以《百衲本二十四史》为例，很多版本年代久远，递修本更是多次刻印，流传至民国时，原本存在的书页损毁、文字模糊、缺漏等情况严重，"南北七史独仅有眉山一刻，天水旧椠竟成孤帙，其元明递修者乃至号为邋遢本。垢蔽情状，可以想见"②。故而需要描润修补，描润的主要目的就是修整版面、核定文字，使影印诸书版面清明，便于阅读。

其次，规范描润的基本程序和过程。描润的基本程序，可以分为四个步骤。第一个步骤为初校初修。先摄制照片，制成底样。然后对底样进行最基础的清理，对古籍的页码、版式进行核对，继而以粉笔清洁版面。第二个步骤是复校精修。校版面不清洁的再用粉笔清洁，将粉笔侵入文字者一一摘录修补，文字有断笔、缺笔的，用朱笔以描补之。需要指出的是，此期的弥补都是针对文字笔画显见的缺断进行修补，不妄改文字。第三个步骤为再复校。这个工作主要针对文字错漏进行校补，校勘色彩更为明显。需要选择同一种书的不同版本，认真考辨文字异同，不便校改者则"列为举疑，注某本作某，兼述所见"③。最后一个步骤是总校。总校的范围比较广，需要将未经描润的初样、修改过后的底样和影印所用的底本和该书其他版本，相互参校，对前三个步骤中所作的改动进行最终判断。针对古籍的实际情况，能正文字者正之，可补者补之，阙者亦阙之。经过这四个步骤，描润之事方告完成。描润完成之后，尚需制版清样。在此期间仍需精校多次，"少则二遍，多乃至五六遍"④，直至终校。待终校最后于每页之上署名，才算最终完成。

最后，张元济对于描润过程中的具体操作也做了细致的记述，这主要体现在《记影印描润始末》文后所附的《修润古书程序》《修润

①　张元济：《记影印描润始末》，载《张元济论出版》，商务印书馆2011年版，第70页。
②　张元济：《记影印描润始末》，载《张元济论出版》，商务印书馆2011年版，第70页。
③　张元济：《记影印描润始末》，载《张元济论出版》，商务印书馆2011年版，第71页。
④　张元济：《记影印描润始末》，载《张元济论出版》，商务印书馆2011年版，第71页。

要则》《填粉程序》三篇小文之中。《修润古书程序》交代了描润古籍时的具体事项和应当遵循的基本标准，共有十四条。如针对避讳字，"描时须注意，勿误认作缺笔描补"①。再若对于字迹模糊者，"有疑义者，不描。但必须于眉端或左阑外空白处标明"②。遇到藏书印章侵字的情况，则需要"如印章应留，则盖过之字可以不描"③。这十四条内容都是针对古书影印中，文字、版式方面出现的具体问题进行的集中说明，对古籍描润有直接的指导作用。《修润要则》强调的是，在描润过程中，务必体现原书的古色古韵，在字体风格上，要尽量与底本保持一致，"有过于粗肥之笔，与四周之字或本字不相称者，应用粉笔修饰……各页字体不同，修润之时务照本页字体"④。《要则》也充分体现了张元济在古籍影印方面力求尽善尽美的严谨态度。《填粉程序》对于粉笔的使用做了更为细致的规范。描润过程中，需要用到朱笔和粉笔。粉笔主要用于版面的清洁，去除黑点、墨迹，勾剔字迹等，所以正确使用粉笔，也是描润的重要环节。《程序》就对粉笔的使用进行了规范，如"填粉不可侵犯匡线、行线……整个黑钉无字者，不可填粉"⑤。这三篇文章，篇幅虽小，但却从实际操作出发，规范了描润工作的具体程序，体现了商务在古籍影印方面精益求精的务实态度。⑥

古籍描润是古籍影印过程中最为重要的一项工作。张元济在实践中所总结的描润过程和具体方法，为古籍影印修版技术制定了详细科

---

① 张元济：《修润古书程序》，载《张元济论出版》，商务印书馆2011年版，第72页。
② 张元济：《修润古书程序》，载《张元济论出版》，商务印书馆2011年版，第72页。
③ 张元济：《修润古书程序》，载《张元济论出版》，商务印书馆2011年版，第72页。
④ 张元济：《修润要则》，载《张元济论出版》，商务印书馆2011年版，第73页。
⑤ 张元济：《填粉程序》，载《张元济论出版》，商务印书馆2011年版，第73页。
⑥ 不过，有的学者认为张元济并未真正遵循自己规定的描润原则，有些描润出现擅改擅填的现象。如陈晓伟《百衲本〈金史〉影印洪武覆刻本补版叶及修润问题》，《中国典籍与文化》2022年第3期。文中举例百衲本卷五五《百官志一》"二部"、卷九二《徒单克宁传》"诈"、卷一一四《白华传》"日"及卷一一五《完颜奴申传》"祚"四例，可确认均非据底本的原字，而是经过描润过的。

学的法则，在现代古籍影印方面依然有着重要的指导价值。

## 二 古籍的标点与今译

古籍的标点与今译是随着时代和社会的发展，产生于民国这一特定的历史时期的古籍整理方法。晚清以来，陆陆续续出现过几次白话文的倡议，但最终实现，却是在新文化运动的推动下。至于标点符号，在中国古代并不发达，仅以句读做区分。直到 1919 年《请颁行新式标点符号议案》的颁布，标点符号才得以国家力量进行推广。白话文的推广和标点符号的使用，逐渐改变中国人的传统阅读习惯。民国年间，白话文和标点符号的日渐普及，也促成了古籍今译和古籍标点，这种新的古籍整理方式的出现，在古代经典的现代阅读方面做出了创新性的开拓与探索。

### （一）古籍标点与今译的探索

古籍标点和今译，作为古籍整理的具体手段和方法，在民国年间得到初步的运用。在此期间，如胡适、顾颉刚、郭沫若这样的学术名家也参与其中，在《尚书》《诗经》的今译、古典小说的标点等领域进行了拓荒性的实践，推动了古籍标点和今译的进步。民国年间，以标点、今译形式出现的古籍整理著作有一定的数量。按照其整理成果和具体形式，可分为三种类型：

第一类纯粹为标点者，以亚东图书馆对古典小说的整理最具特色。亚东图书馆本为上海出版界名不见经传的一家小型出版社。在新文化运动的潮流中，得陈独秀、胡适等新文化运动健将之鼎力相助，在古典小说的标点方面开了先河，前后整理了包括《水浒传》《红楼梦》《镜花缘》等在内的十余部小说。其标点的质量得到了一致好评，即便如鲁迅也称赞道"虽然不免小谬误，但大体是有功于作者和读者的"①。亚东的标点本受到市场欢迎，短期内翻印十几版，很

---

① 鲁迅：《望勿"纠正"》，载《鲁迅选集》，线装书局 2007 年版，第 121 页。

多跟风之作也随之而起，"做标点本的，有大达、广益、中央等几家做，还有群学社大中、扫叶……他们不但出标点本《水浒》《红楼梦》《三国》等，也出其他笔记小说等等，文言、白话的都做"①。民国出版史上著名的"一折八扣"书，很多是翻印的标点本古典小说。所以，以标点的方法整理古籍，在当时应该是比较风靡的。

第二类纯粹为今译者，典型代表即郭沫若《卷耳集》、陈淑琴《诗经情诗今译》、陈子展《诗经语译》等。这类作品侧重于将古代作品以白话文的形式翻译出来。郭沫若的《卷耳集》甚至连原文都不著录，直接翻译诗经中的相关诗篇，我们仅能在标题处知晓其所译的篇章。陈淑琴的《诗经情诗今译》以文白对照的方式进行翻译，同时亦对文辞略作注释，不过从总体上来看，还是以今译为主要目的的作品。需要指出的是，因为仍处于摸索阶段，纯粹的古籍今译作品在民国时期数量是比较少的。

第三类则是综合运用标点、今译手段整理的注释本。这类作品有全本，亦有选本。在整理过程中，综合运用了标点、今译的手法，配以白话注释，甚至注音，对古籍作品进行全方位的普及整理。此类作品一般以"精华""选注"为名，如《史记精华》《左传精华》《四书白话句解》，再如《学生国学丛书》《中国文学精华》《详注国学读本》《国文精选丛书》等丛书也都属于此类作品。试以《白话论语读本》为例，如：

学而第一　　凡十六章
（一）学而章　　（章旨）把为学的全功来勉人。

这段文字是对古籍选文的题解，告诉读者《论语·学而》共分十六章，接着概括第一章的章旨大意"勉学"。然后引用原文，施以

---

①　汪原放：《回忆亚东图书馆》，学林出版社1983年版，第142页。

新式标点。

> 子①曰："学②而时习③之，不亦说④乎！有朋⑤自远方来，不
> 亦乐⑥乎。人不知而不愠⑦，不亦君子⑧乎！"

继而按照原文所标的序号，对文字内容加以解释。注释的内容共
有八处，主要包括了字义的疏通，通假字的解读以及生僻字的音注，
注释文字简洁，编排有序。

> 【注释】①子：是孔子。②学：是效。③习：学的不已。
> ④说：同"悦"，喜意。⑤朋：朋友。⑥乐：快乐。⑦愠：纡问
> 切，是郁闷。⑧君子：是人格完全的人。

最后，对此章进行白话文翻译，以通俗易懂的文字将古奥的文言
词汇翻译出来。

> 【解说】孔子说："人既学了，而又时时去温习的，心中不
> 是也喜欢的么！有些朋友，从远方来和我交游，心中不是也快乐
> 的么！人就是不晓得我，我却不觉得郁闷，不也是君子的么。"①

从上述内容，可以看出当时这类标点译注类作品的基本构成。一
是解题。对篇名进行介绍，交代其内容大意和来龙去脉。二是标点断
句。用新式标点进行断句，方便阅读。三是注释。注释的内容非常广
泛，既有注音、词义的解说，也包括了人物的介绍。四是白话文翻
译。将古籍作品以白话文的形式翻译串讲。特别需要指出的是，注解
虽然是一种传统的古籍整理方式，但在民国时期的普及类古籍整理作

---

① 沈元起、张兆瑢注释：《白话论语读本》，上海广益书局 1946 年版，第 1—2 页。

品中，注释都是以白话文的方式进行表述的。同期的王云五亦曾总结这类作品的基本形式，"除却注释、标点外，当斟酌诸家的说，在每段下附以语体文"①。可见此类作品都基本包括了标点文句，词义训释（以白话文形式），句子或是段落大意的串讲翻译，少数还对生僻字进行音注。这种注释类古籍，有别于古代学者的注疏之学，运用新式标点断句，辅之以白话句解，也是此期标点译注类古籍作品中数量最多、最为大众所接受的作品。

以上三类运用标点、今译手段整理出来的作品，满足了学生阶层和中等以下文化水平市民对经典阅读的需要，在传播经典、弘扬传统文化方面产生了积极影响，同时也进一步推动和普及了白话文和标点符号的使用。对于古籍整理本身而言，在白话文和标点符号渐趋主流的大环境下，此种探索与实践开启了一种延续至今的整理方式，积累了经验，意义深远。

（二）古书标点的方法和主要形式

民国时期对于古书的标点，从实际情况来看，可以分为两大形式。一类即传统的断句方法，以句读为主要形式。这一形式属于古代句读之法的延续，此法在民国时期仍然有着相当广阔的市场。即便是《四部备要》《丛书集成初编》这样的新出之作，也采用了断句排印之法。另一类则采用新式标点符号进行标点，这种整理在实际操作中，往往还包括了划分段落等工作。现结合例子，对这两类方法和形式进行说明。

1. 句读法

民国年间用句读之法校理古籍，一如前代。我们以开明书店的《十三经经文》中的《孟子》为例，《尽心句章上》曰：

---

① 陈达文：《胡适与商务印书馆》，载《商务印书馆九十年》，商务印书馆 1987 年版，第596 页。

　　孟子曰．尽其心者．知其性也．知其性．则知天矣．存其心．养其性．所以事天也．夭寿不贰．修身以俟之．所以立命也．①

　　文中所用符号"．"，主要表示句子的停顿或者结束。这与传统之法并无差异。

　　对句读之法在民国年间的延续，需要从两个层面进行考量。一个层面是学术传统层面。句读之法，在中国有着非常悠久的历史。从侯马盟书、马王堆汉墓等出土的实物材料上来看，就已经有简单的区分符号了，"刻本书之有圈点，始于宋中叶以后"②。明清两代，随着刻书业的发展，圈点、分段符等一类的符号得到比较广泛的应用。晚清以来，新式标点的呼声络绎不绝，胡适、陈望道等人也设计了很多具体的方案。但最终落实新标点符号，却到了 1920 年。所以，民国年间句读之法的使用，可以看作一种学术的惯性。即便是在新式标点得以推广的 20 世纪二三十年代，中华书局所推出的《四部备要》《丛书集成初编》，开明书店的《十三经》等大型作品，也都采用了传统的句读之法。另一个层面则是实际操作层面，中华、开明所推出的这些丛书，内容体量都很大。倘使全部加上新式标点，耗时耗力不少，成本亦将提高，外加对新式标点的理解和运用尚未娴熟，远不如仅作句读断句的风险更小。

　　民国时期排版技术发展，篇章划分等问题在排版时可以解决，句读法作为传统之延续，对于古籍阅读同样提供了便利。特别是古籍标点涉及古代历史、典章制度等多方面的知识，新式标点符号的普遍使用不可能一蹴而就。选择句读法标点古籍，不失为一种稳妥保守之法。

---

① 《孟子》，开明书店《十三经经文》1934 年本，第 42 页。
② 叶德辉：《书林清话　书林余话》，岳麓书社 1999 年版，第 29 页。

2. 新式标点法

将新式标点法运用于古籍整理是民国年间的首创，尤其是亚东图书馆的古典小说整理具有开先河的意义。亚东图书馆的小说标点活动受到陈独秀、胡适等人的直接指导，其新式标点的应用和掌握无疑是最具有代表性的。在亚东图书馆出版的标点小说前，一般附有一篇《本书所应用的句读符号说明》，现摘录部分，以了解当时新式标点的应用方法。

一 。表一句的收束。

二 ，表一顿或一读。

三 ；表含有几个小读的长读。

四 ：（甲）表冒下文。

（乙）表总结下文。

五 ？表疑问。

六 ！表惊叹，命令，招呼和希望。

七 ……（甲）表删节。

（乙）表不尽的意思。

八 ——（甲）表忽转一个意思。

（乙）表总结上文几个小段。

（丙）表夹注的字句。

（丁）表断续的语气。

（戊）在字的右边或左边，表一切私名。

九 ﹂﹁ 表直接会话。

十 ﹁﹁（甲）表引用此句的起讫。

（乙）表特别提出的名词，句子。

十一 （ ）（与第八条丙相同）。

十二　－在字的右旁或左旁，表书名，篇名，词调名，等。①

在这篇说明中，一共出现了 12 种符号，对比当时政府所颁布的《通令采用新式标点符号文》，除了最后一种专名号略有出入，其余是一致的。亚东的标点本小说，就是运用了这 12 种新式标点，在选定底本、参校众本完成文字校勘工作之后，进而加入新式标点，对小说进行分段以方便阅读。其具体工作包括了以下两项。

一是加入新式标点，主要运用的就是上述 12 种标点符号。从《说明》来看，亚东对这些标点的具体用途和主要功能的掌握是比较熟练的。二是段落划分，主要是根据段落大意、情节发展进行划分。低两格以表示新起一段，空一行则表示内容转换，另起一篇。

亚东图书馆的这一创举，在当时受到了很多读者的欢迎，有的学者就赞叹说，"我们不只为小说的内容所吸引，而且从它学做白话文：学它的词句语气，学它如何分段、空行、低格，如何打标点用符号"②。由此也带动并开辟出了古籍标点的全新领域，"中国出版界有标点的古书的历史是很短促的，不过六七年来的事。这六七年来的发荣与滋长是值得高兴的。近来，试看，不但有许多标点的中国文学方面的书了，而且，有哲学方面的书了。这真是一种好现象"③。随着亚东标点本的热卖，一批新式标点整理古籍的作品争相而出，除了继续围绕古典小说做整理外，商务、中华等大型出版机构亦致力于此，选聘名家，对文史名著进行选注整理，《学生国学丛书》《中国文学精华丛书》就是例子。至于以单行本问世的更是不胜枚举，书前冠以"白话广注""白话注解""句解"一类均是新式标点的古籍整理

---

① 《本书所用的句读符号说明》，载汪原放标点《水浒》，亚东图书馆 1948 年版，第 1—5 页。

② 吴组缃：《漫谈〈红楼梦〉亚东本、传抄本、续书》，载魏绍昌著《红楼梦版本小考》，中国社会科学出版社 1982 年版，第 2 页。

③ 汪原放：《重排〈水浒〉校读后记》，载陈桂声选编《水浒评话》，江西教育出版社1999 年版，第 53 页。

作品。

新式标点符号的运用，在此期有着两方面的作用。一方面是对新式标点本身而言，标注古籍的过程，亦是其不断被读者广泛认识和接受的过程，有利于标点符号的推广与运用。另一方面是就古籍而言，新式标点的运用，使得古籍的阅读更加便利。读者通过新式标点符号的标识，更容易了解古典文义，从而深刻地改变了人们的阅读习惯，扩大了古典经典的受众面。更为重要的是，利用新式标点整理古籍，属于前所未有的尝试，为古籍标点这一新领域的开辟积累了丰富的经验。

（三）古籍今译的基本方法

利用白话翻译古代经典是在民国时期出现的一种新的整理方式。汉代司马迁撰述《史记》时，就曾将《尚书》中古奥文辞译作平实文字，以方便当时人的阅读，如将"钦若昊天"译作"敬顺昊天"之类，这也可以看作古籍今译之滥觞。但是，民国年间的古籍今译则是具有变革性意义的。因为随着白话文的推广普及，今译已不仅仅是简单的文字替换，而是需要将文言文译作白话文，面临句子结构、语法、词汇、文义等多重考验。

古籍今译在民国年间的实验，以郭沫若、顾颉刚等人为先，前者所出《卷耳集》是《诗经》今译的早期作品，后者除了对《尚书》诸篇进行翻译外，《古史辨》中亦收录了部分今译作品。这一时期对《诗经》的今译作品较多，我们以《邶风·静女》为例，探讨当时古籍今译的主要方法和形式：

原文：

> 静女其姝，俟我于城隅。爱而不见，搔首踟蹰。静女其娈，贻我彤管。彤管有炜，说怿女美。自牧归荑，洵美且异。匪女之为美，美人之贻。①

---

① 周振甫：《诗经译注》，中华书局 2002 年版，第 60 页。

顾颉刚译文：

　　幽静的女子美好呵，她在城角里等候着我。我爱她，但寻不著她，使得我搔着头，好没主意。/幽静的女子柔婉呵，他送我这根红管子。红管子呵，你好光亮，我真欢喜你的美丽。/你，就是她从野里带回来的荑草，实在的美丽而且特别，咦哪里是你底美丽呢，只是你是美人送给我的。①

魏建功译文：

　　幽静人儿呵漂亮，等着我在城墙角：我爱心肝见不着，抓耳挠腮没主张！/幽静人儿呵柔婉，他送我一支红管，红管红的红堂堂；我爱心肝多好看！/野里带回的荑草，实在好看又希奇；不是你生来的好，好在人儿送的礼！②

陈子展译文：

　　那个闺女好漂亮，约我等候在城墙旁。髣髣髴髴看不见，搔着头皮没主张。/那个闺女好美丽，她赠我一枝红笔。这支红笔红东东，我欢喜你如美人。/从野外采回的嫩草，真是又美丽又奇巧。不是你这嫩草美丽，美人相赠才是珍宝。③

郭沫若译文：

　　她是又幽闲又美丽的牧羊女子，她叫我今晚上在这城边等

---

① 陈漱琴：《诗经情诗今译》，上海女子书店1935年版，第17—19页。
② 陈漱琴：《诗经情诗今译》，上海女子书店1935年版，第19—20页。
③ 陈子展：《诗经语译》，上海太平洋书店1934年版，第93—94页。

她。天色已经昏朦了，她还没有来，叫我心上心下地真是搔摸不着。/她是又幽闲又美丽的牧羊女子，她送了我这么一个鲜红的针筒。她的针筒在我这手中生辉，我的心中愈见陶醉着她的美貌。/在她刚从牧场回来的时候，送了我这么一支鲜嫩的茅草。茅草呀，我想你自己未必怎么美，是她送给我的，所以你就美起来了。①

这四段译文都是对《邶风·静女》一诗的翻译，但是很明显，郭沫若的译文与前三段的差别比较大。这也正反映出古籍今译的两种基本形式，即直译和意译的区别。

前三组基本上属于直译。其特色在于尊重古籍原文，逐字逐句，对原文进行翻译。尤其是对于《诗经》这种诗歌的作品，在翻译原文的基础上还应当保持其体裁所赋予的特殊韵味，顾颉刚的译文，近似于新诗，感情色彩浓烈，节奏感强，却又不超越原文。魏建功的译文通篇保持为七字一句，以显示诗歌的体裁特色。陈子展的译文前两段七字一句，末段八字一句，既为了行文一致，也保证了文白对照阅读时的美感。

郭沫若的译文，当属于意译的范畴。首先，其翻译基本还是遵照《诗经》原文进行的，译文的主体并没有偏离《静女》的主旨。其次，他的译文对原文的内容进行了扩充，特别是对"爱而不见，搔首踟蹰""彤管有炜，说怿女美"等句子的内容进行扩充，使得译文内容更为丰富。不过，有些扩充已经超出了原文文意，而且牺牲了诗歌的押韵特色。

古籍今译在民国时期属于草创起步阶段，直译与意译都是古籍今译最常采用的方法。这一时期的古籍今译作品，除了专门的以"语译""今译"为名外，很多普及类的选注古籍作品也都附有白话文译

① 郭沫若：《卷耳集·屈原赋今译》，人民文学出版社 1981 年版，第 10 页。

文，如《国语精华》《左传精华》等，其整理也往往综合了"直译"和"今译"两种手法。古籍今译这一新式整理手段的出现，有着积极的意义，"一则可节省许多学者们的时间和精力，俾从事其它研究的工作。二则令一般识字的人，都能了解古书的真相"①，在弘扬传统文化方面有着积极的影响。

不可否认的是，此期的古籍今译也存在很多不足，就以上述四组译文为例，可以发现两个问题：一是对于具体名物的翻译，如对诗中"彤管"一词的解释，就有三种意见，红管子，红笔，红针筒。究竟谁对谁错，恐怕还需要结合专门知识进行综合分析。二是从文句上来看，虽然这些都是译文，但读起来似乎略有拗口，特别是魏、陈二人的译文，为了保持句子格式的一致，似乎牺牲了文句的通顺与文意的完整。这些问题的出现也颇能说明当时古籍今译尚处于起步探索阶段，具体规范的翻译模式有待于在其后的实践中不断总结和提高。

### 三　古籍索引的编制

在整理国故运动中，胡适曾经提出对中国古籍进行"索引"式的整理，并且以《经籍籑诂》为例，认为其能够为治学提供方便，节约时间。在民国年间，以哈佛燕京学社引得编纂处、中法汉学研究所等机构为代表，编制了一批"引得""通检"作品，为常用古籍编制了索引，很好地实践并落实了胡适对中国古籍"索引"式整理的愿望，并且更为深入地总结了索引编制的基本原则与步骤，深刻地推动了索引编制的科学化与规范化。

（一）索引的设计

所谓索引，"是指检查指定范围的书报所有特项知识的工具"②。古籍索引，作为一种学术工具，其编制的根本目的在于"学者用之，

---

① 陈淑琴：《诗经情诗今译》，上海女子书店 1935 年版，第 5—6 页。
② 钱亚新：《索引与索引法》，上海书店 1990 年版，第 6—7 页。

可于最短时间中，寻检书籍内部之某辞或某文"①。但是，中国古代典籍数量庞大，内容题材各异，加之学者研究兴趣和学术专长不尽相同，对于索引的设计有着不同的要求。从民国索引编制的实例来看，当时编制的索引大致可以分为两类，即字词句索引和专名索引。

字词句索引，是"把古籍中的字、词、句子作为著录和索引单位，供读者查询所需的资料"②。以字为单位者，如顾颉刚的《尚书通检》，查"盘"字，就会出现"乃盘游无度""盘庚""盘庚迁于殷""台小子旧学于甘盘""时则有若甘盘"等十三条，③说明该书虽是以"字"为单位，但实际检索内容却包括了字词句。以词为单位者，以《史记及注释综合引得》《汉书及补注综合引得》等为代表，翻检其书，不设单字，均以词组形式出现，"两千石、二十八宿、二十四节、二世"④等。以句为单位者，以叶圣陶所编《十三经索引》、引得编纂处所编《周易引得》和《毛诗引得》等为代表。以词句为索引单位的，也需以词句的首字为检索对象来查询检索的内容。如要查询"二千石"，则需要先检索首字"二"，才能取得相关的查询内容。

专名索引，则是指"以古籍中的人名、地名、书名等专有名词作为索取对象的"⑤。根据检索的内容可以分为综合性和专题性两种。综合性的专名索引，将书中的人名、地名、物名等尽数著录，作为索引单位。如哈佛燕京学社引得编纂处所编的《水经注引得》，"白"字之下，既有"白马山""白马湖"这样的地名，也有"白起""白草"一类的人名与物名。⑥专题性的专名索引，主要指专检一类的索

①　洪业：《引得说》，载刘梦溪主编《中国现代学术经典——洪业、杨联陞卷》，河北教育出版社1996年版，第9页。

②　周少川：《古籍目录学》，中州古籍出版社1996年版，第179页。

③　顾颉刚主编：《尚书通检》，书目文献出版社1982年版，第229页。

④　引得编纂处编纂：《史记及注释综合引得》，上海古籍出版社1986年版，第2页。

⑤　潘树广：《古籍索引概论》，书目文献出版社1985年版，第53页。

⑥　洪业编纂：《水经注引得》，上海古籍出版社1987年版，第11—16页。

引，若人名索引、地名索引和物名索引等。民国年间编制的人名索引，著名的如《二十五史人名索引》，引得编纂处所编《四十七种宋代传记综合引得》《辽金元传记三十种综合引得》《八十九种明代传记综合引得》《三十三种清代传记综合引得》等都是以人名为索引单位，方便在群书之中寻找人物之事迹。再若《文选注引书引得》，则是专门的书目索引。《文选注》中征引保留了大量古书古注，在学术研究中价值极高。《文选注引书引得》就是主要以书名为索引单位，便于追踪引文线索。

这一时期，索引的设计类型多样，既有基于文本的字词句索引，也有凸显专题特色的专名索引。这些类型各异的古籍索引，满足了学者们的研究需求，推动了学术研究事业的开展。

（二）科学规范的编制程序

索引的编制作为一项全新的工作，之所以能够快速发展并且收效显著，与洪业等人在索引编制初期就制定了科学规范的工作方法密不可分。洪业在《引得说》一文中，对索引编制的具体步骤和方法进行了说明。①

编制引得首先要解决一个基础性问题，即如何检字。洪业创制的"中国字庋撷法"，引得编纂处所编引得即以此为检索之法（为了方便检字，书前亦附有笔画和拼音检字）。中法汉字研究所用的是笔画检字法，至于出版界所编的索引，或以四角号码检字法如《二十五史人名索引》，或以笔画检字法如《十三经索引》，并无特殊规定，以使用方便作为选择依据。

在明确检字法之后，就进入到实际编制过程中了，具体分为十项：

1. 选书：明确引得的编制对象，尽量避免篇幅过大的典籍。

---

① 洪业：《引得说》，载刘梦溪主编《中国现代学术经典——洪业、杨联陞卷》，河北教育出版社 1996 年版，第 7—77 页。

2. 选本：选择"可靠"并且"流通"的版本，同时为了针对一书版本各异、引得覆盖面小的问题，还专门设计了页数推算表。如《说苑》当时有十二种常见的流通版本，按其行款推算每页的总字数，再与选为底本的《四部丛刊》作对比，得出一个推算率，方便不同版本之间的换算查阅。

3. 标点：这一步包含了两项工作，一是对古籍原文进行标点句读，二是在此过程中，对人名、地名等专名进行标记。

4. 抄片：按照次序，将需要编入索引的条目抄录于卡片。

5. 校片：对卡片文字进行校对。

6. 号码：对卡片进行号码编排。

7. 稿本：将按号编排的卡片汇总起来，形成稿本。

8. 印书：将稿本付诸印刷得一初印本。

9. 印本校对：对初印本进行校对。

10. 加序："所谓序者，我们拟叙述原书著撰之来历，及其板本之源流，并稍评量其价值焉。"[①]

只有经过这十个步骤，索引的编制才算完成。在此之中，以第三个"标点"最为重要，"钩标者必先置身于古人之地，熟知著者于每段文字用意所在，为备目注，唯简而确，更须虑及千百年之经过，而书中偶见之名物故事，亦往往可为后世学者考据之材，各于文中钩录焉"[②]。由此可见，只有对中国古籍熟悉者，方能在文字标点校勘的同时，勾画出符合索引收录范围的条目。

洪业在《引得说》中所总结公布的工作步骤，是当时索引编制的科学规范。特别是对于哈佛燕京学社引得编纂处和北平汉学研究所而言，由于其人员互有来往、运行时间也可接续，所以在索引编制的

---

① 洪业：《引得说》，载刘梦溪主编《中国现代学术经典——洪业、杨联陞卷》，河北教育出版社1996年版，第71页。

② 洪业：《引得说》，载刘梦溪主编《中国现代学术经典——洪业、杨联陞卷》，河北教育出版社1996年版，第53页。

过程中，一直保持着较为科学规范的态度。至于其设置页数推算表，笔画检字、拼音检字与中国字庋撷法对照表等诸多做法，亦处处体现了为学术提供便利的原则。

民国年间，古籍索引的编制以科学严谨的态度持续推进，为古籍利用打开方便之门，促进了古籍的检索利用，丰富和发展了古籍整理的手段与方法。

民国时期，古籍整理的手段丰富多样，既有如校勘、辑佚、注释这类的传统文献整理方法，不少学者对这些传统方法加以科学总结，如陈垣将中国传统的校勘方法归纳为"校勘四法"。此外，还有古籍影印、标点、今译、编制索引等全新方法的实践与其中方法论的概括。在实际整理过程中，新、旧两种整理手段亦不断结合，如古籍的影印与索引编制往往和校勘工作密不可分，索引编制又为古籍辑佚提供便利，古籍标点与今译也需要利用注释的体例进行必要的说明。至于出土文献之整理编目，本来就是一种全新的学术活动，其于材料分类、整理范式的种种尝试，都具有开创性。

# 第 三 章
# 民国文献学学科体系的构建

"文献"一词并非民国学人所创造，而把"文献学"作为一门学科来建设则始于民国时期。此后，文献学逐渐与"版本学""目录学""校勘学""辨伪学""辑佚学"等分支学科联系起来。梁启超最早提出"文献学"的说法，郑鹤声、郑鹤春所撰《中国文献学概要》是目前所知第一部以"文献学"命名的专著。此后，文献学各分支学科理论不断发展，各学科专著陆续出版。

## 第一节　清末民初文献学学科意识的初萌

中国文献产生已有 3000 多年的历史，有了文献，就有了文献整理和研究。在文献整理和研究的实践工作中，中国古代也积累了有关文献整理的经验和方法。然而长期以来，有关文献学理论的系统论述却较为少见。这与中国古代文献本身的特点有关，也与古代文献学家重实践轻理论的传统习惯有关。① 到了南宋，郑樵《通志·校雠略》出现，此后中国古代文献学家开始逐渐重视文献学理论的归纳和总结。清代是中国古籍文献整理的恢复和鼎盛期，这一时期，考据之学勃兴、编纂成果丰富、校勘成绩斐然、辑佚风靡一时，同时文献学理论的研究也有了新的突破，出现了章学诚《校雠

---

① 参见洪湛侯《中国文献学新编》，浙江大学出版社 2008 年版，第 394 页。

通义》。清末民初，西学东渐，文献学的理论研究又有了进一步的发展。缪荃孙、张尔田、叶德辉等人在文献学方面的理论成就彰显了文献学学科意识的初萌。

缪荃孙对于目录学理论有自己独到的见解，他说："自更生《七略》出而有天府之书目，自孝绪《七录》传而有私家之书目……书目亦分两类：一则宋椠明钞，分别行款，记刻书之年月，考流传之图记，以鉴古为高，以孤本自重，如《爱日精庐藏书志》《艺芸精舍宋元书目》是也。一则涉猎四部，交通九流，蓄重本以供考订，钞新佚以备纪载，供通人之浏览，补秘府之缺遗，如高儒之《百川书志》、钱遵王之《述古书目》是也。"① 缪荃孙认为，官家目录起自《七略》，私家书目源于《七录》，并将书目分为两派，这样概括是符合客观实际的。同时缪氏还指出，古代私人藏书书目可以分为两类：一类重在版本流传的鉴别，一类重在对书籍内容的考证。缪氏强调，目录学发展至清末，"例益加密，至于考撰人之仕履，释作书之宗旨，显征正史，僻采稗官，扬其所长，纠其不逮，《四库提要》实集古今之大成；若夫辨板刻之朝代，订钞校之精粗，则黄氏荛圃蹊径独辟"②。可以看出，缪荃孙对于书目的内容特征及版本特征都是相当重视的。据此，缪荃孙提出了书目的编撰原则，"藏书、读书者循是而求，览一书而精神形式，无不具在"③。目录学家钱亚新说，所谓"精神"是指一书的内容实质，所谓"形式"是指一书的外表体制。这种要求是我国目录学上的优良传统，鲜明地加以强调的，却始于缪氏。④ 缪荃孙对私家著录又有精辟的论述，他说："目录之学，始于

---

① 缪荃孙：《平湖葛氏书目序》，载《艺风堂文漫存》卷二，台北：文史哲出版社 1973 年版。

② 缪荃孙：《钱塘丁氏八千卷楼藏书志序》，载《艺风堂文续集》卷五，凤凰出版社 2014 年版。

③ 缪荃孙：《积学斋藏书志序》，载《艺风堂文漫存》卷二，台北：文史哲出版社 1973 年版。

④ 钱亚新：《略论缪荃孙在目录学上的贡献》，《图书馆杂志》1982 年第 4 期。

向、歆。以私家著录，屹立于天壤者，以昭德晁氏与吉安陈氏为最。国朝以来，钱遵王《敏求记》为人所重，然钞刻不分，宋、元无别，往往空论，犹沿明人习气。若《也是园书目》、汲古、沧苇仅存一名，更无论已"，其批评可谓一针见血。而好的私人藏书目录在著录上，应该如缪氏在《积学斋藏书志序》中所指出的，"其书必列某本旧新之优劣，钞刻之异同，宋元本行数、字数、高广若干，白口黑口鱼尾旁耳，展卷俱在，若指诸掌，其开聚书之门径也。备载各家之序跋、原委粲然，复略叙校雠、考证、训诂、薄录、荟萃之所得，各发解题，兼及收藏家图书，其标读书之脉络也"。① 或如他在丁氏《八千卷楼藏书志序》中所强调的，"考其事实，胪其得失，载其行款，陈其异同，成《藏书志》二十卷，实能上窥《提要》，下兼士礼居之长，赏鉴考订两家和而为一，可谓书目中惊人秘笈"②。遗憾的是，缪荃孙在此所提倡的"赏鉴考订两家和而为一"的科学的目录学理论，在相当长的时间内，应者寥寥。赏鉴考订两家碍于门户之见，并未因德高望重的缪荃孙的登高一呼而握手言和。正是因为缪氏深刻地理解了目录的源流、作用和要求，所以他所编撰的一系列书目，才能在前人的基础上，有所扬弃，有所突破。

　　清末民初，随着西方学术分科理念的深入，中国古代校雠学已难以为继，渐次进入它的"分裂期"。这是因为，传统的校雠学不仅要搜集众多版本以校一书，而且还要"撮指意而为叙录""寻源流而别部居"，只有三者完备，方可称为完整之校雠学。正如张尔田所说："大哉校雠之为学也！非其人博通古今学术，而又审辨乎源流失得，则于一书旨意必不能索其奥而诏方来。"③ 而近代私家在校理图

①　缪荃孙：《积学斋藏书志序》，载《缪荃孙全集》诗文①，凤凰出版社 2014 年版，第642 页。
②　缪荃孙：《钱唐八千卷楼藏书志序》，载《缪荃孙全集》诗文①，凤凰出版社 2014 年版，第 355 页。
③　张尔田：《〈刘向校雠学纂微〉序》，《经世报》1924 年第 2 卷第 12 号。

书时，或专门比勘文字异同，或专记载版本，或专编次书目。于是整个旧时校雠学便分裂为校勘学、版本学和目录学。清乾隆末年的王鸣盛在《十七史商榷》中说："凡读书最切要者，目录之学。目录明，方可读书；不明，终是乱读。"他还说："目录之学，学中第一紧要事，必从此问途，方能得其门而入，然此事非苦学精究，质之良师，未易明也。"高度强调目录学的作用，而随之附和者亦众。如张尔田说："《隋书·经籍志·簿录篇》云：'古者史官既司典籍，盖有目录以为纲纪。汉时刘向《别录》，刘歆《七略》，剖析条流，各有其部，推寻事迹，疑则古之制。'知校雠者，目录之学也。"孙德谦曾说："郑樵《通志·校雠略》，其论编次者，为目凡七……夫《校雠略》中而备论编次之事，则校雠者，乃目录之学，非仅如后世校雠家但辨订文字而已，是可知也。"① 由此可见，乾嘉以后诸多学者，不但使目录之学脱离校雠学而独立，甚至不承认校雠之可以为学。为此，章学诚提出反对意见，他说："校雠之学，自刘氏父子，渊源流别，最为推见古人大体，而校订字句则其小焉者也。绝学不传，千载而后，郑樵始有窥见，特著校雠之略而未尽其奥，人也无由知之。世之论校雠者，惟争辩于行墨字句之间，不复知有渊源流别矣。近人不得其说，而于古书有篇卷参差、叙例同异当考辨者，乃谓古人别有目录之学，真属诧闻。"② 在章学诚看来，校雠学是一门古老博深的学问，它不仅注意"行墨字句"，而且注意"渊源流别"。换言之，校雠学包括校勘、版本和目录，目录学仅为校雠学之一部分。到了后世，书籍日多，学问益分，目录之学便逐渐脱离校雠学而宣告独立，这也是时势所然。

　　书之校勘，必集合众本，始克奏功，此在西汉已开其端，后历代

---

① 孙德谦：《刘向校雠学纂微》，转引自彭斐章、谢灼华等编《目录学资料汇编》，武汉大学出版社1986年版，第111页。

② （清）章学诚：《章氏遗书·外篇》卷一《信摭》，载《章学诚遗书》，文物出版社1985年版，第367页。

沿袭，概莫能外，如元代岳浚校刊"九经""三传"，所据版本凡二十余种。可知校雠家之辨别版本，古已如此。后藏书家亦记载版本，但当时仅以镂版盛行，各种刊本版式大小并不相同，故藏书家搜罗不同刊本，仅为示其藏书之富而已，此时尚无真正意义上的版本之学。到了清代，考据学家以元明刊本之恶劣，不得不上溯古钞旧椠以为根据。于是，为利益所计，书商便假造宋版。在这种情况下，校雠学家便不得不精考版本之源流、刊刻之年月及人名、纸墨、款式、前后序跋、收藏图印等，以期不为俗刻伪造所误，于是版本之学越发兴盛。版本之学，其初始仅仅是为了辨别真伪，为校勘古书之依据，后逐渐演变为一种古董式的鉴赏且自以其奇秘为事。清末民初，叶德辉著《书林清话》十卷，专言版本之沿革，后又有元和江标所著《宋元本行格表》二卷，由是版本之学便蒸蒸日上，与目录学并驾齐驱。此时比较文字异同之校勘则与目录、版本之学紧密相连，正如叶德辉所说："近人言藏本者，分目录、版本为两种学派。……然二者皆兼校雠，是又为校勘之学。本朝文治超轶宋元，皆此三者为之根柢。"① 自此之后，郑樵、章学诚提倡的校雠学为目录之学、版本之学和校勘之学所代替，"校雠学"之名逐渐式微，中国文献学理论体系初现端倪。

## 第二节　梁启超的文献学体系构建

作为清末民初"百科全书式"的知名学者，梁启超在中国学术史上占有重要地位；在中国文献学发展史上，同样如此。他不仅是"文献学"概念的最早提出者，也是"中国文献学"概念的最早提出者。②

### 一　概念和体系

梁启超在其专著、讲义和演讲稿中多次提到"文献学"的概念，

---

① 叶德辉：《书林清话》卷一"板本之名称"，复旦大学出版社2008年版，第27页。
② 彭树欣：《梁启超文献学思想研究》，光明日报出版社2010年版，第32页。

据考涉七种论著，共二十次。① 梁氏虽然没有给"文献学"一个准确的定义，但综合其论述，大致可以确定其基本内涵。他认为"文献学"的概念有狭义与广义之分，狭义的"文献学"指的是史学，即"史部之学"②，而广义的"文献学"指的是"史料之学"，包括经史子集四部。③ 梁氏以"史部之学"定义"文献学"缘于史书在中国古文献中占有较大比重，正如梁氏本人所言，"中国传下来的古籍，若问哪部分多，还是史部。中国和外国不同。外国史书固不少，但与全部书籍比较，不如中国。中国至少占十之七八"④。同时也缘于传统史部中的"目录类"契合了"校雠学"（传统文献学）的主要内容。梁氏在《国学入门书要目及其读法》中提到的"文献学书类"即指狭义的文献学——史部之学，如其列举的相关书目有《二十四史》《廿二史札记》《史通》等。⑤

对于广义的"文献学"，梁氏同样有所论述。在《治国学的两条大路》一文中，梁氏认为，文献的学问就是"近人所讲的'整理国故'这部分事业"。在"整理国故"事业中，"最浩博最繁难而且最有趣"的，便是历史。梁氏指出，中华民族是有着五千年文化的民族，"替人类积下一大份遗产"，这份遗产"传到今日没有失掉"。同时我们的这些"文化产品"，都是用"极优美的文字"记录下来的，就以现存的"正史、别史、杂史、编年、纪事本末、法典、政书、

---

① 其中"文献学"15次，"文献之学"3次，"文献学问"1次，"文献的学问"1次。（参见彭树欣《梁启超文献学思想研究》，光明日报出版社2010年版，第32页）

② 将狭义的"文献学"定义为"历史学"这一说法，彭树欣也予以认可，他认为梁启超的《中国历史研究法》和《中国历史研究法补编》二书既是梁氏"历史研究方法的探讨，实际上也可以视作为其文献学研究方法的探讨"。（彭树欣：《梁启超文献学思想研究》，光明日报出版社2010年版，第38页）

③ 梁启超在《治国学的两条大路》中说："文献部分的学问，多属过去陈迹（'史料之学'——引者注）"，"清学正统派之考证学，他们的工作，算是经学方面做的最多，史学子学方面便差得远，佛学方面却完全没有动手。"由此可知，梁氏关于广义的"文献学"是包括"经史子集"在内的"史料之学"。

④ 梁启超：《中国历史研究法补编》，商务印书馆1934年版，第218页。

⑤ 详情可参考梁启超《国学入门书要目及其读法》，载《读书指南》，中华书局2010年版，第11—16页。

方志、谱牒，以至各种笔记、金石刻文等类"为例，如果以"历史家眼光看来"，这里的一字一句，都是极其宝贵的"史料"。在此基础上，梁氏强调，现存的"一切古书"，即使在今天对于许多人来说是无用的，但如果"拿他当历史读，都立刻变成有用"①。对于章学诚的"六经皆史"说，梁氏持完全肯定的态度。② 梁氏认为，中国传统文化遗产包括诸子百家、诗文集乃至小说都可以当作历史书来读，因为这些古书里面都蕴含着丰富的历史讯息，都可以看作宝贵的"史料"，因此，它们"和史部书同一价值"③。由此可知，在梁氏心目中，广义的"文献学"就是"史料学"，它涵盖"一切古书"。在《要籍解题及其读法》一文中，梁氏以《左传》为例重申了自己的观点。④ 在《读书法讲义》中，梁氏再次表达了类似的看法。⑤ 正是基于这样的认识，梁氏说："把所有书籍都当作史料看待，无论什么书籍都有用。何止书籍，乃至烂帐簿、废田契、破摺绅、陈黄历……都有用。"因此，"第二部门的文献学"，即使说"他包括国学知识的全范围，亦无不可"⑥。"这种学问，我们名之曰'文献学'，大部分是历史，但比普通所谓历史的范围更广，我们所提倡的国学，什有九属于这个范围。"⑦ 在这一理念指引下，梁氏在其著述中多次使用这一

---

① 梁启超：《治国学的两条大路》，载《读书指南》，中华书局 2010 年版，第 174 页。

② 梁氏说："章实斋说：六经皆史。这句话我原不敢赞成，但从历史家的立脚点看，说'六经皆史料'，那便通了。"（梁启超：《治国学的两条大路》，载《读书指南》，中华书局 2010 年版，第 174 页）梁氏在《读书法讲义》中也有类似的表述，他说："章实斋说：'六经皆史。'编述六经的人，是否目的在著史，虽不敢断言；但我们最少总可以说'六经皆史料'。"［载梁启超著，夏晓虹辑《〈饮冰室合集〉集外文》（下册），北京大学出版社 2005 年版，第 1360 页］

③ 梁启超：《治国学的两条大路》，载《读书指南》，中华书局 2010 年版，第 174 页。

④ 梁氏说："《左传》一书，内容极丰富，极复杂，作史料读之，可谓最有价值而且有趣味，在文献学上任何方面，皆可以本书得若干资料以为研究基础。"（梁启超：《要籍解题及其读法》，载《饮冰室合集·专集之七十二》，中华书局 1989 年版，第 58 页）

⑤ 详情可参阅梁启超：《读书法讲义》，载梁启超著，夏晓虹辑《〈饮冰室合集〉集外文》（下册），北京大学出版社 2005 年版，第 1360 页。

⑥ 梁启超：《读书法讲义》，载梁启超著，夏晓虹辑《〈饮冰室合集〉集外文》（下册），北京大学出版社 2005 年版，第 1360 页。

⑦ 梁启超：《读书法讲义》，载梁启超著，夏晓虹辑《〈饮冰室合集〉集外文》（下册），北京大学出版社 2005 年版，第 1355 页。

概念，如"明清之交各大师，大率都重视史学——或广义的史学，即文献学"①。前一"史学"代表"史部之学"，后一"史学"代表包含"一切古书"的"史料之学"②。因"广义的史学"涵盖并包括"狭义的史学"，因此，诸多学者将"文献学"定义为"广义的史学"③。在这里，梁氏以"——"和"或"连接前后两部分，显然有其特定的含义。结合当时的语境，我们不难发现梁氏的本意，显然有将二者"并列"之意。因此，在梁氏心目中，传统文献学是有狭义与广义之分的。否则，以梁氏简洁明快的语言风格，完全没有必要做如此烦琐之表述。

梁氏认为，"文献学"是"国学"的主要组成部分，国学应包括两个方面，即"文献的学问"和"德性的学问"。"文献的学问"应该用"客观的科学方法"去研究，"德性的学问"必须用"内省的和躬行的方法"去研究。④ 在《儒家哲学》中，梁氏也对二者有所论述，他说："陈、叶的文献经世之学，与阳明的身心性命之学，混合起来，头一个承继的人，便是黄梨洲，前面讲他对于阳明的建设，只算一部分，还有一部分——最大的部分，是文献之学，即史学。"⑤对于"文献的学问"，梁氏将其比喻为"丰富的矿穴"，认为只有用"客观的科学方法"才能对这"丰富的矿穴"进行开采，最终服务于"世界人类"。他说：

我们家里头这些史料，真算得世界第一个丰富矿穴。从前仅用

---

① 梁启超：《中国近三百年学术史》，天津古籍出版社 2003 年版，第 96 页。

② 现代学者高俊宽曾提出这样的观点，他说："综而论之，梁启超的文献学可理解为史料学。"详见氏著《从校雠学到文献学：中国文献学理论认知的轨迹探讨》，《图书情报工作》2002年第 10 期。

③ 具体可参阅张舜徽《中国文献学·前言》，上海古籍出版社 2011 年版，第 1 页；谢灼华《中国近现代学者文献观之发展》，《图书情报知识》1994 年第 4 期；王余光、汪涛、陈幼华《中国文献学理论研究百年概述》，《图书与情报》1999 年第 3 期；等等。

④ 梁启超：《治国学的两条大路》，载《读书指南》，中华书局 2010 年版，第 174 页。

⑤ 梁启超：《儒家哲学》，载《饮冰室合集·专集之一百三》，中华书局 1989 年版，第 67 页。

土法开采，采不出什么来，现在我们懂得西法了，从外国运来许多开矿机器了。这种机器是什么？是科学方法。我们只要把这种方法运用得精密巧妙而且耐烦，自然会将这学术界无尽藏的富源开发出来，不独对得起先人，而且可以替世界人类恢复许多公共产业。①

由此可知，所谓"文献的学问"就是用"西法"这种"开矿机器"对中国"学术界无尽藏的富源"进行开发，就是"近人所讲的'整理国故'这部分事业"。基于此，我们说所谓"文献的学问"即"治书之学"，就是对古籍进行开发和整理的学问，这与传统"校雠学"② 和现代学者认可的"传统文献学"③ 的概念一脉相承。

如果说"文献的学问"是"治书之学"，侧重于知识和典籍的整理。那么，"德性的学问"（即"人生哲学"）便是"修身之学"，必须用"内省的和躬行的方法"去研究。对于"文献的学问"与"德性的学问"二者的关系，梁氏同样有所论述，他说："一个是吕东莱，吕家世代都是有学问的人，所以吕家所传中原文献之学，一面讲身心修养，一面讲经世致用，就是我们前次所说内圣外王的学问。"④ 在这里，梁氏将"文献之学"定义为"内圣外王的学问"，从表面上看似乎混淆了与"德性的学问"之间的区别，于是有人认为梁氏心目中的文献学概念"不是很确切"，"有时也很模糊"。⑤ 其实不然，

---

① 梁启超：《治国学的两条大路》，载《读书指南》，中华书局 2010 年版，第 174—175 页。
② "校雠学者，治书之学也。自其狭义言之，则比勘篇籍文字同异而求其正，谓之雠校。此刘向《别录》之义也。自其广义言之，则搜集图书，辨别真伪，考订误缪，厘次部类，暨于装潢保存，举凡一切治书事业，均在校雠学范围之内。"[参见胡朴安、胡道静《校雠学》，上海书店 1991 年版（据商务印书馆 1931 年版影印），第 1 页]
③ "文献指一切历史性的材料"，文献学是"认识、运用、处理、接受文献的方法。……书籍是智识的宝库，对它怎样开启，进一步怎么发掘、整理，就是一个重要问题。根据前人积累的经验，实践的效果，本课定为三个内容：一、目录；二、版本；三、校勘"（王欣夫：《文献学讲义》，上海古籍出版社 2005 年版，第 2—4 页）。可见，古籍的开发与整理为传统文献学的重要内容。
④ 梁启超：《儒家哲学》，载《饮冰室合集·专集之一百三》，中华书局 1989 年版，第 48 页。
⑤ 彭树欣：《梁启超文献学思想研究》，光明日报出版社 2010 年版，第 34 页。

众所周知，中国古代传统儒家经典为修身之学，即内圣外王之学，士大夫治学的最终目的是修身治国平天下，"吾国人对于典籍之观念，约有二点，曰修身治国而已。"① 故梁氏认为，"德性的学问"是"我们最特出之点"，并且强调儒学和佛教是"德性的学问"的"源泉"。② 为了达到修身的目的，士大夫们必须在对儒家经典进行开发整理（"文献的学问"）的基础上熟读典籍，进而领悟经典的含义，然后躬行实践（"德性的学问"）。因此，"修身之学"内在地包含了"治书之学"。同时士大夫们也并非为了整理经典而整理经典，在整理经典的过程中也必然对经典进行品味和"内省"，这样，"治书之学"同样内在地包含了"修身之学"。从这一意义上说，"治书之学"即为"修身之学"，"文献的学问"即为"德性的学问"，二者犹如一枚硬币的两个侧面，彼此相辅相成、紧密相连、不可分离。因此才有梁氏所说"吕家所传中原文献之学"，就是"我们前次所说内圣外王的学问"。不仅吕祖谦如此，关于此的例证可谓不胜枚举，如孔子、朱熹等。他们不仅是中国古代历史上著名的文献学家，整理校勘了大量古籍，而且是著名的哲学家、道德的楷模。在他们那里，"文献的学问"与"德性的学问"合二为一。

如果说中国传统典籍（"古书"）属于"文献学"的研究范畴，那么在中西学术激荡的背景下产生的新的学科是否属于"文献学"的研究范畴呢？回答是肯定的。为此，梁氏在《治国学的两条大路》一文中予以阐释和说明，他说"和史学③范围相出入或者性质相类似的文献学还有许多，都是要用科学方法研究去"④，并且列举了"文字学""社会状态学""古代考释学""艺术鉴评学"，最后梁氏强调"以上几件，都是举其重要者，其实文献学所包含的范围还有许多，

---

① 郑鹤声、郑鹤春：《中国文献学概要》，上海古籍出版社 2001 年版，第 10 页。

② 梁启超：《治国学的两条大路》，载《读书指南》，中华书局 2010 年版，第 180—184 页。

③ 笔者认为，梁氏此处所说的"史学"应为其一直倡导的"新史学"。

④ 梁启超：《治国学的两条大路》，载《读书指南》，中华书局 2010 年版，第 175 页。

就是以上所讲的几件，剖析下去，每件都有无数的细目"①。可见，梁氏心目中"文献学"的概念不仅包括中国传统学术，还包括中西学术激荡下的"现代"学术。换言之，作为学术载体的"文献"，梁氏认为它不仅包括"古书"，而且包括"新书"，即"现代"② 文献。它不仅是因为"今天"的"材料"必将成为"明天"的"史料"，更重要的是这些材料中蕴含着"历史"的信息。如梁氏认为文字学"若能用新眼光去研究，做成一部'新说文解字'，可以当成一部民族思想变迁史或社会心理进化史读"。社会状态学可以"拿二十四史里头蛮夷所记的风俗来参证"，从而使"几千年间一部竖的进化史，在一块横的地平上可以同时看出"。③ 由此可见，梁氏关于文献学的思想内容极其丰富，范围非常广泛。

对于古典考释学，梁氏认为，这种工作"前清一代的学者已经做得不少"，我们一面凭借他们的基础，容易进行，一面"因外国学问的触发，可以有许多补所不及"④。因此，梁氏所说的"古典考释学"是乾嘉考据学与西方科学方法相融合的产物。对于乾嘉考据学派，梁氏把它称为"科学的古典学派"，并且指出他们所做的工作，主要有经书之笺释、史料之搜补鉴别、辨伪书、辑佚书、校勘、文字训诂、音韵、算学、地理、金石、方志之编纂、类书之编纂、丛书之校刻等十三大类⑤。梁氏认为，"乾嘉诸老"所做的这些工作"接近""新考证学"，但并非近代西方科学意义上的考据学。这是因为，"文字训诂"不等于"文字学"，"校勘"不等于"考释学"，"辨伪书"不等于"辨伪学"，"辑佚书"不等于"辑佚学"。所谓"学"，是指人们在实践工作的基础上，经过认真总结已上升为科学的理论，即

---

① 梁启超：《治国学的两条大路》，载《读书指南》，中华书局 2010 年版，第 176 页。
② 此处的"现代"不是确指，而是一个流动的概念。它不仅仅指梁启超所处的民国初年，而且包括之后的一切时代。
③ 梁启超：《治国学的两条大路》，载《读书指南》，中华书局 2010 年版，第 175—176 页。
④ 梁启超：《治国学的两条大路》，载《读书指南》，中华书局 2010 年版，第 176 页。
⑤ 梁启超：《中国近三百年学术史》，东方出版社 2004 年版，第 24—25 页。

"已形成一个大体为人们公认的科学体系，有系统且科学的理论"[1]
支撑的学问。前者为清代学者所做的基础性的工作，后者为中西学术
激荡背景下形成的具有科学意义的专门之学。

## 二 地位和影响

梁启超不仅是"文献学"和"中国文献学"概念的最早提出者，
同时也是民国古文献学的积极倡导者。20 世纪初，在中西文化交汇
融合的学术环境中，梁启超敏锐地察觉到中国传统校雠学的局限与不
足，并对其概念和体系进行了大刀阔斧的改造和革新，中国传统校雠
学在此发生嬗变并逐渐向具有科学概念的古文献学过渡。梁启超对文
献学体系的构建奠定了中国现代古文献学学科的基础，为文献学走向
专业化铺平了道路。

在梁启超之前，校雠学[2]多是指对古籍的目录编纂、版本考证、
文字校订等方面的工作，大体也就是梁氏所说的"古典考释学"，并
没有涉及文字学、辨伪、考释等方面。梁氏强调，"文献学"不仅仅
包括以上几个方面，其研究范围应该更大。[3] 在梁氏的心目中，它们
都是与"史学范围相出入或者性质相类似"[4] 的，都应纳入"文献
学"的研究范畴。这是因为，这些专学里面大都蕴含着"历史"的
信息，都应该用科学的方法去研究。正是在这样的理念支撑下，梁氏
超越了传统校雠学的研究范畴，力图将更多专学纳入文献学体系，扩
大了校雠学的内涵与外延，构建了一个庞大的文献学学科体系。

---

① 黄永平：《百年来中国古文献研究》，载王元化主编《学术集林》（卷十七），上海远东
出版社 2000 年版，第 99 页。

② 张舜徽认为，"我国古代，无所谓文献学，而有从事于研究、整理历史文献的学者，在
过去称之为校雠学家。所谓校雠学无异成了文献学的别名。"（张舜徽：《中国文献学》，上海古
籍出版社 2011 年版，第 3 页）这里的校雠学为广义的校雠学。但校雠学有广义与狭义之分，广
义的校雠学包括目录学、版本学和校勘学等内容；狭义的校雠学仅指校正文字的校勘学。本章
"校雠学"取其广义之说。

③ 梁启超：《治国学的两条大路》，载《读书指南》，中华书局 2010 年版，第 176 页。

④ 梁启超：《治国学的两条大路》，载《读书指南》，中华书局 2010 年版，第 175 页。

　　20 世纪 20 年代末，郑鹤声、郑鹤春兄弟编纂了中国文献学的开山之作——《中国文献学概要》。该书不仅首次以"文献学"命名，而且大量引用了梁启超的观点和研究成果。据统计，该书全文约 127400 字，其中引用梁启超的文字约 19400 字，引用率达 15.29%，涉及梁启超的著述和文章分别为《清代学术概论》《中国近三百年学术史》《中国历史研究法》《论中国学术思想变迁之大势》《西学书目表》《西学书目表序列》《佛典之翻译》等，引用书目或文章达七种之多。① 由于受梁启超文献学体系的影响，郑氏兄弟《中国文献学概要》除了对传统校雠学的内容集中论述之外，同时增加了讲习、翻译与刻印的内容，而这些都是为了文献内容的传播而产生的，因此属于文献传播学的内容，它们与文献典藏学②一样，都应纳入文献学的范畴。《中国文献学概要》体例和结构的创新似乎也能从梁氏的文献学体系中找到影子，"讲习"之前首先需要鉴赏，与"艺术鉴评学"紧密相连；"翻译"与"文字学"密切相关；"刻印"与"古典考释学"中"丛书的校刻"灵犀相通。因此，郑氏兄弟的文献学体例和结构无疑受梁启超现代文献学体系的影响。除此以外，郑氏兄弟对中国文献学价值和研究方法的认识，也受到梁启超文献学观念的影响。梁启超早年致力于西学的引进，对西方文化极为崇拜，对中国传统文化则持一种悲观的态度。1919 年游历欧洲之后，其对中国文化的态度发生较大变化，较大程度地恢复了对中国文化的自信，③ 之后梁启超开始将主要精力转向对中国传统典籍的整理和研究并致力于中

---

① 彭树欣：《梁启超文献学思想研究》，光明日报出版社 2010 年版，第 58 页。

② 《中国文献学概要》原有"私家藏书"一章，因篇幅过大，后单独成书，名之曰《中国地方藏书小史》。（详见郑鹤声、郑鹤春《中国文献学概要》，上海古籍出版社 2001 年版，"例言"第 2 页）

③ 梁启超说："此次游欧，为时短而历地多，故观察亦不甚清切，所带来之土产，亦不甚多，惟有一件可使精神上受大影响者，即将悲观之观念完全扫清是已。因此精神得以振作，换言之，即将暮气一扫而空。"这里的"悲观之观念"指对中国文化的"悲观"。（参见《梁任公在中国公学之演说》，载陈崧编《五四前后东西文化问题论战文选》，中国社会科学出版社 1985 年版，第 375 页）

华文化的传播和发扬光大。他认为，东方文明是精神文明，西方文明是物质文明。东西方文明各有优劣，应相互尊重，互相学习，取长补短，只有这样，才能够促进人类文明向前发展。梁启超强调，中国的传统学术必须借鉴西方的研究方法才能形成新的系统从而与西方文化接轨，共同为世界文化的发展做出贡献。正是基于这样的理念，梁启超在深入研究中国传统典籍的基础上，提出了弘扬中华文明的四部曲。① 郑氏兄弟在《中国文献学概要》一书中专设篇章（第一章导言）强调中国文献的价值和世界化潜力，申明"中国文献的地位与世界潮流之趋势"②，这与梁启超的文献学价值观一脉相承。

综而论之，梁启超对中国文献学理论发展的贡献巨大，影响深远。首先，他在总结乾嘉考据学方法的基础上，更多地从现代西方学术体系及系统方法上肯定中国文献学意义与重要性。正是在梁启超的努力之下，中国文献学一度实现了与西方现代精神和科学方法的对接。其次，梁氏阐述了文献学的研究对于国民素质的提高及学术文化的传承所产生的积极作用，一定程度上提高了文献学在现代学术体系中的地位。③ 应该说，自梁氏之后，中国文献学始能够以独立的姿态蹒跚前行并逐渐屹立于现代学术之林。于此，梁氏的开创之功不可磨灭。

## 第三节　郑鹤声、郑鹤春《中国文献学概要》

《中国文献学概要》（以下简称《概要》）写于 1928 年，由郑鹤声、郑鹤春兄弟合著，1930 年由上海商务印书馆出版，后经多次重印，影响颇大。该书是目前所知我国历史上第一部直接以"文献学"

---

① 详情请参阅梁启超《欧游心影录节录》，载《饮冰室合集·专集之二十三》，中华书局 1989 年版，第 36—37 页。

② 郑鹤声、郑鹤春：《中国文献学概要》，上海古籍出版社 2001 年版，"例言"第 1 页。

③ 高俊宽：《从校雠学到文献学：中国文献学理论认知的轨迹探讨》，《图书情报工作》2002 年第 10 期。

命名的学术专著，也是在中西文化激烈碰撞的时代背景下，对"中国文献学的世界价值、地位重新审视的创新之作"①。

## 一　研究缘起

郑鹤声兄弟对中国文献学的研究既源于其个人的成长经历，又与其生活的时代密切相关。郑鹤声（1901—1989），著名文献学家、历史学家。原名松表，又名松彪，以长兄鹤春名故，改名鹤声，取《诗经》"鹤鸣于九皋，声闻于天"之义，故又号鸣皋，以避族伯讳，改号萼荪。② 郑鹤春（1892—1957），字萼郴，郑鹤声长兄。郑氏兄弟母赵采和，知书达理，"有名于时"③。受其母影响，郑氏兄弟自幼酷爱历史。他们均为学堂出身，有较好的旧学功底。郑鹤春早年毕业于武昌国立高等师范学校文史地部，常指导郑鹤声研究学问的途径，曾将所有大学文史讲义及书籍给予郑鹤声阅读，大大拓展了郑鹤声的知识领域，为其后来的学术研究奠定了坚实的基础。1920年，郑鹤声考入南京高等师范学堂文史地部，受学于历史学家柳诒徵、地理学家竺可桢等人。柳诒徵旧学根底深厚，在学术思想上主张"昌明国学"，但更有"融通""不拘于一隅"的特色。④ 郑鹤声作为柳诒徵的高足，受其影响颇深。⑤ 在治学路径上，郑鹤声与其师较为相像，主张以民族文化为本位的现代文化建设，既注重传统文化的继承，又积极汲取外来文化的有益成分。在南京高师期间，郑鹤声先后担任高师史地研究会出版刊物《史地学报》编辑部副主任

---

① 郑鹤声、郑鹤春：《中国文献学概要》，上海古籍出版社2001年版，"导读"第1页。

② 《郑鹤声自述》，载高增德、丁东编《世纪学人自述》（第二卷），北京十月文艺出版社2000年版，第2页。

③ 《郑鹤声自述》，载高增德、丁东编《世纪学人自述》（第二卷），北京十月文艺出版社2000年版，第1页。

④ 柳曾符、柳佳编：《劬堂学记》，上海书店2002年版，第310页。

⑤ "余性喜治史，弱冠负笈南都，肆习国史于丹徒柳翼谋先生，先生故东南名硕，邃于史学，予得略窥史学门径者，实先生有以启之焉。"（郑鹤声《记柳翼谋老师》，载柳曾符、柳佳编《劬堂学记》，上海书店2002年版，第105页）

和总编辑。① 1929 年任职于国民政府大学院（后改为教育部）编审处、国立编译馆。在国立编译馆期间，郑鹤声充分认识到文献整理的重要性并编辑整理了卷帙浩繁的史书。国立编译馆转为国史馆后，任纂修兼史料处处长。生平研究范围涉及清史、中华民国史、中国近代史、中国史学史、中国文献学、海外关系与中西交通问题、中国文化问题、中国民族问题等方面。他勤奋治学，一生出版和发表著述一百六十余种，两千余万字，先后出版了《史汉研究》《中国史部目录学》《中国文献学概要》《亚洲诸国史汇目》《中国史学史》《司马迁年谱》《班固年谱》《杜佑年谱》《袁枢年谱》等，此外还有《近世中西史日对照表》，他还主编有多种具有重要学术价值的大型资料著作。由于其重视资料的搜集与整理且其论著以史料充分而见长，因此曾被学人视为史料派的代表，② 郑鹤声本人也曾公开声称不要怕当"史料派"。③ 郑鹤声长兄郑鹤春自武昌国立高等师范学校文史地部毕业后长期担任教育工作，长于地理学、历史学、中国文献学的教学与研究。著作有《中国地学史》《中国史著之研究》，并与郑鹤声合著《中国文献学概要》。郑鹤声兄弟扎实的旧学功底、南高学派的学术背景、超前的学术视野为其后来的文献学研究奠定了基础。

郑鹤声兄弟的文献学研究也与当时的学术环境密切相关。19 世纪末 20 世纪初，西方人文社会科学和自然科学的理论与方法如潮水般涌入中国，科学救国的思想深入人心。在这种情况下，知识分子中的一部分人认为，传统的民族文化是阻碍中国进步的主要因素，也是中国在近代落后挨打的主要原因，只有学习西方才能挽救国家和民族的命运，正如钱穆所说："中国知识界里颇有一辈人主张把中国传统

---

① 《郑鹤声自述》，载高增德、丁东编《世纪学人自述》（第二卷），北京十月文艺出版社 2000 年版，第 8 页。

② 参见蒋海升《从主流到边缘：20 世纪 50 年代初期的史料考订派》，《山东大学学报》 2005 年第 6 期。

③ 《郑鹤声自述》，载高增德、丁东编《世纪学人自述》（第二卷），北京十月文艺出版社 2000 年版，第 40 页。

全部文化机构都彻底放弃了，如此好使中国切实学得像西方。"① 在此种情势下，中国传统文化和文献典籍遭受前所未有的冷落。为此，一些有识之士忧心忡忡，表达了自己的忧虑，"国有珍闻，家有瑰宝，叩之学者，举之不知，而惟震眩于殊方绝国钜人硕学之浩博，即沾溉于殊方绝国者，亦不外教科讲义之常识，甚且掇拾剿末稗贩糟粕，并教科讲义之常识而不全，则吾国遂以无学闻于世"②。正是在这种情势下，郑鹤声认为，中华文化具有极大的开放性和包容性，有其存在的价值与合理性，主张对中国传统文献典籍进行科学的整理。他强调，正是由于中华文明具有这种包容性和开放性，才能够连绵不断地延续下来，并最终根深蒂固，枝繁叶茂，成为世界文明之最。然而到了近代，由于形势的变化，传统典籍备受冷落，郑鹤声认为这是"因噎废食"的表现。为此，他在该书《自序》中阐述了写作动因：

> 顾自晚清以来，国势削衰……致疑文化之堕落……因噎废食，甚可慨焉！欧战既辍，人心惶扰，远西学者，时或想象东方之文化，国人亦颇思反而自求。惟学科繁兴，能致力其间者盖鲜，号为学人，而叩以本国文献之要略，瞠目而不知所对者，什八九也。与外人接，辄以和平二字为吾国文化之标帜，刺刺不离口，而空泛疏漏，每不足为外人所信服。于是群思东方学之研究，而国人仍鲜有迎头以与周旋之者，又可叹焉！③

郑鹤声认为，中华文化是世界文化的重要组成部分，西方学者已经充分认识到东方文化的重要性，国人更应对中华文化给予足够的重视。作为"思想之结晶"、文明之载体的中国传统文献是"立国根源"，只有对传统文献进行整理、开发、利用，才能培养国民的爱国之心，"睹乔木

---

① 钱穆：《中国文化史导论》，商务印书馆 1996 年版，第 211 页。
② 此为柳诒徵为《史地学报》创刊号所作的序，发表于 1921 年 11 月 1 日。
③ 郑鹤声、郑鹤春：《中国文献学概要》，上海古籍出版社 2001 年版，"自序"第 3 页。

而思故家，考文献而爱旧邦"，进而增强民族的自尊心和自信心。

## 二 文献学理论体系

《概要》作为我国第一部直接以"文献学"命名的学术专著，在"例言"中首先追溯了"文献"的起源，梳理了相关典籍（如《四书集注》《文献通考》）对"文献"二字的解释，然后提出了自己的"文献"观点，在某种程度上建构了自己的文献学体系。在这里，《概要》以文献的生产（结集、翻译、编纂都属于文献的生产方式）来定义"文"，以文献的传播（审定、讲习、印刻为文献的传播方式）来定义"献"，这与马端临以"文""叙事"、以"献""论事"的观点有所不同。就《概要》全书内容来看，郑鹤声所说的"结集"涉及文献整理的目录学知识；"审订"讲述了古代文献点校整理的概况，涉及古籍整理中的校勘学；而"刻印"则与古文献学中的版本学知识有紧密的联系。因此《概要》所说的"文献学"实际上"包括了古籍整理、研究中有关目录学、版本学、编纂学、校勘学以及中国书史等许多方面的内容，近似章学诚、范希曾、张舜徽等所说的'校雠学'"①。除了传统文献学（即校雠学）的内容之外，《概要》还专题论述了"讲习""编纂"和"翻译"，而这些内容是传统文献学不曾涉及的。尤其"翻译"一章，为其他传统文献学著作所罕见。《概要》将"翻译"纳入文献学的研究范畴，实际上已经突破了古典文献学的研究体系，因为"文献的中外交流正是现代文献学②的特点

---

① 张君炎：《中国文学文献学》，江西人民出版社 1986 年版，第 11 页。

② 现代文献学如同现代其他学科分类一样，附属于图书馆学、情报学专业，它注重文献的开发和利用，传统文献学则"注重文献文本的价值及其内容的真实性，意在整理与保存"。"传统文献学以文献为对象，现代文献学以文献工作为研究对象；传统文献学以文献文本的整理研究为目标，现代文献学以文献内容的开发利用为目标；传统文献学以'辨章学术、考镜源流'为宗旨，现代文献学以开发、检索文献内容为大众服务为出发点"。（董恩林：《论传统文献学的内涵、范围和体系诸问题》，《史学理论研究》2008 年第 3 期）"现代文献学较之传统文献学更重视研究文献的产生、分布、利用等规律的探讨。随着科技的发展，传播信息载体的变化，翻译作为世界文化的桥梁，是现代文献学的重要内容之一。"［赵海丽、王希平：《"郑""张"中国文献学著述之比较》，《重庆交通大学学报》（社科版）2008 年第 3 期］

之一"①。除此之外，郑鹤声文献学体系还包括文献的典藏，但因其内容较多，"几占全书之半"②，后不得不另为一书，名之曰《中国地方藏书小史》。显然，郑鹤声的文献学观念是在继承传统文献学的基础上，糅合了现代文献学的元素，显示出中西文化激烈冲撞的时代背景下文献学理论探索的特征。

在该书"例言"中，郑鹤声还详细说明了文献学诸方面之间的关系。③ 他认为，中国传统文化是世界文化的重要组成部分，中国传统文献的地位不容忽视，应将中国文献学的研究放入世界文化发展的总趋势、大潮流中进行考察以重新审视中国文献学研究的地位和价值。"结集"作为文献学上的最重大问题应放在首位进行研究。"审订"作为文献学的实质问题，其目的是去伪存真，取精用宏，择要弃微。"结集"和"审订"都是为了传播和利用文献的思想和观念，而"讲习"可以汲取文献的精华，将文献的思想进一步发扬光大，最终达到传播和利用文献思想和观念的目的。在近代中外文化交流融合的时代背景下，文献的"翻译"具有特别重要的意义，将这一课题纳入文献学研究体系也是题中应有之义。"编纂"和"刻印"作为中国文献学对世界的重大贡献，也必须"并而论之"。由此可见，郑鹤声的文献学体系逻辑严密，思路开阔，内容丰富，"不失为一部具有历史意义的文献学论著"④。

虽然《概要》对文献学理论和体系的构建进行了成功的尝试，但由于时代的局限，其中的缺陷与不足也是显而易见的。首先，对"文献"概念的理解不够全面，将"文献"等同于"古籍"失之偏颇。《概要》全书所述均是对古籍的整理、传播和利用等，但除此

① 郑鹤声、郑鹤春：《中国文献学概要》，上海古籍出版社2001年版，"导读"第4页。
② 郑鹤声、郑鹤春：《中国文献学概要》，上海古籍出版社2001年版，"例言"第2页。
③ 郑鹤声、郑鹤春：《中国文献学概要》，上海古籍出版社2001年版，"例言"第1页。
④ 高俊宽：《从校雠学到文献学：中国文献学理论认知的轨迹探讨》，《图书情报工作》2002年第10期。

之外，带有文字记录的甲骨、青铜、竹木简、石碑等载体，也应属于"古代文献"的范畴。其次，《概要》仅对古籍的结集、审订、讲习、翻译、编纂、刻印等方面的历史进行了梳理和说明，对文献学的理论与方法较少涉及。一门独立的学科，不仅包括这门学科的历史，还包括学科的理论和方法。具体到文献学，它应包括文献的"体、法、史、论"等几个方面的内容，并且必须将这几个方面融为一体进行系统的研究。因此，从某种意义上说，它更像一部中国文献流布史。① （见图 3 – 1）

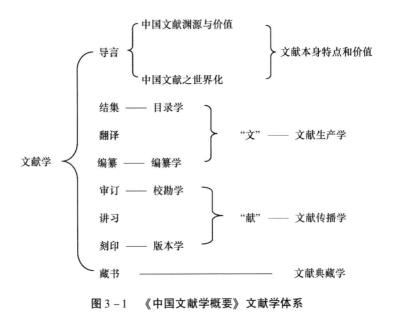

图 3 – 1    《中国文献学概要》文献学体系

## 三    地位和影响

虽然"文献学""中国文献学"的概念最早由梁启超提出，但真正将其付诸实践，形成一门专学则起于郑鹤声兄弟编著的《中国文献学概要》。作为中国文献学的"开山之作"，其意义和影响则

---

① 华夫：《中国文献与子母工具书纵论》，《天津大学学报》1987 年第 6 期。

是深远的。首先，它开启了中国文献学这门学科，奠定了后世中国古典文献学学科发展的基础。在此之前，中国古代并没有以"文献学"命名的著作。《概要》出版之后，以"文献学"命名的著作日益增多。尤其是到了20世纪80年代以后，几乎所有的文献学著作都是以"文献学"命名，"文献学"完全取代"校雠学"，以"校雠学"命名的著作也逐渐淡出人们的视野。这与《概要》的开拓之功密不可分。其次，它构建了古典文献学的学科体系。众所周知，校雠学从广义上来说，包括目录、版本、校勘、典藏等方面的内容，狭义的校雠学则仅指校正文字的校勘学。与新时期的古文献学研究相比，其内涵与外延相对较为狭窄。值得注意的是，《概要》不仅继承了校雠学的精华所在，涉及校雠学所涵盖的目录、版本、校勘等内容，而且引入了翻译、编纂、讲习、藏书等内容，按照董恩林的说法，翻译、编纂、藏书属于传统文献学（即古文献学）的研究内容。① 因此，《概要》的出版无疑是构建古典文献学学科体系的一次成功尝试。最后，它糅合了传统文献学与现代文献学，为现代文献学学科的发展奠定了基础。现代文献学起源于西方，同现代其他许多学科分类一样，带有浓厚的"舶来"色彩，它是以文献的典藏、分类、检索、传播、利用为主要内容，以最大限度地提供给读者文献为终极目标，与图书馆工作紧密联系在一起的一门应用性学科。② 从全书的结构和内容来看，《概要》无疑涵盖了上述内容。同时，《概要》对"文""献"二字的定义即着眼于典籍的开发、

---

① 董恩林认为，传统文献学（即古典文献学）的研究内容可以归纳为五个方面，即对传统文献文本的形体认知，对传统文献文本的内容实证，对传统文献文本的文字进行标点、注释与翻译，对传统文献文本的检索与典藏方法的探讨，对传统文献文本进行二次整理编纂、以求推陈出新的方法途径的研究。（董恩林：《论传统文献学的内涵、范围和体系诸问题》，《史学理论研究》2008年第3期）他还说，古文献的整理，不外以下五大方面的工作："一、校勘（包括辨伪与辑佚）；二、注译；三、编目；四、改编；五、典藏。"（董恩林：《论古文献编纂及其主要形式》，《史学理论研究》2012年第3期）

② 董恩林：《中国传统文献学概论》，华中师范大学出版社2008年版，"绪论"第7页。

整理、传播和利用。尤其应该注意的是，《概要》的作者具有宽宏的学术视野，如在论述"结集"问题时，《概要》赞同中古以来欧洲各国文献保存的方法，积极倡议国家设立图书馆、博物馆保存文献以备研究之用，"直至今日，交通大开，国与世界者，各以文化相见，而我国自首都以至各省都会，仍竟无一完善之图书馆，无一博物馆，无一画苑，此其为国家之奇耻大辱且勿论，而学者欲治文献，复何所凭借？"① 由此可知，《概要》尤为重视文献的传播和利用，并且强调以图书馆保存文献，这种思想契合了现代文献学的学科理念。从这一意义上说，《概要》在糅合传统文献学精华的基础上，开启了现代文献学的研究。

《概要》的出版在学界影响颇深，其文献学体例与思想对后世文献学家有潜移默化之功。作为文献学研究之翘楚，张舜徽编著的《中国文献学》（以下简称《文献学》）是继《概要》之后又一部直接以"文献学"命名的扛鼎之作。《文献学》除了继承《概要》论述的目录、版本、校勘等内容外，② 对于《概要》所特有的"翻译"和"编纂"也设立专门章节进行了论述，这在其他文献学著作中是极为少见的。对于"翻译"方面的内容，二者有惊人的相似之处，如它们均认为隋唐以前印度佛教文化与明清之后欧西科学文化对中国学术文化的发展产生了重要影响，这两个时期也是中国学者翻译整理外来典籍的重要时期。③ 对于"编纂"，《概要》设立专章详细论述了《永乐大典》等类书、《四库全书》等丛书的成书情况。《文献学》在"前人整理文献的丰硕成果"一编中通过六个方面来论述古籍的编纂，范围较为宽泛，内容也更为细化，但在他们

---

① 郑鹤声、郑鹤春：《中国文献学概要》，上海古籍出版社2001年版，第33页。

② 《中国文献学概要》和《中国文献学》在目录、版本、校勘这些问题方面，论述的角度不同、深度有别，总体上《文献学》比《概要》更全面、详尽、深入。参见赵海丽、王希平《"郑""张"中国文献学著述之比较》，《重庆交通大学学报》（社科版）2008年第3期。

③ 郑鹤声、郑鹤春：《中国文献学概要》，上海古籍出版社2001年版，第102页；张舜徽：《中国文献学》，上海古籍出版社2011年版，第147页。

的心目中，无疑都认为编纂是"与版本、目录、校勘、辨伪、辑佚等并列的一项文献整理工作"①。除此之外，《概要》和《文献学》都用较大篇幅详细论述了文献学和古籍整理的发展历史，对于文献学的基本理论及文献整理的方法相对涉及较少，这也是二者的共同之处。

## 第四节　民国时期的校雠学著作

校雠学，"研究中国古代整理文献的方法的学科"②。它是在整理古代文献的过程中而产生的学科，其本意主要是指"校正文字""订定篇次"。在中国校雠学发展史上，刘向刘歆父子首次总结了校雠规程。至宋代，出现了中国校雠学发展史上第一部理论专著——郑樵《通志·校雠略》，该书奠定了传统校雠学的理论基础。清代则形成了以传统小学为基础，包括目录、版本、校勘在内的校雠学学科体系。民国时期，传统的校雠学继承了清代学术传统，得到不断发展，涌现出诸多以校雠学③命名的著作，如胡朴安、胡道静《校雠学》、向宗鲁《校雠学》、刘咸炘《校雠述林》《续校雠通义》和《目录学》、蒋伯潜《校雠目录学纂要》、蒋元卿《校雠学史》、程千帆《校雠广义》、张舜徽《广校雠略》等。

### 一　胡朴安、胡道静《校雠学》

胡朴安（1878—1947），近现代校雠学家和文字学家。字仲明、仲民、颂明，号朴安、半边翁，以号行世，安徽泾县人。曾

---

① 董恩林：《论古文献编纂及其主要形式》，《史学理论研究》2012年第3期。

② 胡道静：《校雠学》，载《胡道静文集·古籍整理研究》，上海人民出版社2011年版，第175页。

③ 按照张舜徽的观点，校雠学即为文献学。"我国古代，无所谓文献学，而有从事于研究、整理历史文献的学者，在过去称之为校雠学家。所以校雠学无异成了文献学的别名。"（张舜徽《中国文献学》，上海古籍出版社2011年版，第3页）

先后任教于上海大学、持志大学、国民大学和群治大学等。叶楚伧任江苏省政府主席时曾聘其为江苏省民政厅厅长。胡朴安一生著述宏富，其代表作除《校雠学》外，还有《文字学 ABC》《中国训诂学史》等。

胡道静（1913—2003），古文献学家、科技史学家。为胡朴安侄儿，笔名有火焉、李诗、绵铃，安徽泾县人。著有《校雠学》《公孙龙子考》等。

《校雠学》一书为胡朴安执掌江苏省民政厅时，在历史学家何炳松的嘱托下，由胡朴安"发凡起例"、草拟纲要，侄儿胡道静"先为笔记"，在此基础上经过整理撰著而成。此书由商务印书馆 1934 年初版，胡朴安在该书序中曾述及撰述缘起：

> 余往岁掌教沪上诸大学，有古书校读法之编辑。关于校雠学一部分，虽未能畅所欲言，而大纲节目已毕具矣。侄道静从余学古书校读法，颇能明其条理而得其大要。嗣又肆力于古今校雠之著述，见闻颇富，理解亦晰。余私心极嘉许之。适何柏丞①先生以编辑校雠学相嘱，时余正长苏省民政，退食之余，发凡起例，命侄道静先为笔记，然后董而理之……虽极浅陋，然初学得此，亦可得校雠学之大概，而为读书之工具矣。②

此序言简意赅，不仅说明了《校雠学》创作之缘由，而且强调了该书是在其研习古书校读法的基础上编纂而成的，并且认为校雠学可为"读书之工具"，是学者治学的手段和基础。在此理念下，胡氏

---

① 何柏丞，即何炳松（1890—1946），近现代历史学家。字柏丞，浙江京华人。历任北京大学、北京高等师范学校教授。1924 年起任上海商务印书馆编辑、史地部主任、东方图书馆总编兼副馆长等职，其间兼任光华大学、大夏大学、国民大学教授。主编有《中国史学丛书》《教育杂志》等；著有《中古欧洲史》《近世欧洲史》《通史新义》《浙东学派溯源》等。

② 胡朴安、胡道静：《校雠学》，上海商务印书馆 1934 年版，"序"。

提出了自己对于"校雠学"理解①：

> 校雠学者，治书之学也……举凡一切治书事业，均在校雠学范围之内。掌此职者，在古为柱下史，在后世为秘书监。其一时特设者，如汉之天禄、东观，宋之崇文、中兴，清之四库馆，特延校雠家治群书也……固自校正一书，撰述叙录，迄于分别部局，靡不治之。②

这一时期，持类似观点的还有作《书目答问补正》的范希曾，他说："校雠学者，治书之学也。比勘篇籍文字同异而求其正，钩稽作述指要以见其凡，综合群书而归其类之学也。"③ 李晓明认为，胡氏关于校雠学即"治书之学"的观点是"那个时代较有代表性的观点"，它"既参照了前人的理解，又继承了传统的校雠学研究成果"，是"对校雠学最为清晰的表述"。④ 对于"治书"与"治学"的关系，胡氏也有明确的表述。他认为，治书是治学的基础，如其所言："治书与治学有别。治书之对象为书本，其目的将校理讹乱书籍，使各还其真也。治学之对象为学科，其目的将发挥某科学术，使之光大也。然治学必以书本为根据，若书本不真，所治之学必敷浅误

---

① 有人认为，民国时期对于校雠学的理解有四种：第一种观点认为校雠学等同于目录学，持此观点者为孙德谦、刘咸炘；第二种观点认为目录学统领或涵盖校雠学，在这种观点看来，校雠几乎等同于校勘，而校勘又几近校对，持此观点者为余嘉锡；第三种观点是视校雠学为治书之学，这种观点代表了一种从广义的角度理解和界定校雠学的趋势，以胡朴安、胡道静《校雠学》为代表；第四种观点是主张广义校雠学的，他们通过清理与辨析历史上有关校雠、目录、版本、校勘等争议问题，力图在实践中扩大校雠学的学科定义，代表人物是程千帆和张舜徽，前者代表作为《校雠广义》，后者代表作为《广校雠略》。参见李晓明《20世纪上半期有关校雠学定义的辨析》，《华中科技大学学报》（社会科学版）2007年第5期。

② 胡朴安、胡道静：《校雠学》，上海商务印书馆1934年版，第1页。

③ 范希曾：《校雠学杂述》，《史学杂志》1929年3月，第1卷第1期。

④ 李晓明：《20世纪上半期有关校雠学定义的辨析》，《华中科技大学学报》（社会科学版）2007年第5期。

谬。故治书乃治学之基本功夫，此不可不判也。"① 对于以治书之法治学者，胡氏认为其不在校雠学的范围之内，因为他们不是以求解古书的真相为目的，而是另有所图。对于清代乾嘉考据学者搜集西汉经师遗说，因而造成今文学复兴之势的情况，因其"非事前所可预知，抑非挟别种目的"②，因此仍在校雠学的范围之内。胡氏认为，中国校雠学的三个鼎盛时期为汉、宋、清，而以清代为最，"清代则专以治书之学胜，故言校雠者，必归于清"。因为清代学者校勘书籍，不仅"能正版本缣素之误，抑能正古人立说之误"。③ 细察胡氏上述论说，不难发现，其对于"治学"的理解失之偏颇。如果说"治书"的目的在于"求真"、恢复古书原貌，那么"治学"的目的同样是"求真"，即研究对象之"真"，而不是或者说主要不是"发挥某科学术，使之光大也"。治学只有以"求真"为目的，其所治之"学"才能经得起时代和历史的考验，成为真的学术，有用的学术，否则只能称之为"伪学"。而这种"伪学"如若仍以"学术"名之，则只能是学术的赝品或次品，随着时代的发展，终将摆脱不了被淘汰的命运。

在《校雠学》一书中，胡氏也建构了自己的校雠学体系，他将该书分为三卷，即"上卷叙论，中卷校雠学史，下卷校雠学方法"。在上卷叙论中，胡氏分别论述了校雠学之"定义"与"类别"。在中卷校雠学史中，胡氏按照朝代发展的顺序，分七篇论述了周代、两汉、魏晋南北朝、隋唐五代、两宋、元明、清代校雠学的发展状况。虽然较成系统，但却失之简略，为补其不足，近人蒋元卿以"平日抄积之史料，融会而贯通之"④，著成一部较为详细的《校雠学史》。⑤

---

① 胡朴安、胡道静：《校雠学》，上海商务印书馆1934年版，第2页。
② 胡朴安、胡道静：《校雠学》，上海商务印书馆1934年版，第2页。
③ 胡朴安、胡道静：《校雠学》，上海商务印书馆1934年版，第40页。
④ 蒋元卿：《校雠学史》，黄山书社1985年版，第13页。
⑤ 该书初由商务印书馆出版，1985年应黄山书社之邀，蒋元卿在前武昌文华图书馆专科学校藏本基础上经过补充和修正重新出版。

下卷校雠学方法，是胡氏论述的重点所在。[①] 在总结清代学者校读古书所言"十事"[②] 时，胡氏认为此十事"限于校勘学"，"可用之以分理群籍，而合理群籍之法不预也"[③]。由此可知，胡氏心目中的校勘学为校雠学的一部分。胡氏认可孙德谦[④]总结的刘向校理古书所用的二十三种方法[⑤]，"大抵校雠方法备于此矣"[⑥]。在此基础上，胡氏提出了自己的观点，他将校雠学方法归纳为六个方面，即逸书搜辑、真伪辨别、底本互勘、群籍钩稽、篇第审定、目录论次。他认为，逸书搜辑为第一步工夫，而真伪辨别、底本互勘、群籍钩稽、篇第审定为第二步工夫，第三步工夫为目录论次。胡氏所说的校雠学方法实际上已经包括了"辑佚、辨伪、版本、校勘、目录诸方面"[⑦]。

综上所述，我们不难发现，《校雠学》一书的结构具有明显的现代学术著作的"烙印"和痕迹。因为理论、历史和方法恰恰是西学影响下的现代学科构成所必备的基本要素，后来的文献学著作也大多据此展开论述。正是在胡氏等人的努力之下，校雠学这门传统学科逐渐摆脱了目录学的羁绊，在西学东渐的学术背景下得以成功地转型，向着成为一门独立学科的方向发展。因此，我

---

① 蒋元卿也有类似的认识，他说，胡氏所著《校雠学》，"虽然已有史的记载，但二君所注重者为方法，于史之方面，仍多遗漏"（蒋元卿：《校雠学史》，黄山书社1985年版，第13页）。

② 即"通训诂，一也。定句读，二也。征故实，三也。校异同，四也。订羡夺，五也。辨声假，六也。正错误，七也。援旁证，八也。辑逸文，九也。稽篇目，十也"（胡朴安、胡道静：《校雠学》，上海商务印书馆1934年版，"序"第3页）。

③ 胡朴安、胡道静：《校雠学》，上海商务印书馆1934年版，第3页。

④ 孙德谦（1869—1935），字受之，一字寿芝，一字益庵。号龙鼎山人，晚号隘堪居士，江苏苏州吴县人。其学初承清吴中学辞章治经而兼小学，通声韵训诂，后兼治子史《文史通义》。历任东吴大学、大夏大学、交通大学、国立政治大学教授。著有《太史公书义法》《汉书艺文志举例》《刘向校雠学纂微》《六朝丽指》《稷山段氏二妙年谱》《诸子要略》《诸子通考》等。

⑤ 即"备众本，订脱误，删重复，条篇目，定书名，谨篇次，析内外，待刊改，分部类，辨异同，通学术，叙源流，究得失，撮指意，撰序录，述疑似，准经义，征史传，辟旧说，增佚文，考师承，纪图卷，存别义"。详参孙德谦《刘向校雠学纂微》，四益宦癸亥（1923）本。

⑥ 胡朴安、胡道静：《校雠学》，上海商务印书馆1934年版，"序"第3页。

⑦ 李晓明：《20世纪上半期有关校雠学定义的辨析》，《华中科技大学学报》（社会科学版）2007年第5期。

们不能不为胡氏所具有的宽宏的学术视野和深刻的理论水平所深深折服。

## 二　蒋元卿《校雠学史》

蒋元卿（1905—1999），著名校雠学家、文献学家和图书馆学家。原名家相，山东海阳人，1905 年出生于青岛。少时随父母回原籍海阳念私塾，后入烟台益文学校学习。早在 20 世纪 30 年代，他就撰写了《校雠学史》和《中国图书分类之沿革》两本书，具有较高的学术造诣。

《校雠学史》成书于 1934 年，蒋氏花费了一年多的时间，三易其稿编撰而成。① 关于本书的写作动机，蒋氏有所述及，他认为中国校雠学已经有两千余年的历史，然而国内目前尚无一本记载校雠学史的著作。虽然胡朴安、胡道静叔侄合著《校雠学》一书有校雠学史的记载，但"二君所注重者为方法，于史之方面，仍多遗漏"②。为弥补这一缺憾，蒋氏"以平日抄积之史料，融会而贯通之，写成此非中非西式的《校雠学史》"。书成之后，由商务印书馆于 30 年代出版。80 年代，黄山书社以前武昌文华图书馆学专科学校藏本为底本，由蒋氏订正其中明显错误后再版。③《校雠学史》以时间为序，按朝代"用提纲挈要之方法，将许多有名之校雠学家，特别叙出"④。全书由绪论和校雠学史两部分组成，绪论分别论及校雠学、校雠学史及写作动机，校雠学史由校雠的发轫、建立、衰落、复兴、鼎盛五个阶段组成。蒋氏对中国校雠学每一阶段的发展状况进行的科学归纳和总结，使人们对中国两千余年校雠学的发展有了较为准确的把握。因此，相对于胡朴安、胡道静《校雠学》中校雠学史的论述来说，蒋

---

① 蒋元卿：《校雠学史》，黄山书社 1985 年版，"自序"第 1 页。
② 蒋元卿：《校雠学史》，黄山书社 1985 年版，第 13 页。
③ 蒋元卿：《校雠学史》，黄山书社 1985 年版，"后记"第 219 页。
④ 蒋元卿：《校雠学史》，黄山书社 1985 年版，第 13 页。

氏《校雠学史》的分析更为科学和理性。

尽管蒋氏的这部著作是对中国校雠学史的论述，但其对校雠学体系的构建也是显而易见的。在绪论部分，蒋氏对校雠之事进行了分析和论述，他说："校雠之事，常人每以为能两本勘比，记其异同，便自诩为能事，其实不然。"① 他认为，校雠学应为"治书之学"，其有广义和狭义之分，狭义的校雠学为校勘学，即"比勘篇籍文字同异而求其正"；广义的校雠学包罗甚广，举凡"搜辑图书，辨别真伪，考订误谬，厘次部居，以及于装潢保藏"等，凡与治书事业相关者，均在校雠学研究范围之内。正是基于这样的认识，他赞同范希曾《校雠学杂述》中对于校雠学的定义和论述。如果我们对比胡朴安、胡道静《校雠学》中所言，就会发现，蒋氏关于校雠学即"治书之学"的观点与胡氏不谋而合。

蒋氏认为，从校雠学发展史视角来看，最初版本、校勘、目录是三位一体的，如刘向校书，"其始则合众本以校一书，次则撮指意而为叙录，终则寻源流而别部居"。他强调，只有版本、校勘、目录三者俱备，才能称得上完备的校雠学。只是后来私家校书，全材难得，有的专记版本，有的专编书目，于是校雠学逐渐分化为校勘之学、版本之学、目录之学。"此亦时势所必然也，不能谓非整个校雠学之进步也。"也就是说，版本、校勘和目录三者逐渐独立成学，是校雠学后来发展的结果。但校雠学的本意绝不仅是比勘文字异同，还包括"钩稽作述指意""综合群籍而明其类"，最终要"由委溯源，以想见坟籍之初"。② 对于杜定友所言校雠不可以成为专学，也不可以名家的说法③，蒋氏极力反对。他指出，中国校雠学经历了漫长的发展过

---

① 蒋元卿：《校雠学史》，黄山书社 1985 年版，第 2 页。

② 蒋元卿：《校雠学史》，黄山书社 1985 年版，第 12 页。

③ 杜定友曾说："校雠之术，实为治学之法，故与书目学、目录学无所关系，且书有书之校雠，目有目之校雠，版有版之校雠，似未可以专成一学也，故校雠不可以名家，但自郑章而后，其义斯混。"［杜定友：《校雠新义》（下册），上海书店 1991 年版，第 61—62 页］

程，是我国固有的专门治书之学。他驳斥那种所谓校雠与书目、版本无关的说法，认为校雠必须合校勘、目录、版本三者，始可称为完全之学术。"虽以全材之难得而分裂，然三者仍互相因缘，皆有相通之道，并非风马牛之不相及。"①

通过上述分析，可见蒋氏所言校雠学为"治书之学"，是包括校勘、目录、版本在内的三位一体的一门学科。三者后来虽然独立成学，但仍紧密相连，共同构建起校雠学的学科体系。

### 三　向宗鲁《校雠学》

向宗鲁（1895—1941），著名校雠学家、文史学家。原名永年，学名承周，字宗鲁，四川巴县（今重庆市）人。幼读诗书，聪颖勤奋。入书院，进中学，皆因成绩优异享受奖学金，后入成都存古学堂（后为国学院）。先后在巴县小学、江北中学、武汉裕华纱厂教馆任教。1931 年执教于重庆大学，任中文系主任，并受聘于川东师范学堂、重庆联中、省二女师讲授古典文学。1935 年秋，重庆大学文、农两院并入四川大学，向宗鲁改任四川大学中文系教授。执教质朴谨严，神悟加苦学，讲授《昭明文选》可不带书本讲稿，正文全能背诵，旁征博引，不漏只字，当时文教界流传着"看史不如问宗鲁"的说法。一生校注经史子集多部，如《昭明文选》《史通》《管子》《春秋左传正义》《淮南子》《周易正义》等，另著有《文选理学权舆续补》《说苑校证》《校雠学》《〈周易疏〉校后记》《月令章句疏证叙录》等书。

《校雠学》最初为向氏 1937 年至 1940 年在川大时所写讲稿。②

---

① 蒋元卿：《校雠学史》，黄山书社 1985 年版，第 12—13 页。
② 向氏弟子王利器说："此先师在川大讲业之作也。民国二十六年秋，先师主讲川大，手创此稿，以授同门，盖自七班以至十一班，前后受业者，无虑自（百）住，莫不彬彬然动迁今故之邮，读一书即晓传其书也。"（向宗鲁：《校雠学》，上海商务印书馆 1944 年版，"赞辞"第 1 页）

正文用骈文写就，文辞雅丽，又辅以精当的自注，可谓"文言美辞，列于章句；委曲叙事，存于细书"①。向氏卒后，其弟子屈守元、王利器对其遗稿进行收集整理，《校雠学》一书遂于1944年12月由商务印书馆出版发行。《校雠学》出版后，学界好评如潮，王利器称其"义据宏深，文章尔雅，求之古人，当在《文心》《史通》之间，盖千余年来无此作矣！"②屈守元说："先生断郑章之末流，绍向歆之绝业，说言弘说，咸具于斯，所举诸例，郑重周详，罗列群言，折衷至当，实校雠之矩矱，非苟为琐碎而已。"③著名历史学家、文献学家张舜徽曾说："阅近人向宗鲁所著《校雠学》，诚不失为学有根柢之人。余虽未从奉手，而于武昌徐行可先生处聆悉其学行甚备，故亟求得其书览之……《宗郑》一篇，意思极好，所见甚正，与余不谋而同。"④2012年，国家图书馆出版社将向氏《校雠学》重新出版，同时将《〈周易疏〉校后记》⑤和《月令章句疏证叙录》⑥一并收入。《校雠学》和《月令章句疏证叙录》以商务印书馆排印本为底本，《〈周易疏〉校后记》则用原稿本。

关于《校雠学》一书的体系和结构，向氏曾自定其目为12篇：一曰"正名"，释校雠之名义；二曰"原始"，述校雠学之起源及二刘之梗概；三曰"宗郑"，取郑玄《礼注》《诗笺》之涉及校雠者以为校雠

①　向宗鲁著，陈晓莉点校：《校雠学（外二种）》，国家图书馆出版社2012年版，"点校说明"第1页。

②　向宗鲁：《校雠学》，上海商务印书馆1944年版，"序言"第1页。

③　向宗鲁：《校雠学》，上海商务印书馆1944年版，"附记"第2页。

④　张舜徽：《张舜徽壮议轩日记·入陇编》，国家图书馆出版社2010年版，第667—668页。

⑤　《〈周易疏〉校后记》为向氏1940年前后所作，当时其正在编写《校雠学》，欲论孔、贾诸疏校勘得失，遂先校勘《易疏》，成此题记。因此，此题记可补《校雠学》中《议孔》篇之阙失。《〈周易疏〉校后记》曾于1941年发表于《华西学报》，后又经屈守元先生整理，重载于《中国历史文献研究集刊》（岳麓书社1983年版，第90—99页）。

⑥　《月令章句疏证叙录》为向氏未完之遗著，今仅存《叙录》篇，《疏证》部分未着笔。该文考证翔实，论断准确，其弟子王利器曾予以高度评价："惟此稿虽仅止于叙录之部，而其抉择是非，辨章学术，举数千年依违不定之说而是正之，足以使辨者怡然心服，惑之者涣然冰释，持以语陆德明之《经典释文叙录》，固无多让也。"［向宗鲁著，陈晓莉点校《校雠学（外二种）》，国家图书馆出版社2012年版，"点校说明"第2页］

规则；四曰"评杜"，取杜预《春秋集解》之涉及校雠者论其得失；五曰"明颜"，黄门《家训》多涉及校雠，今表出之，而以颜籀《汉书注》《匡谬正俗》之涉及校雠者附焉；六曰"申陆"，取《经典释文》之论众本得失者为广申其义；七曰"议孔"，取《五经正义》之涉及校雠者，议其得失，贾公彦诸人之说附焉；八曰"择本上"，论石经；九曰"择本中"，论古抄本；十曰"择本下"，论刻本；十一曰"取材"，论类书、古注所引须慎择，以药近人窜易古书之失；十二曰"杂述"，古人及今人之从事校雠者，前目所不能有者，一并于此杂陈。① 但实际完成者仅六篇多，即为今印行者《正名》《原始》《宗郑》《明颜》《申陆》《择本上》，而《择本中》篇未成者犹三分之一②，其余五篇未曾着笔，是一部未竟之作。《校雠学》的《议孔》篇的相关内容在向氏《〈周易疏〉校后记》一文中有所体现。

关于"校雠"的含义，在《正名》篇中，向氏给予了充分的论述。他认为，在刘向、刘歆时代，"校雠"就是以"正文字"为主："昔刘向司籍，校理秘文，谓勘其上下为校，持本相对为雠。是则昔人校雠之名，本以是正文字为主。"后来，郑樵、章学诚以"辨章学术、考镜源流"为校雠学宗旨，实际上偏离了校雠学本意。向氏强调，"校雠之终"才是编制书目的开始："郑樵、章学诚之流所谓辨章学术、考镜源流者，特为甲乙簿录语其宗极，而冒尸校雠之名，翩其反矣。彼徒见向、歆之业，著于《录》《略》，而不知簿录之始，必于校雠之终。事或相资，而名不可冒。辨章学术者，校雠之余事，是正文字者，校雠之本务也。"③ 在这里，向氏不仅指出了"校雠"的本意，同时他还分析了"辨章学术"（目录）、"是正文字"（校勘）与"校雠"之间的关系。从刘向、刘歆父子校书的实践来看，

---

① 向宗鲁：《校雠学》，上海商务印书馆1944年版，"目录"第2页。
② "此篇首述钞书故实、中论倭人钞本，其末未成者，当涉及晚近所得敦煌写本也。"（向宗鲁：《校雠学》，上海商务印书馆1944年版，"目录"第2页）
③ 向宗鲁著，陈晓莉点校：《校雠学（外二种）》，国家图书馆出版社2012年版，第1页。

他们先搜集不同类型的图书"版本"，然后进行对比"校勘"，找出讹误予以修正，最后编写出"目录"以"辨章学术、考镜源流"。"版本""校勘"和"目录"三位一体，共同服务于整体的校书工作。郑樵以"校雠"之名言"编纂类例""搜求亡书"等事，因此遭到后人的讥讽，被冠以"目录家"也在情理之中。① 现代校雠学家王叔岷②在肯定郑（樵）章（学诚）学说的基础上提出了自己的看法，他说："夫囿于行墨字句之间，往往不知渊源流别，此诚有见。惟渊源流别，究非校雠之事……盖'校订字句'，其事虽小，究未可略而不论也。章氏发扬郑氏之旨，校雠之学，重在渊源流别，而轻视校订字句，或可称之为广义校雠学，然终非切实之见也。"③ 对于《汉书·艺文志序》中所言"诏光禄大夫刘向校经传、诸子、诗赋……每一书已，向辄条其篇目，撮其指意，录而奏之"，王叔岷分析说："是校（校雠）为一事，录（目录）为一事。章氏仅留意到刘向所谓'录'而忽略刘向所谓之'校'。校雠之学，有助于目录之学。'校订字句'，有助于讨论学术之'渊源流别'。舍校雠而言目录，其弊将流于华而不实。以校雠为目录，其失在疏于名义。"④ 这里的"校雠"显然是就其狭义（或说本义）而言的。综合上述所言，我们不难发现，王叔岷反复强调"校雠"与"目录"之间的关系，

---

① 如李兆洛《顾广圻墓志》云："郑渔仲辑《艺文略》，始附以校雠之名，然其所言校雠之事，惟编纂类例，搜求亡书，不音灌灌，则尚是目录家也，不与校雠事。"［原载《养一斋集》卷十一，转引自《校雠学（外二种）》，第1页］

② 王叔岷（1914—2008），历史语言学家、校雠名家，名邦濬，字叔岷，号慕庐，以字行。研究方向主要为先秦诸子、校雠学。1914年出生于简阳县（今成都市东郊洛带镇下街），1933年考入由国立成都大学、国立成都高等师范大学、公立四川大学合并的"国立四川大学"中文系，师从向宗鲁、徐中舒。后又考取北大文科研究所攻读硕士，师从傅斯年、汤用彤等，毕业后留在中央研究院历史语言研究所工作，1948年随史语所迁台。20世纪60年代后，先后在新加坡大学、台湾大学、马来西亚大学、新加坡南洋大学等校任教。主要著作有《诸子斠证》《庄子校诠》《庄学管窥》《左传考校》《先秦道法思想讲稿》《史记斠证（全五册）》《列仙传校笺》《陶渊明诗笺证稿》《钟嵘诗品笺证稿》《刘子集证》《校雠学　校雠别录》等。

③ 王叔岷：《校雠学　校雠别录》，中华书局2007年版，第2页。

④ 王叔岷：《校雠学　校雠别录》，中华书局2007年版，第3页。

认为二者不可分离，应该统一于整个校书实践中，这足以表明其对"校雠"的理解偏于广义之说。如果我们将其与向氏"辨章学术者，校雠之余事，是正文字者，校雠之本务"之说进行对比，可以发现，二者对"校雠"含义的理解是一致的，即广义的校雠包含"目录""版本"和"校勘"，狭义的校雠仅指"是正文字"的"校勘"。

为了说明"是正文字"（校勘）为校雠之"本务"，难于"辨章学术"（目录），向氏指出，"颖叔继作，《七略》乃奏。若以郑章之肤言，穷校雠之能事，则类聚群分，撮其指意，期年可毕，何以为累世之业乎！昧者或以辨章学术为难，是正文字为易，不思洛诵讹编，率由误简；寻文考义，理难遍通；空语辨章，何由质定？此韩子所由讥先王有郢书，而后世多燕说也"①。在向氏看来，《七略》作为第一部官修目录是在刘向等人校书基础上形成的。没有刘向等人经年累月的校书之功，就不可能有《七略》的"期年可毕"。后世郑、章将校雠学导向"辨章学术"的目录学，实乃本末倒置。向氏认为，"是正文字"需要严谨的思维、深厚的学养和长期的学术积淀，只有像刘向、扬雄等学识渊博之人才能够胜任，他说："惟其是正文字，精谛不够，故绵历岁时，未竟所业。颖叔继作，顾校雠之例，首重谨严；疑义阙文，焉资矫说。"② "颜黄门有言：'校定书籍，亦何容易。自刘向、扬雄，方称此职耳。观天下书未遍，不得妄下雌黄。'盖校雠之事，若斯之难也。彼踵武郑、章者，乃欲以蹈虚之业，易征实之功，显与《别录》之言相背，未尝一顾，而曰：子政之校雠固如是也。不亦悖哉！"③ 在《正名》篇末，向氏还特意附录段玉裁《与诸同志书论校书之难》再次论证自己的观点，段氏说："校书之难，非照本改字不讹不漏之难也，定其是非之难。是非有二：曰底本之是非，曰立说之是非。必先定底本之是非，而后可断其立说之是

---

① 向宗鲁著，陈晓莉点校：《校雠学（外二种）》，国家图书馆出版社2012年版，第1页。
② 向宗鲁著，陈晓莉点校：《校雠学（外二种）》，国家图书馆出版社2012年版，第7页。
③ 向宗鲁著，陈晓莉点校：《校雠学（外二种）》，国家图书馆出版社2012年版，第8页。

非。二者不分，輓轇如治丝而棼，如算之涽其法实而眢乱乃至不可理。何谓底本？著书者之稿本是也。何谓立说？著书者所言之义理是也。"由此看来，校书之难已成古今之共识。显然，这里的"校书"既包括文字方面的校勘，又包括论断义理是非的论断。由向氏的论断不难看出，其用意明显在申明前述"是正文字者，校雠之本务"之观点。

在《原始》篇中，向氏追溯了"校雠"的起源："昔闵马父称正考父校商之名《颂》十二篇于周太师，以《那》为首。"① 然后重点分析论述了刘向校书"八术"②：一曰聚本，二曰去复，三曰正讹，四曰补脱，五曰异文，六曰别义，七曰编次③。对于近人孙德谦在其专著《刘向校雠学纂微》中所述刘向校理古书的二十三种方法，向氏认为其"言多旁涉，不尽有关校雠"。"今参验子政诸书叙录，及旧辑《录》《略》，撮其指要，括以八目，至《纂微》之作，疏漏弘多，此不暇及也。"向氏认为，刘向校理群书奠定了后世校雠学的基础，与孔子删定六经同样功盖后世："规模既远，衣被无穷。春秋以来，六艺折衷于夫子；西京以降，群书删定于子政。盖异世同行矣。"章太炎曾在《定孔上》中颂扬刘歆的校书之功，向氏予以反驳，认为"校雠之规，备于子政，国师因仍父业，事非独创，舍子政而颂刘歆，非其理也"④。通过向氏对刘向校书之术的分析，我们可以大致勾勒出其心目中的校雠学体系。如果说"聚本"属于"版本学"的研究范畴，"去复、正讹、补脱、异文、别义"则可归入"校勘学"，而"编次"则是传统"目录学"的应有之义。

向氏强调，郑玄遍注群经，涉校雠事尤多，因此特设《宗郑》

① 向宗鲁著，陈晓莉点校：《校雠学（外二种）》，国家图书馆出版社2012年版，第16页。
② 《校雠学》中所述为"寻向之校书也，其述有八"，实为七种，此误。下文"括以八目"类同，亦误。
③ 向宗鲁著，陈晓莉点校：《校雠学（外二种）》，国家图书馆出版社2012年版，第18—21页。
④ 向宗鲁著，陈晓莉点校：《校雠学（外二种）》，国家图书馆出版社2012年版，第22页。

篇，他说："高密郑君，生东汉之季，资惟天纵，学无常师，遍注群经，旁及秘纬，极深研几，蔚为圣译，游夏以来，盖未有匹也……其中勘旧本之是非，纠写官之讹误，盖亦多矣。"高度评价了郑玄在校雠事业上的巨大贡献。他还说："子政校书，必聚众本，郑君亦然……《仪礼》有古文，有今文，有或本。郑君从古文则出今文于注中，从今文则出古文于注中……《礼记》传于汉师，本亦各异。郑君作注，兼存异文……后世校雠之规，略具于此矣。"① 这里向氏对郑玄治学的论述涉及校雠学中的"校勘"和"版本"，但对于"注释"②，向氏认为与校雠无关，他说："夫拟其音者，所以正其读，易其字者，所以会其通，斯二者义归故训之科，无关校雠之事。"③

综上所述，向氏在继承先贤学术成就的基础上，构建了自己的以"是正文字"为"本务"，"辨章学术"为"余事"的校雠学体系。向氏学术观点与郑、章异趣，但其《校雠学》一书的结构和体系却无疑受到章学诚《校雠通义》的影响。

#### 四　刘咸炘的校雠目录学著作

刘咸炘（1896—1932），史学家、文献学家和书法家。字鉴泉，别号宥斋，四川双流人。刘氏出生于儒学世家，曾祖父刘汝钦，祖刘沅，父刘梖文，均为蜀中知名学者。刘氏自 1916 年起先后讲学于尚友书塾、敬业学院、成都大学、四川大学。虽英年早逝，但著述甚丰，据

---

① 向宗鲁著，陈晓莉点校：《校雠学（外二种）》，国家图书馆出版社 2012 年版，第 26—29 页。

② 张舜徽称之为"注解"，把它同"抄写""翻译""考证""辨伪"和"辑佚"列为"前人整理文献的具体工作"，而"版本""校勘"和"目录"则为"整理古代文献的基础知识"。由此可知，在张氏的文献学体系中，"注解"同"版本""校勘""目录"的地位并非相同。在现有的文献学理论著述中，也有将"注解"提高到与"版本""校勘""目录"相同的地位，如：张富祥《宋代文献学研究》（上海古籍出版社 2006 年版），董恩林《中国传统文献学概论》（华中师范大学出版社 2008 年版），杨燕起、高国抗《中国历史文献学》（修订本）（北京图书馆出版社 2003 年版）；等。

③ 向宗鲁著，陈晓莉点校：《校雠学（外二种）》，国家图书馆出版社 2012 年版，第 26 页。

统计多达"二百三十一种，一千一百六十九篇，四百七十五卷，三百五十册"①。其学涉及文学、史学、哲学、诸子学、校雠学、方志学及道教等，陈寅恪、蒙文通、唐君毅等人对其学术成就推崇备至。

刘咸炘的校雠目录学著述有《续校雠通义》《校雠述林》《目录学》等。②《续校雠通义》③系以章学诚《校雠通义》为基础，发挥己意著述而成。全书分为上下两册，共十七篇。《校雠述林》分四册，共十三篇，全书的体例略显杂乱，主要收集了刘氏有关校雠学的一些零散篇章。《目录学》④共上下两编，分著录、存佚、真伪、名目、部类、别裁、互著、次第、解题、版本、校勘等十四篇，由刘氏授课用的讲义整理而成，该书为20世纪国内最早编著的目录学教材之一，⑤也是刘氏构建校雠学体系的重要著作。

在《目录学》"弁言"中，刘氏首先分析了校雠学与目录学的关系，他说："所谓目录学者，古称校雠学，以部次书籍为职……要之，目录学者，所以明书之体性与其历史者也。"⑥刘氏认为，目录

---

① 徐国光、王道相：《双流刘鉴泉先生遗书总目》，载《刘咸炘学术论集（文学讲义编）》，广西师范大学出版社2007年版，第350页。

② 王化平曾撰文对刘氏目录学成就进行研究并列举了刘氏7种目录学著作，他认为刘氏目录学著述"远不止以上七种"。根据《推十全书总目》及徐国光、王道相编撰的《双流刘鉴泉先生遗书总目》，"至少还有《旧书录》《余力录》《校雠丛录》《四库全书提要类叙》等14部"。参见王化平《刘咸炘先生目录学成就浅述》，《中华文化论坛》2009年第1期。

③ 此书撰成于1919年11月，刘咸炘时年24岁。参阅李克齐、罗体基编《系年录》，《刘咸炘学术论集（文学讲义编）》，广西师范大学出版社2007年版，第251页。

④ 此书撰成于1928年2月，刘咸炘时年33岁。参阅罗体基、王道诜、陈华鑫编《系年续录》，《刘咸炘学术论集（文学讲义编）》，广西师范大学出版社2007年版，第301—302页。刘氏在该书《弁言》中也说："戊辰二月，匆匆始事，倩徒分钞，十日稿具，仅得成书。"（刘咸炘：《刘咸炘论目录学》，上海科学技术文献出版社2008年版，第4页）

⑤ 据学者考证，刘咸炘1926年3月到成都大学预科担任历史教师，《目录学》为其在成都大学任教时的讲义，此后该书还有1928年四川大学铅印本。而杜定友的《图书目录学》最早为商务印书馆1926年版；姚名达《目录学》为商务印书馆1933年版；汪辟疆《目录学研究》为商务印书馆1934年版；余嘉锡《目录学发微》初为1930年至1948年在北京各大学讲授目录学时所编讲义，也曾以此排印，但未正式出版。参见徐有富《试论刘咸炘的成材之路》，《古籍整理研究学刊》2009年第1期。

⑥ 刘咸炘：《刘咸炘论目录学》，上海科学技术文献出版社2008年版，第3页。

学就是古代的校雠学，只是古今说法不一，其重要职能为"部次书籍"，目的是"辨章学术，考镜源流"，间或考辨"书本真伪"及"名目篇卷"。只是到了后来，目录学的功能渐趋衰微，"部次之法，亦渐失传"。在这种情况下，郑樵和章学诚重拾目录学之旨趣，从而使目录学进一步发扬光大，随后版本学和校勘学亦迅猛崛起。刘氏的这种校雠学为目录学的观点受章学诚影响颇深，如果我们看章学诚在《校雠通义》开篇所言："校雠之义，盖自刘向父子。部次条别，将以辨章学术，考镜源流，非深明于道术精微，群言得失之故者，不足与此。后世部次甲乙，记录经史者，代有其人，而求能推阐大义，条别学术异同，使人由委溯源，以想见于坟籍之初者，千百之中，不十一焉。"不难发现，刘氏观点显然承袭章氏而来。① 关于目录学与古书校读法之间的关系，刘氏认为"二名范围不同，不能相掩"。古书读校之法的目的是"通其文字，明其意旨"，而"通文字"需要"正讹补脱，必资多本，此关于目录学者也。而亦有不资。版本者，其在一字，则资于文字学、声韵学，其在字群，则资于文法学、修辞学，皆不在目录学范围中矣"。"明意旨"则需要"定体达例，必知部次，此关于目录学者也。至于事关考证，则所资者广，群学分门，各有读法。普通读书之法，则为格言理论，皆不在目录范围中矣"。他还说："由上观之，目录学固古书校读法之一，而古书校读法则不止此。"② 在这里，刘氏不仅明确了目录学与古书校读法二者的不同及其相互关系，而且指出了目录学所包含的分支学科。他认为，文字学、声韵学、文法学、修辞学及格言理论都不属于目录学的研究范畴，而涉及版本、"定体达例"、"部次"的有关问题则在目录学的研究范围之内。

　　刘氏强调，目录学为"明书之体性与其历史者"之学。因"此

　　① 刘氏"私淑"章学诚，"在史学与校雠学领域，特别是在史学理论与校雠学方法论两个方面，继承并发展了章学诚的学术思想"。参见徐有富《试论刘咸炘的成材之路》，《古籍整理研究学刊》2009 年第 1 期。
　　② 刘咸炘：《刘咸炘论目录学》，上海科学技术文献出版社 2008 年版，第 3 页。

学所究事类殊繁"，故刘氏设立十四篇目悉加论述，此十四篇目均围绕"书之体性与其历史"而作。① 著录乃为目录学题中应有之义，章学诚在《校雠通义》中已有所述，故刘氏将其放在篇首，他说："著录之事，官府则始于汉，私家则始盛于宋。""将明著录之义，先辨簿目之体。"对于明代胡应麟《经籍会通》将书目分为三种，近人周贞亮、李之鼎编《书目举要》罗列簿目十一类，刘氏不以为然，提出将书目分为四类，即总目、藏目、专目和选目。他还进一步指出，前人簿目多藏目，而总目、专目、选目则少，"故类次任意，体例不整，校雠之学，日以芜秽"。至于考订和版刻，因其与书目关系不大，故应附在上述四类之后，但其性质实与选目相近。刘氏认为，叶昌炽《藏书纪事诗》、叶德辉《书林清话》等书，是目录学理论之书，而"实非簿目也"。他还引用章学诚《乙卯札记》所言，指出隋《众经目录》"极有条理，观其分别五例，后世著录之儒，不能及也"。《众经目录》所言五例为单本、重翻、别生、疑伪、阙本。刘氏认为，"专门之目，类例必精，郑樵之论，于此而验，固不必《七略》而始能也"②。

在"存佚"篇，他说："著录者，所以保全书籍也，故必先议藏与求。"刘氏认为，在历史发展过程中，书的散佚是必然的，"书之不能无佚，势也"。有散佚必有搜求，故有郑樵之"求书八法"和祁承㸁《澹生堂藏书约》所言"三说"。他认为，文献散佚种类繁多，形式多样，不仅群书中有逸书，存书中有逸文，经、子有逸篇，即使唐人小说及六朝、唐人文集，以类书校之，亦多有遗篇零条，"在今所传本外者，此有今本原是辑成，抑或原辑本有所弃也"。③ 雕版印刷术出现之后，版本的多样化为辑佚书提供了极大便利，学者可以通过多种版本的校勘比对还原书之原貌，"书之有足本、不足本之异者，尤为不少，盖篇简有完阙，版刻有先后，初刻或

① 刘咸炘：《刘咸炘论目录学》，上海科学技术文献出版社 2008 年版，第 3 页。
② 刘咸炘：《刘咸炘论目录学》，上海科学技术文献出版社 2008 年版，第 5—8 页。
③ 刘咸炘：《刘咸炘论目录学》，上海科学技术文献出版社 2008 年版，第 24 页。

非定本，重翻或据残书，必凭多本，乃克补完"。① 刘氏还特别重视序跋在辑佚书中的作用，认为其重要性不亚于书之原文，"诸书序跋，则刻本佚脱尤多，盖宋、明一书重刻必有序跋，陈言累积，人多厌而删去。然其于版刻源流，或有序述，刊落则难稽考。至于郑氏《诗谱》之《序》、杜氏《春秋集解·后序》，《续汉书·志》刘昭《注》之《序》，宋本已多阙之，其重要不下于书文也"。② 刘氏此处所论虽为辑佚问题，但却涉及版本、校勘等方面的问题。因此，刘氏所言"存佚"既包括藏书和求书，还包括辑佚及其所涉及的校勘、版本、目录学知识。

综上所述，刘氏心目中的校雠学是在继承中国古代传统校雠思想的基础上通过借鉴西方学科分类的思想而形成的独有的思想体系。他认为校雠学即目录学，其"以部次书籍为职，而书本真伪及其名目篇卷亦归考定"，"意在辨章学术，考镜源流"。但刘氏又指出，目录学涉及范围较为广泛，举凡考订、版本、校勘、藏书、辨伪、辑佚、目录、格式、文字等均在其中。虽然这些仅为"末务"，但却是通晓目录学必须掌握的。

## 五　蒋伯潜《校雠目录学纂要》

蒋伯潜（1892—1956），文献学家、目录学家。名起龙，又名尹耕，字伯潜，以字行，浙江富阳人。1907 年考入杭州府学堂，1911年毕业后，因家境困难，在本县紫阆小学和本村美新小学任教四年。1915 年考入北京高等师范学校国文系，在校期间深受钱玄同、马叙伦等学者影响，1919 年毕业后至浙江嘉兴省立第二中学任教。以后曾先后在浙江省杭州第一中学、第一师范、女子中学，台州六中，大夏大学，无锡国专，上海市立师范专科学校，杭州师范学校等校任

---

① 刘咸炘：《刘咸炘论目录学》，上海科学技术文献出版社 2008 年版，第 24 页。
② 刘咸炘：《刘咸炘论目录学》，上海科学技术文献出版社 2008 年版，第 24—25 页。

教。蒋氏在经学文献、诸子文献及校雠目录学研究方面均有突出成就，其主要著作有《诸子与理学》《经与经学》《十三经概论》《校雠目录学纂要》《经学》《诸子学》《诸子通考》，同时编有《诸子索引》。蒋氏著作"资料翔实，考辨审慎，观点新颖"①，颇受时人及后世好评，具有重要的学术研究价值。

蒋氏出生于知识分子家庭，其父蒋建侯通文史，犹精于诸子学②。蒋氏幼承庭训，"始龀……授以《孝经》；十龄左右……授以《论》《孟》《诗》《书》《左传》，以至《仪礼》《尔雅》"。"年十三，从先师李问渠先生，受《周易》《周礼》《礼记》《公羊》《穀梁》。"③ 良好的学术氛围加之长期的刻苦训练，为其后来从事校雠学、目录学研究打下了坚实的基础。《校雠目录学纂要》是蒋氏校雠学方面的代表作，原为其应重庆正中书局之约编撰的"国学汇纂丛书"中的一部，亦为其赴西南联大中文系授课讲稿。该书初稿撰成于抗战期间蒋氏居留上海时期，1941 年太平洋战争爆发后，日军侵占上海，学校、书店等纷纷内迁。在朱自清的邀请下，蒋氏旋即携其家属前往西南联大。但在车站却遭到日本兵的搜查，其讲稿亦被查出。后经亲友营救才得以脱险，不得不回到故乡富阳避难。在富阳，蒋氏用了一年时间，重新撰写《校雠目录学纂要》一书。书稿成后，蒋氏誊抄两份，一份寄重庆正中书局，后于 1944 年出版。另一份寄朱自清先生，朱自清收到书稿后复信曰"此稿博采众搜，时多卓识，总觉大驾不能来昆，甚为学生惋惜"④。

---

① 全根先编著：《中国近现代目录学家传略》，国家图书馆出版社 2011 年版，第 232 页。

② 关于其父建侯公，蒋氏在《诸子通考》（1948 年上海正中书局初版，1984 年浙江古籍出版社再版）自序中说："《诸子通考》者，伯潜就先君子建侯公遗稿残佚，整理补编者也。全书分上、下两编，上编为《诸子人物考》，下编为《诸子著述考》。"由此可知，蒋建侯对诸子学有深入的研究。

③ 蒋伯潜：《十三经概论》，上海古籍出版社 2010 年版，"自序"第 2 页。

④ 蒋祖怡：《先严蒋伯谦传略》，载《校雠目录学纂要》，北京大学出版社 1990 年版，第180 页。

该书分上、下两编，各九章，共十八章；另有绪论三篇，附论一篇。绪论讲述校雠目录学意义及书籍略史；上编叙述了校雠编目学的历史，其中又分为官书校录、私家校录、史志目录、专门目录、宗教目录、其他特殊目录，每种目录均以时间为序按朝代依次进行说明；下编论述校雠目录学的内容，其中包括征求书本、校正文字、厘定篇章、撰述叙录、伪书鉴别、搜辑佚文、分类编目；附论探讨目录与学术史的关系。

在"绪论一"中，蒋氏首先对"校雠"二字的本义引经据典进行了梳理和分析，接下来他总结道："'校'即校勘；曰'雠校'，则指二人对校；这是分别言之。至合二字为一词，凡则校勘书籍文字篇卷之正误、衍夺、多少、错乱，无论是一人单独，或二人相对，都叫做'校雠'，这是'校雠'底本义，也是它底狭义。"① 而狭义的"目录"则是指编次某一书的篇目，或编次某一类书乃至各类书的书目而言。蒋氏认为，在古代，校雠与目录实为一体，"刘向父子领校秘书，以校勘文字篇卷始，以编次篇目及总目终，其工作从'校雠'至'目录'，实为一贯的，不可分的"② 。他认同范希曾关于校雠的论述。因此，蒋氏和范氏二人均认为，广义的"校雠"是包括狭义的"目录"在内的。蒋氏还指出，我国校书编目之业，当以刘向父子为始祖；但目录学成为一门学问，有其理论，则自宋郑樵《校雠略》、清章学诚《校雠通义》始。"我国校雠目录之业，自刘向、刘歆而始盛；校雠目录之学，则自郑樵、章学诚而始成。"③ 蒋氏还特别强调，郑樵、章学诚所论为广义的校雠学。对于目录学与校雠学之分野，蒋氏也进行了分析，他说："按'目录学'一词，王鸣盛《十七史商榷》中已见之，是清代中世，校勘学（狭义的校雠学）极端发达以后，目录学已有自广义的校雠学分化而出，自成一种学问的趋势。"

---

① 蒋伯潜：《校雠目录学纂要》，北京大学出版社 1990 年版，第 1 页。
② 蒋伯潜：《校雠目录学纂要》，北京大学出版社 1990 年版，第 3 页。
③ 蒋伯潜：《校雠目录学纂要》，北京大学出版社 1990 年版，第 80 页。

特别是近世以来，国内图书馆蜂起，目录学已与狭义的校雠学分道扬镳，蔚为大观。然近人如胡朴安、胡道静撰《校雠学》，蒋元卿撰《校雠学史》，刘咸炘撰《校雠述林》《续校雠通义》，所述仍是广义的校雠学；姚名达撰《中国目录学史》，仍列《校雠篇》。"可见'校雠'与'目录'，虽已如湘漓之分流，终不能谓为毫无关系。"①正如蒋氏所言，近世校雠学和目录学虽已分道扬镳，但二者仍有千丝万缕的联系，广义的校雠学包含狭义的目录学，广义的目录学也包含狭义的校雠学（即校勘学）。由此可见，在蒋氏的心目中，广义的"校雠""目录"包含的内容是一致的，实为名异实同。

蒋氏认为，刘向、刘歆父子为校雠目录学的不祧之祖，其校理秘书工作，约有"十端"，也就是最初校雠目录工作所包含的十个方面：校勘脱简脱字及文字之异、校正误字、厘定编次、订定书名、鉴别伪书、介绍作者、解释书名、评述内容、叙述源流、分类编目。②在继承前人研究成果的基础上，他将自己的校雠目录学工作分作三步八项：第一步为准备工作，即征求书籍；第二步属于"校勘"的本身工作及引申工作，如校正文字、厘定书篇、撰述叙录、搜辑佚书、鉴别伪书；第三步属于"编目"的本身工作，包括"书籍的分类"和"学术的论次"。但学术的论次已经涉及学术史的研究。③

在总结校雠目录学内容的基础上，蒋氏对广义校雠学的内容进行了补充说明。在蒋氏看来，广义校雠学，不仅包括"校勘"和"目录"，还应包括"版本""辑佚"和"辨伪"。这是因为，校勘必先搜集底本，而一书的版本往往不止一种，于是有研究"版本"的工作；古书多已亡佚，但类书或其他书籍注解中尚有引及，若能搜辑，或可部分恢复原书，这样就有"辑佚"的工作；古书真伪不一，应辨别全书或部分内容，于是有"辨伪"的工作。后三种工作，也和

---

① 蒋伯潜：《校雠目录学纂要》，北京大学出版社1990年版，第3页。
② 蒋伯潜：《校雠目录学纂要》，北京大学出版社1990年版，第16—18页。
③ 蒋伯潜：《校雠目录学纂要》，北京大学出版社1990年版，第82—83页。

书本有直接关系，故也是广义校雠学一部分。总之，"校雠目录学是'治书'之学，是研究学问的基本工作"①。

综上所述，不难发现，蒋氏所言的广义校雠学是包括校勘、目录、版本、辑佚和辨伪在内的"五位一体"、相互融合的"治书之学"。他的这一观点影响深远，为后来文献学理论体系的建立和完善打下了良好基础。

### 六　张舜徽《广校雠略》

张舜徽（1911—1992），现代著名历史学家和文献学家，湖南沅江县人，曾长期任职于华中师范大学。张氏长于校勘、版本、目录、声韵之学，一生完成学术著作二十四部共计八百万字，主要有《广校雠略》《积石丛稿》《中国文献学》《文献学论著辑要》等。

《广校雠略》②为张舜徽首部学术著作，在其著述中占有重要地位。该书的理念和观点为其终生恪守，"规定和影响了他后来的学术历程"③，对后来中国文献学的发展也有深远影响。④《广校雠略》的撰述基于张氏深厚的学术积累，一方面他对乾嘉诸儒情有独钟，另一方面对汉宋学术、经史子集都有广泛涉猎。在深入研究中国传统文化的基础上，张氏最终以"独宗二郑"为学术归宿。他说："舜徽少时读书，酷嗜乾嘉诸儒之学，寝馈其中者有年。其后涉猎子史，兼览宋人经说，见书渐广，始歉然不自慊，泛滥群籍，于汉宋诸儒，独宗二郑，以为康成经术，渔仲史裁，譬诸灵海乔狱，无以益其崇深。"⑤

---

① 蒋伯潜：《校雠目录学纂要》，北京大学出版社 1990 年版，第 4 页。

② 成书于 1945 年，是他庞大学术著作体系的第一部，也是 20 世纪中国文献学理论发展中的重要著作。

③ 李晓明：《〈广校雠略〉条辨》，载《张舜徽学术研究》（第 1 辑），湖北人民出版社 2005 年版，第 155 页。

④ 周国林：《张舜徽先生历史文献学成就述要》，《安徽大学学报》（哲学社会科学版）2003 年第 1 期。

⑤ 张舜徽：《广校雠略》，中华书局 1963 年版，"自序"第 1 页。

为表达其对二郑学术的尊崇，张氏还将其宅命名为"仪二郑宅"。张氏认为，郑玄作为东汉末年的经学大师，编注群经，缔造了经学的辉煌，而郑樵《通志》的史学成就同样无法逾越。虽然郑玄、郑樵治学领域不同，但他们均重视文献的整理，治学以"辨章学术，考镜源流"为宗旨，殊途同归。尤其应该注意的是，他们均有相应的目录学著作，如郑玄的《三礼目录》、郑樵的《通志·校雠略》，正如张氏所言，二郑"两家涂辙虽殊，而所以辨章学术之旨则无不同。后世经师徒服康成注《礼》笺《诗》，精审无匹，而不知其谱《诗》赞《易》、《书》，甄论六艺，叙《三礼目录》之功，为尤不可泯"①。在《广校雠略》自叙中，张氏除了表达自己的学术旨趣外，还有深切的现实关怀。他认为二郑在汉宋之末兢兢于学术之考镜源流，有其学术经世之意旨。因此他要以二郑为楷模，索求学术渊源，条别学术得失，为后学者导引治学之途，他说："叔季祸乱相仍，由学不明，士不幸而躬逢其厄，苟能考镜原流，条别得失，示学者从入之途，其于振衰起废，固贤乎空言著书。二郑起于汉、宋之末，独以此为兢兢，亦岂无微旨哉！舜徽愚驽，才识不逮古人万一，固已慕其所为而深服膺之矣。"从这里我们不难看出作为学者的张氏所具有的强烈的社会责任感，其倡导实学、反对空言的著述理念于此可见一斑。在这种理念的指引下，尽管饥寒交迫、四处逃难，但仍然醉心于"温经校史，流览百家"，经过长达十年的努力，终于"于群经传注之得失，诸史记载之异同，子集之分支派别，稍能辨其原流，明其体统"②。在此基础上，张氏后又对书稿进行多次修改和补充完善，最终编成《广校雠略》③一书。全书共五卷，十九论，一百篇。《广校

---

① 张舜徽：《广校雠略》，中华书局1963年版，"自序"第1页。
② 张舜徽：《广校雠略》，中华书局1963年版，"自序"第1页。
③ 该书著于1943年，部分内容最初曾为大学讲义。其最早版本为1945年长沙排印本，1963年有中华书局增订版，2004年收入华中师范大学出版社出版的《张舜徽集》（第一辑）合订本等。此外，20世纪七八十年代在中国港台地区有多种翻印本。

雠略》一书体例仿效郑樵《通志·校雠略》，内容则涉及著述的体例，古书的目录、版本、校勘、辨伪、辑佚和注疏，古书的传布与散亡，古文献学史等多方面。张氏关于校雠学内容的论述为后来中国文献学学科体系的建立奠定了坚实的基础，后来的中国文献学大多以此为基本框架撰述而成。尤其应该注意的是，张氏在该书最后一卷"汉唐宋清学术论"中从"史"的角度提纲挈领地论述了校雠学的起源和发展，避免了卷帙浩繁、博而寡要的赘述。仔细考究张氏《广校雠略》的体例，我们不难发现，"学术史的研究和表述在其校雠学框架体系中还占有着非常重要的地位，这和他所理解的'辨章学术，考镜源流'是一脉相承的"①。同时，将学术史纳入文献学也为张氏首创，② 张氏在其后来的《中国文献学》一书中特意设立相关章节论述校雠学史，③ 也是这一思想的贯彻与延伸。因此，张氏学宗二郑，探求学术本源是其校雠学和文献学思想的重要组成部分。

在对校雠学的构建方面，张氏独具匠心，在继承传统观点的基础上有自己独到的见解。张氏认为，校雠之学为治书之学，即他所说的"审定书籍"，这一点与胡朴安、胡道静观点有灵犀相通之处。对于先前历史上出现的目录、版本、校勘之学，张氏明确反对它们独自为学，认为它们仅为治书事业中的一项工作，应统以校雠学代之。张氏强调，目录、版本、校勘是治书事业紧密相连的三项工作，理应相辅相成。只有这样，才能发挥其最大功用。④ 为了证明其观点，张氏梳理了校雠学的起源与发展。他认为，校雠之事起源

① 李晓明：《20 世纪上半期有关校雠学定义的辨析》，《华中科技大学学报》（社会科学版）2007 年第 5 期。

② 在公开出版的文献学专著中，吴枫《中国古典文献学》也出版较早，但吴著没有涉及文献学史。参见李华斌、鲁毅《〈广校雠略〉在张舜徽学术著述中的地位》，《古籍整理研究学刊》2010 年第 2 期。

③ 即第八编"历代校雠学家整理文献的业绩"、第九编"清代考据学家整理文献的业绩"和第十编"近代学者整理文献最有贡献的人"三编。参见张舜徽《中国文献学》，中州书画社1982 年版，第 237—341 页。

④ 张舜徽：《广校雠略》，中华书局1963 年版，第 1 页。

于周宣王时宋国大夫正考父校商之名颂十二篇，最终确定了以《那》篇为首。此时虽有校雠之事，但无校雠之名。张氏认为，校雠之名起源于汉成帝时刘向等人校书秘阁，此后，校雠学作为治书事业逐渐发展壮大。他指出，自刘向校书，目录、版本、校勘就已出现并且相互融合，因此没有必要将三者分离，完全可以校雠学统领之："向每校一书，辄为一录，论其指归，辨其讹谬，随竟奏上。后又集众录，谓之《别录》，盖即后世目录解题之始。向校书时，广储副本……盖即后世致详板本之意。……然则向校雠时，留心文字讹误之是正，盖即后世校勘之权舆。由此论之，目录、板本、校勘，皆校雠家事也。但举校雠，自足该之。"① 对于校雠学的功用，张氏赞同前辈学者"辨章学术、考镜源流"的观点。后世有学者以目录学统领校雠学，张氏斥之为"大谬"。他认为，后世所谓治书事业，举其学为校雠，论其书则曰目录，他说："稽之古初，因校书而叙目录，自刘《略》、荀《簿》、王《志》、阮《录》，靡不皆然。盖举其学斯为校雠，论其书则曰目录，二者相因，犹训诂之与传注，训诂者其学也，传注者其书也。目录而可自立为学，将传注笺解义疏之流亦可别自为学乎？"② 在此后的著述中，张氏始终恪守这一基本理念，如《中国文献学》中的目录、版本、校勘，被张氏统称为"整理古代文献的基础知识"③，而不是分别称为目录学、版本学、校勘学，其原因即在于此。

对于目录学的由来，张氏也进行了认真的考究。他认为，目录二字连称，始于汉代，而"目录学"一词则最早出现于宋人文集中。对于近人所说目录学最早出现于王鸣盛《十七史商榷》这一观点，④

---

① 张舜徽：《广校雠略》，中华书局 1963 年版，第 1—2 页。
② 张舜徽：《广校雠略》，中华书局 1963 年版，第 2 页。
③ 张舜徽：《中国文献学》，上海古籍出版社 2011 年版，第 45—136 页。
④ 王鸣盛说："目录之学，学中第一紧要事，必从此问途，方能得其门而入。然此事非苦学精究，质之良师，未易明也。"参见（清）王鸣盛《十七史商榷》，上海书店出版社 2005 年版，第 1 页。

张氏予以了否认。张氏指出，清人洪亮吉《北江诗话》所称之考订、校雠、收藏、赏鉴、掠贩诸家，都以目录学家相称，但"校其所至，上者俱能校勘文字异同，审辨板片早晚耳，盖已邻于书贾之所为，难与语乎辨章学术之大"①。张氏认为，这些考订、校雠、收藏、赏鉴、掠贩诸家如"书贾之所为"，"难与语乎辨章学术之大"，是因为他们"取径窘隘"，"自远于校雠流别之义"。对于当时的这种状况，章学诚已经有所批驳，② 张氏认为他们的评论"至为明快"。在上述研究的基础上，张氏再次申明自己的观点："夷考世俗受病之由，盖原于名之不正耳。夫目录既由校雠而来，则称举大名，自足统其小号。自向、歆父子而后，惟郑樵、章学诚深通斯旨，故郑氏为书以明群书类例，章氏为书以辨学术流别，但以校雠标目，而不取目录立名，最为能见其大。"在这里，张氏力求称举校雠"大名"，盛赞郑樵、章学诚能见其"大"，反映出张氏主张会通的学术追求，这与其学宗"二郑"的治学旨趣一脉相承。仔细考究张氏的治学道路，我们不难发现，其主张通人之学、由博返约、反对狭隘的学术风格贯穿始终。他心仪司马迁、郑玄、司马光、郑樵等人的通学成就，极力表彰其通学功底，对于后世分门别户的学术风气也多次表达不满。③ 张氏提出以校雠学包举目录、版本、校勘，否定目录学存在的观点是他这部著作的主要观点。

## 七 简短的结论

通过对民国时期校雠学著述的研究，我们可以发现，校雠学为"治书之学"且强调各个组成部分之间互通的观点在较大范围内得到学者认同。但他们对校雠学体系的构建却有所不同，归纳起来，大致可分为两类：第一类主张校雠学是由目录、版本、校勘构成的，如蒋

---

① 张舜徽：《广校雠略》，中华书局 1963 年版，第 2—3 页。
② （清）章学诚：《信摭》，载《章学诚遗书》，文物出版社 1985 年版，第 367 页。
③ 张舜徽：《中国校雠学叙论》，《华中师范学院学报》（哲学社会科学版）1979 年第 1 期。

元卿《校雠学史》、向宗鲁《校雠学》、刘咸炘《目录学》、张舜徽《广校雠略》；第二类认为校雠学除包括目录、版本、校勘之外，还包括辨伪和辑佚，如胡朴安、胡道静《校雠学》、蒋伯潜《校雠目录学纂要》。

在校雠与目录、版本、校勘的关系方面，蒋元卿《校雠学史》及后来程千帆的《校雠广义》主张目录、版本、校勘三者可独立成学，而张舜徽《广校雠略》则反对这一说法。向宗鲁《校雠学》认为，在校雠学体系中，"是正文字"（校勘）为"本务"，"辨章学术"（目录）为"余事"；而刘咸炘则认为校雠学是"以部次书籍为职，而书本真伪及其名目篇卷亦归考定"，其意在"辨章学术，考镜源流"。在对校雠学和目录学关系的理解上，刘咸炘《目录学》和蒋伯潜《校雠目录学纂要》均认为校雠、目录为同一概念，校雠学即目录学，目录学也是校雠学，其他学者则不认同这一观点。

# 第 四 章

# 民国文献学的分支学科（上）

白寿彝认为，古文献学包含以下几个方面："一、目录学，二、版本学，三、校勘学，四、辑佚学，五、辨伪学。"① 根据白寿彝的观点，结合现行通论性文献学理论著述对文献学分支学科的论述，本章拟从上述五个方面进行论述。

## 第一节　目录学

在我国，目录的起源可以追溯到先秦时期，"目录之学，由来尚矣！《诗》、《书》之序，即其萌芽"②。然目录学成为一门具有近代学理的学科并逐渐从校雠学、版本学等相关学科分离出来则是 20 世纪的事情。因为这个时期目录学已经走过了科学发展的完整的历史过程，开始步入理论目录学的发展阶段。③ 它上承传统目录学，下启现代目录学，在中国目录学发展史上占有重要地位。

民国时期是中国目录学理论发展的高峰时期，这一时期目录学家人才辈出、目录学著作层出不穷。大致说来，主要有容肇祖《中国目录学引论》、杜定友《校雠新义》、余嘉锡《目录学发微》、刘纪泽

---

① 白寿彝：《谈历史文献学——谈史学遗产答客问之二》，《史学史研究》1981 年第 2 期。
② 余嘉锡：《目录学发微》，中国人民大学出版社 2010 年版，第 3 页。
③ 彭斐章、乔好勤、陈传夫：《目录学》，武汉大学出版社 2003 年版，"前言"第 1 页。

《目录学概论》、姚名达《目录学》和《中国目录学史》等。除此之外，还有刘异《目录学》、汪辟疆《目录学研究》、毛坤《目录学通论》、周贞亮《目录学》等。这些目录学著作在目录学学科理念的深化、中国目录学史的研究、图书分类与编目方法的传承与创新、专科目录学的发展等方面推动了民国目录学的研究，为中国目录学的发展做出了重要贡献。

## 一　目录学学科理念的深化

民国时期，在西方目录学学科理念的指引下，学者们以中国传统目录学的理论和实践为基础，深入研究目录学的相关理论，编纂了一批有影响力的目录学著作，如姚名达《目录学》、杜定友《校雠新义》等，有力推进了目录学学科理念的深化。

### （一）姚名达《目录学》中的学科理念

姚名达（1905—1942），著名史学家、目录学家，"史理学"创始人。字达人，号显微，江西兴国县人。1928 年毕业于清华国学研究院，1929 年 3 月南下上海，先后任职于商务印书馆、暨南大学、复旦大学等机构。1934—1937 年任复旦大学历史研究法教授，抗日战争期间在与日寇搏斗中英勇牺牲。其主要著作有《目录学》《中国目录学史》《中国目录学年表》《历史研究法》及程颐、刘宗周、朱筠等人年谱，为我国现代目录学和史学研究做出了卓越的贡献。

《目录学》初版于 1933 年，分原理、历史、方法三编，共二十章。原理编探讨了目录的种类、派别，目录学的定义、目的、功用、派别，目录学与图书馆及各种科学的关系；历史编探讨了目录的演变、佛经及道藏目录、西学东渐时期的目录、目录学的起源、目录学的发展趋势、目录学家及目录学年表；方法编探讨了分类与编目的方法与规则、如何标题及检字法的进步等问题。相较其他目录学著作来说，内容比较系统全面。在《目录学》一书中，姚氏论述了目录与校雠、目录学与校雠学之间的关系，他认为，目录是校雠的派生物，目录学是从校雠学中分离出来的，目录学家必须重视传统目录学"辨章学术、考镜源流"的优良传统。因此，在批评乾嘉目录学家之后，姚氏对当时目录学的状况也表达了自己的不满，他说："时至今日，所谓'目录学'，又变了一个样式，不但不注意'渊源流别'，而且不注意'行墨字句'，只是'部次甲乙，著录名目'，亦居然叫做目录学，假使章学诚至今尚在，他的惊怪抨击更不知像什么样子了。"① 他认为目录学应该"能够领导一切学术向新的未来世界前进"，并且指出"这是我们的主要任务"。② 在这里，我们不难看出，姚氏对西方目录学的理论与方法并非完全接受，他的目录学体系的立足点仍在中国传统目录学方面。

姚氏认为，在中西文化交流融合的时代背景下，学习研治目录学需要多方面的知识，他说："自从西洋文化传入中国后，中土凭空地生出了许多非本有的学问，设今人治目录学者对于新兴的学科贸然不加注意，仍然颠倒于经、史、子、集四部中，则一生一世不能发现新事物，不能跳出古人已做好的圈中。因此，在现在研究目录学，舍古人已经指示出的途径外，尚须自己找途径；舍明了百科的初步知识外，尚须明了几种与目录学有关的补助科学，及应该研究的几种基本知识。"③ 姚氏强调，目录学的"基本知识"包括：校雠学、图书馆学、书史学、书志学和书目学。姚氏所理解的校雠学有狭义和广义之分，狭义的校雠指的是校勘，广义的校雠除比勘文字异同外，还包括"搜集图书，辨别真伪，考订误谬，厘次部类等等手续在内"。④ 目录学是广义校雠学的一部分而与狭义的校雠学并列。目录学研究何以需要校雠学的知识？对此，姚氏也进行了解释，他说，目录学最重要的一步工作就是分类编目，古今中外，概莫能外，可以说，分类

---

① 姚名达：《目录学》，上海商务印书馆 1933 年版，第 8 页。
② 姚名达：《目录学》，上海商务印书馆 1933 年版，第 11 页。
③ 姚名达：《目录学》，上海商务印书馆 1933 年版，第 28 页。
④ 姚名达：《目录学》，上海商务印书馆 1933 年版，第 28 页。

编目是目录学的灵魂所在。在分类编目的过程中，对于著者生平、版本好坏、叙录等的写作都需要校雠学的知识。对于图书馆学，姚氏认为在中国古代，目录学就是图书馆学，因为中国过去没有图书馆。而现代图书馆学则是指一切有关图书馆的学科，目录学自然便成为图书馆学的一部分。

对于目录学与书史学（literary history）、书志学（bibliography）、书目学（catalogue）的关系，姚氏认为，此四者，过去常常被人混而为一，如郑樵所谓"人守其学，学守其书，书守其类"、章学诚所说"即类求书，因书究学"等等都是这个意思，没有完全区分四者之间的关系。姚氏强调，目录学虽然包括书史书志书目的一部分，但在现代学科分野下，终归有不同之处。这四者研究的对象虽同为"书"，但其功用宗旨则不相同。"书史"是研究学术的发展，讨论著者的意思。"书志"是泛录书籍的目录，记载图书的历史或表著图书的内容，它并不限定于一家一室之藏书。而"书目"则是记录某处所藏之书。为了更好地区分三者的不同，他还引用了福开森（J. Ferguson）① 的一段话予以说明："书目者，列举一实地图书馆或藏书的内容，而并不计及藏书的多少。书志则凡世上所有的某种书籍均记述之，不论其藏于何处，余出书籍本身的特点外，并纪及其内容。书史则讨论从来关于某问题的著作，推究著者同其所发表的意见，而并不讨论其所赖以表现的书籍。"② 姚氏认为，目录学中的篇目和叙录如若分开则变成书志和书目，合则成为目录学，如《阅藏知津》可说是书

---

① 福开森（John Calvin Ferguson，1866—1945），美国教育家，文物专家，慈善家，社会活动家。加拿大安大略省人，1886 年毕业于美国波士顿大学，获文学学士学位（1902 年获哲学博士学位）。1886 年来华，先在镇江习华语，次年到南京。1888 年在南京干河沿创办汇文书院（1910 年与宏育书院合并为金陵大学，1952 年并入南京大学），福开森任首任院长。1896 年出任南洋公学（即上海交通大学、西安交通大学前身）监院。他先后在上海创办《新闻报》《英文时报》《亚洲文荟》。后居北京，专门研究中国文化，且著书立说，专论中国艺术品和古代文物。1934 年，福开森将全部个人收藏（多为名贵文物）捐赠给金陵大学，现保存于南京大学考古与艺术博物馆。福开森在华 57 年，对中国社会颇具影响，对中西文化交流卓有贡献。

② 转引自姚名达《目录学》，上海商务印书馆 1933 年版，第 30 页。

志，《商务印书馆图书汇报》可说是书目，而刘向《七略》、班固《汉书·艺文志》其中则包括书史的一部分。因此，目录学是"综合的艺术"，后三者则是"分析的艺术"。① 综上所述，我们不难发现，姚氏心目中目录学的基本知识既包括中国传统的校雠学，又包括西方现代的图书馆学，还包括中西皆有的书目学、书志学、书史学等内容。因此其目录学的内涵较为庞大且带有"中西合璧"的意味。

姚氏所说的目录学的辅助科学即"与目录学成立有关系的几种科学"，主要有论理学、历史学和检字法。论理学就是逻辑，其最大的功用就是训练我们的思维，使之系统化、科学化，亦即使我们的思维有组织的能力，有分析的能力。就作为目录学重要内容的编目来说，尤其不要前后矛盾，每一部书都要归入它的"绝对位置"，这就需要逻辑学的系统训练，中国一向有目录的知识却没有目录学也是因为这一方面的缺失。对历史学，姚氏认为，其最大的特点是给人以进化和演变的观念，并且告诉人们事物之间的因果关系。而目录学在讨论分目的标准与规程时，就必须了解历史观念的变化。例如，从"六艺"变为"七略"，从"七略"变为"四部"，若不能理解历史观念的变化，就不能明了这些变迁的因果关系。又如，在写作叙录时，若不知道著者当时的时代背景及当时人们的思想观念，叙录的写作就无从下手。因此，历史学对于目录学的成立与发展，作用极大。历史学成为目录学的辅助科学除以上原因之外，还在于目录学为文化史的一部分。所谓目录学的演变，实无异于人类知识的演变。而人类知识的演变，与当时种种文化的丕变又互为因果。因此，研治目录学者必须了解文化史演变的相关知识。其他如印刷术的进步，对于目录学的发达，关系亦是非常密切。因此历史学成为目录学的辅助科学亦在情理之中。检字法，姚氏认为它的成立，"只是在中国字的领域

---

① 姚名达：《目录学》，上海商务印书馆1933年版，第32页。

内"。对于中国人来说，它"不失为一重要的知识"①。中国字因为其组织法的特殊，始终没有一定的排列法。但近年来，关于检字法的研究日趋增多。对于目录学来说，检字法显得尤为重要。因为对于著者目录、书名目录等，如果没有适当的检字法，检索便尤为麻烦。因此，检字法作为目录学的辅助科学也是必不可少的。

除以上外，姚氏还有所谓"目录学有关的科学"，"该种科学在讨论目录学中应被吾人注意到，但既非目录学的基本知识，亦非目录学的辅助科学，只是有关联的科学而已，如同社会学之与心理学的关系一样"。②姚氏认为与目录学有关的科学是教育学、语文学与考证学。教育学与目录学关系密切是因为二者宗旨有相通之处。因为好的目录不仅要告诉读者某书在何处，某类有何书，并且要告诉读者，某种学术应该读什么书，某种书籍是否值得读，在这方面就与教育学的宗旨相同。如果说图书馆是社会教育的一部分，那么目录学则是使图书馆变为社会教育场所的一种原动力。因此，在研究目录学时，应随时注意教育学的发展。语文学，姚氏认为其对目录学的研究也是非常重要的。他说："在机械能力缩短人类时间观念与空间观念的现在，只懂本国文字已不能研究任何学术了。目录学虽系中国本有的学问，但自西洋文化传入后，其内涵已经有了显明的变动，何况东西文化在极度交输的今日，如不明了两三种外国文，又何从而编目？又何从而分类？至于字母的排列等等，又均是语文学上的问题。因此，研究目录学，对于语文学亦须加以精当的研究。"③他还指出，虽然外国文是编制目录时所必须有的知识，但因为与目录学的成立没有直接的联系，只是目录学的一种工具，因此没有把它列为目录学的辅助科学。考证学与目录学的关系更是显而易见，如在编目时对于著者的考证，对于著者所处时代的考证，都需要这方面的知识，否则将会遗患无

① 姚名达：《目录学》，上海商务印书馆1933年版，第34页。
② 姚名达：《目录学》，上海商务印书馆1933年版，第34—35页。
③ 姚名达：《目录学》，上海商务印书馆1933年版，第35—36页。

穷。对于这点，姚氏特别推荐姚际恒的《古今伪书考》和日本人岛田翰①的《古文旧书考》两本著作。

综上所述，姚氏关于目录学辅助科学及相关科学的分析细致入微，有理有据，为后来研治目录学者提供了一条捷径。在中西文化交流的时代背景下，姚氏将目录学研究置于国际化的学术背景下进行分析，充分展示了姚氏所具有的宏阔的学术视野及与时俱进的学术姿态，所有这些都使其成为后来目录学家学习的榜样。

（二）杜定友《校雠新义》中的学科理念

20世纪初，在西学东渐的大潮中，中国的"公共图书馆运动"和"新图书馆运动"如火如荼，一批青年学子先后赴英、美、日及南洋诸国专修目录学及图书馆学。学成归国后，他们积极宣传国外图书馆学的理论及方法，创办图书馆学科。同时国外图书馆的开放思想和服务理念也逐渐被国人认可。在这些学者中，杜定友是其中颇具代表性的一位。

杜定友（1898—1967），广东南海人，近代著名图书馆学家，在中国图书馆学发展史上占有重要地位。他在图书馆学、目录学、分类学、索引学诸多领域都做出了杰出的贡献。杜氏早年曾赴菲律宾大学学习图书馆学，回国后历任上海、广东等省（市）的高校图书馆馆长及广州市图书馆馆长。杜氏热心培育图书馆专业人才，积极从事图书馆学教育工作。20世纪20年代先后创立了广东省图书馆管理员养成所和上海国民大学图书馆学系。此外，还在广州、南京等地讲授图书馆学课程。在图书馆学界，杜氏与刘国钧、皮高品齐名，素有"南杜北刘中皮"之称，有人称其为"中国图书馆史五个第一的创造者"②。杜氏生

---

① 岛田翰（1829—1870），字彦桢，日本明治时期著名的汉学家，其父为当时日本著名汉学家。彦桢自幼受父亲熏陶，对中国文化怀有浓厚的兴趣。后师以汉学家竹添中井，从事于宫内图书寮，负责所藏宋元古版本、明代善本和日本古写本的调查研究。所著《古文旧书考》《丽宋楼藏书源流考》在中国颇有盛誉，曾促成归安陆氏丽宋楼贩于日本静嘉堂。

② 在广州创办了我国第一所图书馆专业训练班，在上海创办了我国第一份图书馆专业刊物，在上海主办全国第一次图书馆展览会，在上海开办了我国第一家中国图书馆服务社；在广东省图书馆第一个试行部分书刊开架，为图书馆开架借阅带了个好头。参见王晓麟编著《走进图书馆殿堂》，西南交通大学出版社2012年版，第49页。

平著述颇丰，仅图书分类学的著作就达40多种200多万字，① 主要有《校雠新义》《图书目录学》《图书分类法》等。

《校雠新义》是杜氏以"校雠"命名的目录学著作。该书1930年由中华书局初版，1991年上海书店据中华书局本影印再版。该书仿章学诚《校雠通义》体例，分为十个标目：类例第一；四库第二；经部第三；史部第四；子部第五；集部第六；编次第七；书目第八；藏书第九；校雠第十。每标目之下设若干子标题，共八十六个。作为我国近代图书馆事业的开拓者，杜氏在该书中分析了我国目录学发展的历史与现状。他认为，目录是典籍发展过程中必然出现的现象，刘向部次图书开启了我国目录发展的历史，"上古结绳而治，书契蔑然。周室而还，坟典略备，历代官守学业不出六艺之门，故刘向部次，先叙六艺而及诸子，将以辨章学术，考镜源流，是为目录之始"②。随着图书典籍的增多，相关目录书目也越来越多，"至清之四库总目集图书之大成，天禄琳琅极版目之大观，官家目录无代蔑有。至私家撰述，其最著者有尤袤《遂初堂书目》，陈振孙《直斋书录解题》……近人叶德辉有《观古堂书目》，连篇累牍，更仆难数"③。杜氏强调，虽然我国历史上有众多的官家目录和私家目录，却没有总结目录学成败得失的理论著述，"第校雠之司，未闻其法"。在这种情况下，郑樵撰写《通志》专辟《校雠略》以论目录学之得失，表现出了极大的开拓精神。但郑樵的相关评论却失之偏颇，明代焦竑撰《纠谬》篇进行了纠正。后章学诚在集中各家观点的基础上撰写了《校雠通义》，但仍然囿于门户之见，未能对我国目录学发展的成败得失进行深入分析，"惟于班氏之论，过为贬驳，有失古人之心。明焦竑撰《国史经籍志纠谬》一卷，亦多所论列。清儒章学诚乃折中诸家，作《校雠通义》，究其原委，勒成一家。然仍不免于门户之

①　白国应：《杜定友图书分类思想的发展》，《晋图学刊》2000年第4期。
②　杜定友：《校雠新义》，上海书店1991年版，据中华书局版影印，"自叙"。
③　杜定友：《校雠新义》，上海书店1991年版，据中华书局版影印，"自叙"。

见，是非得失未能厘"①。综上可知，杜氏对我国传统目录学采取了积极的批判态度。那么，如何解决中国传统目录学的弊端？杜氏认为必须结合西方目录学的理论与方法对中国目录学进行改造，"近来欧化东渐，图书之学成为专门，取其成法融会而贯通之"，并且强调这是"我国言校雠者之责"。② 基于此理念，杜氏以"述而不作"为撰述宗旨，编成《校雠新义》十卷。从全书来看，虽然体例仿效章学诚《校雠通义》，但国外图书馆学和目录学的理论与方法却是其精神内核，即所谓的"旧瓶装新酒"。将自己留学所学图书馆专业发扬光大，以此带动中国图书馆事业的发展，是杜氏毕生的心愿，为此先生殚精竭虑，用心良苦。其以"校雠学"之名，推行"图书馆学"之实确也是无奈之举。③ 众所周知，中国古代校雠图书，其最终归结于藏，"盖由出版而校勘，由校勘而目录，由目录而典藏"④，藏书楼的功能重在保存图书。国外近代图书馆学的理念则重在"致用"，强调图书的出借和流通，更好地为读者服务。因此为图书分类、方便读者检索和借阅便成为杜氏撰写《校雠新义》的重点。该书设立多个篇目论述目录学的内容，如"类例""编次""书目"。在"类例"篇中，杜氏强调了图书分类的重要性，他说："自来部次图书，首重类例。类例者，犹今之分类也。良以图书典籍浩如烟海，非部次州居无以见其统系……欲明天者，在于明推步；欲明地者，在于明远迩；欲明书者，在于明类例。类例不明，图书失纪有自来矣，类例之要可以

---

① 杜定友：《校雠新义》，上海书店 1991 年版，据中华书局版影印，"自叙"。

② 杜定友：《校雠新义》，上海书店 1991 年版，据中华书局版影印，"自叙"。

③ 后来杜氏曾自述其写作动机，他说："当时国内的图书馆情况就是这样，各大图书馆都在顽固派的'文人'手里，我们要提倡新图书馆学，非要扫除思想障碍不可。'不破不立'，我就从粉碎旧目录学入手，企图动摇其根基，灌输新图书馆学。于是写了一部《校雠新义》，凡十万言，仿'太史公'笔法，'之乎者也'故意弄得'佶屈难懂'，不加标点符号，不用新式术语，版式装帧古香古色，使放在案头，'老先生'不觉得讨厌，'以邀青睐'。只要他们翻开来看，则越看越冒火，越气越要看。如果对旧目录学的体系发生一点动摇作用，对新图书馆学略窥门径，则我的目的就达到了。"（杜定友：《广东图书馆新旧之争》，载《杜定友文集·二一》，广东教育出版社 2012 年版，第 666—667 页）

④ 程千帆、徐有富：《校雠广义·目录编》，齐鲁书社 1988 年版，第 6 页。

知之矣。"① 他以药石寒热比喻图书分类，"图书之不分类者，犹药石寒热之不分也。以寒热不分之药石治病，以类例不明之部别治书，其不失者几希矣"②。对于古今目录之不同，杜氏也进行了比较分析，他说："古之言类例者，于辨章学术三致意焉，而于图书之应用，未尝及也。夫古之藏书，重于典守。今之藏书，重于致用，势所然也。类例不分，则图书散乱，图书散乱，则无以致用，故今之分类所以求图书之便于应用而已。"③ 既然图书的分类是为了"致用"，为了更好地"求图书之便于应用"，杜氏认为，分类务求详细，因此专设"分类宜详论"篇，他说："学术之苟且，由源流之不分；书籍之散亡，由编次之无纪。《易》虽一书，而有十六种学，有传学，有注学，有章句学，有图学，有数学，有谶纬学，安得总言《易》类乎？"④

在《藏书》篇中，杜氏论述了图书公开与流通的重要性。他说："藏书而不流通，犹藏石矣。"⑤ "流通之义，古已明矣。至汉灵帝立石经于太学，实为图书公开与流通之始。"⑥ "古之藏书，亦以公开流通为美。"⑦ 杜氏认为，在印刷术发明之前，由于古书较少，搜集图书比较困难，因此藏书家对其藏书注重保存也在情理之中。随着印刷术的发明和推广，图书流通的范围越来越广，搜集图书也较为容易。在这种情况下，若仍不能将所藏书籍公之于世，只能讥其吝惜可笑。当然了，对于较少的古籍善本仍有必要恪守保存勿借的原则，这样做也是尊崇文献的需要。对于一般的文献，大可没有必要视为珍秘。他认为图书出借和流通是现代图书馆与古代藏书楼的区别所在，"古无图书馆之设，故藏书之家视为珍秘，居今

---

① 杜定友：《校雠新义》（上册），上海书店 1991 年版，据中华书局版影印，第 1 页。
② 杜定友：《校雠新义》（上册），上海书店 1991 年版，据中华书局版影印，第 2 页。
③ 杜定友：《校雠新义》（上册），上海书店 1991 年版，据中华书局版影印，第 2 页。
④ 杜定友：《校雠新义》（上册），上海书店 1991 年版，据中华书局版影印，第 10 页。
⑤ 杜定友：《校雠新义》（下册），上海书店 1991 年版，据中华书局版影印，第 56 页。
⑥ 杜定友：《校雠新义》（下册），上海书店 1991 年版，据中华书局版影印，第 57 页。
⑦ 杜定友：《校雠新义》（下册），上海书店 1991 年版，据中华书局版影印，第 57 页。

之世，犹不能以书籍公诸于世者，其吝惜亦可笑矣。夫借出之书，其散失为不可避免之事，但吾人亦未可因噎废食，其法在乎出纳手续之缜密，章程限制之完备，初不必因有所散失而摒拒不借也。盖吾人读书未能一日一时而尽之，即能开放而不能借出，于学者容有未便，故现代之图书馆无不以借书为原则。借书手续不妨严密，但书籍不可不借，此现代图书馆与藏书楼之目的背道而驰。是故办理藏书楼与办理图书馆之方法不可同日语也"①。杜氏强调，现代图书馆除了保存文献的功能，还担负有提高全社会的文化教育水平的职责，因此图书馆藏书必须能够出借以满足全社会成员的需求。他说："抑犹有进者，学无止境。吾人终身为学，不过沧海一勺。而学校教育又诸多限制。至半途失学或已卒业者，不得不赖图书馆以继续其学问，然后可以博考旁通，与日俱进，故图书馆之职责非独保存文献，且须以其所藏供诸好学，负有指导社会提高教育程度之重责，岂徒以保守为能事哉？故古之藏书，株守封固原不足怪，而今之办图书馆者泥古不化乃足怪矣。"② 杜氏认为，中国古代由于出版印刷不发达，故藏书较少，收藏编目之法也较为简略。倘若以昔日藏书编目之法而治今日之图书馆，"则诚不识时务者矣"③。

该书最后一篇为"校雠"，在该篇中，杜氏提出了自己对于"校雠学"的理解："校雠之学，代有渊源，流义亦广……校雠之术，实为治学之法，故与书目学目录学无所关系，且书有书之校雠，目有目之校雠，版有版之校雠，似未可以专成一学也，故校雠不可以名家，但自郑章而后，其义斯混。兹编仍用旧名，实则未为可也。"④ 在这里，杜氏认为校雠仅是一种治学方法，与书目学目录学迥然有别，不可以视为专学。不难看出，杜氏心目中的"校雠"实为"校勘"，其

---

①　杜定友：《校雠新义》（下册），上海书店 1991 年版，据中华书局版影印，第 58 页。

②　杜定友：《校雠新义》（下册），上海书店 1991 年版，据中华书局版影印，第 58 页。

③　杜定友：《校雠新义》（下册），上海书店 1991 年版，据中华书局版影印，第 60 页。

④　杜定友：《校雠新义》（下册），上海书店 1991 年版，据中华书局版影印，第 61—62 页。

定义大大缩小了"校雠学"的内涵与外延。之所以如此，主要是为了提高目录学的地位，大力引进西方图书馆学和目录学的理论与方法，正如其所言："新义之篇，原欲条其流别，使阅者可以沿涂以进，然后学有专门，则我国目录之学，庶有继起而光大之者乎！"①因此，该书名为"校雠"，实为"以目录学为基本内容，兼及藏书和校雠"②的目录学著作。

综上所述，《校雠新义》以西方目录学为参照，对中国传统目录学进行了深入批判，其中"颇多精微之处"③，其思想也被后世不断继承和发展。正是在杜氏等人的努力之下，中国的目录学和图书馆学研究进入了一个新的发展阶段。

## 二 中国目录学史的研究

中国目录学的发展历史源远流长，民国时期，对中国目录学史的研究也有了较大推进，出现了总结中国目录学发展成就的理论著述，如余嘉锡④《目录学发微》、刘纪泽⑤《目录学概论》⑥、汪辟疆《目

---

① 杜定友：《校雠新义》（下册），上海书店 1991 年版，据中华书局版影印，第 66 页。

② 李晓明：《20 世纪上半期有关校雠学定义的辨析》，《华中科技大学学报》（社会科学版）2007 年第 5 期。

③ 王国强：《20 世纪 30 年代中国目录学的历史地位》，《图书与情报》2000 年第 1 期。

④ 余嘉锡（1883—1955），字季豫，号狷庵，湖南常德人。著名目录学家、古文献学家、语言文学专家。清末举人，任吏部文选司主事。1927 年后在辅仁大学、北京大学等高校任教，主讲目录学。1931 年任辅仁大学教授兼国文系主任，1942 年兼辅仁大学文学院院长。其主要著作还有《目录学发微》《古书通例》《世说新语笺疏》等。

⑤ 刘纪泽（1901—1960），字平山，江苏盐城人。目录学家。1925 年考入清华大学国学研究院，学习中国传统文献学，师从于梁启超和王国维等人。清华大学毕业后，刘氏先后任职于厦门集美国学专科学校、上海暨南大学、大夏大学、安徽大学、中央大学、河南师范学院等。曾讲授目录学、校勘学、训诂学、古书校读法、史籍考、中国文化史、《史通》及《文史通义》研究等课程。刘氏平生著述颇丰，仅目录学、版本学、校勘学方面的著述就达二十余种，其中《目录学概论》影响最大，是刘氏的成名之作。关于刘纪泽的生卒年月有两说，一为 1901—1960 说（秋枫：《目录学家刘纪泽》，《江苏图书馆学报》1986 年第 4 期；申少春：《中国近现代目录学史》，中国致公出版社 2001 年版，第 221 页）；二为 1897—1957 说（王国强：《20 世纪 30 年代中国目录学的历史地位》，《图书与情报》2000 年第 1 期），本章依第一种说法。

⑥ 该书最初由暨南大学、安徽大学于 1928 年、1930 年两次排印，1930 年由上海中华书局出版发行，1958 年台湾中华书局再次排印出版。

录学研究》和姚名达《中国目录学史》中的相关论述。

（一）传统目录学理论的归纳总结

余嘉锡《目录学发微》是20世纪三四十年代在北京各大学主讲目录学课程时的讲义。余氏认为目录学要以"能叙学术源流者为正宗"，以此思想为指导，《目录学发微》对传统目录学的意义及功用、目录类例之沿革等问题做了详尽的探讨，被杨树达誉为"透辟精审"之作。在该书中，余氏指出了中国传统学术的弊端所在，"素乏系统，且不注意于工具之述作""有目录之学，有目录之书，而无治目录学之书"，洵为至言。余氏认为，既然目录学已经发展成为独立的学问，那么就应该在目录学的"源流派别""体制""方法"等方面进行深入的研究，使后来治目录学者有"成轨可循"。① 由此可见，余氏极为重视治学方法在学术研究中的重要作用并且指出作为传统学术的目录学研究所应该包含的内容。余氏认为，目录学必须在目录学理论、方法、历史等方面进行深入研究，这种理念也被后来的目录学家和目录学著作继承和借鉴。因此，余氏对中国古典目录学尤其是对目录学史的研究，功不可没。

在《目录学发微》一书中，余氏从古代目录书的体制上，总结古代目录学史的成就。他将历史上的目录书归纳为三类，第一类是"部类之后有小序，书名之下有解题者"，第二类是"有小序而无解题者"，第三类是"小序解题并无，只著书名者"。② 他认为，三类目录书虽然主张不同，但对于编目之宗旨，"必求足以考见学术之源流，则无异议"。正是在余氏的坚持和努力之下，中国传统目录学的优良传统得以继承和不断发扬光大。在此基础上，他将目录之书的体制也概括为三个方面，即篇目、叙录和解题。他强调篇目可以"考一书之源流"，叙录可以"考一人之源流"，而小序则可以"考一家

---

① 余嘉锡：《目录学发微》，中国人民大学出版社2010年版，第3—4页。
② 余嘉锡：《目录学发微》，中国人民大学出版社2010年版，第4页。

之源流"，"三者亦相为出入，要之皆辨章学术也"。①

篇目之体，乃条别全书，著其某篇第几。对于篇目的作用，余氏也进行了分析。第一，众所周知，古之经典，书于简策，以篇名之。因简策厚重，不能过多，故一书分为若干篇，则各为之名，题之篇首，以为识别。后缣帛盛行，易篇为卷，一卷容纳数篇。刻版印刷出现之后，书册装而为本，一本所容，当古数卷。书写载体变化，使篇、卷互为混淆。加之后来刻书注书者，以册之厚薄，随意分和，于是就会出现原本为完整之书却因卷数较少而疑其散亡者，原本为真书因卷数较多而疑其为依托者的情况。余氏认为，若后人著录能载其篇目，则可以按图索骥，不致聚讼纷纭。第二，对于蕴含古书意义之篇目，虽有亡佚，可以它书窥见文中之大意，书虽亡而不亡也。第三，目录皆著篇目，便于检索，避免文义混乱。第四，以篇目考古书之真伪，其功用尤为明显。②

何为叙录？余氏认为，"叙录之体，源于书叙，体制略如列传，与司马迁、扬雄自叙大抵相同。其先淮南王安作《离骚传叙》，已用此体矣"③。叙录的主要功能为考作者之行事、时代、学术。

小序又称"条例""类例"。余氏认为，"小序之体，所以辨章学术之得失也"④。刘歆《辑略》为小序发凡起例之作，其旨在评论各家之源流利弊。因此，相对于叙录来说，小序的撰写尤为困难，"盖目录之书莫难于叙录，而小序则尤难之难者"⑤。余氏认为，叙录为"记注之事"，谋篇行文，皆有法度。小序为"撰述之事"，不可设为一成之例，以为后世之准则。⑥

余氏强调，除上述篇目、叙录和小序之外，宋代以后目录书中尚

---

① 余嘉锡：《目录学发微》，中国人民大学出版社 2010 年版，第 30 页。
② 余嘉锡：《目录学发微》，中国人民大学出版社 2010 年版，第 34—37 页。
③ 余嘉锡：《目录学发微》，中国人民大学出版社 2010 年版，第 38 页。
④ 余嘉锡：《目录学发微》，中国人民大学出版社 2010 年版，第 60 页。
⑤ 余嘉锡：《目录学发微》，中国人民大学出版社 2010 年版，第 65 页。
⑥ 余嘉锡：《目录学发微》，中国人民大学出版社 2010 年版，第 66 页。

有记版本、录序跋者，其"用意甚善，为著目录书者所当采用"①，"且校雠文字，辨别版本，虽为目录之所有事，今皆别自专门名家，欲治其学，当著专篇"②。在这里，余氏一方面认可版本、校雠可独立成学，但又认为其为目录学的重要组成部分。在余氏看来，"校雠几乎等同于校勘，而校勘又迹近于校对"③。余氏强调，目录之书除了考辨学术之功能外，还有其他六大功能，即断书之真伪、考古书篇目之分和、定古书之性质、访求阙佚、考亡佚之书、考古书之真伪。④ 在这里，余氏将目录学与考据学结合起来，强调了目录学的辨伪和辑佚等功能。

刘纪泽《目录学概论》是民国时期较早出版的目录学著作之一。刘氏感于"自来治学之士，无不先窥目录以为津逮，诚'学中第一要紧事'，'读书入门之学也'。然昔贤之事此者，有目录之学，有目录之书，而无治目录之书"⑤，于是撰述这部"治目录之书"。《目录学概论》全书共分六章，依次论述目录学之起源、定义、体例、派别、功用等问题，涉及传统目录学的各个方面，最后论述目录学在史学上的地位和作用。

在《目录学概论》中，刘氏给出了自己对于目录学的定义，他说："何谓目录，目为篇目，录为叙录也。刘向校书，条其篇目，录而奏之，盖详著每书某篇第几，谓之篇目。校竟奏上，各为之序，谓之叙录。合而言之，则曰目录。"他特别指出，《汉志》对于"目录"二字的解释，至为清晰，"观郑氏三礼目录，篇名之下，皆训释其义，至数十百言，可以知目录之体例。盖篇名者目也，所训释者则录也，故必有篇目有叙录，乃得谓之目录，毋嫚以目与录分

---

①　余嘉锡：《目录学发微》，中国人民大学出版社2010年版，第75页。

②　余嘉锡：《目录学发微》，中国人民大学出版社2010年版，第75页。

③　李晓明：《20世纪上半期有关校雠学定义的辨析》，《华中科技大学学报》（社会科学版）2007年第5期。

④　余嘉锡：《目录学发微》，中国人民大学出版社2010年版，第14—17页。

⑤　刘纪泽：《目录学概论》，台北：中华书局1979年版，"自序"第4—5页。

别言之，固知目录为两事也。若但条其篇目而不撮其旨意，则是有目而无录矣……夫但记书名，则无篇目，不能辨其流别，则无叙录。而自晋义熙以来相承谓之目录，是不独移小题之名于大题，且混目与录而一之矣。后人不知目录之义，于是以能记书名者谓之目录学，能造簿计者谓之目录家，谓为今之目录则可，谓是向歆班固之目录则非也"。① 在刘氏看来，目录是由两部分组成的，即篇目和叙录。有目无录或有录无目，都不能称之为目录。"记书名""造簿计"都不是传统目录学的精髓。

对于目录之体制，刘氏《目录学概论》与余嘉锡《目录学发微》中的论述较为类似。如刘氏认为，目录体制大致有三，即篇目、叙录（即解题）和小序。篇目可以"考一书之源流"，叙录（即解题）可以"考一人之源流"，小序可以"考一家之源流"，"三者相为出入，皆所以辨章学术者也"，② 这与余嘉锡《目录学发微》所论高度吻合。《目录学概论》和《目录学发微》二书都强调篇目、叙录、小序三者相辅相成，"三者不备，则其功效不全"。同时，他们都认为，目录学之功用在于辨章学术、考镜源流，"目录学者，学术之史也"③。在论述目录学派别时，刘氏《目录学概论》与余嘉锡《目录学发微》的观点亦不谋而合。④ 刘氏对于目录学之功用也有自己独到的看法，他认为目录学除辨章学术之外，还有其他一些功用，但这些功用都是由辨章学术衍生出来的，他说："目录之书，既重在学术之源流，后人遂利用之以考辨学术，此其功用，固发生于目录学之本身，而利被遂及于后学，然亦视其利用之方法如何，因以判别其收之厚薄，兹略

---

① 刘纪泽：《目录学概论》，台北：中华书局1979年版，第6—7页。
② 刘纪泽：《目录学概论》，台北：中华书局1979年版，第23页。
③ 刘纪泽：《目录学概论》，台北：中华书局1979年版，第24页。
④ "目录之书，盖有三类：一，部类之后有小序，书名之下有解题者。一，有小序而无解题者。一，小序解题并无，只著书名者。"（刘纪泽：《目录学概论》，台北：中华书局1979年版，第30页）

举数事，以见其余。"① 接下来，刘氏依次举例论述了这些功用。② 值得注意的是，所有这些论述和观点都是在系统梳理中国目录学史和深入挖掘传统目录学成就的基础上，结合当时目录学的发展得出的。从这一意义上说，刘纪泽《目录学概论》是总结中国目录学史的重要理论著作。

由此可见，在西学东渐、中西文化激烈碰撞的时代背景下，受域外目录学理论的影响，通过对中国古代目录学史的研究，抽绎总结古代目录学理论成为民国目录学家普遍较为关注的问题。与此同时，通过中国传统目录学理论的总结，一定程度上实现了中国古代目录学的现代学科转化，较好传承了中国古代目录学的优良传统。

（二）古代目录学史的系统梳理

在《目录学发微》卷三"目录学源流考"中，余氏系统考察了中国古代目录学的发展，该部分实际是一篇概述性质的"中国目录学史"。余氏将中国目录学的发展划分为三个阶段。第一阶段为周至三国，这一时期目录分类以六分法为主；第二阶段为晋至隋，目录分类从六分开始逐渐过渡到了四分；第三阶段为唐至清，四分法确立，官修图书目录不断涌现。余嘉锡以目录类例的变化趋势为依据划分目录学发展的阶段，勾画出一部中国目录学发展的简史。在系统考察中国目录学史发展的过程中，余氏引经据典，考证严密，在很多方面提出了自己独特的见解，如目录起源问题，《隋志》以《诗》《书》之序为目录之缘起，余氏认为此二书"汉、宋诸儒，聚讼纷纷，作者既难确指，则时代亦未可质言"。而《周易·十翼》有《序卦传》且篇中条列六十四卦之名，"盖欲使读者知其篇第之次序，因以著其编纂之意义，与刘向著录'条其篇目，撮其旨意'之例同。目录之作，

---

① 刘纪泽：《目录学概论》，台北：中华书局 1979 年版，第 41 页。

② 这些功用有：编纪图书为纲纪；证典籍之存亡；稽核私家之皮藏；鉴别书籍之真伪；存验书名之异同，部居之出入，卷帙之增减，作家之讹夺；辨章古籍之版刻与缪本之流传；购书之便给。参见王国强《20 世纪 30 年代中国目录学的历史地位》，《图书与情报》2000 年第 1 期。

莫古于斯矣”①。为了证明自己的观点，余氏还以李冶《敬斋古今
黈》、卢文弨《钟山札记》进一步论证自己的观点。至于总校群书，
勒成目录，余氏认为也并不始于刘向和刘歆，他以《汉志·兵书略》
序所言“汉兴，张良、韩信序次兵法，删取要用，定著三十五家”
得出结论，早在高祖、武帝之时就曾校理兵书，“是校书之职，不始
于刘向也”②。由此可见，精于考证，不囿于成见是余氏研究中国目
录学史的特色。

　　在追溯目录学起源时，刘纪泽则提出目录学是史学的分支学科的
观点，③ 他说：“后之言目录学者，翕然以向歆为不祧之祖，而不知
其‘剖析条流’，‘推寻事迹’，皆出史官之教，故目录学者，殆史之
支与流裔也。”④ 他认为，目录之实，“起自黄虞，迄于当代”，而目
录之名，“肇自西京，子政撰《别录》于前，子骏成《七略》于
后”。⑤ 但他又说，“此目录学之起源，以校雠为权舆也”⑥。

　　通过系统梳理中国目录学发展史总结目录学定义、体例、派别和
功用是刘氏《目录学概论》编纂的最大特点。如对于目录名称的衍
变，刘氏指出，“目录之书，《隋志》谓之簿录，《旧唐志》乃名目
录，自是以来，相沿不改”⑦。目录用作“部类”之名，始于《旧唐
书·艺文志》。《宋史·艺文志》开始有“书目”之名，此后目录与

---

①　余嘉锡：《目录学发微》，中国人民大学出版社 2010 年版，第 84 页。

②　余嘉锡：《目录学发微》，中国人民大学出版社 2010 年版，第 85 页。

③　王国强指出，刘纪泽目录学思想是“史学思想的辐射”（王国强：《20 世纪 30 年代中国目录学的历史地位》，《图书与情报》2000 年第 1 期）。他认为，史学对目录学产生了消极影响，“中国目录学有一重要背景，这种背景对传统中国目录学的深远影响至今未被学界认识。由于传统中国学科界限不明，由于目录学一直在史学的浓厚氛围中打转，所谓目录学家，多是普通文史学者，他们首先从文史角度体认目录学，缺乏对目录学本体的体认；他们往往看到目录学与一般学术的共性，而无以了解目录学之成为目录学所具有的个性（特殊性）；他们对目录学的关怀源于对一般学术的关怀。这种理解和体认的偏差对目录学造成诸多消极影响”（王国强：《“辨章学术考镜源流”之再评判》，《图书与情报》1994 年第 1 期）。

④　刘纪泽：《目录学概论》，台北：中华书局 1979 年版，第 4 页。

⑤　刘纪泽：《目录学概论》，台北：中华书局 1979 年版，“自序”第 1 页。

⑥　刘纪泽：《目录学概论》，台北：中华书局 1979 年版，第 5 页。

⑦　刘纪泽：《目录学概论》，台北：中华书局 1979 年版，第 5 页。

书目开始并称。他还进一步指出，唐代是目录名称变化的转折时期，"观隋唐诸志之差池，藉知命名之递邅，必以李唐一代，为转捩之枢纽。宋元迄今，书目之名，几夺目录二字之席，或者有目无录，故以书目称，而不第文辞之差也"①。对于目录学定义，他也主张从历史发展视角追溯其源头，只有这样，才能准确界定其含义，如其所言，"吾人研究目录学之标准，必当博稽其源流，商榷其类例，与夫义例之变迁，分隶之出入。语其大则可通古今学术之邮，语其细则可得著录之准则，而治学方法，亦于此涉径焉"②。

综上所述，我们可以发现，刘纪泽《目录学概论》和余嘉锡《目录学发微》在诸多方面有相似之处，二书都较为全面地清理了中国古代目录学理论，同时亦对中国目录学发展史进行了系统总结。作为民国时期传统目录学的代表作，它们对于继承中国传统目录学的优良传统做出了重要贡献，在民国目录学发展史上占有重要地位。

（三）姚名达《中国目录学史》

姚名达《中国目录学史》是民国首部以"目录学史"命名的著作，该书作于20世纪30年代，先后写过两稿。于1932年旧稿垂成之际，不幸遭遇"一·二八"事变，日寇飞机狂轰滥炸，姚氏沪上寓所未能幸免，旧稿旋即毁于战火。之后姚氏发誓重撰，《目录学》翌年冬完稿，被收入商务印书馆《万有文库》出版。1935年商务印书馆总经理王云五复以《中国目录学史》相嘱，经过一年半的艰苦努力，终于1937年夏告竣，成为商务印书馆"中国文化史丛书"中的一种。③《中国目录学史》的篇目结构与悉仿西学的《目录学》不尽相同，颇有点"中西合璧"的味道。该书结构以篇为主体，每篇之下各有若干小节；各篇每节，不标序数。全书凡十篇，分别为："叙论篇""溯源篇""分类篇""体质篇""校雠篇""史志篇""宗

---

① 刘纪泽：《目录学概论》，台北：中华书局1979年版，第5—6页。
② 刘纪泽：《目录学概论》，台北：中华书局1979年版，第19页。
③ 姚名达著，严佐之导读：《中国目录学史》，上海古籍出版社2002年版，"导读"第17页。

教目录篇""专科目录篇""特种目录篇""结论篇"。姚氏将他组织中国目录学史的这种方法称为"主题分述法"。在该书自序中，姚氏曾说："其始原欲博搜精考，撰成毫无遗漏之文献史，故逐书考察其内容，逐事确定其年代，逐人记述其生平，依时代之先后叙成系统。佛教目录即其残迹。著作过半，始知其规模太大，非克期出版之预约书所宜；亟毁已成之稿，改用主题分篇之法，撷取大纲，混合编制，几经改造，遂为今式。"① 由此可知，姚氏编著该书采用"主题分述法"乃客观原因所致。所谓"主题分述法"，就是"特取若干主题，通古而直述，使其源流毕具，一览无余"②。至于为何没有用"断代法"进行中国目录学史的叙述，姚氏也进行了解释。③ 对于"主题分述法"的弊端，姚氏也有充分的认识。为了避免上述状况，姚氏决意统筹兼顾，"依史事之所宜，采多样之体例，以蕲体例为史事所用而史事不为体例所困"④。在此理念指导下，姚氏首作"溯源篇"，按照上述次序，以"结论篇"终而成书。

严佐之指出，姚名达《中国目录学史》是近代西学东渐以来第一部以"中国目录学史"命名，全面、系统研究中国目录学发展历史的学术专著。与传统的、具有一定目录学史性质的著作相比，显然受到西方现代学科理论建构的影响；与同时代的兼有目录学史内容的著作相比，则与纯专科学术史研究而与之迥然有别，"谓之开创，未为过也"。⑤ 众所周知，民国时期目录学著作众多，其中多数著作对中国目录学史内容有所涉及，但以"目录学史"命名的著作并不多见。在结构体例方面，这些目录学著作各有各的结构，各有各的重心，各有各的脉络，既有分门别类平行叙述的专题横向论述，也有以

---

① 姚名达著，严佐之导读：《中国目录学史》，上海古籍出版社2002年版，"自序"第2页。
② 姚名达著，严佐之导读：《中国目录学史》，上海古籍出版社2002年版，第14页。
③ 姚名达著，严佐之导读：《中国目录学史》，上海古籍出版社2002年版，第14页。
④ 姚名达著，严佐之导读：《中国目录学史》，上海古籍出版社2002年版，第14页。
⑤ 姚名达著，严佐之导读：《中国目录学史》，上海古籍出版社2002年版，"导读"第2页。

时间为纲的纵向铺叙。前者以"目录学"各专题为经，历史发展为纬；后者则以"历史"时序为经，各专题内容为纬，从而形成纵横交织、经纬分明的学术专史网络。两种学术专史编纂体例各有所长，在民国时期并行存在。前者如梁启超《中国文化史（社会组织编）》（1936）和王德华《中国文化史略》（1936），后者如高桑驹吉《中国文化史》（1926）。显然，作为学术专史的《中国目录学史》采用的"主题分述法"就是属于前者，这种编纂体例虽有其弊端，但相对于后者来说，其优点也是显而易见的。梁启超就曾对这种编纂体例褒扬有加，他认为，人类的所有活动都有其前后因缘的关系，如果作史时"把他一段一段的横截"，"或更以政治上的朝代分期"，那么，"做出来的史，一定很糟"。基于此，梁氏认为，这种断代体或近似断代体的学术专史不能达到"供现代人活动资鉴"的目的，做文化学术专史，"非纵剖的分为多数的专史不可"。① 在姚氏《中国目录学史》各专题撰述中，目录学史的发展脉络清晰可见，充分体现其时序的特点。如"溯源篇"，姚氏从追溯上古典籍与目录体制，到论及刘向等典校秘书与写定叙录，最后论及刘歆分类编目义例；"分类篇"按照时间顺序分别论及《七略》《七志》《七录》《隋志》直至杜威《十进图书分类法》；"校雠篇"则按汉代、魏吴两晋、南北朝、唐代、宋代、元明和清代的顺序分别述之；"史志篇"更是以时序对《汉书·艺文志》《后汉书·艺文志》《隋书·经籍志》直至《清史稿》分专题论述。《中国目录学史》中设置"校雠篇"更是匠心独运，这不仅仅是因为中国目录学由校雠学而来，更体现了姚氏对目录学的文化形塑和国家认同。晚清以降，西方目录学强势来袭，如何在扎根中国目录学基础上借鉴吸收西方目录学长处和优点便成为爱国目录学家首先考虑的问题。姚氏认为，中国校雠学源远流长，目录学来

---

① 梁启超：《中国历史研究法补编》，中华书局 2010 年版，第 148—149 页。

源于校雠学，"校雠在目录之先，目录为校雠之果"①。因此，在《中国目录学史》中独立设置《校雠篇》乃是应有之义。从这一意义上来说，《校雠篇》的设置体现了姚名达作为爱国目录学家的良苦用心。

### 三  图书分类与编目方法的传承与创新

#### （一）杜威西式图书分类法的传入

1904 年徐树兰所编《古越藏书楼书目》将中、西图书合并，分为"学部"和"政部"两部，前者是四部之"经部"和"子部"，包括易、书、诗、礼、春秋、四书、孝经、尔雅、群经总义、性理学、生理、物理、天文算学、黄老哲学、释迦哲学、墨翟哲学、中外各派哲学、名学、法学、纵横学、考证学、小学、文学；后者主要是"史部"，包括正史、编年史、纪事本末、古史、别史、杂史、载记、传记、诏令奏议、谱录、金石、掌故、典礼、乐律、舆地、外史、外交、教育、军政、法律、农业、工业、美术、稗史。②

1909—1910 年孙毓修曾在《图书馆》一文中最早介绍了"杜威十进分类法"。③ 但当时"杜威十进分类法"仅被作为"西书分类法"进行介绍，"旧书"仍按"四部"分类；该分类法并未得到中国学术界的普遍认可，当时采用该图书分类法的亦多为中国教会学校，如上海圣约翰学校图书馆、武昌文华大学公书林、长沙雅礼大学藏书室，而大部分中国图书馆仍然采用传统图书分类法。然而，这种分类法逐渐引起不少中国学人的重视。五四前后，国内掀起了效仿"杜威十进分类法"、制定中国"新式图书分类法"的热潮，以"仿杜""改杜""补杜"等形式出现的版本达 20 多种。④

---

① 姚名达著，严佐之导读：《中国目录学史》，上海古籍出版社 2002 年版，第 143 页。
② 左玉河：《典籍分类与晚清知识系统之演化》，《天津社会科学》2004 年第 2 期。
③ 连载于《教育杂志》1909 年第 11—13 期，1910 年第 8—11 期。
④ 白国应：《杜威十进分类法在我国的传播》，《晋图学刊》1996 年第 3 期。

由于图书馆学家的推广，民国时期翻译的"西书"和当时所著"新书"逐渐被归入"新式图书分类法"分类体系下；同时期的"旧书"则仍多依循"四部分类法"。然而，图书馆服务对象为教育和学术，由于教育系统已经采用西式"分科体系"，且"旧学"内容仍然是新式教育的重要内容之一，为使教育和学术相统一，当时学人开始注重用"新式分类法"为"旧书"分类。

（二）王云五与"中外图书统一分类法"

王云五（1888—1979），广东香山人，出生于上海。曾任编辑和大学英语教师等，1921 年由胡适推荐到商务编译所工作。在商务工作期间，王云五主持了商务印书馆《百科小丛书》《万有文库》《中国文化史丛书》《大学丛书》等大型丛书的出版工作。他开办并振兴了商务印书馆的东方图书馆，编写、出版了大量的中外名著和教科书、辞典等。

1928 年，王云五制定了"中外图书统一分类法"。该分类法借鉴了"杜威十进分类法"，将图书分为 10 大类。分别是总类、哲学、宗教、社会科学、语文学、自然科学、应用技术、美术、文学、史地。

商务印书馆《丛书集成》《万有文库》等丛书的出版，均根据1928 年王云五制定的"中外图书统一分类法"进行分类。如《丛书集成》收中国古籍百部，依据"中外图书统一分类法"，亦将所收古籍分为 10 大类。

王云五"中外图书统一分类法"与西方的"杜威十进分类法"在细目设置上有所区别，这也体现了中外图书分类思想的差异性。如以"社会科学"为例，王云五的分类法多出了"中国古礼仪""习俗礼制"这两个细目。这一方面体现了当时中、西知识体系尚未完全融合的局面，另一方面反映了中、西知识体系本身固有差异，因礼乐文明在中华文化中固有的地位，所以需要在中西融合过程中，保留一定的中国特色。

此外，以王云五"中外图书统一分类法"为参考的丛书在出版过程中，亦与王云五"中外图书统一分类法"本身在分类上稍有差异，而这种差异性尤其体现在古籍丛书的分类上。如以《丛书集成》与"中外图书统一分类法"中"文学类""语文学"和"史地学"三类为例，前者仅分类本国古籍，后者则按地域、国别和语种划归图书。两者许多类目仅在"大类"分类上重合，在"小类"上较难一一对应。

（三）杜定友的图书分类法思想

杜定友在《校雠新义》"编次"卷中，对中国传统目录学进行批判并且重新界定了现代目录学的定义，他说："目录，簿记之学也……目录之簿，所以记书也。后世昧于此义，复误以目录之学为辨章学术、考镜源流之本，故有见名不见书，看前不看后之弊。"[1] 他认为，中国虽有诸多目录之书和目录之家，但却有其名无其实。中国过去的目录不能发挥"便检取"之功用，因此它们只能被称为"书目"。只有对图书进行"编目"，便于读者"检用"，才能称其为"目录"。正如其言"目录之名，仿自郑玄《三礼目录》。但目录之始，肇于汉刘班氏。继之其后，目录之家，代有其人。诸史艺文志，私家藏书目录，汗牛充栋。然于目录之义，无所发明。按目录所以簿记图书而便检取也，此外无所用。其目录如《通志·艺文略》之类，是书目也。盖藏书之策，典籍浩繁，苟不分类罗列，举章列目，则检用为难。欲求检用之便，则有图书编目之法，所谓目录学是也"[2]。根据读书人的心理需求，编目的方法会有所不同，杜氏据此将目录分为八类，"今之目录，其类有八，曰：书名目录、著者目录、种类目录、分类目录、参考目录、分析目录、字典式目录、书架目录"[3]。每类目录的功能与作用不同，不同的编目方法满足不同读者的需求。

---

① 杜定友：《校雠新义》（下册），上海书店1991年版，据中华书局版影印，第1页。
② 杜定友：《校雠新义》（下册），上海书店1991年版，据中华书局版影印，第1页。
③ 杜定友：《校雠新义》（下册），上海书店1991年版，据中华书局版影印，第1—2页。

　　杜氏强调，目录最重要的作用在于方便检查图书，因此目录必须记明书次，只有这样才能根据目录更为便捷地寻找图书。由于我国传统目录学的作用在于珍藏而不在致用，因此历代目录学家的目录学著述"卷帙务求其宏厚，考据务求其详博，而取阅便利与否置不问也"①。基于传统目录学"辨章学术、考镜源流"思想的影响，"我国目录学者未尝以检查方法之是否便利而加以研究也，数千年来，因编目之不得其法而耗学者之精神时间者"②，可谓数不胜数。杜氏认为，现代图书馆藏书与中国古代藏书不同，古代藏书流通较少，而现代图书馆藏书流通较大。为了准确地反映图书馆藏书的情况，他提出以卡片目录取代字典式目录和书本式目录。他说："目录必用活页，亦曰卡片……目录之于藏书，如匙之勘钥。日增一书即日增一目；日失一书即日缺一目。使阅者可以按目求书而不致空劳往返也。所增之目，必有邻次，此所以必用活页之法也。其有求便于流传、易于收藏者，则另行印订成册，自无不可，但活页目录则未可缺也。"③

　　中国传统的"目录"和目录学，更多地强调其学术性，体现学术的发展变化，即"辨章学术、考镜源流"，"凡目录之书，实兼学术之史，账簿式之书目，盖所不取也"④。在杜氏看来，中国传统目录学为书目之学而非目录之学，书目学和目录学有着本质的区别，其性质和作用也差别较大。他说："目录学者，图书簿记之法也，所以便检查而利求学，故有其目必有其书，有其书即可究其学，而书目学不同也。书目之编，以书为目，其学不限于一科一门，其书不限于一时一地，此书目学与目录学之大别也。"⑤ 在此基础上，他提出了"中国无目录学"的观点。⑥ 对于杜氏"以目录之名专属藏书目录，

---

① 杜定友：《校雠新义》（下册），上海书店1991年版，据中华书局版影印，第2页。
② 杜定友：《校雠新义》（下册），上海书店1991年版，据中华书局版影印，第2页。
③ 杜定友：《校雠新义》（下册），上海书店1991年版，据中华书局版影印，第3页。
④ 余嘉锡：《目录学发微》，中国人民大学出版社2004年版，第5页。
⑤ 杜定友：《校雠新义》（下册），上海书店1991年版，据中华书局版影印，第18页。
⑥ 杜定友：《校雠新义》（下册），上海书店1991年版，据中华书局版影印，第15—17页。

其非然者则谓之书目" 的观点，姚名达认为其 "名词界义殊不清楚……倘使论目录学而不及非藏书之目录，则目录学之功才得其半，尤为未可"①。

（四）楼云林《中文图书编目法》

《中文图书编目法》现有 1947 年和 1951 年两个版本。本书的编撰缘起，楼氏在 1946 年为该书所作序中有所述及，他说："图书馆之图书，苟不编目，则群书失驭，检索无从，故编目实为图书馆最重要之工作。惟是编目工作，繁冗异常，设无一定规则以资准绳，将见后先紊乱，彼此矛盾，劳而无获。鄙人服务于图书馆，恒苦无适当编目法以作准则，因草就《中文图书编目法》一书，以供编目时参考。"②由此可见，随着中西文化交流的频繁，西方的图书馆理念在中国逐渐深入人心，各地图书馆如雨后春笋般建立起来。而此时中国传统的图书分类法已经无法满足现代图书馆检索的需求。在这种情况下，楼氏以自身在图书馆工作和编目的实践，编纂了这部《中文图书编目法》。此外，他还对编目工作提出了自己的看法："编目工作，如书名、著者、出版等之著录，骤视似甚简单，细察则极繁复。吾人如求该书编目之准确，并使查阅者略知该书之内容，端赖编目者能就各项详尽著录，方可以表露无遗，如是始能尽编目之能事。故编目工作，似易而实难，欲求其详尽美备，自非细心将事不可。"③

为了使编目法 "详尽美备"，他在书中除了提供普通图书编目法外，还对善本书、方志、舆图、年鉴、定期刊物的编目法进行了论述，"因此等图书，各有其特异之点，未可概括于普通书内，故需另定法则，以求著录之详"④。同时楼氏还阐述了图书编目工作者应该秉持的观念，他说："吾国图书馆事业，方在萌芽时代。服务于图书

① 姚名达：《中国目录学史》，上海古籍出版社 2002 年版，第 12 页。
② 楼云林：《中文图书编目法》，上海中华书局 1951 年版，"自序" 第 1 页。
③ 楼云林：《中文图书编目法》，上海中华书局 1951 年版，第 1 页。
④ 楼云林：《中文图书编目法》，上海中华书局 1951 年版，"自序" 第 1 页。

馆者，往往以编目工作，刻板偏枯，不久即生厌心。但吾人既在图书馆服务，应抱定利用图书促进文化之决心，俾图书馆整个书籍，不致埋没其功用。"① 楼氏在倡导西方图书馆理念和编目法方面，可谓功不可没。《中文图书编目法》一书由八章组成，分别为总论、图书分类略述、普通书编目法、卡片目录之写法、善本书编目法、方志舆图年鉴等编目法、定期刊物编目法、关于编目之参考书籍。

在追寻目录之沿革时，楼氏对现代目录在国内出现的背景及情况进行了说明："自西洋文化输入我国后，我国之学术因以变迁，著译书籍，日益繁夥，分类既不能沿用经史子集四部旧法以统驭群书，编目方法及格式，亦不能与前代苟同。就分类方面说，如杜定友、洪有丰②、刘国钧、皮高品诸先生，一面采仿西洋分类方法，一面参考吾国固有目录学，新订分类法，以供图书馆采用。就编目言，目录形式，已由书本改为卡片；目录种类，已由单纯改为复杂，是因现代图书馆之性质，与藏书楼不同，故其分类编目方法，亦与前有别矣。"③对于现代目录最重要的载体卡片目录，楼氏进行了重点推介，他指出，卡片目录最早出现在 18 世纪的法国图书馆，但当时未引起社会的关注。到了 19 世纪，各国图书馆及各书店鉴于卡片目录使用之便利，纷纷采用卡片目录，于是卡片目录盛行于世。美国国会图书馆更进一步，将审定版权书籍以及馆藏书籍信息均印成卡片目录，发售于

---

① 楼云林：《中文图书编目法》，上海中华书局 1951 年版，"自序" 第 1 页。

② 洪有丰（1892—1963），字范五，中国图书馆学家，中国近代图书馆事业的奠基人。1892 年出生于安徽省绩溪县，1916 年毕业于金陵大学文学院。1919 年赴美攻读图书馆学，1921 年获纽约州立图书馆学院学士学位，学习期间兼在美国国会图书馆中文编目部工作。归国后任南京高等师范学校教授，兼图书馆主任。1923 年创办南京高等师范学校图书馆学暑期讲习班，这是中国早期图书馆学教育活动之一。此后，任国民党中央党务学校图书馆主任，安徽省教育厅科长，两次出任清华大学图书馆馆长，兼中华图书馆协会董事。1936—1952 年任中央大学及其后身南京大学图书馆馆长，全国高校院系调整后改任华东师范大学图书馆馆长。同年兼任国家科学规划委员会图书组、国家科学技术委员会图书组成员。他在图书馆管理、图书分类等方面都有研究。所著《图书馆组织与管理》（1926）曾多次再版，此外还发表《克特及其展开分类法》等学术论文多篇。

③ 楼云林：《中文图书编目法》，上海中华书局 1951 年版，第 7 页。

国内及加拿大等地图书馆以供参考。于是，美国国会图书馆便成为美国及各国图书馆编目的中心机构。后来，我国国立北京图书馆亦效仿这一做法，编制卡片目录，印刷多份，发售于国内各处图书馆。于是，这些卡片目录便成为编目者参考的依据。

由于楼氏以现代目录为参照，因此他在界定目录时，更多地强调目录的效用，他说："目录之效用，古今微有不同，故目录定义，须斟酌古今目录变迁之状况而厘定之。"[①] 按照目录的效用，他将传统目录分为两类：一为"辨章学术、考镜源流"之用；二为"纲纪群籍、簿属甲乙"之用。就以上两种界定而论，与现代目录较为切近者，当属后者，但历代治目录学者多以"辨章学术、考镜源流"为宗旨，如章学诚《校雠通义》有言："古人著录，不徒为甲乙簿次计。如徒为甲乙部次计，则一掌故令吏足矣，何用父子世业，阅世二纪，仅乃卒业乎？"还有"校雠之义，盖自刘向父子部次条别，将以辨章学术、考镜源流，非深明于道术精微、群言得失之故者，不足与此"。楼氏认为，这是主张目录应以"辨章学术、考镜源流"为宗旨之最显著言论。他同时指出，"辨章学术、考镜源流"是以学术为对象，学术也为编撰学术史者研究的目录。至于现代图书馆中的目录，应以书籍为对象。因此，对书籍部次类居，以便检考是现代目录的职责。为便于读者查考，仅仅部次类居是不够的。他根据自己在图书馆工作的实践，总结出读者查书的种种方法与目的，如有只知书名而查者；有只知著者或注释翻译而查者；有欲查出某著者所有的作品；有欲查出某类书籍或与某项问题有关书籍；有欲知某书在书库内何处；有欲知某书大概内容者；有欲知某丛书中有某几种书；有欲知某书页数、册数、出版处、出版期等。因此，楼氏认为，图书馆目录，可根据查书者的种种查法，定就以下定义："（1）目录在使人知馆中有某书否？（2）有某人所著之书否？（3）有某类或有关于某问题之书否？

---

① 楼云林：《中文图书编目法》，上海中华书局1951年版，第8页。

（4）某书在书库内何处？（5）某书之内容如何？（6）某丛书中有某几种书？（7）某书页数册数多少？何处及何时出版？"总之，"目录不啻图书馆之锁钥，所以开示阅者寻求书籍之途径。图书馆书籍既繁复异常，设无目录，势必逐一翻检，其不便为何如；若编有目录，自能一索而得"①。

关于目录的形式，楼氏认为有两种，一为书本式目录，二为卡片式目录。所谓书本式目录，即依据图书之分类，将书名、著者、出版处等项，钞录或印制成书。卡片式目录则是将这些信息处，依一定的格式，写在卡片上，并按照某种排列法，将写好的卡片，排列在匣内，以备检查。书本式目录为我国历来编目者采用；卡片式目录系新兴目录，多为现今图书馆采用。两种目录在著录内容方面无甚差别，且都有备查图书的功能，不同仅在于形式，一为书本，二为卡片。形式的不同，致使两种目录在使用方面各有优劣，书本式目录的优点有可以邮寄外地供他人查阅，对于图书馆书籍流通有利；查阅时可以一目十行，短时间内即可查出某类书籍多种；各图书馆可彼此交换做分类参考或购书之用。但其缺点也较为明显，如：新书不能及时收录；印制成本较高；不能同时供多人使用；不方便检查同一著者之书籍。就卡片目录来说，其优点也是显而易见的，如：比较机动灵便，如有新书即可随时编制目录卡片；每张卡片比较独立，部分污损不会牵扯全部；可供多人同时使用；可按照意愿根据不同方式检索；编制费用较少等。但卡片目录不能带出馆外供他人检用；不能与其他图书馆交换；不能同时涉阅数张。综合起来，卡片式目录优点多而缺点少，书本式目录则恰恰相反。由于卡片式目录的使用便利，现今图书馆多采用卡片式目录，而书本式目录的使用者则越来越少。②

关于目录的种类，楼氏也是按照书本式与卡片式两大系列进行分

① 楼云林：《中文图书编目法》，上海中华书局1951年版，第9页。
② 楼云林：《中文图书编目法》，上海中华书局1951年版，第17—19页。

类。他认为，书本式目录较卡片式目录复杂，书本式目录是中国传统目录的主流，其最重要者，有史志目录、解题目录、善本目录等 17 种；而卡片式目录，其种类中重要者有：书名目录、著者目录、标题目录、分析目录、丛书目录、参考目录、书架目录、分类目录。[①] 对于每一种目录，楼氏都进行了论述和说明。

目录作为开启各种知识的钥匙，必然与其他学科发生关系，这就要求编目者充分具备各种学识以求目录编制之妥善。楼氏认为，与目录有关之各种学术，可分为直接有关和间接有关两类。直接有关者为图书馆学、分类法、编目法、检字法、校雠学、书史学、书志学、书目学等，此为编目者必须具备的基本知识；间接有关者为论理学（逻辑学）、教育学、考证学、历史学等，此为编目者须了解辅助之知识。[②]

目录与图书馆工作紧密相连，楼氏从三方面论述了目录在图书馆中占有重要地位。其一，编目工作，"较其他馆中任何事务为不易"，每种书有种种不同的卡片；每种卡片，有不同的款目，有时尚须辨别著者之真伪，考证某书编著之年代，考证某书卷数之完缺，以及鉴别其他各种事项等。因此，编目工作绝非一般人所能胜任，必须悉心研究，学有根底，始可担任。由此可知，编目工作实为图书馆中最繁复之工作。楼氏指出，目录在图书馆中可以充当永久固定管理员的角色，无论人事如何变动，只要目录还在，就可以按图索骥，顺利找到自己所需要的图书，从而使馆中图书得以流通。其二，现代图书馆不同于古代的藏书楼，现代图书馆肩负有社会教育的功能。以科学方法搜集有益图书，同时以利用时间最经济的方式供大众使用是现代图书馆的重要职责，这就要求目录在其中发挥重要作用。因此，"目录为图书馆完成社会教育之利器"[③]。其三，通过目录可以推知该图书馆

---

① 楼云林：《中文图书编目法》，上海中华书局 1951 年版，第 19—25 页。
② 楼云林：《中文图书编目法》，上海中华书局 1951 年版，第 13—17 页。
③ 楼云林：《中文图书编目法》，上海中华书局 1951 年版，第 12 页。

藏书之多寡，所藏书籍以何类为多何类为少，有何种重要书籍，进而推知该图书馆书籍质量。因此，"目录不啻为图书馆所有书籍之代表"，无论对内对外，目录在图书馆中都占有重要地位，"图书馆如无目录，犹如吾人盲目，不能见物，其不便为何如"。① 因此，现代图书馆均须有完备的目录，否则不能称为完整的图书馆。

总之，楼氏的目录学思想是在继承中国传统目录学精华的基础上，大力引进西方目录学思想的产物。作为民国目录学的代表人物，其在推动西方目录学在中国的传播与发展上做出了重要贡献。《中文图书编目法》一书的诸多观点也被后人继承，对于推动中国目录学的现代转型，发挥了自己独特的历史作用。

## 四　书目类型的区分

民国时期，目录学对古代书目不同类型的认识取得了一定进展，如姚名达认为，目录的种类除了"宗教目录""专科目录"之外，还有"特种目录"。同时，姚氏认为"特种目录"之中又包含了"版本目录""辨伪目录"，等等。汪辟疆则认为，目录可分为目录家之目录、史家之目录、藏书家之目录和读书家之目录等不同类型。

（一）姚名达关于目录类型的认识

姚名达对中国目录的分类有几种看法。对于现代目录与古代目录的不同，姚氏认为，"废书本而用活页，此体式之异也。废四部而用十进，此分类之异也。循号码以索书，此编目之异也"。现代目录学优于传统目录学之处，仅在于"索书号码之便利与专科目录之分途发展"②。对于现代目录学未来的发展，姚氏认为可分为两大类型，"最重要之转变，实在插架目录与寻书目录之分家"③。姚氏主张插架目录应依学术而排列，寻书目录应按事物以寻求。对于现代目录学

---

① 楼云林：《中文图书编目法》，上海中华书局1951年版，第12页。
② 姚名达著，严佐之导读：《中国目录学史》，上海古籍出版社2002年版，第347页。
③ 姚名达著，严佐之导读：《中国目录学史》，上海古籍出版社2002年版，第347页。

"人自为法，图自为政，统一无期"的状况，姚氏主张中华图书馆协会应联络分类标题编目检字之专家，举行会议，商讨折中划一之方法，从而使"治书之业，寻书之法，易学易做"[①]，最终使目录学成为通俗的常识，人人能够得而用之。

姚氏对于古代目录的类型区分涵盖极广，除纵论史志目录外，还设有"宗教目录""专科目录""特种目录"篇。在"特种目录"篇中，姚氏将"版本目录""辨伪目录"等均纳入其中。姚氏认为，版本目录起源较早，然古录失传，"传者惟南宋初年尤袤之《遂初堂书目》独并注众本于各书目下"，"说者乃以版本学之创始推之，竟不知其前尚有多数版本专家"[②]。对于辨伪目录，姚氏认为元末宋濂所撰《诸子辨》一卷，"对于各种子书皆致其怀疑之理由，或评论思想之是非"，实为"辨伪目录之创始"[③]。从姚氏的《中国目录学史》中，可以看到他对古代目录类型区分的详密体系。

（二）汪辟疆《目录学研究》中的目录分类

汪辟疆（1887—1966），近代目录学家、藏书家、诗人。江西彭泽人。1909 年入京师大学堂（今北京大学前身），与胡先骕等人被称为"太学十君"，专攻中国文史，1912 年毕业。1918 年任江西心远大学文科主任兼文学系教授。1925 年应章士钊之约，任北平女子大学教授，1925 年后兼任江西通志局纂修。1927 年起在南京第四中山大学、中央大学、南京大学任教授，与胡小石、陈中凡并称南大中文系"三老"。汪氏在经学、文学、目录学等方面都有精深的研究，著有《目录学研究》《禁书书目提要》《汉魏六朝目录考略》等。

《目录学研究》为汪氏目录学论著的代表作，也是中国近现代目录学史上的重要理论著作，同时它也确立了汪氏在目录学研究领域的重要地位。该书初版于 1934 年，是汪氏历年在中央大学讲授目录学

---

① 姚名达著，严佐之导读：《中国目录学史》，上海古籍出版社 2002 年版，第 348 页。
② 姚名达著，严佐之导读：《中国目录学史》，上海古籍出版社 2002 年版，第 335 页。
③ 姚名达著，严佐之导读：《中国目录学史》，上海古籍出版社 2002 年版，第 345 页。

时所作，汪氏撰述此书，既有为学生学习目录学提供教材之意，同时也提出了自己对目录学的理解。他认为，只有对中国古代目录学有全面整体的把握，才能对目录学有正确的认识，"若夫扬榷《汉志》，寻源而弃流；标举《四库》，崇今而蔑古；举偏遗全，舍本逐末，皆无与于目录之学也"。① 虽然该书实为六篇论文构成，但其特点也是极为明显的，傅杰将其条列为四，重点突出、议论透辟、考证精审、材料详赡。② 应该说，这一评价是客观公允的，其中对书目类型进行分类是该书的重要内容。

汪氏认为，"欲治目录之学，不可不先明目录学之界义"。他总结了古今关于"目录学之界义"的四种说法：其一，"目录学者，纲纪群籍簿属甲乙之学也……取便寻检而设，非有其他深微含义也"。汪氏把这种目录称为"目录家之目录"。其二，"目录学者，辨章学术剖析源流之学也……后人览其目录，可知其学之属于何家，书之属于何派，即古今学术之隆替，作者之得失，亦不难考索而得"。汪氏把这种目录称为"史家之目录"。其三，"目录学者，鉴别旧椠雠校异同之学也。纲纪典籍，本重校雠；而校雠之事，则必广征众本，互勘异同……今欲为目录之学，必当标举异书旧椠，以便互勘异同，则目录乃可宝贵；然非洞悉刊刻源流博闻淹洽之彦，固不足以语此。故百宋千元，详加著录者，非必其人之标新眩异，一再传后，浸失其方，乃治目录学之正规也"。汪氏把这种目录称为"藏书家之目录"。其四，"目录学者，提要钩玄、治学涉径之学也。学术万端，讵能遍识？亡书轶籍，无补观摩。故必有目录为之指示其途径，分别其后先，使学者得此一编，而后从事于四部之书，不难识其指归，辨其缓急。此目录学之本旨也……提要钩玄之目录，乃最切实用之目录。而其所以研究此种目录之类分部次与夫取舍得失者，乃目录学也"。汪

---

① 汪国垣：《目录学研究》，商务印书馆 1934 年版，"自序"第 1 页。

② 傅杰：《〈目录学研究〉编后记》，载汪辟疆《目录学研究》，华东师范大学出版社 2000 年版，第 257—258 页。

氏把这种目录称为"读书家之目录"。① 汪氏将目录区分为四种类型，其关于"目录学之界义"的四种说法在学术界有较大影响，程千帆在《校雠广义》一书叙录中对此有所叙及，并将其与洪亮吉、缪荃孙、叶德辉之说并列。②

汪氏强调，虽然目录学有不同的流派，但它们有共同的源头，"夫水必有源，其流则歧；学必有本，因时则变。刘《略》班《志》，目录学之起源；亦即目录学之正规也。愿后世之言目录者，罔不导源于此，而衍之为数派焉"。汪氏指出，目录学之不同流派在于其"用"不同，"目录之为用不同，故界义亦因之而各异"。在汪氏看来，目录家目录之"用"在于"检寻自易"，使后人更为方便地查询书名、作者及篇卷情况；史家目录之"用"在于使读者通过目录可了解作者的学术渊源、派别及立论异同；藏书家目录之"用"在于"鉴别旧椠，考订异同"；读书家目录之"用"则在于使后人了解"作者之略历""书中之要旨""学派之渊源""篇章之真伪"等。③ 汪氏认为，在上述四类目录中，各家的使用目的不同，对于目录功用的认识自然不同，但是其中史家的认识与目录家的认识却有所交集。因此，"亟待研讨而说最纷岐者，则史家之目录与目录家之目录是已"④。

史家之用目录者认为，目录学的可贵之处在于剖析学术源流，"刘向司籍，乃别九流；孟坚作《志》，折衷学术。此目录学之可贵也。后人不晓刘、班著录之旨，以为簿录甲乙，但记书名；类例不分，源流莫辨，猥杂烦琐，陈陈相因；而无关宏旨之目录，滥厕著作之林"⑤。他根据《隋书·经籍志》所言得出结论："推寻事迹，各陈作者所由，在孔子删《书》、韩毛序《诗》以前，早有斯例；向歆著

---

① 汪辟疆：《目录学研究》，华东师范大学出版社2000年版，第1—3页。
② 程千帆、徐有富：《校雠广义·目录编》，河北教育出版社2001年版，"叙录"第4—5页。
③ 汪辟疆：《目录学研究》，华东师范大学出版社2000年版，第4—5页。
④ 汪辟疆：《目录学研究》，华东师范大学出版社2000年版，第5—6页。
⑤ 汪辟疆：《目录学研究》，华东师范大学出版社2000年版，第6页。

录，疑出于此，一也。目录为典籍之纲纪，贵在剖析条流，各有其部，二也。后世目录，但记书名，不能辨其学术之流别。深识之士，所由病繁芜、惩因仍而思改作，三也。然《隋志》所言，尚在推究本源，明其旨趣，以商榷之态度，明目录学之标准；而目录学为簿属甲乙取便检寻之说，不足信矣。"① 最后他以郑樵《校雠略》和章学诚《校雠通义》点出目录学的宗旨："彼郑章二氏大声疾呼，以辨章学术源流，认为目录之本旨者，盖以目录之学，虽为纲纪群籍，实则明道之要、学术之宗，专乃与史相纬，其体最尊，其任最重。世人但以目录为部次甲乙者，盖浅之乎视目录矣。"② 也就是说，目录学虽有"纲纪群籍""部次甲乙"之功能，但这毕竟不是目录学的最重要任务，目录学的根本任务和最终目的应面向辨章学术、考镜源流的学术史。

目录家之用目录者认为，郑樵、章学诚所言，是编述学术史之事。而目录学与学术史有本质的区别，目录学是以书为对象，不是以学为对象。以学为对象，对学术源流进行剖析条辨，然后著成一书，此书可以称为著作史或学术史。以书为对象，对书籍进行部次类居之学，方可称为目录学。因此，"目录者，为簿录书籍而设，非为辨章学术而设也。郑、章之所抗议，乃以书目中所表现之学术思想为对象，而忘目录为记载书籍之簿录，宜其不合也"。"彼郑、章二氏，深慨刘、班之学不传，学术之条贯不辨，独抒说臆，本史家志艺文之旨，衡量后世目录之书，其论诚卓矣！岂知目录之学，其在彼不在此乎？"③

对于史家目录与目录家目录之间的纷争，汪氏进行了折中，他认为二者可并存且有相资为用之处，正如他所言："夫目录本以记载书籍为目的，所谓以书为对象是也。既以书为对象，则所谓纲纪所谓簿属云者，并非漫不经意掇拾书名，便可称目录之学。是必有类例之商榷焉，流别之剖析焉；使后人即类以求其书，即书以求其

---

① 汪辟疆：《目录学研究》，华东师范大学出版社 2000 年版，第 6 页。
② 汪辟疆：《目录学研究》，华东师范大学出版社 2000 年版，第 7—8 页。
③ 汪辟疆：《目录学研究》，华东师范大学出版社 2000 年版，第 8 页。

学。是目录固未尝以学为对象，但舍学而徒言目录，则如第二说所谓凌乱失纪、杂而寡要之弊，要未能尽免也。惟条别学术，本属学术史范畴；而书籍为学术所寄托，治目录者，自不能不明其条贯，别其统系，庶几部次类居，隐有依据，使后人之览其目录者，不致淄淹莫辨，且可藉此以周知一代之学术概略，与夫一家一书之宗趣，异乎赏鉴家、藏书家之目录也。"但他又指出，目录学家若泥于学术，则多"乖隔而难通"，因为中国文化博大精深，学派歧义纷呈，学术变化多端，单凭一己之力难以辨溯学术渊源，如"史家本属六艺之支流，而后世则以附庸蔚为大国；诗赋在《汉志》为独立之专类，在后世则以别集总集为尾闾。学异世嬗，已难尽遵。必欲溯学术之源流，尽返之于刘《略》班《志》之旧例；非惟势所不可，抑亦徒事纷更而已"①。

在以上论述之后，汪氏对史家之目录与目录家之目录做了总结，提出了自己的看法，他主张目录学应"以目录家之目录，而兼有史家之目录"②。在确立目录学性质之后，汪氏还提出了研究目录学的标准和功用，"目录学之界义，既如上述，则吾人研究目录学之标准，当必博稽其源流，商榷其类例，与夫义例之变迁，分隶之出入，皆宜详究。语其大则可通古今学术之邮，语其细则可得著录之准则。而治学之方法，亦将于此涉径焉"③。

综上所述，我们可以得知，汪氏心目中的目录学是以目录家之目录为"效用"、以史家之目录为"本旨"的两兼其用的目录学。如果说以辨章学术、考镜源流为义旨之史家目录为中国传统目录学的精髓所在，那么，讲求"致用"、便于检寻则是西方现代目录学的根本特征。在中西文化交流与碰撞的民国时期，汪氏的目录学定义无疑具有"中西合璧""新旧俱全""传统与现代"交融之色彩。

---

① 汪辟疆：《目录学研究》，华东师范大学出版社 2000 年版，第 9 页。
② 汪辟疆：《目录学研究》，华东师范大学出版社 2000 年版，第 9—10 页。
③ 汪辟疆：《目录学研究》，华东师范大学出版社 2000 年版，第 10 页。

## 五　其他目录学著作

### （一）容肇祖《中国目录学大纲》

容肇祖（1897—1994），中国著名哲学史研究专家、民俗学家和民间文艺学家。原名念祖，字元胎。1897 年出生于广东东莞，1917年毕业于东莞中学，次年考进广东高等师范学校英语部学习，1921年毕业。1922 年考入北京大学哲学系，毕业后先后任厦门大学国文系讲师兼国学研究院编辑，中山大学预科国文课及哲学系讲师。1928年任民俗学会第一任主席，并主编《民俗周刊》、出版民俗丛书。1930—1933 年，先后任中山大学、岭南大学副教授。1934 年任辅仁大学国文、历史副教授兼北京大学哲学系讲师。1937—1945 年，先后任教于西南联合大学、香港中文大学、岭南大学、中山大学。1946年，容肇祖三进北京大学，任哲学系教授。主要著作有《中国文学史大纲》《明代思想史》《韩非子考证》等；目录学方面的著作有《中国目录学引论》《目录学家著述的分途》《韩非子的著作考》《冯梦龙的生平及其著作》《冯梦龙的生平及其著作续考》《中国目录学大纲》等。

《中国目录学大纲》成书于 20 世纪 30 年代，为容氏目录学的代表作。容氏在考察了国内外一些学术观点之后，借鉴了 T. H. Horne关于目录学的定义，认为目录学的研究范围是书的材料、内容、版本、分类及其历史。书的材料是指其物质载体，内容指作者所论述的思想和观点，版本则包括刻本和写本等，分类则是指图书的分类及图书分类的历史。容氏《中国目录学大纲》关于目录学的定义较为宽泛，实际上涵盖了后世文献学的基本内容，如文献的形体、理论、方法和历史[①]等。除容氏外，在民国时期以目录学替代校雠学、文献学

---

[①]　如洪湛侯认为，文献学是关于"文献研究与整理的一门学问"，它包括"文献形体本身的特点、文献整理的方法、文献学的历史、文献学的理论"。详参洪湛侯《中国文献学新编》，杭州大学出版社 1994 年版，第 2—3 页。

的学者也不乏其人，如刘咸炘《目录学》、蒋伯潜《校雠目录学纂要》等均为其代表。

关于研究目录学的意义，容氏认为有三点：首先，目录学是研究中国传统学术及文化的基础。他认为，要整理国故，必须以目录学为门径。研究目录学，可以了解古籍的分类、书籍的存佚、版本的异同，以及何时散亡、何人辑佚，进而可以按图索骥进行更为深入的研究。其次，目录学知识是清理、编纂历代书籍存亡工作的基础。我国古籍汗牛充栋，浩如烟海。虽有前代史家、官家、地方及私人编纂，然"太零碎分散，各不相蒙，漫无系统"。若要考寻学术源流的变迁，必须对历史上的一切书籍进行重新编纂和清理。而要做这项工作，没有目录学知识是万万不行的。最后，目录学知识是建设图书馆及编制目录必备的。容氏认为，随着民国时期公共图书馆在各地的建立，需要大量懂得目录学知识的人充实图书馆建设队伍。目录学知识对于图书的分类和版本、书籍的选择和购买、目录的编制和应用都是不可缺少的。

由此可见，容氏所说的目录学是"治书之学"，它范围较广，举凡图书分类、版本、校勘、辨伪、辑佚均涉其中。在容氏的心目中，目录学知识无论对于中国传统文化典籍的整理和研究，还是对于现代图书馆事业，都是极为重要的。

（二）黎锦熙《新目录学论丛》

黎锦熙（1889—1979），著名语言文字学家、词典编纂家、文字改革家、教育家。字劭西，湖南湘潭人。1911 年毕业于湖南优级师范史地部，1920 年后曾任北京高等师范、北京大学、燕京大学等校教授。一生致力于文字改革，对汉语语法、辞书编纂方面有所贡献。其治学领域广泛，对文学史、近代史、哲学、佛学、目录学、图书馆学等有所造诣。主要著作有《新著国语教学法》《新著国语文法》《比较文法》《国语运动史纲》《建设的"大众语"文学》《方志今议》和《中华新韵》等。涉及目录学方面的著作有《绍述官话字母

的书报录要》《边疆语文教育新书提要》《元杂剧总集曲目表》和
《新目录学论丛》等。

在《新目录学论丛》一书中，黎氏阐述了自己"四化一元"的
目录学理论和思想。所谓"四化"即世界化、现代化、科学化和工
业化。世界化是指在分类编目图书时，要推动它向世界统一的趋势发
展，从而使中外图书分类编目渐趋一致；现代化是将图书文献用现今
的时代标准进行客观的分析；科学化是指在整理图书和编制目录时，
要讲求速度和时效，即"新目录求效率之增高与扩大"；工业化是指
要用工业化手段来处理目录编制与分类。"一元"，即举凡"宇宙之
一切，不以图书为限"，"统一部类，统一管理"。黎氏的观点在当时
可谓标新立异、独树一帜。这是"他从'读书指导'与'图书管理'
之间'对立的矛盾性'这一现象出发，试图用'部类'去控制一切
文献而提出的观点"。黎氏的这种目录学观点，可以说"看到了社会
的发展趋势，以科学技术的目光去展望目录学的发展"①。

（三）裘开明《中国图书编目法》

裘开明（1898—1977），图书馆学家、目录学家，美籍华人。
1898 年生于浙江镇海。曾先后入文华图书馆学专科学校和美国哈佛
大学学习图书馆学和经济学，后获哈佛大学博士学位。1931 年至
1965 年任哈佛燕京图书馆首任馆长。一生致力于图书编目分类、古
籍版本及图书馆学等方面的研究，出版和发表有《中国图书编目法》
等五十余种专著、书目和论文。

《中国图书编目法》一书最早由商务印书馆 1931 年出版发行，
王云五为之作序。全书分为三编十八章，三编分别为"目录片应载
事项""目录片之写法"和"目录之种类及其排法"。其中第一编
"目录片应载事项"由六章组成，分别为定书名、考著者、审版本、

---

① 申少春：《中国近现代目录学简史》，中国致公出版社 2001 年版，第 240 页。

纪图卷、列细目和加附注，此为"中国书籍编目之难点"；① 第二编"目录片之写法"列举了各种目录片的具体书写规范，包括书名、著者、注（译、校）者、标题、分析、丛书、特殊图书七大类，最后对目录片索引的功用和书写进行了说明；第三编对字典式目录、书架目录和分类目录的定义、规范和功用进行了阐述，还对各种目录的排列原则进行了说明。另外，该书还有三个附录：目录之刊印、编目参考书举要、四角号码检字法凡例。

在《中国图书编目法》自序中，裘氏指出，中国传统的书目体例大体分为三个派别：一为解题派，其始于汉刘向、刘歆父子《七略》《别录》，经历了宋《崇文总目叙释》、晁公武《郡斋读书志》、陈振孙《书录解题》，至清代《四库全书总目提要》集其大成。其主旨为条叙学术派别，论断群书得失。二为簿录派，其例创自《旧唐书·经籍志》，至南宋完全成立。郑樵作《通志》二十略，"欲凌跨前人，谓《崇文总目》叙释为繁文。故其艺文一略，无所诠释。高宗且因其建议，而废《崇文总目》之解题。尤袤《遂初堂书目》亦因之"②。自此之后，仅记甲乙部次，只标图书名目之书目，遂与其他两体例并行。三为考订派，其兴起的原因在于随着印刷技术的进步，书籍的生产日益方便，讹误也随之产生。历经宋元明清，书之版刻，愈积愈多。于是有清一代喜言校勘版本学之著录家，逐渐发展考订派之目录学者。他们"专究版本之先后，钞校之精粗，音训之异同，字画之增损，授受之源流，翻摹之本末，篇第之多寡，行字之数目，行幅之疏密，装缀之优劣"③。裘氏认为，三个流派虽各有利弊，但共同之处是均不适用于现代图书馆编目工作。他强调，现代图书馆书籍存量和流通量都比较大，而编目者"难得先儒之宽闲，作正确之解题，精密之考订"。"然书目为用，

---

① 裘开明：《中国图书编目法》，上海商务印书馆 1931 年版，"自序"第 2 页。
② 裘开明：《中国图书编目法》，上海商务印书馆 1931 年版，"自序"第 1 页。
③ 裘开明：《中国图书编目法》，上海商务印书馆 1931 年版，"自序"第 1 页。

在因目寻书。是每书不得不有相当之节述，使未睹书仅见目者，略知其内容与形式，故书目之体例及其详略，应如何为适当，实为今日图书馆编目亟待解决之一问题。"① 正是在这种情况下，裘氏结合自己多年图书编目的经验，同时参酌中国传统书目学著述和西洋编目法理论，折中融合，始成此书。裘氏强调，《中国图书编目法》的著述汲取了郑樵、章学诚、孙庆增、叶德辉等人的学术思想，而近人则首推孙德谦。

《中国图书编目法》的编著和出版在学界产生了较大反响。王云五说，长期以来，对于中国图书编目法，"向鲜专书"。裘氏作为图书馆学方面的专家，经过长期的研究，然后结合其在国内外大学图书馆任职的经验编著的这本书，可谓"蔚然成一家言，洵足以应现在之需要而补其缺憾"。"学者奉为圭臬，则于中国图书编目之具体方法，思过半矣。"② 在书中，裘氏不仅进行文字上的详细说明，而且辅以图例，"以示规范"。在目录排列法中，裘氏主张采用王云五"四角号码检字法"进行排列。不仅如此，裘氏更是将此法运用于国外汉文图书的编目，"然斯法之立足于国外，实自裘君以之排列美国哈佛大学之汉文图书目片始"③。理论的总结和实践的探索，使得该书的出版不仅对于中国图书馆学事业的发展及图书编目工作起了较大的促进作用，同时对于"四角号码检字法"的传播、使用乃至发扬光大也有一定的积极作用。

（四）蒋元卿《中国图书分类之沿革》

《中国图书分类之沿革》撰成于1935年④，初版于1937年，由上

---

① 裘开明：《中国图书编目法》，上海商务印书馆1931年版，"自序"第2页。

② 王云五：《〈中国图书编目法〉序》，载裘开明《中国图书编录》，商务印书馆1931年版，第1页。

③ 王云五：《〈中国图书编目法〉序》，载裘开明《中国图书编录》，商务印书馆1931年版，第1页。

④ 蒋元卿《中国图书分类之沿革》"自序"作于1935年11月3日，根据自序内容可以推知该书此时（1935）已经完稿。

海中华书局出版发行。三版于 1941 年，由昆明中华书局出版发行①。
1983 年 4 月台湾中华书局出版"台三版"。② 全书共五章，约十六万
字。其首先论述了分类的起源，接下来重点阐述了中国图书分类之
沿革。

蒋氏认为，图书分类史是目录学的重要组成部分。目录固然以记
载书本为唯一目标，但亦与治学有紧密的联系。这是因为，书籍是知
识的载体，治学必须依靠书本，而寻求书本必须懂得图书的分类，图
书的分类往往是以知识和学术的分类为前提的，学术和知识的分类又
是有传承的。因此，通过学术的传承及衍变（即学术史）可以了解
图书分类的历史，而图书分类的历史恰恰就是目录学的历史。从这一
意义上说，学术史即为目录学史，也是目录学的"灵魂"所在。正
像蒋氏在自序中所说："夫目录既以记载书籍为目的……故类居部次
之法，实可为目录学之灵魂也。"③ 由此可见，蒋氏在继承郑樵、章
学诚思想的基础上糅合了现代目录学的成分。因此，对于郑樵所言书
与学之间的关系"学术之苟且，由源流之不分；书籍之散亡，由编
次之无纪"，蒋氏极为欣赏。

蒋氏在书中十分强调图书分类变化的思想，正如他所说："学术
是随时代而变迁，故图书之分类，不能一成而无变。"④ 同时他也强
调图书分类法也必然"受着时代的限制"⑤。为此，蒋氏还以中外历史
上的图书分类法为例进行了说明。比如《七略》的分类在当时是好的，
也是符合西汉学术和时代的发展的，但现在如有人去依其进行图书和
学术的分类，就必然行不通，因为《七略》只是汉代的分类法，后来
的《四库》分类法也只是清代的分类方法。从另一个方面来说，变易

---

① 笔者所持版本为三版，版权页显示："民国廿六年五月发行　民国三十年三月第三版"，
"总发行处：昆明中华书局发行所"。

② 刘尚恒：《蒋元卿先生事略》，《大学图书情报学刊》2004 年第 2 期。

③ 蒋元卿：《中国图书分类之沿革》，上海中华书局 1941 年版，"自序"第 1 页。

④ 蒋元卿：《中国图书分类之沿革》，上海中华书局 1941 年版，第 38 页。

⑤ 蒋元卿：《中国图书分类之沿革》，上海中华书局 1941 年版，第 246 页。

的思想对于欧美图书分类法在中国的运用，同样适用，如杜威"十进分类法"不能独立在中国图书馆应用，就是这个道理。由此可知，以变易和因地制宜的思想分析中国图书分类之沿革是蒋书的一大特点。

蒋书结构严谨，逻辑层次清晰，为我国图书分类事业的发展和变迁勾勒出一个清晰的脉络图；同时，蒋书包含详细的图书分类类例和书目分类资料，非常翔实，考证严密，具有较高的史料价值和学术价值。[①]

此外，民国时期的目录学著述还有杜定友《西洋图书馆目录史略》（1926）、英国福开森《目录学概论》（1930，由耿靖民翻译）、刘异《目录学》（1933）、毛坤《目录学通论》（1934）、马导源《书志学》（1934）、周贞亮《目录学》（1935）、闵锋译《西洋目录学要籍及名辞述略》（1935）、程会昌《目录学从考》（1937）、张遵俭《中西目录学要论》（1944）等。这些目录学著作有的未曾出版，有的已经遗失，大多难以寻觅。因未曾寓目，故此处略而不论。

## 第二节　版本学

在我国，版本学由来已久，"中国古书版本名学，其来尚矣"[②]。版本学"始于汉，昌于宋，而大盛于清"[③]。张舜徽认为，对版本的重视和讲究版本的风气，"开始于南宋，而大盛于清乾、嘉时"[④]。尽管说法不尽相同，但一个基本的事实是，版本学在我国经历了一个漫长的历史发展过程。然而版本学从校雠学、目录学中独立出来，出现版本学的相关理论专著，则是 20 世纪的事情。20 世纪，以叶德辉、钱基博、缪荃孙、陶湘、孙毓修、张元济、郑振铎等为代表的版本学

---

[①] 梁瑶：《蒋元卿先生的图书分类学成就》，《山东图书馆学刊》2010 年第 3 期。

[②] 李致忠：《古书版本学的起源与演变》，载《版本学研究论文选集》，书目文献出版社 1995 年版，第 139 页。

[③] 戴南海：《版本学概论》，巴蜀书社 1989 年版，第 19 页。

[④] 张舜徽：《中国文献学》，上海古籍出版社 2011 年版，第 47 页。

家纷纷出现。同时也出现了一大批版本学理论著作，如叶德辉的《书林清话》和《书林余话》、钱基博的《版本通义》、孙毓修的《中国雕板源流考》，等等。自此，版本学开始逐渐形成一门独立的学科。本节将以上述版本学著作所论版本学与文献学之关系为视角，进一步分析其版本学成就。

## 一　传统版本学的持续发展

民国时期，传统版本学研究取得了较大进展，当时不少学者在传统的藏书志、读书志、题跋中都有关于版本学理论的论述，如蒋汝藻《传书楼藏书志》、张钧衡《适园藏书志》、傅增湘《藏园读书题记》，等等，其中集大成者为叶德辉《书林清话》和《书林余话》。

叶德辉（1864—1927），字奂彬，一字渔水，号郋园，近代著名版本目录学家、藏书家、刻书家。叶氏终生致力于古书搜集、校勘与收藏，"不乐仕进，日以搜访旧书、刻书为事，勤于考据之学"，"平日遇宋、元、明刻旧本，多手自勘定，题跋精详"。其在经学、史学、版本目录学、校勘学、文字学等方面均有精深造诣，许崇熙称其"藏书既富，著述滋多"，"一时言古学者，翕然宗之，海内外无异词焉"[①]。叶氏在版本目录学方面的成就及影响尤为突出，先后撰写了系统的书史《书林清话》《书林余话》等，编纂了《观古堂书目丛刻》等。《书林清话》是中国第一部真正有系统的版本目录学专著，用笔记体写成。

在《书林清话》自叙中，叶氏提及了创作此书的缘起和初衷。应该说，叶昌炽《藏书纪事诗》是其撰述《书林清话》的直接动因。众所周知，《藏书纪事诗》开创了中国藏书史研究的先河，对此书，叶德辉也给予高度评价："往者宗人鞠裳编修昌炽，撰《藏书纪事诗》七卷，于古今藏书家，上至天潢，下至方外、坊估、淮妓，搜

---

[①]　许崇熙：《郋园先生墓志铭》，载《近代中国史料丛刊续辑·碑传集三编》，台北：文海出版社1981年版，第2204页。

其遗闻佚事，详注诗中，发潜德之幽光，为先贤所未有。即使诸藏书家目录有时散逸，而姓名不至灭如，甚盛德事也。"但同时也指出此书不足之处："顾其书限于本例，不及刻书源流与夫校勘家掌故，是故览者所亟欲补其缺略者。"[1] 叶德辉侄儿叶启鉴也有类似的说法："盖因宗人鞠裳讲学撰《藏书纪事诗》，唯采掇历来藏书家遗闻轶事，而于镂版缘始，与夫宋元以来官私坊刻三者派别，莫得而详。"[2] 因此，叶氏亦欲通过对"刻书源流""校勘家掌故"及"宋元以来官私坊刻三者派别"之撰述以弥补《藏书纪事诗》之不足。其实，《藏书纪事诗》对于"刻书源流"和"校勘家掌故"亦有多处涉及，只是不及《书林清话》全面而详尽，这是由二书不同的体例所决定的。《书林清话》的成书及其在学术界的地位也与叶氏深厚的家学渊源和精深的学术造诣密不可分，据《观古堂藏书目》序所述，宋代叶梦得、清代叶树廉、叶奕皆为其先祖，叶氏曾祖、祖父也是笃学好书之士，因此，家中"累代楹书，足资取证"[3]。叶氏幼承庭训，"朝夕讽诵"，"得窥著作门庭"。同时，叶氏本人也搜集了大量古籍善本，据刘肇隅《郋园读书志》序所言，叶氏"竭四十年心力，凡四部要籍无不搜罗宏富，充栋连樯"。至辛亥时，插架已达十六万卷之多，此后数年仍有扩张，据估计已超过三十万卷。浓郁的家学渊源、丰富的藏书为叶氏撰写《书林清话》提供了坚实的基础。

《书林清话》是在"检讨诸家藏书目录题跋，笔而录之"的基础上编撰而成，它"于刻本之得失，抄本之异同，撮其要领，补其阙遗……凡自来藏书家所未措意者，靡不博考周稽，条分缕析"[4]。该书是研究中国书籍发展历史及宋元明清典籍版本的重要经典著作。

---

① 叶德辉：《书林清话　书林余话》，岳麓书社1999年版，"自叙"第1页。

② 叶启鉴：《〈书林清话　书林余话〉跋》，载叶德辉《书林清话　书林余话》，岳麓书社1999年版，第244页。

③ 叶德辉：《书林清话　书林余话》，岳麓书社1999年版，"自叙"第1页。

④ 叶启鉴：《〈书林清话　书林余话〉跋》，载叶德辉《书林清话　书林余话》，岳麓书社1999年版，第244页。

《书林清话》虽属于笔记体裁，然叶氏也是匠心独运，在篇目次序、卷帙分合方面有所考虑，如卷一述及版本名称概念及刻板缘起，卷三卷六专述宋代刻书，卷四述金元刻书，卷五卷七述明代刻书，卷九述清代刻书，卷八综合论述类书丛书刻本、绘画本、活字版及套印书等。全书共十卷，一百二十六个专题，内容大致可以分为十类，即雕版源流、历代官刻、历代私刻、历代坊刻、断代研究、古代抄本、古代藏书、古代书业、古代书话、古籍辨伪。① 这十类可以归纳为四个方面：一是关于书籍的墨色纸张、装帧钞印方面的内容，二十一个专题；二是关于书籍刻制（包括活版）方面的，六十一个专题；三是关于各类刻本及其优劣、价格等方面的，二十一个专题；四是与版本有关的轶事及其他，二十三个专题。②

《书林清话》撰成于"宣统辛亥岁除"③，后因战乱频仍，未能及时出版，"中更兵燹，剞劂之工，刻而复停"④。1919 年，叶启鉴在叶德辉稿本的基础上，"取校原引各书，漏载者补之，重衍者乙之，凡五阅月而毕业"，校勘完毕之后寄呈叶德辉"鉴定"。为避免"挂漏尤多"，"复率从弟康侯、定侯等助余检校，又补正数十字"⑤，后于1920 年付梓，此为该书较早版本⑥。1928 年《书林清话》铅印本由京师图书馆监督重版，缪荃孙为之作序。1935 年长沙古书社刊印

① 徐雁：《读〈书林清话〉》，《图书情报研究》1986 年第 4 期。

② 朱新民：《叶德辉及其历史文献学研究》，硕士学位论文，湖南师范大学，2005 年。

③ 叶德辉：《书林清话　书林余话》，岳麓书社 1999 年版，"自叙"第 2 页。另，叶氏侄儿叶启鉴亦曰："书成于宣统辛亥"，见《〈书林清话　书林余话〉跋》，岳麓书社 1999 年版，第 244 页。

④ 叶启鉴：《〈书林清话　书林余话〉跋》，载叶德辉《书林清话　书林余话》，岳麓书社1999 年版，第 244 页。

⑤ 叶启鉴：《〈书林清话　书林余话〉跋》，载叶德辉《书林清话　书林余话》，岳麓书社1999 年版，第 244—245 页。

⑥ 关于《书林清话》初版时间，有三种说法：（1）1917 年说（任莉莉：《叶德辉〈书林清话〉笺证》，博士学位论文，华东师范大学，2009 年）；（2）1919 年说（柳和城：《孙毓修评传》，上海人民出版社 2011 年版，第 175 页）；（3）1920 年说（江瑞芹：《叶德辉〈书林清话〉版本学思想研究》，硕士学位论文，华中师范大学，2009 年；刘孝平：《叶德辉文献学研究》，硕士学位论文，武汉大学，2005 年）。真实情况如何，待考。

《书林清话》为《郋园先生全书》一种。此后该书被十余家出版社再版，主要有古籍出版社、中华书局、上海书店、岳麓书社等。《书林清话》在学界产生了较大反响，胡适将其列为《国学名著百种》书目之一，梁启超1923年撰《国学入门书要目及其读法》时也将此书收入其中并谓其"论刻书源流及其掌故甚好"①。缪荃孙给予高度评价："此《书林清话》一编……所以绍往哲之书，开后学之派别，均在此矣。"② 张舜徽认为该书"称述藏家故实，广采名流燕语，扬榷得失，语多精辟"③。之后的版本学专著对《书林清话》亦多有援引，如黄永年《古籍版本学》（江苏教育出版社2005年版）、戴南海《版本学概论》（巴蜀书社1989年版）、李致忠《古书版本鉴定》（文物出版社1997年版）、曹之《中国古籍版本学》（武汉大学出版社2007年版）、严佐之《古籍版本学概论》（华东师范大学出版社1989年版）等。《书林清话》在学术界和文献学史上的地位于此可见一斑。

　　长期以来，关于版本学是否能够成为一门独立的学科，众说纷纭，聚讼不已。有人认为，我国古籍版本的研究，是从校雠学的研究应用发展而来的，目录、版本、校勘三者相互为用，相互促进发展，版本工作为校雠学的一个重要组成部分，但其不能独立成学，持这一观点的为张舜徽，他说："近世学者于审定书籍，约分三途：奉正史艺文、经籍志及私家簿录数部，号为目录之学；强记宋、元行格，断断于刻印早晚，号为板本之学；罗致副本，汲汲于考订文字异同，号为校勘之学。然揆之古初，实不然也。盖三者俱校雠之事，必相辅为用，其效始著；否则析之愈精，逃之愈巧，亦无贵乎斯役矣。"④ 有人认为，版本学可独立成学但为目录学的分支学科，持这种观点的为

　　① 梁启超：《饮冰室合集》专集71，中华书局2003年版，第18页。
　　② 缪荃孙：《〈书林清话　书林余话〉缪序》，载叶德辉《书林清话　书林余话》，岳麓书社1999年版，第1页。
　　③ 张舜徽：《清儒学记》，齐鲁书社1991年版，第365页。
　　④ 张舜徽：《广校雠略》，中华书局1963年版，第1页。

余嘉锡，他说："校雠文字，辨别版本，虽为目录之所有事，今皆别自专门名家，欲治其学，当著专篇。"① 叶德辉认为，版本学、目录学、校勘学均可独立成学，它们之间联系紧密，统领于校雠学之下，为校雠学的重要组成部分。② 对于"近人"以"目录之学"定义"官家之书"，以"版本之学"定义"私家之藏"，从而将目录之学与版本之学相互对立的观点，叶氏并不认可。他认为，版本、目录、校勘三位一体，密不可分。从版本学、目录学的起源与发展来看，也足以证明叶氏观点的正确与合理。刘向、刘歆父子校书，先搜集众本，然后进行校勘，最后撰成目录，三者紧密相连、不可分割，共同为图书整理事业做出重大贡献。在整理图书的过程中，他们并未区分"官家之书"与"私家之藏"，而是遵循相同的程序。此后的校书，无论官修还是私修，几与前朝类似。况且，"官家之书"也有目录版本，"私家之藏"也有版本目录。因此，叶氏认为，版本、目录虽可独立成学，但又紧密相连，不可分割，"言目录则版本为之辅，言版本则目录也可为之辅"③。为了增强这一观点的说服力，叶氏以实例说明版本之学起源于藏书目录。④ 叶氏认为，在雕版印刷术出现之前，虽然也有藏书目录，但因当时诸家藏书有限，"多者三万卷，少者一二万卷"，因此无所谓异本重本。雕版印刷术出现之后，图书的印制能力大为提高，于是出现"一书多至数本"之现象。在这种情况下，藏书家为了辨别不同版本的图书，不得不在撰叙目录时著录异本和不同版本的信息，版本学因此而产生。叶氏指出，南宋初期尤袤《遂初堂书目》开创了目录中著录版本的先例，南宋岳珂《九经三传沿革例》⑤继承了这一传统。鉴于此，叶氏认为，版本学是在目录学

---

① 余嘉锡：《目录学发微》，中国人民大学出版社 2010 年版，第 75 页。
② 叶德辉：《书林清话　书林余话》卷一"版本之名称"，岳麓书社 1999 年版，第 21—22 页。
③ 戴南海：《版本学概论》，巴蜀书社 1989 年版，第 23—24 页。
④ 叶德辉：《书林清话　书林余话》卷一"古今藏书家纪版本"，岳麓书社 1999 年版，第 4—5 页。
⑤ 经后人考证，《刊正九经三传沿革例》实为元代岳浚所为。

中产生的。而辨别版本之风，也是从宋末士大夫开启的。仔细分析叶氏的相关论述，我们就会发现，叶氏并未述及雕版出现之前目录中著录版本资料的情况，这与他对"板本"二字的定义有关。叶氏认为，雕版之前出现的写本谓之"本"，"板"则指雕版，合起来才能称为"板本"①。为了更好地说明这一观点，叶德辉还引用了其先祖南宋叶梦得《石林燕语》中的相关说法。但叶梦得在《石林燕语》中仅对写本和版本进行了区分并分析了版本发展的历史，指出写本多经过精密的校对，故往往为善本。五代冯道始奏请官府镂《六经》板印之后，雕版日益兴起，学者们"易于得书"，"不复以藏书为易"，"诵读亦因灭裂"。同时，雕版书出现之后，学者们多以雕版为底本进行校勘。在这种情况下，先前所藏写本逐渐消亡，于是讹误大量出现。也就是说，写本与雕版的最大区别在于写本的讹误较少，而雕版相对较多。其实这一说法也不尽然，讹误的多少取决于抄写者或刻工对于文本的熟悉程度及本人的学识、态度，同时也源于各种客观条件的限制，如避讳等。正是在叶梦得《石林燕语》的影响下，叶德辉以雕版书讹误较多、鉴别版本之风兴起于宋为由得出版本学始于宋的结论。应该说，叶氏关于版本学兴起的观点有一定的合理性，但却忽视了雕版印本出现之前众多写本的差异性，也忽视了目录学、版本学同根同源这一基本事实。因此，叶氏的解释难免给人望文生义的感觉。

　　虽然版本学兴起较早，但却未能得到较快的发展，直至宋代，才有了进一步的发展。叶氏认为，从明末开始，版本学开始向独立学科的方向发展，他说："明毛扆②《汲古阁珍藏秘本书目》注有宋本、

---

　　①　叶德辉：《书林清话　书林余话》卷一"版本之名称"，岳麓书社1999年版，第21页。
　　②　毛扆（1640—1713），清著名藏书家、校勘家、出版家。字季斧，号省庵，毛晋次子。江苏常熟人。精于小学，以校勘图书知名。编有《汲古阁珍藏秘本书目》，此书成于康熙四十四年（1705），一卷，收书481种。按四部序次排列，著录书名、卷册数外，注记版本特别详细，宋元版大多冠于书名之前。此书最早将善本集中编成目录，它不仅于宋元旧刊外收录明初及嘉靖刻本，还收录各种旧抄本，不仅从版本的时代划定界限，还从版本文字内容异同考虑珍善与否，作为一部完整意义的善本书目，名副其实。从微观上看，其著录版本各项相当精密，《汲古阁珍藏秘本书目》对清代善本书目这一重要目录类型，具有开先创制的意义。另外，它对古籍善本价格的记录，其他书录罕见，更具史料价值。

元本、旧抄、影宋、校宋本等字……江阴李鹗《得月楼书目》，亦注宋板、元板、钞本字。国初季振宜《季沧苇书目》、钱曾《述古堂藏书目》，卷首均别为宋板书目。"① 由此可知，明末清初士大夫的私人藏书书目记载相关版本的做法已蔚然成风，重视版本成为一种时尚。在此基础上，到了清代，"尤其是乾嘉以还，考据之业，可谓鼎盛，于是研究版本之学逐渐发展为一门有理论、有方法的学问"②。叶氏认为："自康、雍以来，宋元旧刻日稀，而搢绅士林佞宋秘宋之风，遂成一时佳话……嘉庆二年，以《前编》未尽及书成以后所得，敕彭元瑞等为《后编》二十卷，是为官书言板本之始……其后臣民之家，孙星衍有《祠堂书目内编》《外编》，宋元旧板并同时所刻，分别注明……大抵于所见古书，非有考据，即有题记。"③ 从以上论述不难看出，版本学在清代得到较快的发展。这一时期，版本学研究范围急剧扩大，不单著录异本，而且对刊刻时地、收藏姓名、印记均一一考证。同时大量官修目录也广著异本，出现了较多卓有成就的版本学家和较高水平的版本学著作。叶氏不仅认为版本学是在目录学中产生，而且进一步指出，版本的鉴别同样离不开目录学，他说："鉴别之道，必先自通知目录始。"④ 这是因为，如果没有对目录书和目录学的深入研究，就不可能通晓古书的存亡；对古书的存亡不了解，"一切伪撰抄撮、张冠李戴之书杂然滥收"，从而导致"淆乱耳目"。因此，目录之学需"时时勤考"。⑤ 反过来，目录学也离不开版本学，这可以从叶氏藏书目录《观古堂藏书目》中略知一二。在该书中，

---

① 叶德辉：《书林清话　书林余话》卷一"古今藏书家纪版本"，岳麓书社1999年版，第5页。

② 戴南海：《版本学概论》，巴蜀书社1989年版，第15页。

③ 叶德辉：《书林清话　书林余话》卷一"古今藏书家纪版本"，岳麓书社1999年版，第5—7页。

④ 叶德辉：《藏书十约》"鉴别二"，见李庆西标校《叶德辉书话》，浙江人民出版社1998年版，第5页。

⑤ 叶德辉：《藏书十约》"鉴别二"，见李庆西标校《叶德辉书话》，浙江人民出版社1998年版，第5页。

我们发现，叶氏的著录专案包括诸多与版本相关的内容，如同书异名问题。因此，在叶氏的心目中，目录学与版本学的关系如影随形，时刻没有分离。

叶氏关于目录学、版本学的有关认识既源于自己长期的古籍整理实践，也得益于其对此方面的深入研究。应该说，叶氏的这一观点已为当时的一些学者所认可，从而纠正了乾嘉时期对目录学和版本学的错误认识，为目录学和版本学走上良性发展轨道产生了积极影响。

### 二　版本学研究的新成就和新体例

民国时期，在西方图书馆学理论尤其是版本学理论的影响下，中国的版本学研究也有所创新，诸多学者开始以西方版本学理论为参照进行研究，如钱基博的《版本通义》、王重民在《善本提要》中的版本研究等等。《版本通义》是继《书林清话》之后的又一部版本学专著，也是第一部以"版本"命名的版本学著作，更是"第一次试图从理论与实践两方面对版本学进行研究的专著"①。

钱基博（1887—1957），古文学家、文史专家、教育家。字子泉，别号潜庐，江苏无锡人，著名学者钱钟书之父。钱基博自幼学习中国传统文化，打下了扎实的国学功底。1905 年，受当时"中学为体，西学为用"思想影响，开始学习西学。1906 年，应薛南溟之聘，任家庭教师，为其子教授算学。1913 年任无锡县立第一小学文史地教员。1918 年任无锡县立图书馆馆长。1923 年后历任圣约翰大学、清华大学、无锡国学专修学校（现苏州大学）、光华大学、浙江大学、华中大学（今华中师范大学）教授。钱基博长期从事教育和著述，在经学、史学、文学等方面均有精深造诣，一生著述颇丰，主要有《经学通志》《古籍举要》《国学必读》《文史通义解题及其读法》

① 鲁远军：《从〈版本通义〉看版本研究思想》，《新疆师范大学学报》（哲学社会科学版）2000 年第 1 期。

《版本通义》《骈文通义》等诸多专著和论文。《版本通义》作为我国最早的两部版本学专著之一，"堪称版本学的学术经典"①，"在学术史上对版本学的独立起到了关键的作用"②。

《版本通义》成书于1930年5月，初版于1931年4月，由上海商务印书馆刊印发行。全书分为四个部分，即"原始第一""历史第二""读本第三"和"余记第四"。"原始第一"主要论述宋以前版本，从源头上追溯了版本和版刻的产生和发展；"历史第二"记载了宋元明清版本的沿革，目的在于"审其流别、详其沿革"，其中以记载宋代版本为详；"读本第三"则是为初学者介绍一些常读经典的常见版本，以便使它们"易买易读，不致迷惘眩惑"③；"余记第四"杂记历代影抄、学习版本的途径及心得体会等。严佐之认为，《版本通义》的主要看点有两端：一是"会通古今"的"义例"，二是"重在校勘"的"义理"。④应该说，这一评论恰如其分。

从"义例"来说，与《书林清话》相比，《版本通义》更多强调内容和体例的完整。尽管《书林清话》是第一部版本学著作，但它却是以读书札记的体裁来记录版本研究心得的学术专著，正如叶德辉所言，这是他在撰《藏书十约》之后，在"挈其大纲，其有未详者，随笔书之"的基础上，"积久成帙，逾十二万言，编为十卷"⑤，终成是书。《书林清话》的成书起初并非有意为之，所以其内容编排相对自由、缺乏体例构建也在情理之中，叶氏将该书命名为"清话"也并非自谦，而是实事求是。陈垣也曾有言，《书林清话》"书很好，只是体例太差"，评价可谓切中肯綮。其书虽然于"书籍版刻源流，尤能贯串"⑥，于版本细枝末节，尤多考覆，但"终究未能明晰构架

① 刘佳：《20世纪版本学史研究》，硕士学位论文，河北大学，2009年。
② 郑春汛：《〈版本通义〉学术特色浅议》，《图书馆理论与实践》2008年第3期。
③ 钱基博著，严佐之注：《版本通义》，上海古籍出版社2007年版，第52页。
④ 钱基博著，严佐之注：《版本通义》，上海古籍出版社2007年版，"导读"第2页。
⑤ 叶德辉：《书林清话　书林余话》，上海古籍出版社2012年版，"序"第1页。
⑥ 叶德辉：《书林清话　书林余话》，上海古籍出版社2012年版，"序"第1页。

出版本学的学科结构体系"①。《版本通义》的撰写则完全不同，他是钱基博"有意为之"的得意之作。② 在《版本通义》"叙目"中，钱氏不仅强调此书的"内容"为版本学，更强调其"体例"，即要达于"会通""发凡起例"，意欲对版本学做通贯研究，开创新的体例。如果说二十年前叶德辉撰写《书林清话》时版本学还没有独立于学者的自觉研究视野，那么二十年后《版本通义》的出版则标志着"版本"作为独立的研究对象为学界认可并上升到了理论高度，版本学被作为一个学科来看待，"第一次脱离校雠、目录等学科做了一次主角"③。从书名来看，"通义"显然有沿袭《白虎通义》《文史通义》《校雠通义》之意。事实上，章学诚《文史通义》《校雠通义》在民国初年确为显学，钱氏受此影响也在情理之中。钱氏弟子吴忠匡说："先生服膺清儒章学诚，认为唐刘知几的《史通》，章氏的《文史通义》，千载相望，骈称绝作。"④ 受章学诚潜移默化之影响，讲求通贯的治学方法、"剖析源流"是钱氏一贯的主张，这在钱氏的著述中有明显的表现。从《版本通义》一书的内容来看，"原始"和"历史"两篇追述了版本和版本学的起源、发展和演变，属于版本学学科的"历史"部分，几占全书内容之半，于此可见钱氏对版本学发展历史的重视，亦为其考证版本学源流之实证。"读本"部分讲述经史子集常见典籍之常见版本知识，是分门别类、甄别版本优劣之学科"方法"。此外，讲述版本鉴别"方法"的还有"历史"篇中的"宋刊特征"专题。"余记"部分杂记历代藏书风气、影抄、造伪、学习版本心得及途径等，大约相当于学科的"理论"部分。因此，钱氏不仅重视版本学的"历史"部分，而且更加注重体例的完整，历史、

---

① 钱基博著，严佐之注：《版本通义》，上海古籍出版社 2007 年版，"导读"第 3 页。

② 正如钱氏本人所说："余读官私藏书之录，而籀其所以论版本者，观于会通，发凡起例，得篇如右。"（钱基博著，严佐之注《版本通义》，上海古籍出版社 2007 年版，"叙目"第 1 页）

③ 郑春汛：《〈版本通义〉学术特色浅议》，《图书馆理论与实践》2008 年第 3 期。

④ 吴忠匡：《吾师钱基博先生传略》，《中国文化》1991 年第 4 期。

方法、理论三者俱备。因此，严佐之谓其"符合建构学科体系结构的理论要求"①的说法是正确的，此后如严佐之、戴南海、李致忠、黄永年、曹之等人的版本学著作大多沿袭这样的体例结构。虽然名称不一，如将"方法"称为"版本鉴定"等，又如对于"理论"的阐述，常散见于"历史"和"方法"中。由此可见，钱氏《版本通义》对于版本学科的建立和发展所具有的示范意义不可忽视，其理论的奠基作用和"先见之明"有目共睹。

钱氏著作还有对于"版本学本质的认识"②。在该书"叙目"，钱氏对版本学的历史做了简单的梳理，指出版本学来源于校雠学和目录学："版本之学，所从来旧矣！盖远起自西汉，大用在雠校。刘向《别录》：'雠校，一人读书，校其上下，得缪误，为校。一人持本，一人读书，若怨家相对，故曰雠也。'……然则雠校所资，必辨版本。至宋岳珂刊《九经三传》，称以家塾所藏唐石刻本，晋天福铜版本，京师大字旧本，绍兴初监本……合二十三本，专属本经名士反复参订。而于是事雠校者言版本。方是时，吾锡尤简公著录所藏，为《遂初堂书目》，特开一书兼载数本之例。而于是治目录者言版本。"③钱氏认为，清末以降，版本学逐渐脱离其母体而独立，"既以附庸，蔚为在国，寝昌寝炽，逮于逊清，版本之学，乃以名家，而吾苏为独盛"④。在钱氏的理念中，版本源于校雠，因此他更"强调版本的文献校勘意义，对版本学末流的骨董习气尤其反感"⑤，"版本之学，其始以精校雠，其蔽流为骨董"⑥，"然则宋椠不易得，得亦珍罕，以骨董视之，非读本也"⑦，而这也正是贯穿于《版本通义》叙述结构中

① 钱基博著，严佐之注：《版本通义》，上海古籍出版社2007年版，"导读"第3页。
② 钱基博著，严佐之注：《版本通义》，上海古籍出版社2007年版，"导读"第8页。
③ 钱基博著，严佐之注：《版本通义》，上海古籍出版社2007年版，"叙目"第1—2页。
④ 钱基博著，严佐之注：《版本通义》，上海古籍出版社2007年版，"叙目"第2页。
⑤ 钱基博著，严佐之注：《版本通义》，上海古籍出版社2007年版，"导读"第9页。
⑥ 钱基博著，严佐之注：《版本通义》，上海古籍出版社2007年版，第83页。
⑦ 钱基博著，严佐之注：《版本通义》，上海古籍出版社2007年版，第52页。

的一条主线。对于明清以来版本学中的"佞宋"现象，钱氏极力反对并引用王世禛、钱谦益、钱大昕、陆游、叶梦得等人之说予以反驳，最后肯定了焦循"宋版不必不误"的说法。① 很明显，钱氏强调版本的校勘绝非"无病呻吟"，而是有感而发。当然了，版本的校勘包括版本鉴定。钱氏认为，研究版本的目的不是为了珍藏而是为了校勘、鉴定出较好的版本以便于治学，为读者提供易读、易得之读本。因此，在该书中专门设立"读本"篇。在该篇中，钱氏虽然没有过多直接述及校勘和鉴定版本的"方法"，但却为我们提供了校勘和鉴定版本的最终"结果"，使我们在研读古籍和治学过程中事半功倍，从而从另一个方面说明了校勘、鉴定版本的重要性。当然了，版本校勘和鉴定也需要目录学的知识，对此钱氏也有明确的认识。

综上所述，钱氏对于版本学在民国时期的发展及现代版本学的建立做出了不可磨灭的贡献，其对版本学学科建设的开创之功将会随着历史的发展而愈加为人们所熟知。

### 三　西方学者对中国雕版印刷史的研究

清末民初，西方印刷史研究十分盛行。由于西方印刷术受中国传统印刷术影响颇多，为研究西方印刷术发展源流，不少西方学者开始将目光投向中国古代印刷史。其代表人物便是美国汉学家卡特（T. F. Carter，1882—1925）②。

卡特是出生于苏格兰的美国人。他 1906 年来华观光期间，专门学习了汉语，回国后致力于中国印刷术研究，并撰写了享誉国际的《中国印刷术的发明和它的西传》（*The Invention of Printing in China and It's Spread Westward*），该书是国际汉学界较早研究中国印刷术的学术专著。1924 年，卡特担任了哥伦比亚大学中国文化系系主任。然而，次年便

① 钱基博著，严佐之注：《版本通义》，上海古籍出版社 2007 年版，第 9—10 页。
② ［美］卡特：《中国印刷术的发明和它的西传》，吴泽炎译，商务印书馆 1957 年版，第 5—7 页。

去世了。同年，该书亦得以正式出版，并在之后多次再版。

该书涉及中国造纸术的发明、印章的使用、石碑拓本、雕版印刷等版本学的内容。中国传统版本学，专注于古书版本本身研究，而对古书制作过程等问题缺乏学术性探讨。一些诸如纸张、印章使用、印刷技术等问题是研究古书版本发展所必须解决的基本问题，同时也是后世评判古书版本优劣、鉴定版本真伪、考察版本价值的重要基础。卡特不仅将这些基本问题都进行了综合阐述，而且在不少问题上提出了开创性见解。如他认为佛教的发展，是促使印刷业发展的动力，佛经印刷是中国雕版印刷术产生的重要源头。

该书最大的贡献在于开启了中国近代版本学的一个重要研究领域——雕版印刷史研究。它将雕版印刷术作为专门研究对象，谈到了其在中国的发展演变及其对日本、韩国等东亚国家的影响，进而谈到了该技术的西传路径和西方的雕版印刷术。1957年，吴泽炎翻译该书时评价称，"把中国的印刷作全面的研究，从发明的背景、发明的演变以至它的西传，本书可以说是第一本"。其对中国雕版印刷史研究的基本结论是：中国首先发明了造纸和印刷，并对欧洲造纸术和印刷事业的开始，都产生了决定性作用。

卡特的研究视角对中国的版本学家有很大的影响，如有人曾认为孙毓修的《中国雕板源流考》为其翻译本。① 对此，胡道静予以否认，他说，尽管孙毓修精通英语，但《中国雕板源流考》为其著作，不是翻译。因为《中国雕板源流考》初次出版的时间为1918年，而卡特原著则是1925年由美国哥伦比亚大学出版社出版。卡特原著出版时间晚于《中国雕板源流考》。因此，《中国雕板源流考》不可能是译本。胡道静还考证了卡特原著在中国的翻译和出版情况，他说："商务印书馆确实两次出版过卡特书的译本：第一次为刘麟生的节译

---

① 陈江曾撰文指出："《中国雕板源流考》实际上是本世纪初美国汉学家卡特（T. F. Carter）的一本学术名著 *The Invention of Printing in China and It's Spread Westward* 的意译。"（陈江：《古籍整理家与中国童话的创始人——孙毓修》，《出版史料》1986年第5辑）

本，名为《中国印刷术源流史》，于1928年出版，列入《汉译世界名著》；第二次为吴泽炎的全译本，名为《中国印刷术的发明和它的西传》。"胡道静还说："刘译本的书名，很容易和孙著相混，大概因为误会，出了一个差错。"[1] 卡特之书系统论述了中国印刷术的发生发展及对西方产生的影响，对此，有学者给予了较高评价。[2] 系统全面是卡特之书的优点，但与孙著《中国雕板源流考》相比，在原始资料的搜罗及考证方面，卡特之书则较逊色。

### 四　孙毓修的《中国雕板源流考》

西学东渐，西方的学科理念及版本学理论大量涌入中国，激发了传统学者对于中国版本学尤其是雕版印刷史的研究热情。在这方面影响最大者当为孙毓修所著《中国雕板源流考》。

孙毓修（1871—1922），清末民初版本目录学家、藏书家、图书馆学家。字星如，一字恂如，号留庵，自署小绿天主人，江苏无锡人。早年接受传统学术训练，谙熟古代文化典籍。科举既废，顺应潮流，关注西学，学习外文并决心从事著译。在南菁书院执教时，曾得缪荃孙指教，版本目录学根底颇深。光绪三十三年（1907）入上海商务印书馆编译所，得张元济赏识，委任其筹建图书室。次年，商务印书馆购得绍兴徐氏、太仓顾氏、长洲蒋氏之书，设图书馆于其编译所，即世称"涵芬楼"，孙毓修出任涵芬楼负责人。著有《永乐大典考》四卷、《事略》两卷、《江南阅书记》、《四部丛刊书录》、《中英文字比较论》、《中国雕板源流考》等。

《中国雕板源流考》（以下简称《源流考》）是孙氏的代表作之

---

① 胡道静：《孙毓修的古籍出版工作和版本目录学著作》，《出版史料》1989年第3、4期合刊，现收入《胡道静文集·古籍整理研究》，上海人民出版社2011年版，第161页。

② 张秀民说："我国最早发明印刷术，照理应有不少著作来记载歌颂，但过去就缺乏这方面的专史。近代孙毓修《中国雕板源流考》过于简略，叶德辉《书林清话》只是资料汇编。待美国卡特教授《中国印刷术的发明和它的西传》出版，始有系统的专书。"（张秀民：《中国印刷史》，上海人民出版社1989年版，"自序"第8页）

一，也是中国较早的版刻学史专著。此书初版于 1918 年，由上海商务印书馆作为"文艺丛刻"乙集之一刊行面世，版权页有英文书名 *The History of Chinese Printing*，署名"留庵"。此后，该书被多次重版，如商务印书馆"万有文库"第一集（1930）和《国学小丛书》（1933）均收有此书。在此书出版之前，有稿本《雕版印书考》① 一册传世。稿本所述内容，虽与铅印本在书名、叙述方式、体例等方面存在差异，然其内容及所述要点，与铅印本大同小异，故可认定此稿本为铅印本《中国板本源流考》未完底稿。② 自 1913 年 1 月第 19 期开始，商务印书馆在其自办刊物《图书汇报》③ 杂志陆续以《中国雕板印书源流考》为名连载该书内容，④ 时间长达数年之久，由此可见此书写作时间之长。这种在结集出版之前以期刊形式连续刊发此书内容之做法，似为面向社会征求公众之意见。⑤ 通过比较成书前后两种版本，可以发现诸多不同之处：首先是书名、章节标题和按语称呼的变化，如出版后书名删去了"印书"二字，"版"改为"板"；章节标题"雕版"改为"雕板之始"，"监本"改为"官本"；"毓修按"一律改为"按"。其次，从内容方面来说，关于此书撰写缘起的序文全删，原第一章"金石刻"全删，各章引言几乎全部作了删改，有的全删。各章内容也是损多益少、增少于删，尤以"官本"和"纸"两章为甚。⑥ 删除的内容多为同类史料或与主题无关的文字，还有一些文字上的修改是为了使文字更明确更精炼或是以常用字代替异体字。当然了，《源流考》从连载到出书，也有一些重要的增

---

① 此稿本收入其所辑《小绿天丛钞》第二十八册，黑格十行稿纸，版心中题"雕版考"及页数。有"孙印毓修"朱方、"小绿天藏书"朱长方印，卷端题"雕板印书考卷一"。
② 乐怡：《孙毓修版本目录学著述研究》，博士学位论文，复旦大学，2011 年。
③ 此刊物由商务印书馆编辑发行，主要刊发图书广告，免费赠阅，间或发表少量小品文及学术文章。
④ 详见商务印书馆《图书汇报》第 19、21、27、30、35、52、58 等期。
⑤ 柳和城：《孙毓修评传》，上海人民出版社 2011 年版，第 187 页。
⑥ 柳和城：《孙毓修评传》，上海人民出版社 2011 年版，第 187—192 页。

补之处。① 从总体上来看，孙氏所做的绝大多数的改动都是合乎情理、有理有据的，出版后的著作也更加符合学术专著的要求，这与孙氏著书立说时化繁为简、精益求精、严谨求实的治学态度密不可分。

关于此书著述的缘起和动机，孙氏在 1913 年 1 月《图书汇报》第 19 期第一次刊出该文时有所交代："原夫书契结绳，远在世质民淳之代。義爻苍画，实肇锥形金影之先，夐乎尚已。但油素既艰，汗青不易，图书之业，传布为难。爰迨开皇之世，镂版令行。更溯长兴之朝，刊书名艺。上下五千载，盛启文史之风；纵横六大洲，独寐绣梓之术。此诚古人之伟业，抑亦国史之荣光。而记载寂寥，专书未辑。徘徊艺圃，良用谦然。粗述此篇，备厥掌故，由今溯古，则有六端，其涉于雕版者一曰时……二曰地……三曰式……四曰价……系于此者，又有二事。一曰纸墨……二曰装潢……综是六类，为之遐稽收藏之志，亲访珍秘之家，益以史书之文、杂家之记，条分缕析，述而不作。非敢炫博，盖将以扬国辉而觇进步，其诸大雅所乐闻者欤。"② 从上文我们不难发现孙氏作为学者所具有的社会责任感。众所周知，清末民初，西学东渐，对于"古人之伟业""国史之荣光"未能发扬光大。作为中国四大发明之一的雕版印刷术更是"记载寂寥，专书未辑"。鉴于这种情况，孙氏意欲通过该书的撰写，"将以扬国辉而觇进步"，从而实现一个知识分子所应担负起的社会责任和学术担当。在此序文中，孙氏还简要梳理了中国图书的发展历史，"也可视为一篇简要的中国书史"③。

（一）内容及特色

孙氏《源流考》全书分为"雕板之始""官本""坊刻本""家

---

① 柳和城：《孙毓修评传》，上海人民出版社 2011 年版，第 193 页。

② 此文为《源流考》首次刊出内容且末有"壬子十一月无锡孙毓修记"文字，故可认定其为序文。原载 1913 年 1 月《图书汇报》第 19 期，转引自柳和城《孙毓修评传》，上海人民出版社 2011 年版，第 173—174 页。

③ 柳和城：《孙毓修评传》，上海人民出版社 2011 年版，第 173 页。

塾本""朱墨本""巾箱本""活字印书法""刻印书籍工价""纸"和"装订"十个部分，约2.5万字。

在全书的编排上，《源流考》首辨雕版印刷术源头，次以刻印方为区分讲述各种版本，接下来阐述中国独具特色之活字印刷、巾箱书和朱墨本，最后述及刻印成本、书籍载体和形式。就《源流考》各部分来说，他是按照时间顺序，分别引录数则史料①，后以按语形式分析归纳。按语中也有材料，包括作者见闻，或考释，或辨正。

作为民国时期重要的版本学著作之一，胡道静认为，《源流考》"份量虽较叶德辉《书林清话》为小，然其中有好多资料为《清话》所未及，足见孙先生阅书之富"②。应该说，胡道静的评价较为公允。柳和城研究得出，孙著《源流考》为叶著《书林清话》所未及的材料有"雕板之始"章关于唐代雕本的论述中，孙著所引录范摅《云溪友议》和江陵杨氏藏《开元杂报》两条实证③。但孙著对于唐天祐刻陶渊明《归去来辞》则语焉不详，仅指出"盖不足信"，叶著则专节考证，认为那是日本人赝刻，黎庶昌不辨真伪所致，较孙著详尽。④ 关于辽代雕版刻书，叶著有所忽略，孙著则引用《辽史》"兴宗二十三年，幸新秘书监"及其他史料得出辽代藏书之地为乾文阁。"道宗清宁元年十二月，诏设学，颁诸经义疏"，并由此断定，辽代"必有雕本"。⑤ 关于金代刻书，叶著《书林清话》仅论及平水书坊刻书和他处私宅刊本，孙著则引用《金史》等史料得出平阳即平水的结论，后以按语分析："金初以平阳为次府，……天会六年……为上

① 孙氏在《源流考》中引录的史料多为概述，非全文引录，参见柳和城《孙毓修评传》，上海人民出版社2011年版，第176页。

② 胡道静：《孙毓修的古籍出版工作和版本目录学著作》，《出版史料》1989年第3、4期合刊，现收入《胡道静文集·古籍整理研究》，上海人民出版社2011年版，第169页。

③ 孙毓修：《中国雕板源流考》，上海古籍出版社2008年版，第2页。

④ 详见叶德辉《书林清话》卷一"唐天祐刻书之伪"，上海古籍出版社2012年版，第19—20页。

⑤ 孙毓修：《中国雕板源流考》，上海古籍出版社2008年版，第8页。

府，衣冠文物，甲于河东。于此设局刻书，一时坊肆会萃于此，至于元代，其风未衰"，最后得出"平水为金元时官民雕板之所"的结论，即平阳地区不仅有书坊刻书和私刻，更有官刻。① 关于刻印书籍工价及成本问题，叶、孙二著都有记载，但叶著仅有元明两代刻书工价的点滴记载，即其卷七"元时刻书之工价"和"明时刻本工价之廉"，宋代刻书工价的材料没有。孙著不仅设立专章引录刻印书籍工价问题，而且列举了四部宋版书的"纸数印造工墨钱"，说明雕版印刷书籍中的此项记录，至少宋代已经出现。关于刻书用纸和书籍装订，叶著仅有几篇涉及宋代刻书、抄书用纸的相关问题②，但几乎没有涉及纸的发明和历代造纸情况，孙著则辟专章论述，先后引录《风俗通义》《抱朴子自叙》等说明纸的发明和使用，由此孙氏得出"竹帛废而纸大行，当在魏晋间矣"③ 的结论。接下来孙氏引用了《蜀笺谱》《东坡题跋》等介绍了蔡伦造纸，以及蜀产麻纸、竹纸的种类和历史沿革。他还用大量的地方史志介绍宋明两代造纸渊源、工艺技术及品种特色，为后来研究者提供了丰富的史料。关于中国书籍装订式样的变化，叶著虽也有零星记载④，但不够全面系统。孙著设专章扼要介绍了自唐代以来书籍装订的起源及其演变。这些材料作为版本发展的重要文献，已经引起了人们的高度重视。孙氏在《源流考》中不仅钩沉辑佚了大量文献资料，充分重视传世材料的运用，同时他还"注重调查研究，掌握第一手材料"⑤，这也可以说是孙著不同于叶著的又一特点。

　　作为中国较早的版刻学史专著，孙氏《源流考》也有其不可避

---

　　① 孙毓修：《中国雕板源流考》，上海古籍出版社 2008 年版，第 13—14 页。

　　② 详见叶德辉《书林清话》卷六"宋刻书纸墨之佳""宋造纸印书之人""宋印书用椒纸""宋人钞书印书之纸"等，上海古籍出版社 2012 年版，第 133—138 页。

　　③ 孙毓修：《中国雕板源流考》，上海古籍出版社 2008 年版，第 39 页。

　　④ 详见叶德辉《书林清话》卷一"书之称册""书之称卷""书之称本"及卷七"明人装订书之式"，上海古籍出版社 2012 年版，第 8—12、154—155 页。

　　⑤ 柳和城：《孙毓修评传》，上海人民出版社 2011 年版，第 185 页。

免的缺点和不足：一是整体篇幅不大，部分内容过于单薄。《源流考》全书共二万五千余字，"朱墨本"部分仅五十余字，虽较简练，但却无法全面系统准确地对中国版刻学史作出总结。二是孙氏在引录历代文献时，往往撮取大意而非逐字引用，这样难免给人断章取义之嫌且不利于学术研究，有时也会使读者产生某种错觉。究其原因，或与清末民初盛行笔记式体例或笔记式行文有关。三是行文以辑录文献史料为主，分析归纳较少，故学界颇多微词，如王绍曾说："留庵所著，有《中国雕板源流考》，其书疏琐无统，未能称是。"[①] 吴泽炎称孙氏的《源流考》为"材料的辑集"，"没有加系统的论断"。[②] 但《源流考》在清末民初的时代背景下所具有的启蒙意义不容忽视，其所辑录的文献资料也为后来研究者提供了丰富的线索和依据。

（二）意义及影响

柳和城认为，与同时期另两部同类著作相比，《源流考》是"第一部中国雕版印刷史"[③]。柳氏所说的"同时期另两部同类著作"指的是被誉为第一部中国书史的叶德辉《书林清话》和美国汉学家卡特（T. F. Carter）所著《中国印刷术的发明和它的西传》（*The Invention of Printing in China and It's Spread Westward*）。

柳氏认为，叶德辉《书林清话》"第一种石印本出版于1919"[④]，而《源流考》初次出版时间为1918年，《源流考》初版时间早于《书林清话》，故得出《源流考》为"第一部中国雕版印刷史"的结论。关于叶德辉《书林清话》的初次出版时间，学界有不同的看法，任莉莉曾对该书的版本源流进行过考证，她说在"1919年石印本"之前，尚有"1917年观古堂刻本"，并且标明为"朱印，国家图书馆

---

① 王绍曾：《小绿天善本书辑录》，载《目录版本校勘学论集》，上海古籍出版社2005年版，第125页。

② ［美］卡特：《中国印刷术的发明和它的西传》，吴泽炎译，商务印书馆1957年版，"译者前记"第6页。

③ 柳和城：《孙毓修评传》，上海人民出版社2011年版，第175页。

④ 柳和城：《孙毓修评传》，上海人民出版社2011年版，第175页。

藏本"。① 但笔者在国家图书馆仅查询到"1920 年观古堂刻本"，并没有"1917 年观古堂刻本"，此处存疑。若任莉莉"1917 年观古堂刻本"这一观点属实，柳和城关于《源流考》是"第一部中国雕版印刷史"的说法则不攻自破。尽管如此，《源流考》在学术界的地位仍是不可忽视的。与叶著《书林清话》相比，其优势也极为明显。首先，孙著有比较系统的分类和严格的编纂体例，而叶著的体例和分类则较为含糊。其次，叶著为笔记体，考证的比例较低，考证严密程度略逊于孙著。

孙氏《源流考》对此后学术界的影响极为深远，从 20 世纪 20 年代郑振铎《文学大纲》到 80 年代魏隐儒《中国古籍印刷史》、李致忠《历代刻书考述》、张秀民《中国印刷史》等专著，都将孙氏《源流考》列为重要的参考文献。孙氏《源流考》的"基本框架一直为后来研究印刷史者所袭用"②，其著述中的诸多论断也为后来的印刷史著述所引用。张元济撰于 1939 年的《宝礼堂宋本书录序》，是一篇重要的中国书史的简短序文，其篇章的叙述内容包括雕版起源（张氏主晚唐说）、五代《九经》、宋代刻书，以及家塾本、坊刻本、活字印书、历代印书用纸、书籍装订等，顺序几乎与孙著相同，诸多观点也较为相似，只是篇幅较短，所引材料略有不同。当代中国印刷史专家张秀民在其著述《中国印刷史》一书中也多次引用孙氏《源流考》的论断，或肯定，或修正，由此可知孙氏《源流考》在学术界的地位。尤其应该注意的是，作为民国时期为数不多的版本学著作，其对未来版本学发展的奠基之功也是不容忽视的。

## 五　其他版本学著作

胡朴安、胡道静《校雠学》一书将校雠学方法归纳为六个方面，

---

① 任莉莉：《叶德辉〈书林清话〉笺证》，博士学位论文，华东师范大学，2009 年。
② 柳和城：《孙毓修评传》，上海人民出版社 2011 年版，第 175 页。

即逸书搜辑、真伪辨别、底本互勘、群籍钩稽、篇第审定、目录论次，其中"底本互勘"为校雠学方法第二步功夫中的重要一环。作为校雠学方法的重要组成部分，胡氏在这里更强调"版本"与"校勘"的密不可分，这与叶德辉之说①有异曲同工之妙。胡氏认为"底本"的校勘尤为重要，"底本校勘实为重要之事，抑乃为校勘之初步功夫"，"必得古本，而后可比勘以复其旧"。"是知流俗古书，讹误羡夺，不用旧本校勘，正其是非，则所读书，悉非真书。从而以误解误，思入非非，是所读之书，庸有益哉！况可定其立说之是非乎！"②对于校勘学家推崇宋本，认为其"刊刻在先，少经传误"之现象，胡氏不以为然，"然在宋人，视当时刻本，已叹为不如旧抄本"，他还以苏东坡与戴东原之说相佐证。但上古文献，传世久远，底本和旧抄本难以确定且无处寻觅。因此，宋刻本便显得弥足珍贵，"然书终贵初刻，且三代古籍，远自鼎彝，递经竹帛传录，迄于镂版，求其底本，岂能穷源？得宋刊相较，已期其能近真而已"③。校勘除了依据旧本之外，还需备有众本，"以彼此互相钩稽为最佳"。这是因为，很多版本都会出现错误羡夺之现象，"或者不讹误羡夺于此，而讹误羡夺于彼，何取何去，莫有绳准"。因此，只有依据众多版本，方可决定其是非，"其众本悉同者，可据以决为定本。其有不同者，亦可择善而从。此校勘备众本之必要也"。胡氏强调，备众本以校勘始于刘向，后世校勘学家和目录学家奉为圭臬。清儒校书，亦多用此法，"既多备众本，勘其异同，又从而以声类义训，定其是非，故于古书

---

① 叶德辉："近人言藏书者，分目录、板本为两种学派。大约官家之书，自《崇文总目》以下，至乾隆所修《四库全书总目提要》，是为目录之学。私家之藏，自宋尤袤遂初堂、明毛晋汲古阁，及康雍乾嘉以来各藏书家，于宋元本旧钞，是为板本之学。然二者兼校雠，是又为校勘之学。本朝文治超轶宋元，皆此三者为之根柢，固不得谓为无益之事也。"（叶德辉：《书林清话　书林余话》卷一"版本之名称"，岳麓书社 1999 年版，第21—22 页）
② 胡朴安、胡道静：《校雠学》，岳麓书社 2013 年版，第74—75 页。
③ 胡朴安、胡道静：《校雠学》，岳麓书社 2013 年版，第75 页。

之底本，奄若合符矣"①。在这方面，成就最大的当为阮元，其集诸儒遍校《十三经注疏》，胪列异同，而自定其是非。胡氏认为，阮元校书较之刘向，"更有过之"，其方法"亦视刘向为密"。刘向众本互勘，而"定其去取"，而阮元则"记其异同"。② 这是胡氏著作对于版本学有关内容的论述。

刘咸炘在《目录学》一书中也有关于版本学的论说，其主要论述了版本的起源、版本演进的过程及宋本鉴别的方法，对前人的观点或继承，或修正，或反驳。体裁类似笔记体，以按语形式表达自己的观点。关于版本的渊源问题，刘氏继承叶德辉《书林清话》的观点，"书有刻本，盛于五代"③。同时他还分析了版本学发展的历史，提出了自己的看法："列异本始于宋人，贵宋本则著于明季，沿至近世，乃成专门之学。然其所以成学者，以其名目多，源流长，难于博识，必须勤笃耳。若其理法固自无多，根柢资籍仍在于群学，未可画疆而自治也。故言版本之书，其内实大半罗故实而已。"④ 对于叶德辉《书林清话》中的一些史实错误，刘氏也给予了及时纠正，如叶德辉认为丰道生与毛扆为同时代藏书家，刘氏予以否认，他说："丰道生生于嘉隆间，非毛氏同时。"他还指出，明嘉隆间"虽重旧刻书，止视之如旧墨古器，为清玩之具而已。至于稍加考证，明其贵重，关于学术，则实始于钱谦益。毛晋、钱曾实其门人，是开虞山版本学一派，旁及苏州各县，承传勿替。乾、嘉校勘之风，虽由小学考证之盛，亦自冯班及何焯、陈景云师弟等开之。班固谦益门人，而焯则谦益再传也。源流皎然，不可诬没。特谦益名败书禁，其裔流讳言之

---

① 胡朴安、胡道静：《校雠学》，岳麓书社 2013 年版，第 76—77 页。

② 胡朴安、胡道静：《校雠学》，岳麓书社 2013 年版，第 80 页。

③ 刘咸炘：《刘咸炘论目录学》，上海科学技术文献出版社 2008 年版，第 94 页。叶德辉也有类似的说法："雕板肇祖于唐，而盛行于五代。"（叶德辉：《书林清话　书林余话》，岳麓书社 1999 年版，第 17 页）

④ 刘咸炘：《刘咸炘论目录学》，上海科学技术文献出版社 2008 年版，第 94 页。

耳"①。刘氏的论述不仅澄清相关史实，突出了钱谦益在版本学史上的历史地位，而且梳理了明清时代版本学方面的学术传承。

蒋元卿在《校雠学史》一书中对版本学的历史也进行了粗浅的勾勒。他指出，集合众本以校勘一书，起于西汉，后历代相传。而校雠家辨别版本、藏书家记载版本，在宋已是如此，"但其时仅以镂版盛行，各种刊本格式不同，故专事搜罗，依以为据，及示其藏书之富而已，初无所谓版本之学"②。到了清代，学者们"以元明版本之恶劣，乃不得不上溯古钞旧椠，以为依据"，自此假造旧钞宋版书者日多。在这种情况下，校雠学家不得不"精考版本之源流，刊刻之年月，人名，纸墨，款式，前后序跋，收藏图印等，以期不为俗刻伪造所误"。于是，版本之学，"寖昌寖炽，乃亦以名家"③。蒋氏强调，版本之学最初是通过辨别古籍真伪来校书，因此很多书籍皆以校雠而兼治版本。后来一些学者以收藏为乐，版本则演变为古董式的赏鉴。到了清末，叶德辉著《书林清话》十卷，专言版本之沿革，元和江标又著《宋元本行格表》二卷，版本学"乃蒸蒸日上，与目录学并驾齐驱"④，而此时校雠之学则日渐衰微，进而演变为比较文字异同的校勘学。但蒋氏同时指出，校雠学分化为目录、版本和校勘三者，也是其"进步的现象"。在这里，蒋氏对版本学发展过程的分析简明扼要，条理清晰，让人耳目一新。

此外，民国时期的版本学著述还有叶德辉《郋园读书志》（1920）、柳诒徵《中国版本略说》（1934）等，在其他一些文献学著作如蒋伯潜《校雠目录学纂要》，向宗鲁《校雠学》，郑鹤声、郑鹤春《中国文献学概要》等中也有关于版本学的论述。

---

① 刘咸炘：《刘咸炘论目录学》，上海科学技术文献出版社 2008 年版，第 97 页。
② 蒋元卿：《校雠学史》，黄山书社 1985 年版，第 126 页。
③ 蒋元卿：《校雠学史》，黄山书社 1985 年版，第 126 页。
④ 蒋元卿：《校雠学史》，黄山书社 1985 年版，第 127 页。

# 第三节 校勘学

"校勘"二字本为同义，为校正、校订、审订之义。古籍校勘指的是通过对不同版本的比较，从而发现其文字语句的异同，进而订正其中的讹误，复原存真，为阅读和研究提供接近原稿的善本的目的。校勘学是通过研究校勘古籍的过程和总结校勘古籍的经验，进一步发掘其规律和法则，为具体的古籍校勘提供理论指导的一门学问。校勘学在我国源远流长，但直至民国时期，它才发展成为一门独立的学科。这一时期，促进校勘学发展的重要原因之一就是考古文物的发掘，如甲骨文和金文的出土，汉晋简牍、敦煌遗书、明清档案的陆续面世。① 这一时期，不仅创立了独立的校勘学理论体系，而且涌现出一批在校勘学研究方面卓有成就的学者，如梁启超、张元济、陈垣、胡适、刘文典、杨树达、张舜徽等，他们"为现代校勘学的创立与发展作出了突出的贡献"②。

## 一 文献校勘重要性的认识

民国时期，对文献校勘重要性的研究取得了长足进展，其中尤以张舜徽《广校雠略》体现得最为明显。张舜徽关于校勘重要性认识的思想集中体现在其早期著作《广校雠略》一书中，在该书卷四中，张氏分四个专题分别进行了论述。其中第一个专题"书籍必须校勘论"包括"辞句误夺一字误衍一字之关系"和"字体误增一笔误省一笔之关系"两篇。第二专题"校书非易事论"包括"校书贵任专才""校书必资众手""校书必熟于群籍"和"校书必深于小学"四篇。第三专题"校书方法论"包括"不可轻于改字""取相类之书对

---

① 倪其心：《校勘学大纲》，北京大学出版社 1987 年版，第 71 页。
② 邓怡周：《民国时期的校勘学研究》，《编辑之友》2012 年第 9 期。

校""据古注以校正文""类书和古注不可尽据""旧书本不可尽据"和"宋刊书不可尽据"六篇。第四个专题为"清代校勘家得失论"三篇，分别为"考证家不妄改字""考证家之校勘复有专门博涉二派"和"金坛段氏之勇于改字"。前两个专题"书籍必须校勘论"和"校书非易事论"属于张氏校勘学的"理论"部分，也是其校勘学的特色所在。第三专题六篇属于校勘学的"方法"论，在前人校勘学方法的基础上做了进一步推进，提升了理论层次。第四专题属于张氏校勘学的"历史"部分，主要就清代校勘学考证得失进行考覆和评论。

张氏对校勘学有充分的认识，也较早认识到古籍校勘的重要性，他说："古书流传日久，讹舛滋多，或误夺一字而事实全乖，或偶衍一文，而意谊尽失，苟非善读书者，据他书订正之，则无以复古人之旧，此校勘之役所以不可缓也。"① 关于"误夺一字而事实全乖"之情况，张氏举例进行了说明。如刘歆《移太常博士书》和班固《汉书·艺文志》均记载古文《尚书》出孔壁中，孔安国得其书而献之，遭巫蛊之事。然司马迁在《史记·孔子世家》中称孔安国为今皇帝博士，"至临淮太守，早卒"。据《太史公自序》可知，《史记》记载的内容为"黄帝以来至太初"年间的事情。因此，"孔安国之卒，必在太初之前"，而"巫蛊之难"却发生于汉武帝征和年间，此时距孔安国之卒已久，故献书之说甚为可疑。后清代考据学家阎若璩撰《尚书古文疏证》，据荀悦《汉纪》述及此事，有云"武帝时，孔安国家献之"，于"孔安国"名下多"家"一字，"由此可补《汉书》之漏，以释千古之疑"。因此，一字之差，意义迥然不同。"偶衍一文"，有时也会"意谊尽失"，如《后汉书·郑玄传》载《戒子益恩书》有云："吾家旧贫，不为父母群

---

① 张舜徽：《广校雠略》，载《张舜徽集》（第一辑），华中师范大学出版社 2004 年版，第 63 页。

弟所容。"后经阮元考证，应为"为父母群弟所容"，乃知范晔《后汉书》实衍"不"字。此说一出，不仅可以刊正范书之错误，"且进能昭雪先贤心迹，有裨于学术甚大"。因此，"书籍以传抄而衍夺日增，虽一字之微，关系甚大，世之鄙夷校书为小道末技者，岂通识哉！"①

为了防止漏字衍字情况的出现，张氏强调读善本的重要性，他说："读书而不得善本，则必以不误为误。"②张氏认为，关涉一般书籍文字音义的错误，危害尚小，但对于经典就不同了，"若夫经典闳深一字不可增减，苟或笔画参差，意谊随之乖牾，甚者及于典章礼制，纷起争端，所关弥大，不可不察也"③。如《王制》"虞庠在国之四郊"，后世抄书者增"四"字一画，则讹为"西郊"。为此清代学者段玉裁与顾广圻曾"往复论难，相攻若仇"。最后张氏总结道："考正疑似，亦贵学有本原，既未能妄逞胸臆以改本文，亦不可徒劳口舌以滋争议。学者苟欲究心于字体误增误省之迹，以考定其是非，谅非空疏不学所易为也。"④

在论述了校勘学的重要性之后，张氏分析了典籍校勘必须具备的基本条件。首先必须任用专才，他说："道术庞杂，学业纷繁，有所取必有所弃，长于此或短于彼，尧舜之智，而不遍物，况庸人乎！校书之必采专才，而各用所长，理势然也。汉初序次兵法，而属之张良、韩信，用其所长之谓也。"⑤后来的校书多是如此，如刘向校中

---

① 张舜徽：《广校雠略》，载《张舜徽集》（第一辑），华中师范大学出版社 2004 年版，第 64 页。

② 张舜徽：《广校雠略》，载《张舜徽集》（第一辑），华中师范大学出版社 2004 年版，第 64 页。

③ 张舜徽：《广校雠略》，载《张舜徽集》（第一辑），华中师范大学出版社 2004 年版，第 64—65 页。

④ 张舜徽：《广校雠略》，载《张舜徽集》（第一辑），华中师范大学出版社 2004 年版，第 65 页。

⑤ 张舜徽：《广校雠略》，载《张舜徽集》（第一辑），华中师范大学出版社 2004 年版，第 65 页。

秘书，任用步兵校尉校兵书，太史令尹咸校数术，侍医李柱国校方技，都是利用了他们的专长。至于刘向总校经传、诸子、诗赋三略之书，也是在刘歆、杜参等人的协助下完成的，他们分工合作，集思广益，充分利用自己的专长，最终校书工作得以顺利完成。对于宋代范祖禹反对陈景元校黄本道书之事，张氏予以强烈批评："范氏不解校书专任专才而罢景元，过矣，此书生之论所以多不可从也。"① 对于群籍、卷帙浩繁之书的校勘，张氏主张依靠众人之手分校数种，不能贪多求大，他说："与其贪多无所发明，孰若守约之为能寡过耶？至于卷帙浩繁之书，不妨集众力以分图之，刘歆所谓'一人不能独尽其经，或为雅，或为颂，相和而成'者，施之治学固形其陋，用以校书则大佳矣。"②

对于校勘家的基本素质，张氏也有论述。他认为，作为一个校勘古籍的学者，必须像洪迈、钱大昕那样熟于群籍、博闻强识，他提倡洪、钱那样的"读书家之校雠"。对于"蝇头细书，不能定其是非，但务品其甲乙"的校书，张氏称其为"藏书家之校雠"，说其"邻于书贾所为，为儒林所不重"。③ 除了博览群书、熟于典籍之外，张氏认为，校勘家还必须精于小学，他说："读书必先识字，夫人而知之矣；顾不娴于校勘，则亦未为能读书者。而校勘之役，尤非深于文字声音故训之学不为功。"④ 纵观历史上的校勘学家，如刘向、扬雄、班固、郑玄、陆德明、颜师古等人，皆为小学名家，均博通经典，长于说字。清代考据学成就突出，校勘之业发达，亦"赖其时字学昌

---

① 张舜徽：《广校雠略》，载《张舜徽集》（第一辑），华中师范大学出版社 2004 年版，第 66 页。

② 张舜徽：《广校雠略》，载《张舜徽集》（第一辑），华中师范大学出版社 2004 年版，第 67 页。

③ 张舜徽：《广校雠略》，载《张舜徽集》（第一辑），华中师范大学出版社 2004 年版，第 68 页。

④ 张舜徽：《广校雠略》，载《张舜徽集》（第一辑），华中师范大学出版社 2004 年版，第 68 页。

明，远胜前代"①。在清代学者中，张氏最推崇王念孙父子及钱大昕、段玉裁三家之学。对于有人指摘段玉裁校书较为武断，张氏予以批驳，他说三家之学"同其精博"，不同之处在于"王、钱心密，段氏识高，故极其所至，各有孤诣"。"心密则必据数证而后敢改，故不失慎重之意；惟识高则勇于自申其义，不惜破旧说而轻改字，究其所改易者，又十之六七合于古人原本。"② 无论"心密"还是"识高"，他们都精于小学，博览群书，这是校勘古籍的基础所在，也是校勘学家必须具备的基本素质。张氏之论对当今的古籍校勘来说仍具有重要的启迪意义。

## 二　校勘方法的归纳与总结

校勘方法的归纳与总结是校勘学理论的重要组成部分，在叶德辉总结的"死校""活校"基础上，梁启超归纳出五种校勘方法。后来陈垣根据校勘《元典章》的实践，将校勘方法总结为对校、本校、他校和理校的"校勘四法"。

（一）梁启超的校勘学方法

梁启超学贯中西，在多个领域均有精深造诣，如哲学、文学、史学、经学、法学、伦理学、宗教学等。在文献学尤其是校勘学方面亦有突出的成就，主要体现在其《清代学者整理旧学之总成绩》③ 之校注古籍部分。梁氏认为，校勘学在学术研究中占有重要地位。他说，自清初提倡读书好古之风，古书纷纷复活。由于年代久远，先秦之书大多不易被人理解，这样就不可不对它们进行注释。在注释之前必须确认其是否为原文，这样就需要校勘。

---

① 张舜徽：《广校雠略》，载《张舜徽集》（第一辑），华中师范大学出版社2004年版，第68页。

② 张舜徽：《广校雠略》，载《张舜徽集》（第一辑），华中师范大学出版社2004年版，第69页。

③ 此文初为梁启超在清华学校授课时编写的讲义，曾分期刊登在《东方杂志》上，现为其专著《中国近三百年学术史》中的一部分。

关于校勘学的方法，在梁氏之前，叶德辉曾进行过归纳和总结，他将校勘学的方法分为两种，即"死校"和"活校"。"死校"就是以此本校勘其他的版本，"一行几字，钩乙如其书，一点一画，照录而不改"。即使发现有讹误之处，也要留存原本，顾广圻、黄丕烈所刻之书就是采用这种"死校"的方法。所谓"活校"，即参照群书所引"改其误字，补其阙文"，又或"错举他刻，择善而从，别为丛书，板归一式"①。卢文弨、孙星衍所刻之书即是如此。叶德辉还进一步强调说，此"非国朝校勘家之秘传，实两汉经师解经之家法"。为此，他还进一步举例进行了说明，如郑玄注《周礼》即取杜子春诸本，"录其字而不改其文"；陆德明撰《经典释文》，"胪载异本"，采用的都是"死校"的方法。而刘向校录《中书》、许慎撰《五经异义》、岳珂刻《九经三传》，使用的则是"活校"的方法。他还说，掌握"死校"和"活校"的方法对读书人至关重要，"明乎此，不仅获校书之奇功，抑亦得著书之捷径也已"。② 通过上述分析，我们不难发现，叶氏的校勘学理论是在中国两千多年来校书实践经验和校勘学理论基础上的归纳和总结，具有较强的理论色彩。但不可否认的是，其对校勘学理论的归纳较为粗疏③，对校勘学方法的分析也不够深入细致。

梁启超在长期的校勘学实践及叶德辉校勘学方法的基础上总结出"校勘五法"。

第一种校勘法是"拿两本对照，或根据前人所征引，记其异同，择善而从"④。这是因为古书在传抄的过程中，由于种种主观与客观

---

① 叶德辉：《藏书十约·校勘七》，载李庆西标校《叶德辉书话》，浙江人民出版社 1998 年版，第 8 页。

② 叶德辉：《藏书十约·校勘七》，载李庆西标校《叶德辉书话》，浙江人民出版社 1998 年版，第 8 页。

③ 若与陈垣"校勘四法"相比，叶德辉的"死校"即"对校"，而"活校"实际上包括"他校""对校"和"理校"的合理成分。从这一意义上说，叶氏对校勘方法的分类较为粗疏。

④ 梁启超：《中国近三百年学术史》，东方出版社 2004 年版，第 250 页。

的原因，出现讹误在所难免。在这种情况下，可依托宋元刻本或精抄本，或其他类书及古籍所引异文，进行两两比对，从而发现差异及错误所在。梁启超认为，这种校勘工作非常烦琐，极其枯燥无味，对此没有特别的嗜好，便不必去做它。此外，梁氏还历数了自清初以来在此方面做出突出贡献的学者及其著述。他认为这种校勘工作，在清初由钱曾、何焯开其端绪。此后，惠栋父子及其他乾嘉学者均在此方面有突出的成就，如卢文弨、顾广圻、黄丕烈、卢见曾、鲍廷博等。而这种校勘工作的代表性书籍则有黄丕烈《士礼居藏书题跋记》、顾广圻《思适斋文集》、孙诒让《札迻》，此外还有毕沅刻《经训堂丛书》、黄丕烈刻《士礼居丛书》、陆心源刻《十万卷楼丛书》等。梁氏还特意强调，对于清代学者在此方面做出的成绩，应该给予足够的重视，因为很多时候正是由于他们对一两个字的校正，使整段的意思发生改变，从而得出全段的正确解释。[1]

第二种校勘法是"根据本书或他书的旁证反证校正文句之原始的讹误"[2]。如果说第一种校勘方法是凭借善本来校正俗本，那么第二种校勘方法则并不靠同一书的不同版本，而是在本书或他书之中找出旁证或反证用来校勘，这种校勘方法主要是在无善本可寻或善本尚有错误的情况下适用。梁氏认为这种办法又有两条道路可走：第一条路是在其他书中找出与本书文句互见的，如《韩非子·初见秦》和《战国策》，《淮南子》《韩诗外传》和《新序》《说苑》，等等，都有相互重合的部分。与第一种校勘方法相比，这种方法稍显繁难，必须博览群书，在校勘之前必须知道他书中有同文。只有这样，才能将他书中的同文与本书进行校勘，此时他书中的同文就成为本书绝好的校勘资料。接下来就可以按照第一种校勘方法进行具体而详细的校勘。因此，这种校勘方法比第一种校勘方法又前进了一步。而第二条道路

---

① 梁启超：《中国近三百年学术史》，东方出版社 2004 年版，第 250 页。
② 梁启超：《中国近三百年学术史》，东方出版社 2004 年版，第 251 页。

相对于第一条道路来说对校勘者提出了更高的要求，它并不与他书作比对和校正，而是利用本书各篇所用的语法、字法或从一段中之前后文义进行推理或判断，从而发现今本讹误之处。梁氏强调，这种校勘工作，要求校勘者必须有"锐敏"的眼光、"缜密"的心思、"方严"的品格，否则滥用这种方法，很可能"生出武断臆改的绝大毛病，所以非其人不可轻信"①。他认为清儒中最初提倡这种校勘方法的是戴震，而应用得最为纯熟且成就最大者为王念孙、王引之父子。由此可见，梁氏对这种方法采取了较为审慎的态度，非有相当的学识和成就者如戴震、王氏父子不可随意使用。

第三种校勘法是"发见出著书人的原定体例，根据他来刊正全部通有的讹误"②。梁氏认为，前两种校勘方法，对于个别字句讹误的校勘是有效的。但如果一部书出现大面积的"颠倒紊乱"，那么校勘全书唯一的方法，就是要推断此书的著作"义例"③。然后根据"义例"对全书裁判，不合"义例"的便认为讹误。比如墨子的《经》上下篇、《经说》上下篇，后来刻本与原书有较大不同，错乱较多，梁氏著《墨经校释》发明"经说首字牒经"之例对此厘正。再比如《说文解字》，经徐铉及其他人增补篡改，已经与许慎原书有较大不同。后来段茂堂、王箓友各自总结出许多通例，也对全书进行了厘正。对于这种依据"义例"进行校勘的方法，梁氏采取了极为审慎的态度，他特别强调不到万不得已，不可随意滥用，"此等原属不得已办法，却算极大胆的事业"④。他还进一步解释说，如果所总结的"义例"是正确的，那么"拨云雾而见青天"，再痛快不过了；如果总结的"义例"不对，便是自作聪明，"强古人以就我"，会使

---

① 梁启超：《中国近三百年学术史》，东方出版社2004年版，第251页。
② 梁启超：《中国近三百年学术史》，东方出版社2004年版，第251页。
③ 梁氏指出，一部有价值的著作，总有它的"义例"（即所谓的"凡例"）。但作者自己写定的不多，即使有亦多不详，这就需要校勘者依据未经修改部分进行推断。
④ 梁启超：《中国近三百年学术史》，东方出版社2004年版，第252页。

原书更加混乱，继而堕入宋明人"奋臆改书"的习气。因此，这种校勘方法的危险程度比第二种校勘方法更大。

第四种校勘法是"根据别的资料，校正原著之错误或遗漏"①。如果说前三种校勘方法是对文句异同和章节段落位置的更正和调整，那么第四种校勘方法则是"对于原书内容校其缺失"，也就是"和著作者算账"②。梁氏认为，这种校勘方法也可分为两种，即根据本书和他书进行校正。依据本书进行校正的例子有《史记》的相关记载，如对战国时事的记录，《六国表》与各世家列传的记载就有诸多矛盾之处，这样就可以据表而校世家列传之误，或据世家列传校表之误。依据他书进行校勘的例子，有陈寿《三国志》和范晔《后汉书》对汉末历史的记载，对比二书异同，可依陈书以校范误，或依范书以校陈误。再比如对于《元史》中的讹误之处，可依据《元秘史》和《圣武亲征录》等书进行校勘。梁氏进一步指出，这种校勘工作法仅限于对史书的校正。清代学者在这方面的成果较多，遍校多书者有钱大昕的《廿二史考异》、王鸣盛的《十七史商榷》等，专校一书者有梁玉绳《史记志疑》、施研北《金史详校》等。

梁氏强调，清代的校勘方法大概可以涵盖在以上四种中。此外还有章学诚《校雠通义》里所讨论的书籍分类簿录法，暂且可以称为第五种。③

同时，梁氏还做了进一步的归纳和总结，他认为在这五种校勘法中，前三种属于狭义的校勘学，后两种可以称其属于广义的校勘学。因为前三种校勘方法都是校正后来传本和刻本的错误，校勘范围是个别字句的订正和章节段落位置的调整，其目的是恢复书籍的本来面目。后两种方法则不仅限于此，它是在恢复书籍本来面貌的基础上对著述内容的厘正和对书籍分类簿录法的探讨，是对书籍内容及形式更

---

① 梁启超：《中国近三百年学术史》，东方出版社 2004 年版，第 252 页。
② 梁启超：《中国近三百年学术史》，东方出版社 2004 年版，第 252 页。
③ 梁启超：《中国近三百年学术史》，东方出版社 2004 年版，第 253 页。

深层次的研究。因此，梁氏的校勘学方法实际上包括了两个方面的内容：其一是求书籍文字之真，其二是求其记载内容之真。① 在这二者之间，探求文字之真是校勘学最基本最首要的任务，没有这个前提和基础，其他工作也就无从谈起。对比叶德辉的"校勘二法"，我们可以发现，梁氏在校勘学理论与方法的总结上有较大的推进。叶氏的校勘法无论"死校"还是"活校"，其实都仅局限于校勘学的第一个阶段，或者说狭义校勘学的范围，即"求书籍文字之真"。梁氏在此基础上扩大了校勘学的研究范围，丰富了校勘学的理论和方法，为校勘学向独立学科发展做出了重大贡献。梁氏所说的广义的校勘，实际上与传统校雠学有着紧密联系，涉及目录、版本、辨伪、考证等诸多工作。如第四种校勘方法，严格来说属于考据学的范畴；而第五种校勘方法所说的"书籍分类簿录法"则属于传统目录学的范围。

　　梁氏的校勘学方法是对历代一般校勘方法的总结，对近代校勘学理论具有开创之功②，其理论与方法是"现代校勘学的奠基之作"③，在中国校勘学理论发展史上具有重要地位。由于此时仍处于现代校勘学理论的草创时期，因此梁氏校勘学方法的先天不足也是显而易见的。首先，理论的优势在于其对实践经验的高度概括与浓缩。在这方面，相对于陈垣的"四校法"来说，梁氏没有给每种校勘方法确定的名称且对每种方法的概括也不够精练，由此显现出梁氏在此方面的理论准备不足。其次，梁氏对每种校勘方法的具体功能定位不甚清晰，各种方法处于杂糅状态，分野不够清晰。如梁氏所说的"第一种校勘法"就含有陈垣"对校""他校"和"理校"的合理成分。梁氏"第一种校勘法"中的"根据前人所征引"与"第二种校勘法"中的"本书文句和他书互见"之方法其实是相同的，比照陈垣"四校法"来看，都是属于陈垣所说的"他校"的范畴。最后，梁氏

① 崔文印：《说校勘四法》，《史学史研究》1990 年第 3 期。
② 安尊华：《略论梁启超的古籍整理思想》，《贵州文史论丛》2007 年第 1 期。
③ 赵艳平、张小芹：《浅论梁启超的校勘学思想》，《编辑之友》2008 年第 2 期。

的某些校勘法由于缺乏充足的实例佐证而显得有些抽象，使人难以理解其校勘法的具体内涵。① 在这方面，陈垣的"四校法"要略胜一筹，其《校勘学释例》列举了大量具体详尽的误例，在此基础上，加以归纳和总结并最终提出了所谓的"四校法"，可谓清晰易懂，一目了然，具有更强的说服力。梁氏的校勘学理论与方法尽管有这样那样的问题，但其将经验性的东西上升为理论，则是校勘学发展史上的一大进步，他对中国近现代校勘学理论的奠基之功，是任何人都无法抹杀的。

（二）陈垣的"校勘四法"

如果说梁启超是现代校勘学的奠基者，那么陈垣则是将中国传统的校勘实践升华为现代校勘学的第一人。② 陈垣（1880—1971），著名历史学家、教育家。字援庵，又字圆庵，广东江门新会人。自幼好学，1910 年毕业于光华医学院。曾任国立北京大学、北平师范大学、辅仁大学教授。陈垣著述甚丰，主要有《校勘学释例》《史讳举例》《元西域人华化考》《中国佛教史籍概论》和《通鉴胡注表微》等。

陈垣年轻时就非常赞赏清代学者的治学成就，尤为佩服乾嘉学者的考据学成就。众所周知，清代学者治元史者颇多。受此学风影响，陈垣对元史研究也有浓厚的兴趣。早在光绪末年在广州时，陈垣即借读方功惠所藏旧抄本《元典章》。民国初年到北京后，他又购得沈家本作跋的《元典章》（即沈刻本《元典章》）。在这种情况下，又受到钱大昕潜心元史研究的影响和启发，他便下决心从事元史方面的研究。但同时，他又遇到诸多具体困难，那就是发现沈刻本《元典章》舛误颇多，这迫使他不得不先做一番整理校勘《元典章》的工作。而整理校勘《元典章》的工作，反过来又成了一个很好的研究元史的机会。因为这不是单纯整理校勘可以解决的问题，而必须同时研究

---

① 李本军：《论陈垣与梁启超二家校勘方法论异同及渊源》，《安徽文学》2008 年第 10 期。
② 邓怡周：《民国时期的校勘学研究》，《编辑之友》2012 年第 9 期。

元史本身的多方面情况。在他自己的努力和同好的支持下，先后购买和借到不同版本的《元典章》五种，依靠众多的力量，经过精心的校勘，纠正了沈刻本中的错误。陈垣曾自述："余以元本及诸本校补沈刻《元典章》，凡得谬误一万二千余条，其间无心之误半，有心之误亦半，既为札记六卷，阙文三卷，表格一卷，刊行于世矣。"① 是为《沈刻〈元典章〉校补》十卷。在此基础上，陈垣从一万二千余条讹误中"复籀其十之一以为之例，而疏释之"，最终成《元典章校补释例》，即《校勘学释例》。陈垣认为，通过此书的撰写，"将以通于元代诸书，及其他诸史，非仅为纠弹沈刻而作也"②。由此可见，陈垣并非为校勘而校勘，他的校勘工作是与元史研究紧密联系在一起的。他认为，治史之前必先校勘，"校勘为读史先务，日读误书而不知，未为善学也"③。同时，对于沈刻《元典章》中的讹误，陈垣也做了进一步的说明，表达了自己的看法。他说，沈刻《元典章》之讹误并非沈刻本本身造成的，"其所据之本已如此"，现将其舛误通归于沈刻本，仅仅是为了便于研究和说明。他还说："六百年来，此书（指《元典章》）传本极少，四库既以方言俗语故，摈而不录，沈氏乃搜求遗逸，刊而传之，其有功于是书为何如！沈刻固是书之功臣，今之校补释例，亦欲自附于沈刻之诤友而已，岂敢龃龉前人耶！"④《元典章》对研究元史有很大的帮助，陈垣的元史著作和教学，同《元典章》的研究密切相关，《元西域人华化考》的写成即是如此。

《校勘学释例》卷六的"校法四例"是陈垣校勘学的精华所在，陈垣特意指出其"校勘四法"（对校、本校、他校、理校）是在校勘

① 陈垣：《校勘学释例》，上海书店出版社1997年版，"序"第1页。
② 陈垣：《校勘学释例》，上海书店出版社1997年版，"序"第1页。
③ 陈垣著，刘乃和编校：《中国现代学术经典·陈垣卷》，河北教育出版社1996年版，第519页。
④ 陈垣：《校勘学释例》，上海书店出版社1997年版，"序"第1页。

《元典章》的基础上总结出来的。对于每一种校勘方法，陈垣都进行了深入分析，如"对校法"，就是刘向《别录》所谓"一人持本，一人读书，若冤家相对者"之校勘方法，它是以同一书的不同版本（如祖本与别本）进行对读，若遇不同之处，则注于其旁。此法与叶德辉所谓"死校"有异曲同工之妙，它是一种较为机械的校勘方法，一般人均可使用，因此陈垣称此法"最简便""最稳当"。"对校法"的目的在校"异同"，不校"是非"，正如梁启超所言，这种校勘方法是与抄刻者算账，不是与著作者算账。由此可知，"对校法"的长处在于"不参己见"，通过校本，可知祖本或别本之本来面目。其短处在于"不负责任"，即使祖本或别本有较为明显的错误，亦"照式录之"。陈垣强调，"对校法"是最基本的校勘方法，"凡校一书，必须先用对校法，然后再用其他校法"①。这是因为，通过对校，不但可以发现一些从文义表面上看无误之误，而且可以知其何以为误。

所谓"本校法"，顾名思义，即以本书前后内容的互相印证，进而发现其中的异同，得知其中的讹误。陈垣强调，这种校勘方法是在没有祖本或别本情况下使用。因此，"本校法"具有相对的独立性。

"他校法"，就是以他书校本书。这种情况又可分为三大类：凡其书有采自前人之书者，可以以前人之书校之；有为后人之书所引用者，则以后人之书校之；有为同时之书所记载者，则以同时之书校之。崔文印认为，陈垣的这种校勘方法"从形式上看是他校，但从实质上看则是对校，即版本校"②。应该说，崔氏的说法有一定道理，但并不完全准确。首先，"对校"是同一书的不同版本之间的校勘，校勘之前需要搜罗不同时期的不同版本，难度相对较小。"他校"则不同，它建立在校勘者博览群书的基础上，需要校勘者深厚的学术功底才能进行，否则便不知他书中有何记载，校勘更无从谈起。其次，"他

---

① 陈垣：《校勘学释例》，上海书店出版社 1997 年版，第 118 页。
② 崔文印：《说校勘四法》，《史学史研究》1990 年第 3 期。

校"不是同一书不同版本的校勘，而是对比不同书的同一内容的记载。因此，将"他校"称为"版本校"是不确切的。从这里我们也可以看出，相对于其他校勘方法，"他校法"搜罗"范围较广"，"用力较劳"①，但有时不用这种方法则不能证明其讹误。陈垣还以实例说明这种校勘方法的重要性，如对《元典章》"纳尖尖"和"纳失失"的校勘，"对校法"和"本校法"就无用武之地。因为若用对校法，沈刻本与元刻本记载相同，无法对校；若用本校法，全部《元典章》关于"纳尖尖""纳失失"的记载止此两条。在这种情况下，必须寻找《元典章》诸版本以外之书，如《元史》。正是使用了这种他校法，陈垣最终证实了"纳尖尖"之名为元刻本和沈刻本共同记载错误。

所谓"理校法"即运用学理或常识来判断异文的正误，是在对校、本校、他校均无计可施的情况下不得已使用的校勘方法。正如陈垣所言，无祖本或古本可以比对，或者诸版本互异而无所适从时，方可使用此法。

在《校勘学释例》一书中，陈垣不仅分析了每种校勘方法的优劣，而且指出它们皆有渊源，如对校法是对汉代刘向"雠校"方法的总结，本校法则是对吴缜《新唐书纠谬》、汪辉祖《元史本证》方法的沿袭，他校法总结了丁国均《晋书校文》、岑建功《旧唐书校勘记》的校勘方法，理校法则综合了段玉裁、王念孙、钱大昕等人的方法。"校勘四法"相互联系，紧密结合，是一个有机的整体，"若综合运用，便能取长补短，如此校勘古籍，几可将讹误一一校出改正"。②"校勘四法"有着严密的内在逻辑，它"反映了校勘的实践程序"。③陈氏"校勘四法"提出后，在学界影响颇大。张舜徽认为此四法为校勘古今一切书籍的基本方法，并且是"比较接近于科学的方法"。④

---

① 陈垣：《校勘学释例》，上海书店出版社 1997 年版，第 120 页。
② 牛润珍：《陈垣学术思想评传》，北京图书馆出版社 1999 年版，第 189 页。
③ 崔文印：《说校勘四法》，《史学史研究》1990 年第 3 期。
④ 张舜徽：《中国古代史籍校读法》，华中师范大学出版社 2004 年版，第 353 页。

《校勘学释例》是陈垣校勘学成就的代表性著作，它"不仅将汉代刘向以来校勘工作作一全面系统总结，还建立了科学理论和方法，确立了校勘学的准确含义、对象与范畴，并通过有关具体问题的论述，明确了校勘学与目录、版本诸学科的区别与联系"①。因此，《校勘学释例》在我国校勘学史上具有里程碑式的意义。《校勘学释例》一经面世，即引起强烈反响。胡适认为它是"中国校勘学的第一次走上科学的路"，是"中国校勘学的第一伟大工作"，"是土法校书的最大成功，也就是新的中国校勘学的最大成功"。② 陈寅恪评价此书"发凡起例，乃是著作，不仅校勘而已"。孙智昌也给予《校勘学释例》较高的评价，他认为《校勘学释例》不仅囊括了古籍文字致误的所有内容（既包括著录形式上产生的错误，也包括因文字形音义而产生的错误），而且对致误的原因进行了深入探讨，使读者知其然且知其所以然。除此之外，陈垣还能够在校书时不受类似案例的束缚，灵活处理校勘中出现的各种特殊情况。③《校勘学释例》出版至今备受学界推崇，充分说明了陈垣在校勘学方面的卓越成就和开拓性贡献。

（三）蒋伯潜对校勘方法的总结

蒋伯潜在《校雠目录学纂要》一书中设立专门篇章"校正文字（上）"和"校正文字（下）"对校勘学的相关问题进行了论述。蒋氏认为，"校正文字"就是所谓的"校勘"，它是狭义的校雠，是"初步的基本的工作"④。为此，他还将校勘分为"理错乱""删衍羡""补阙脱"和"正讹误"四个方面，并举实例进行分析说明。⑤

① 牛润珍：《陈垣学术思想评传》，北京图书馆出版社 1999 年版，第 189—190 页。

② 胡适：《元典章校补释例序》，载陈垣《校勘学释例》，上海书店出版社 1997 年版，第 8、14 页。

③ 孙智昌：《陈垣先生校勘学散论》，载《纪念陈垣校长诞生 110 周年学术论文集》，北京师范大学出版社 1990 年版，第 273—274 页。

④ 蒋伯潜：《校雠目录学纂要》，北京大学出版社 1990 年版，第 92 页。

⑤ 蒋伯潜：《校雠目录学纂要》，北京大学出版社 1990 年版，第 93—102 页。

此外，蒋氏还总结了校正文字的方法："一曰广储底本，互较异同；二曰钩稽群籍，以求旁证；三曰细审本书，以资推究"，他还强调，"其最要者，为校勘者平时学问的素养"。① 校勘学家平时学问的素养既需要对中国传统文化的深入研究，如"通训诂，辨声韵，多阅读，明古书底义理辞例，古代底名物制度"，同时还要秉持求真和谦逊之心，在校勘时真正做到"勿盲从，勿自是，勿肊度，勿武断，勿怠，勿忽"。② 否则就会越校越误，贻笑今人，贻误后人。蒋氏特别推崇胡朴安提出的校书要密、精、虚的观点，③ "虚"即校勘者要虚心。最后，蒋氏还提出校勘之后写"校勘记"的必要性，他说："校勘完了，最好写成一种校勘记，先把底本底异同罗列出来，然后下一断定，并须把所以如此校正的理由和证据一一记明，使后来读者自己去审阅；不可自以为是，妄以臆见改动原文，致前误古人，后误来者，留下笑柄，令人齿冷！"④ 通过上述分析，我们不难发现，将校正文字的校勘学置入校书工作的整体是蒋氏校勘学思想的特色所在，同时蒋氏提出校书要秉持谦逊之心的思想也是后人应该发扬光大的。

（四）鲁迅的校勘学思想

鲁迅 1909 年自日本留学回国后，常常从类书中辑录亡佚的古小说和类书中提到的地区历史、地理佚书，并对这些古书进行校勘。对辑佚古书的校勘集中体现了鲁迅的校勘思想。

在校勘方法上，鲁迅多采用对校法和他校法，偶尔采用理校法。鲁迅对同一辑本，往往巨细无遗，以备考订。从鲁迅所校勘的《嵇康集》来说，他选取明吴宽丛书堂钞本为底本，校以黄省曾、汪士

---

① 蒋伯潜：《校雠目录学纂要》，北京大学出版社 1990 年版，第 104 页。

② 蒋伯潜：《校雠目录学纂要》，北京大学出版社 1990 年版，第 105 页。

③ 胡朴安说："校书有三要：一密、二精、三虚。众本互勘者，精之事也；本诸诂训，求之声韵者，密之事也；不以他书改本书者，虚之事也。"（转引自蒋伯潜《校雠目录学纂要》，北京大学出版社 1990 年版，第 105 页）

④ 蒋伯潜：《校雠目录学纂要》，北京大学出版社 1990 年版，第 110—111 页。

贤、程荣、张溥、张燮五家刻本。①

有人将他的校勘学原则总结为三点：其一，排摈旧校，力存原文；其二，其为浓墨所灭，不得已而从改本者，则曰字从旧校，以著可疑；其三，义得两通，而旧校辄改从刻本者，则曰各本作某，以存其异。②

鲁迅十分重视版本考订，因此对不同版本间存在的差异，他多以校勘记的形式加以保存。他对校勘记的写作方法和体例有一定贡献，打破了传统校勘记独立成篇或成书的传统，采取了校勘记和辑本合为一本的形式。如《会稽郡故书杂集》，该书书前有总序，分析辑佚缘由等；每一种辑录的古籍之前，都有一篇小序，说明该佚书情况；每条佚文下，均注明出处，加按语。③

### 三　胡适《校勘学方法论》对校勘程序的阐释

在中国近现代学术思想史上，胡适无疑是一位重要的历史人物。他是"整理国故"运动的倡导者、新文化运动的领袖、五四运动的核心人物。胡适的《校勘学方法论》对于校勘程序的研究和总结有较大的突破。《校勘学方法论》原是 1934 年为陈垣《元典章校补释例》（1959 年中华书局重印本改名《校勘学释例》，以下简称《释例》）写的一篇序言。④ 王绍曾认为，此文是胡适在总结了历史上的校书经验的基础上，将校勘学提高到了一个全新的高度，从而使校勘学更加具有自己的理论体系。他特意指出，"在胡适之前，还没有人做过这种系统的总结"⑤。

胡适《校勘学方法论》之所以成为经典之作，在于其对中国校

---

① 臧奇猛：《鲁迅辑佚古籍特点》，《山东图书馆季刊》2008 年第 3 期。
② 智延娜：《鲁迅古籍整理思想研究》，硕士学位论文，河北大学，2007 年，第 29 页。
③ 臧奇猛：《鲁迅辑佚古籍特点》，《山东图书馆季刊》2008 年第 3 期。
④ 胡适《校勘学方法论》原载陈垣《元典章校补释例》（1934 年排印本）卷首，1935 年收入商务印书馆《胡适论学近著》（第一集），1997 年上海书店出版社以"元典章校补释例序"为名重新将其编入陈垣《校勘学释例》。
⑤ 王绍曾：《胡适〈校勘学方法论〉的再评价》，《学术月刊》1981 年第 8 期。

勘学的理论、方法和历史进行了科学的总结，并且以其宏阔的学术视野对中西校勘学进行了对比研究。在校勘学理论方面，胡适指出了校勘学产生的原因及其任务，他认为校勘学是在书籍和文件传抄致误的过程中产生的。众所周知，古书由于年代的久远，字迹模糊不清，加之传抄者的学识及水平所限，错误也就在所难免。而校勘学的任务是要改正这些传抄本的错误，使它恢复或者接近于原书或原文件的面貌。胡适的相关理论阐述得到了后世学者的认可，并得到了继承和发展，如倪其心在阐述校勘学的目的和任务时就曾指出，校勘就是要"存真复原，尽力恢复它的原来面貌"①。相对于梁启超的校勘学理论，胡适的校勘学理论更强调追求书籍和文字的本真状态。应该说，这也是校勘学最基本的任务，因为没有书籍文字之真，一切都无从谈起。所以，"探求书籍文字之真"是"校勘最基本、最首要的先务"。② 胡适认为，校书改字必须依据"版本"而不是依据"误例"，只有版本才是校书的"据依"。对于依据"误例"而非"版本"的校勘者，胡适称之为"浅人"，将他们的校书称为"臆改"。他还进一步指出，中国校勘学之所以没有走上科学的轨道，多是由于旧日校勘学家对"误例"的性质并不十分明了，他们将某些个体的事例作为具有普遍规律性的通例。基于这种认识，他们便"不肯去搜求版本的真依据，而仅仅会滥用误例的假依据"③，而这恰恰是胡适极力反对的。

　　关于校勘的工作程序，胡适认为有三个主要的步骤，即发现错误、改正、证明所改不误。④ 他指出，发现错误是第一步的，只有发现错误才能够改正错误。而发现错误又可以分为两种，即主观与客

---

　　① 倪其心：《校勘学大纲》，北京大学出版社 1987 年版，第 5 页。
　　② 崔文印：《说校勘四法》，《史学史研究》1990 年第 3 期。
　　③ 胡适：《元典章校补释例序》，载陈垣《校勘学释例》，上海书店出版社 1997 年版，第 13 页。
　　④ 胡适：《元典章校补释例序》，载陈垣《校勘学释例》，上海书店出版社 1997 年版，第 1—2 页。

观。所谓主观发现错误，是指在阅读书籍和文献时发现问题，比如遇到可疑或难以理解之处，便认为书籍或文献的文字有错误；客观发现错误，是指在阅读同一书或文献的不同版本时因几种版本的差异而发现某个版本有错误。对于二者之间的关系，胡适也进行了阐述，他认为主观的疑难往往可以引起人们对版本的搜索与比较，这样就由主观发现错误过渡到客观发现错误。但主观发现错误并不一定表明传抄本有误，这可能是因为读者有时不能理解作者原意。另一种不可忽视的情况则是传抄本的错误未必能够引起读者的察觉和注意。经过通人整理的本子，虽然也是对原书进行增删改削而来，但因为文从字顺，其错误之处往往不容易被人发现。如想要发现其中的错误，必须找原本对校。比如坊间石印本《聊斋文集》附有张元所作《柳泉蒲先生墓表》，其中对蒲松龄年龄的记载是"卒年八十六"，其实这是"卒年七十六"所误，这一点《山左诗抄》所引墓表及原刻碑文可以证实。但如只读《柳泉蒲先生墓表》"卒年八十六"之文而无善本加以比对，似乎很难引起怀疑，也就绝不可能发现错误。最后，胡适进行了总结，再次肯定了客观发现错误为发现错误的主要渠道，那就是通过不同版本的比较和对照发现问题并加以核对，即刘向《别录》所言之"校雠"，也即陈垣"校勘四法"中的对校法。虽然重视对校法，但胡适并没有排斥本校法。① 他认为本校法在发现错误的过程中也可以发挥其应有的作用，正如他自己所说，单读一个本子，校其上下，虽然所得谬误有限，但同样有其不可替代的作用，② 这与陈垣"校勘四法"中的基本观点是一致的。

校勘第二步的工作为"改正"。胡适认为，仅靠主观的改定而没有切实的证据，无论如何，终不能完全服人之心。比如在《大学》

---

① 王绍曾说："胡适的校勘方法，用一句话来概括，就是对校法。"（王绍曾：《胡适〈校勘学方法论〉的再评价》，《学术月刊》1981年第8期）此说法较为武断。综观全文可以发现，胡适肯定对校法在校勘中的重要作用，但也未忽视本校、他校和理校在校勘中的综合运用。

② 胡适：《元典章校补释例序》，载陈垣《校勘学释例》，上海书店出版社1997年版，第3页。

开端中，朱子将"在亲民"改为"在新民"，几百年来，颇受诟病，反对之声不绝于耳。胡适认为，校勘时必须选定一个"最可靠"或"最有理"的版本。这里说的"最可靠"的版本指的是"最古底本"，如上文所引张元的《柳泉蒲先生墓表》，其"最古底本"当为原刻碑文，因其刻于作文之年，故最可靠；而"最有理"的版本的情况较为复杂。当无法得到所谓"最古底本"，或者所得"最古底本"有某种错误且无其他版本可供校勘时，就需要排列比较各种版本的先后顺序并考订其异同，同时揣测其致误的原因。因为这种推断和揣测有个人主观臆想的成分，所谓"最近理"也仅是个人按照自己的逻辑思维进行的推断。在这种情况下，标明各个版本的说法就可以留待后人的考订。胡适还说，改定一个文献的文字，必须依靠校勘学的方法，首先是依据最初底本，其次是最古传本，最后是最古引用本文的书。如果无最初底本和最古传本及最古引用本文之书，而"本书自有义例可寻，前后互证往往也可以定其是非，这也可算是一种证实"①。在这里也可看出，胡适不仅强调对校法的重要性，而且对于本校法和理校法也给予了足够的重视。对于理校，胡适采取了审慎的态度，他认为，此法不到万不得已不可随意滥用，因为这种类推之法只能揣测某种致误的可能，"不能断定此误必同于彼误"②，这与陈垣对理校法的评价有灵犀相通之处③。但与此同时，胡适也肯定了理校法的优势所在，即它可以弥补对校、本校、他校的缺陷和不足，"推理之最精者往往也可以补版本的不足"④。

---

　　① 胡适：《元典章校补释例序》，载陈垣《校勘学释例》，上海书店出版社1997年版，第4页。

　　② 胡适：《元典章校补释例序》，载陈垣《校勘学释例》，上海书店出版社1997年版，第5页。

　　③ 陈垣认为："此法（理校法）须通识为之，否则卤莽灭裂，以不误为误，而纠纷愈甚矣。故最高妙者此法，最危险者亦此法。……若《元典章》之理校法，只敢用之于最显然易见之错误而已，非有确证，不敢藉口理校而凭臆见也。"（陈垣：《校勘学释例》，上海书店出版社1997年版，第121—122页）

　　④ 胡适：《元典章校补释例序》，载陈垣《校勘学释例》，上海书店出版社1997年版，第7页。

最后，胡适进行了总结，再次强调了善本和古本在校勘学中的重要作用。结合自己总结的关于校勘工作的三部曲（发现错误、改正、证明所改不误），胡适肯定了陈垣的校勘学成就，认为陈垣的校勘实践为后世称道且可以为后人效法者有三个方面。

首先是陈垣对善本和最古刻本的搜求完备，这是在校勘之前必须尽力而为的。在得到元刻本之后，陈垣用元人的刻本来校元人的书，这种校书的方法就是"校勘四法"中的"对校法"。同时，陈垣还指出这种对校法有两大功用：一是有非对校不知其误者，以其表面上无误可疑也，如"大德三年三月"，元刻作"五月"；"元关本钱二十定"，元刻作"二千定"。二是知其误而不知为何误者，只有通过对校，才可以发现致误的原因，如"每月五十五日"，元刻作"每五月十五日"。胡适认为，对校法除了上述两大功用之外，还有许多其他方面的功用，如通过对校可以发现文本内容的残缺、混乱、倒置等，对于不常见的人名地名及古字俗字，也可以通过对校的方法予以订正。所以，用善本对校是"校勘学的灵魂"。

其次，陈垣并不满足于"最古刻本"的对校，在通过对校标出异文的基础上，他还要广搜其他传本和刻本，并最终得到一个最好最接近祖本的定本。胡适指出，只有通过广泛的对校和考证，才能求得底本的差异，然后考订其是非。对于古代校勘学者先入为主、先假设猜测后求证的做法，胡适不以为然，认为这是"倒果为因"的做法。胡适强调，不同版本的比较和对照是校勘学最基本的方法，背弃该方法就有可能使后学陷入"舍版本而空谈校勘的迷途"[①]。对于陈垣"只根据最古本正其误、补其阙，其元刻误沈刻不误者一概不校，其有是非不易决定者姑仍其旧"的做法，胡适极为欣赏。胡适认为，陈垣之所以如此校书是因为他要尽力恢复元刻《元典章》的本来面

---

① 胡适：《元典章校补释例序》，载陈垣《校勘学释例》，上海书店出版社1997年版，第11页。

目，而不是为了炫示他的推理技巧和校勘技能。在胡适的心目中，校勘的工作就是在严格依据祖本和古本的基础上，充分利用校勘者渊博的历史知识，决定那些偶有疑问的异文的是非，其目的在于为后世留下一个比原来传本和刻本更好的校本以便研究和学习，校勘学的功能仅仅如此而已。胡适认为，陈垣的校勘工作恰恰符合校勘学的这一要求。经过校勘实践，陈垣不但使我们看到元刻《元典章》的本来面目，而且他还参酌各本，用他渊博的元代历史知识，让我们看到一部比元刻本更完好的《元典章》。基于此，胡适认为这是陈垣对"新校勘学的第一大贡献"①。

最后，陈垣是在大量校勘实践的基础上，严格依据古本，推求传本致误的原因。胡适认为，陈垣总结的"误例四十二条"都是已经证实的通例，是校书之后通过归纳总结所得的说明，不是校书之前假定的依据，这一点与旧时校勘学有本质的不同。为此，胡适高度评价陈垣的"误例四十二条"，说这是"新校勘学的工具，而不是旧校勘学的校例"②。胡适还从心理学的角度解释了校勘学误例的由来，他将书籍和文件传抄的错误归纳为两类，即无心之误与有心之误。无心之误大多是因为感官（尤其是视觉器官）的错觉引起的，有心之误则是由于校勘学家的学识不足造成的。正是因为这些都是心理的现象，它们都可以从心理学的角度找到普遍的解释，因此往往可以归纳成一些普遍致误的原因，比如两字误为一字、一字误作两字、涉上文而误、形似而误、误收旁注文等等。此外，胡适还对历史上的校勘学家如彭叔夏、王念孙、俞樾所举误例进行了鞭辟入里的评价。胡适认为，陈垣的上述三个方面的校勘学成就足以"前无古人而下开来者"③。

---

① 胡适：《元典章校补释例序》，载陈垣《校勘学释例》，上海书店出版社1997年版，第12页。

② 胡适：《元典章校补释例序》，载陈垣《校勘学释例》，上海书店出版社1997年版，第12页。

③ 胡适：《元典章校补释例序》，载陈垣《校勘学释例》，上海书店出版社1997年版，第8页。

胡适还分析了中西校勘学的相同之处和不同之处。他指出，无论中国校勘学还是西洋校勘学，都必须经过发现错误、改正、证明所改不误三个阶段，这是它们的共同点。不同点在于西洋校勘法有三长：首先，西洋古书的古写本保存得多，有古本可供校勘，其主要原因在于西洋印书术比中国晚六七百年；其次，欧洲的大多数名著后来往往被译成别的国家的文字，在这种情况下，古译本也可以作为校勘的版本；最后，欧洲大学和图书馆保存古本较多，因此校勘之学比较普及。而中国则不同，由于雕版印刷术出现较早，刻本书流行相对较早，在这种情况下，写本和抄本逐渐被抛弃，这就使得后来的校勘学家很难寻觅到祖本或较早的传本。另一个不可忽视的原因则是中国古代大学与公共藏书不发达，私家藏书又极其有限，这样就导致校勘依据的版本不足。基于这种判断，胡氏认为，校勘学在中国古代并不发达，且没有走上科学的发展轨道。如其所言，纵观校雠学的历史，"够得上科学的校勘学者不过两三人而已"[1]。

校勘的历史随着文献典籍的传播需要而产生发展，而校勘学是在校勘实践的基础上形成建立的。关于中国校勘和校勘学的发展历史，胡适也进行了简单的梳理，他认为中国校勘学"起源很早而发达很迟"[2]，最早可以追溯到《吕氏春秋》中所记"三豕涉河"的故事，此后刘向、刘歆父子校书，汉儒训注古书注明异读，都在某种程度上推动了中国校勘学的发展。12、13 世纪以后，出现了朱熹、周必大、彭叔夏等校勘学家，校勘学呈现出繁荣的态势。随后，校勘学衰歇。直到 17 世纪，方以智、顾炎武重新开启校勘考订古书之风。应该说，胡适对中国校勘学史的梳理符合校勘学的发展实际，对后世学者影响颇大，在中国校勘学史上产生了深远影响。

---

[1]  胡适：《元典章校补释例序》，载陈垣《校勘学释例》，上海书店出版社 1997 年版，第 6 页。

[2]  胡适：《元典章校补释例序》，载陈垣《校勘学释例》，上海书店出版社 1997 年版，第 6 页。

胡适在总结陈垣校补《元典章》基础上撰写的《校勘学方法论》集理论、方法、历史于一身，对中国校勘学的发展进行了科学的总结，在中国校勘学史上占有重要地位。同时，《校勘学方法论》"在中国较早地介绍了西方校勘学，起到了导夫先路的作用"①。其结合自己校勘实践总结的校勘工作三部曲（发现错误、改正谬误、证明所改不误）也为后世校勘学者恪守。因此，胡适《校勘学方法论》不愧为中西校勘学史上的经典之作。

### 四　校勘通例和校勘原则的提炼

在校勘通例的总结和校勘原则的提炼方面，陈垣和张舜徽做出的贡献最大。陈垣《校勘学释例》六卷五十类例。其中卷一至卷五分别为："行款误例"十一类、"通常字句误例"十一类、"元代用字误例"五类、"元代用语误例"六类、"元代名物误例"九类。这些类例可以分为通例和特例，通例适用于所有古籍的校勘，如卷一和卷二。特例仅适用于元代典籍的校勘，如卷三、卷四、卷五。但这又是相对的，特例对于元代典籍而言，又是通例。对于通例的归纳和总结，清代学者曾努力尝试过，也取得了一些成果，但与陈垣《校勘学释例》相比，则略显逊色。如清代学者王念孙以校勘道藏本《淮南子》为主，"参以群书所引，凡所订正，共九百余条"②。在此基础上，推其致误之由，共归纳出各类通例六十二类，概括了文字致误的许多类型。但王念孙的归类"过于具体，不免稍为繁细"③，缺乏概括性和普遍性。在王念孙的启发下，其子王引之在《经义述闻》的最后部分，撰写《通说》进一步归纳经籍中存在的共性问题，探讨其中的规律所在。《通说下》共总结了十二条，其中有些颇有通例价

---

① 陈东东、周国林：《西方校勘学中的"理校"问题——兼评胡适介绍西方校勘学的得失》，《河南大学学报》（社会科学版）2013 年第 2 期。
② 转引自倪其心《校勘学大纲》，北京大学出版社 1987 年版，第 56 页。
③ 倪其心：《校勘学大纲》，北京大学出版社 1987 年版，第 65—66 页。

值，其归类"比王念孙具有更普遍的概括性和理论性，已从致误的具体原因提高到小学理论和校勘学理论上予以分析归纳"，但其"概括的通例还不够全面完备"①。之后，俞樾继承王氏父子学术，撰成《古书疑义举例》，此书归纳总结的三十七类校勘通例，就其方法与理论而言，与王氏父子略同。总体而言，"他们的归纳既不全面，又病于简略，而且均未就古书致误的原因进行深入的分析"②。同时，在清代学者的理念中，校勘的最终目的是解经，校勘处于从属的地位，因此其理论研究也局限于具体事例的归纳，始终没有建立起独立的校勘学理论体系。③ 陈垣在前人研究的基础上，结合自己丰富的校勘实践经验，对每一通例都做出了清晰而具体的阐释，借以揭示校勘学的基本理论与方法。此外，陈垣对每一类例致误原因，也进行了具体分析。如对于"有书无目"，陈垣认为，则"大抵由编纂时未将目录加入，故沈刻目阙者元刻亦阙"④；"正文讹为小注"，大抵因"版已锓成，发现脱漏，挖版补入，不得不改为双行，其例常有"⑤。对于"声近而误"情况，陈垣归纳出两点原因，一是"方音相似"，也就是说，很多汉字对于传抄者来说，由于其地方方言的相似而易混淆，如"点"和"典"，"例"和"吏"，"继"和"记"，沈刻《元典章》多混之即属于这类情况。二是"希图省笔"，如沈刻《元典章》多误"黄"为"王"，但却不见误"王"为"黄"。这是因为以广州地方方言读之，"黄""王"不分，而传抄者又以为更改别人姓名无关紧要，于是为了"省笔"，误"黄"为"王"情况便屡屡出现。⑥ 分析致误原因，使人知其然而且知其所以然，这样不仅能够避免后来者重犯类似的错误，而且对校书也有普遍的指导意义。陈垣不

---

① 倪其心：《校勘学大纲》，北京大学出版社 1987 年版，第 69—70 页。
② 牛润珍：《陈垣学术思想评传》，北京图书馆出版社 1999 年版，第 186 页。
③ 倪其心：《校勘学大纲》，北京大学出版社 1987 年版，第 71 页。
④ 陈垣：《校勘学释例》，上海书店出版社 1997 年版，第 1 页。
⑤ 陈垣：《校勘学释例》，上海书店出版社 1997 年版，第 12 页。
⑥ 陈垣：《校勘学释例》，上海书店出版社 1997 年版，第 19—20 页。

仅重视通例的总结，还重视总结特例，如卷三至卷五关于元代用字、用语和名物的误例就是根据元代当时的文字、语言及其名物制度总结出来的。陈垣指出，一代有一代的语言习惯，此朝代通用的语言不一定为彼朝代所用。在这种情况下，就会出现此朝代通用之语言彼朝代不知为何语的情况，这是校勘者和传抄者尤其应该注意的。

在古籍校勘时，张舜徽提出"不可轻于改字"的校勘原则，他说："校理书籍，期于不妄改，不妄增，一仍其旧，而俾学者自审定之，能事毕矣。"① 他非常推崇郑玄解经注述的方式，发现文字有明显讹误之处，"但云某当为某，而未尝轻出己意以改本文"②，这就是后世"校勘记"的前身。郑玄在校注《仪礼》一书时，取今文、古文二本参校，详细记载它们的异同，从未以己意偏主一家，此即为考异之书之由来。后来陆德明作《经典释文》、朱熹撰《韩文考异》，实际上均延续了郑玄的校书之法。阮元在校刻宋本《十三经注疏》时对这一方法进行了少许改进，即对于宋版之误字，在其旁加圈，然后据之作校勘记附于每卷之末。这样便于读者按圈检记，知其异同。张氏极为欣赏阮元的这种做法，谓其"有俾于承学尤大，益足为校书式也"③。如果仔细分析上述古籍校勘原则，可以发现，实际上这是叶德辉所言校勘法中的"死校"④。在追溯其"校勘二法"渊源时，叶德辉曾说："斯二者，非国朝校勘家之秘传，实两汉经师解经之家法。"⑤ 在这方面，叶德辉与张氏的观点不谋而合，

① 张舜徽：《广校雠略》，载《张舜徽集》（第一辑），华中师范大学出版社 2004 年版，第 70 页。

② 张舜徽：《广校雠略》，载《张舜徽集》（第一辑），华中师范大学出版社 2004 年版，第 70 页。

③ 张舜徽：《广校雠略》，载《张舜徽集》（第一辑），华中师范大学出版社 2004 年版，第 70 页。

④ "死校者，据此本以校彼本，一行几字，钩乙如其书，一点一画，照录而不改。虽有误字，必存原本，顾千里广圻、黄荛圃丕烈所刻之书是也。"（叶德辉：《藏书十约·校勘七》，载李庆西标校《叶德辉书话》，浙江人民出版社 1998 年版，第 8 页）

⑤ 叶德辉：《藏书十约·校勘七》，载李庆西标校《叶德辉书话》，浙江人民出版社 1998 年版，第 8 页。

只不过张氏阐述得更为具体详尽。清儒校书，多遵循"不可轻于改字"的校勘原则。然段玉裁却有改字之言论，张氏敬佩段玉裁的学识，并认可他的改字行为，他说："盖专家之学，穷极要眇，自与浅尝浮慕者不同，既明乎述作本末，又深知一书义例，恒能操约持繁，以类统杂，非特可订后世传写之讹，且能直匡作者原本之谬，岂能规规于文字异同，不择是非而尽载之者所可同日语哉！顾非学术湛深，识断精审者，又未易骤语乎此耳。"① 同时，张氏又强调，清儒学术精湛，后人不可"师其肆放"，否则必然"诬古人惑来者"。② 因此，校书时可根据自己的具体情况采取不同的方法，这是张氏在校勘时遵循实事求是原则的表现。

在校勘时，张氏还主张"首贵广罗异本，其次莫若采相类之书以比勘其异同"③。张氏认为，校书不必拘泥于经史子集类别的限制，学者们应择善而从，"非特诸子之书可用以校经也，史官所载，亦有同于传记者，取彼证此，为益无方"④。张氏大胆提出经史子集"相类之书"互校的理论，这是在校勘学理论方面的重大突破和创新。在浩瀚的传统典籍中，"相类之书"有"明见于篇题者，有不见于篇题者"，对于"不见于篇题者"，则要通过"博稽广揽，融会错综以推寻之"，否则不足以校其异同，定其是非。在校勘学方面主张"博稽广揽，融会错综"是张氏治学追求博通、博约并重的表现，这与张氏"一生兼治四部之学"⑤ 的学术经历密不可分。

---

① 张舜徽：《广校雠略》，载《张舜徽集》（第一辑），华中师范大学出版社 2004 年版，第 78 页。

② 张舜徽：《广校雠略》，载《张舜徽集》（第一辑），华中师范大学出版社 2004 年版，第 79 页。

③ 张舜徽：《广校雠略》，载《张舜徽集》（第一辑），华中师范大学出版社 2004 年版，第 70 页。

④ 张舜徽：《广校雠略》，载《张舜徽集》（第一辑），华中师范大学出版社 2004 年版，第 71 页。

⑤ 周国林：《学贯四部、业兼体用——张舜徽先生的学术成就与治学精神》，《华中师范大学学报》（人文社会科学版）2011 年第 3 期。

对于顾广圻在《重刻晏子春秋后序》中所言"古书无唐以前人注者，易多脱误"这一说法，张氏给予高度评价，他说："谅哉斯言！非深于校勘者不能道。"① 张氏认为，较早传注的典籍注疏本，因其所据原书未经窜改，故可以依据注疏本以求原书之貌。在这种情况下，即使后世对正文的记载错误，也可以依据注本进行改正。因此，依据旧注本校勘典籍也是重要的校勘方法之一。任何方法都不是绝对的，古注虽可用于校勘，但也不可尽信，在这方面张氏也有清醒的认识，他说："若夫冯据类书，旁征子史旧注，以从事雠校者，大半过于尊信古人，鄙蔑今本，据彼援引失实之文，反以不误为误，斯则惑矣。"② 类书和旧注出现"失实"（即与原书不同）现象是因为前人在征引古书时"有约取其辞者，有节用书意者"，他们认为，这些书并非经籍义理的解说，没有必要与古书原本一一符合。因此，在校勘典籍时完全凭借类书和旧注也是不可取的。那么旧本书是不是就完全可信呢？也不尽然。张氏曾以二徐所校《说文解字》与唐写本木部残卷对勘，发现唐写本也有衍字、脱句、讹体、倒文等情况。由此可见，即使唐代写本，仍有不及较晚刊本的情况，更不必说宋元椠本了。因此，典籍校勘贵在"明辨"而"谛观"，切勿"贵远"而"贱近"。黄丕烈认为，因年代久远，古书存本较少，宋刻本较为接近古本，可以作为读书校勘的依据。但宋代学者不喜校雠，不能阙疑，随意窜改古书的情况时有发生。因此，宋刻本讹误之处在所难免，对此《东坡志林》和陆游《跋历代陵名》都有记载。清代校勘大家黄丕烈平生聚书酷爱宋刻本，严可均在《铁桥漫稿》中讥讽其古董气较为浓厚。因此，张氏得出结论："则佞宋之习，又学者所当深戒也。"③

---

① 张舜徽：《广校雠略》，载《张舜徽集》（第一辑），华中师范大学出版社 2004 年版，第 72 页。

② 张舜徽：《广校雠略》，载《张舜徽集》（第一辑），华中师范大学出版社 2004 年版，第 73 页。

③ 张舜徽：《广校雠略》，载《张舜徽集》（第一辑），华中师范大学出版社 2004 年版，第 76 页。

综上所述，我们可以发现，陈垣不仅重视总结通例和特例，而且对每一通例都做出了较为清晰的解释，分析其致误原因，对校书有普遍指导意义。张氏对校勘古籍的原则也做出了具体详细的说明和阐述。其"博稽广揽，融会错综"思想在校勘学中的运用，是对民国校勘学理论与原则的重大突破和创新，亦是对中国校勘学的重大贡献。

# 第　五　章

# 民国文献学的分支学科（下）

## 第一节　辨伪学

辨伪是指对有真伪问题的事和物进行考察鉴别。辨伪有广义与狭义之分，广义的辨伪涵盖面较大，举凡古史事、古书籍、古器物、古碑刻、古字画等，只要有真伪问题，均在辨识之列；狭义的辨伪特指古籍的辨伪。辨伪学和辨伪不同，辨伪学是对辨伪"理论""方法""历史"及"成果"等的研究，辨伪学之所以成"学"在于其学科体系的"科学""系统"和"完整"。[①] 本节研究的对象是狭义的辨伪学，即古籍文献辨伪学。[②]

古籍文献辨伪在中国有悠久的历史，最早可以追溯到先秦时期。西汉时期，刘向已经拥有辨别古籍真伪的能力并掌握其方法，此时古籍辨伪还没有自己独立的学术园地[③]。中唐柳宗元对子书及《论语》

---

①　刘重来：《中国二十世纪文献辨伪学述略》，《历史研究》1999 年第 6 期。

②　孙钦善认为，"辨伪学的历史是分两条线发展的：一条是关于书籍的名称、作者、年代真伪的考辨，一条是关于书籍内容诸如事实、论说真伪的考辨。前者属狭义辨伪学，后者可以包括到广义辨伪学内"。［孙钦善《古代辨伪学概述》（上），《文献》第 14 辑，书目文献出版社 1982 年版，第 215—216 页］由此可知，狭义的辨伪是指对书籍真伪的考辨，狭义的辨伪学是指古籍文献辨伪学。

③　黄云眉提出"古籍真伪之辨，滥觞于唐代"的观点（黄云眉：《古今伪书考补证・重印引言》，山东人民出版社 1959 年版，第 1 页），似不确。

的一系列考订文字，为古籍辨伪逐渐独立准备了条件。到元明时代的宋濂①和胡应麟②，"古籍辨伪的名义才真正成立，为学术界所公认，而后才正式成为一门独立的专门学问"③。20 世纪初，古籍辨伪学"从理论和方法上"真正获得"突破"。④ 刘重来认为，中国文献辨伪学作为一门学科，其真正构建是在 20 世纪初至 30 年代末。⑤ 这一时期的学者，如胡适、梁启超、顾颉刚、钱玄同、张心澂等，他们的相关理论与著述，为民国时期中国文献辨伪学的构建做出了重大贡献。

## 一　民国文献辨伪学的基本面貌

民国校雠学著述颇多涉及辨伪学理论的研究，如胡朴安、胡道静《校雠学》下卷"校雠方法"有"真伪辨别"篇，对作伪的理由和动机、辨伪的方法、辨伪的历史、伪书的种类等问题进行了简要的分析并以实例进行了说明。如将作伪的动机总结为四点，即"托名古人""造伪书以为己说之根据""造伪书以为干禄之资""好奇"。⑥这与梁启超总结的"托古""争胜""邀赏"⑦ 较为类似，唯"好奇"

---

　　① 一般辨伪学著作均将宋濂视为明代学者，如杨绪敏《中国辨伪学史》（天津人民出版社1999 年版）、郑良树《古籍辨伪学》（台北：学生书局 1986 年版）。但因宋濂（1310—1381）主要生活在元末，在明代活动的时间很短，且更为关键的是其辨伪学著述《诸子辨》作于元末（元顺帝至正十八年，即公元 1358 年），故将其视为元代学者更为合理。杜泽逊《文献学概要》（中华书局 2001 年版）、彭树欣《梁启超文献学思想研究》（光明日报出版社 2010 年版）均持此观点。

　　② 胡应麟（1551—1602），字元瑞，号少室山人，别号石羊生，兰溪县城北隅人。明朝著名学者、诗人和文艺批评家，他在文献学、史学、诗学、小说及戏剧学方面都有突出成就。所著《四部正讹》是中国辨伪学史上的里程碑著作，它"首次总结了伪书产生的原因及伪书的种类"，"第一次系统总结了辨伪方法"，"从宏观上分析了伪书的范围和伪的程度"（杨绪敏《中国辨伪学史》，天津人民出版社 1999 年版，第 133—139 页）。正如梁启超所说："专著一书去辨别一切伪书，有原理有方法的，胡应麟著《四部正讹》是第一次。""全书发明了许多原理原则，首尾完备，条理整齐，真是有辨伪学以来的第一部著作。我们也可以说，辨伪学到了此时，才成为一种学问。"（梁启超演讲，周传儒等笔记《古书真伪常识》，中华书局 2012 年版，第 47—48 页）

　　③ 郑良树：《古籍辨伪学》，台北：学生书局 1986 年版，第 6 页。

　　④ 陈力：《二十世纪古籍辨伪学之检讨》，《文献》2004 年第 3 期。

　　⑤ 刘重来：《中国二十世纪文献辨伪学述略》，《历史研究》1999 年第 6 期。

　　⑥ 胡朴安、胡道静：《校雠学》，岳麓书社 2013 年版，第 67—68 页。

　　⑦ 梁启超演讲，周传儒等笔记：《古书真伪常识》，中华书局 2012 年版，第 25—31 页。

为梁氏所无。关于辨伪方法，胡氏叔侄推崇胡应麟《四部正讹》中的"辨伪八法"①，他们认为，"核兹八者，而古今赝籍亡隐情矣。盖造伪者虽用心细密，终难免有破绽之处。若自其各方面推察之，其覆必发矣"②。此外，他们还论述了伪书的产生和分类，他们说："古书流传年代久远，而此彼综错，亦生真伪之辨。"③ 关于伪书的种类，他们主要沿袭了姚际恒和胡应麟的观点。

蒋元卿《校雠学史》对辨伪学的论述侧重于对清儒辨伪方法和辨伪人物的分析和说明。他首先介绍了辨伪工作的发展，指出宋人疑古最勇，开"后世辨伪学之先河"④。明人胡应麟著《四部正讹》，则专以辨伪为业。至清，辨伪学大盛，"清儒辨伪工作之可贵者，不在其成绩，而在其方法"⑤。为此，他将清儒辨伪方法总结为六种，即从著录传授上检查、从本书所载事迹制度或所引书上检查、从文体及文句上检查、从思想渊源上检查、从作伪家所凭藉之原料上检查、从原书佚文佚说的反证上检查。⑥ 通过上述分析，我们发现，蒋氏的辨伪方法是在总结清儒辨伪实践和胡适、梁启超等人辨伪方法基础上的继承和发展。在清初诸儒中，蒋氏较为推崇姚际恒，肯定姚氏《古今伪书考》（以下简称《伪书考》）的学术价值，他还将《伪书考》之目列于书中，由此可见其对该书的重视。此外，蒋氏还认为万斯大《周官辨非》、孙志祖《家语疏证》、刘逢禄《左氏春秋疏证》、康有为《新学伪经考》、王国维《今本竹书纪年疏证》、崔适《史记探源》学术价值较大，其"勇气和用力，实足令人钦佩"。最后，他对

---

①　"辨伪八法"，即"核之《七略》以观其源""核之群志以观其绪""核之并世之言以观其称""核之异世之言以观其述""核之文以观其体""核之事以观其时""核之撰者以观其托""核之传者以观其人"。

②　胡朴安、胡道静：《校雠学》，岳麓书社 2013 年版，第 69 页。

③　胡朴安、胡道静：《校雠学》，岳麓书社 2013 年版，第 73 页。

④　蒋元卿：《校雠学史》，黄山书社 1985 年版，第 189 页。

⑤　蒋元卿：《校雠学史》，黄山书社 1985 年版，第 189 页。

⑥　蒋元卿：《校雠学史》，黄山书社 1985 年版，第 189—190 页。

清儒辨伪工作进行了总结，他说："辨伪事业，清初很盛，清末尤盛，独乾嘉时代，做此工作者较少（原因是他们好古甚笃，不肯轻易怀疑，这是他们的长处，也是短处）。"① 他认为，古书的真伪问题，经过清代三百年研究和讨论，"已解决者约占十之三四，其余虽未解决，但至少已提出问题，未尝不是一种成绩的表现"②。对于重要伪书的辨伪结论，蒋氏还以附表的形式列于书中。

蒋伯潜《校雠目录学纂要》对伪书的定义、种类，辨伪的方法等方面情况进行了说明。他认为，伪书的鉴别是校雠工作的一部分，此种辨伪工作在宋以后日益得到发展，并且逐渐成为研究古史方面的重要工作，如今"已有自附庸蔚成大国之势"。接下来他在总结胡应麟《四部正讹》所论伪书种类后给"伪书"下了定义，指出所谓"伪书"，是指"所署著作人并非真正的作者而言，无论是依托古人，是假名今人，是有意作伪，是后人妄测"③。他还以作伪原因为标准，将伪书分为五等：第一等为"托古改制"，第二等为"托古便己"，第三等为"托古炫才"，第四等为"匿名盗名"，第五等为"贸利嫁祸"。在辨别伪书方面，蒋氏推崇胡应麟《四部正讹》中的"辨伪八法"，将之归纳为四项：一曰观其文辞，二曰考之历史，三曰稽诸旁证，四曰衡以情理。此外他还按照伪书的情状对伪书进行了分类。对于崔述的《考信录》、顾颉刚辑《古史辨》，因其是对古史的考辨，蒋氏认为它们是由"校雠学底辨伪工作引申推衍而出者"④。蒋氏还特别强调，考底本之是非，是校雠学的任务，定义理之是非，"则进而及于书底内容了"。前者为"治书"，后者为"治学"。以辨伪工作而言，则鉴别此书是否为某人所作，还是"治书"，而鉴别书中内容

---

① 蒋元卿：《校雠学史》，黄山书社1985年版，第192—193页。梁启超也曾有类似的表述，详见梁著《中国近三百年学术史》，东方出版社2004年版，第279—280页。
② 蒋元卿：《校雠学史》，黄山书社1985年版，第193页。
③ 蒋伯潜：《校雠目录学纂要》，北京大学出版社1990年版，第129页。
④ 蒋伯潜：《校雠目录学纂要》，北京大学出版社1990年版，第137页。

的真伪，则为"治学"。① 蒋氏关于辨伪学的相关说法较为独特新颖，令人耳目一新。尤其是其关于辨伪"治书"和"治学"的区分，对于推动辨伪学的发展，显然有其积极的意义。

刘咸炘对辨伪学有自己独到的理解，在《目录学》一书中他陈述了自己的"伪书"定义，他说："夫欲辨伪书，当先明伪书二字之义。伪者，不真之称。伪书者，前人有此书而已亡，或本无此书，后人以意造伪书而冒其名，实非其人之作也，苟于此例有不具，则不在伪书之科。"② 相对于胡应麟、胡适、梁启超等人对伪书的理解，刘咸炘的观点大大缩小了伪书的范围，对伪书的定义更为精准。根据此定义，他认为"凡非伪而疑于伪，昔皆误以为伪者"，有六类：一曰事之乖谬、二曰文有附益、三曰传述、四曰依托、五曰补阙、六曰托古，刘氏还对六类列举实例进行了详细说明。最后他总结道，"凡此六类，最宜详察，知附益则知真中有伪，知依托则知伪中有真，辨析至此，斯为善读书矣。一二两类，人所共知，五六两类，知而多忽，三四两类，则章（学诚）氏特发，孙（星衍）、严（可均）略窥，外此诸人皆不了也。而世之称为伪者，此二类乃独多，其误在不明故人著述之情状"③。此外，刘氏还对胡应麟《四部正讹》中的相关说法进行了驳斥。

张舜徽《广校雠略》卷四有"审定伪书论"三篇，分别为："汉代辨伪之法""伪书不可尽弃""古书多附益之笔"。在"汉代辨伪之法"论中，张氏认为，"审定伪书之法，至刘、班而已密"④，他以《汉志》所载传疑之书考之，将辨伪之法总结为六例并以实例进行说明，这六例分别为：有明定为依托而不能指人者、有验之其语而知非出古人者、有征之于事而知为伪者、有能推定依托之时代者、有明定

---

① 蒋伯潜：《校雠目录学纂要》，北京大学出版社1990年版，第137—138页。
② 刘咸炘：《刘咸炘论目录学》，上海科学技术文献出版社2008年版，第28页。
③ 刘咸炘：《刘咸炘论目录学》，上海科学技术文献出版社2008年版，第31页。
④ 张舜徽：《广校雠略》，载《张舜徽集》（第一辑），华中师范大学出版社2004年版，第79页。

为后世增加者、有不能辄定而聊为存疑之辞者。张氏认为，此六例奠定了后世辨伪法的基础，"有斯六例，而后世辨伪之法，举莫能越于是矣"①。在"伪书不可尽弃"论中，张氏指出，尽管作伪的动机不同，伪书的种类不同，但伪书自有其存在的价值，"学者如遇伪书，而能降低其时代，平心静气以察其得失利病，虽晚出赝品，犹有可观，又不容一概鄙弃也"。他还以实例进行了说明："东晋所出《古文尚书》及孔安国传，固全伪矣，姑降低时代，作魏、晋人书读，必有可取者。"② 在"古书多附益之笔"论中，张氏强调，鉴定伪书，证据固然重要，但"尤贵有识"，否则"必以不伪为伪，则天下宁复有可保信之书！"他还特意指出当今鉴别书籍尤其应当注意者为"明乎书中多附益之笔"③。张氏指出，附益之例有两种，即编书者之附益与抄书者之附益。所谓编书者之附益，盖指先秦诸子由弟子、宾客及子孙所撰定，编书者"每好记作者行事，以附本书，乃并及于身后，如管、商书中载二人死后事甚悉，虽在童稚，犹知非管、商所自著，然以古书通例衡之，无伤也"；抄书者之附益是指在雕版未兴之前，学者们多"好取同类之文，相关之事，附注篇末，以资旁证，传抄既久，混入正文，斯又古书之通患也"。如《太史公书》成书于汉武帝时，太初以后之事，阙而不录，但"今《屈原列传》乃叙及孝、昭时贾嘉为九卿事，《司马相如传赞》亦援引扬雄之言，皆非史公所及知，此所谓抄书者之附益也"④。因此，附益之笔为古书中常有之现象，不可因书中多附益而遽定为伪书。此有关附益之论，刘咸炘也有类似的观点。应该说，这是对辨伪学理论的重大贡献。

---

① 张舜徽：《广校雠略》，载《张舜徽集》（第一辑），华中师范大学出版社2004年版，第80页。
② 张舜徽：《广校雠略》，载《张舜徽集》（第一辑），华中师范大学出版社2004年版，第81页。
③ 张舜徽：《广校雠略》，载《张舜徽集》（第一辑），华中师范大学出版社2004年版，第81页。
④ 张舜徽：《广校雠略》，载《张舜徽集》（第一辑），华中师范大学出版社2004年版，第82页。

## 二　胡适辨伪学："但开风气不为师"

胡适疑古辨伪学方面，扮演了"开风气之先"的角色。胡适的疑古辨伪学成就和影响主要体现在方法论层面，在辨伪学实践方面，胡适的学术成果有一些，但与其方法论影响相比，毕竟相形见绌。①下面仅对胡适辨伪学思想的渊源、理论和方法及其局限性进行论述。

（一）胡适辨伪学思想溯源

1. 赫胥黎和杜威的思想

疑古和辨伪是一对孪生姊妹，它们相伴而生，相辅相成。疑古是指对古史或古书的怀疑，这种对古史或古书的怀疑落实于"治学"，就以"辨伪"的方式体现出来。胡适疑古和辨伪的思想源于在美国留学期间赫胥黎和杜威的思想的影响，他认为自己从赫胥黎那里学到了怀疑的精神，使他不再信任一切没有证据的东西；而杜威则教他"把一切学说理想都看作待证的假设"。美国的这种熏陶和教育，使胡适"明了科学方法的性质和功用"。② 在这里，胡适将"怀疑"和"假设"作为一种"科学"的方法，显然有其积极的意义。但赫胥黎和杜威的思想体系绝不仅局限在胡适所强调的方法论层面，而这里胡适仅强调其方法论的意义，实质上可以理解为是胡适对赫胥黎和杜威思想"只及一点，不及其余"的曲解。③ 胡适认为，真正科学的方法是实验室里的科学家发明的，不是专讲方法论的哲学家发明的。也就是说，不是培根、亚里士多德等人发明的，而是牛顿、伽利略等人实验出来的。胡适强调，即使是被世人推为归纳论理始祖的培根，也不过曾提倡知识的实用和事实的重要而略带"科学"的"精神"。培根所主张的方法，实行起来，全不能实用，绝不能当"科学方法"的

---

① 路新生：《中国近三百年疑古思潮研究》，上海人民出版社 2001 年版，第 506 页。

② 胡适：《介绍我自己的思想》，载《胡适文集》（5），北京大学出版社 1998 年版，第507—508 页。

③ 路新生：《中国近三百年疑古思潮研究》，上海人民出版社 2001 年版，第 507 页。

尊号。后来随着科学的发展，米尔将科学家所用的方法总结为归纳法的五种细则。但以科学家的眼光来看，仍然不是科学用来发现真理解释自然的"科学"方法的全部。之所以如此，是因为他们都把演绎法看得太轻了，认为只有归纳法才是"科学"的方法。胡适强调，"科学"方法是归纳法与演绎法的结合。对于科学发展较早而科学方法的总结较晚这一现象，胡适也进行了分析。他指出，造成这种现象的原因是发明方法的科学家和高谈方法的哲学家向来不很接触。① 胡适深知，要想将西方的思想方法移植和嫁接到中国，从而为中国学术思想界接受，必须在中国传统学术资源中寻找合适有用的素材。也就是说，只有在中国的传统思想素材中找到那些"可以有机地联系现代欧美思想体系的合适基础"，才能"以最有效的方式吸收现代文化"。② 鉴于此，胡适对中国传统文化进行了重新的梳理。通过对清代朴学家研究方法的分析，胡适将乾嘉考据学方法的"根本观念"总结为四点：不再对古书盲从，能够提出一种独到的见解且有必要的"证据"；乾嘉考据学家提出的"证据"即"举例为证"，即"个体的事实"；大量个体事例的总结即为归纳法，若举例不多，则为类推，其性质相同；汉学家在归纳大量事例时采用了"假设"的方法。③ 因此，在胡适的心目中，"假设"和"证据"是科学方法不可或缺的两大元素。胡适认为，乾嘉汉学家的研究方法之所以有"科学"的精神，是因为他们能在举例作证的基础上总结一种"通则"，然后用这种"通则"去验证同类的例。因此，他们使用的是归纳和演绎同时并用的方法。④ 最后，胡适对清代学者的治学方法进行了归

---

① 胡适：《清代学者的治学方法》，载《胡适文集》（2），北京大学出版社 1998 年版，第282—283 页。

② 胡适：《先秦名学史》，学林出版社 1983 年版，第 9 页。

③ 胡适：《清代学者的治学方法》，载《胡适文集》（2），北京大学出版社 1998 年版，第 290 页。

④ 胡适：《清代学者的治学方法》，载《胡适文集》（2），北京大学出版社 1998 年版，第 295 页。

纳和总结。他认为，首先必须进行大胆的假设，否则不可能有新发明。但仅有大胆的假设是不行的，还必须有充足的证据，否则不能够使人心服口服。① 胡适强调清儒的这种严谨的治学品格，并将其与实用主义方法论巧妙结合起来，有利于中国学术思想界对于西方思想和方法论的消化和吸收。从历史上看，胡适提出的敢于怀疑前人，教人疑而后信、考而后信的严谨的治学态度，对于当时的思想解放，解除长期以来桎梏人们思维的迷信和独断有一定的进步作用。

2. 崔述"考信"的精神和态度

在考证辨伪学方面，乾嘉学者崔述②的治学思想对胡适影响颇深。崔述考信辨伪方面的成就，大体可分为两端：一是史学考证方面的成就，二是其在辨伪学方法论上的贡献。③ 对于崔述的辨伪学成就所体现的科学精神，胡适给予高度评价。他认为，崔述是中国新史学的鼻祖，其标志就是其《考信录》的出现，此后中国史学开始谋求进一步的发展，正如他自己所说："这是中国新史学的最低限度的出发点。"④ 应该说，胡适所述并非虚言。这是因为，早在 20 世纪初，日本学者那珂通世即将《东壁遗书》陈履和刻本加以标点排印，该书在日本学界产生较大反响。随后，日本史学界在崔述考信辨伪学方法的基础上不断进行完善和发扬光大，逐渐进入"完全科学"的时代。日本的崔述研究也引起了中国学界的浓厚兴趣，从此中国学界开始对崔述给予足够的关注，如刘师培就曾对崔述考信辨伪方法高度评价，他说："述生乾嘉间，未与江、戴、程、凌相接，而著书义例则

---

① 胡适：《清代学者的治学方法》，载《胡适文集》（2），北京大学出版社 1998 年版，第 302 页。

② 崔述（1740—1816），清朝著名的辨伪学者。字武承，号东壁，直隶大名府魏县人。乾隆二十八年（1763）举人。历任上杭、罗源知县等。著作由门人陈履和汇刻为《东壁遗书》，内以《考信录》三十二卷最令学者注目。

③ 路新生：《中国近三百年疑古思潮研究》，上海人民出版社 2001 年版，第 286 页。

④ 胡适：《科学的古史家崔述（1740—1816）》，载《胡适文集》（7），北京大学出版社 1998 年版，第 142 页。

殊途同归。彼以百家之言古者多有可疑，因疑而力求其是。浅识者流仅知其有功于考史，不知《考信录》一书自标界说，条理秩然，复援引证佐以为符验；于一言一事，必钩稽参互，剖析疑似，以求其真。使即其例以扩充之，则凡古今载籍均可折衷至当以去伪而存诚。"① 刘师培这里所说的"例"即辨伪"方法"。虽然崔述与江永、戴震、程瑶田、凌廷堪等乾嘉考据学者著书义例"殊途同归"，都侧重于考史，但《考信录》一书则"自标界说"，标志着"科学"时代的到来。这是因为崔述在《考信录》中不仅对作伪的原因进行了分析，而且对辨伪方法给予了足够的重视，表现了其勇于疑古的精神和严谨考辨的态度。

崔述的考证和辨伪，既有其精到妥帖处，也有其明显的失误和历史局限。对此，胡适也有明确清晰的认识，正如胡适自己所说："今日的新史学确已超过崔述的趋势。"② 但瑕不掩瑜，我们不能因为其部分考证辨伪的失误和局限而否定其态度和精神，崔述的"永久价值并不在这一些随时有待于后人匡正的枝节问题"，"崔学的永久价值全在他的'考信'的态度"，那是永远不会磨灭的。③ 胡适所说的这种"考信"的态度就是要"疑而后考""考而后信"，他所说的"要跟上崔述"，就是要跟上崔述的"考信"的态度。在崔述的相关论述中，我们也不难发现其"考信"的精神处处皆在，如对于文人学士"多好议论古人得失，而不考其事之虚实"之做法，崔述就极为反感。他强调，只有"虚实明"，而后才可以论其得失。他认为，他的《考信录》就是"专以辨其虚实为先务，而论得失者次之"④。

---

① 刘师培：《崔述传》，原载《国粹学报》第三十四期，转引自《胡适文集》（7），北京大学出版社 1998 年版，第 141 页。

② 胡适：《〈崔东壁遗书〉序》，载《胡适文集》（7），北京大学出版社 1998 年版，第132 页。

③ 胡适：《〈崔东壁遗书〉序》，载《胡适文集》（7），北京大学出版社 1998 年版，第132 页。

④ （清）崔述：《考信录提要》（卷上），上海商务印书馆 1937 年版，第 21—22 页。

在这里，"虚实"即伪与真。胡适认为，"虚实明而后得失或可不爽"是一切史学的根本方法，"考信"的态度是要人先考核某项材料的虚实真伪，然后决定应疑应信的态度。对于崔述有时不能"先考而后信"，胡适认为这是"时代风气的限制"，不足以作为崔述的"罪状"。崔述的《考信录》大都能遵循他的"考而后信"的基本态度，先定材料的虚实，而后论其得失。对于崔述定下的辨别史料虚实的标准①及对于可信材料的分类②，胡适都给予褒奖，认为这些都是辨其虚实真伪的态度，"最可以做史家的模范"。胡适强调，崔述的辨伪的某些细目或许可以指摘，但这种精神和方法是"无可訾议"的。最后，胡适进行了总结，他指出，崔述一生做学问、做人、做官、听讼，都只是用一种精神、一种方法，那就是"细为推求"，就是"打破沙锅问到底"。崔述最痛恨"含糊轻信而不深问"的恶习惯，遇事"细为推求"，"历历推求其是非真伪"，这都是科学家追求真理的态度。因此，崔述的"考信"态度是地道的科学精神和方法，也是崔述留给后人的最大精神财富。综上所述，我们不难发现，胡适正是在对"崔学"深入研究和积极评价的过程中，充分汲取了"崔学"的有益成分，为其后来的疑古辨伪理论和实践的开展奠定了坚实的基础。

（二）胡适辨伪学理论

胡适的辨伪学理论和方法集中体现在其专著《中国哲学史大纲》③一书中。在该书的"导言"部分，胡适对相关哲学史著述的作

---

① 崔述定下的辨别史料虚实的标准是"凡其说出于战国以后者，必详为考其所本（'考其所本'即是寻出他的娘家），而不敢以见于汉人之书者遂真以为三代之事也"。［转引自《胡适文集》（7），北京大学出版社1998年版，第133页］

② 崔述将可信的材料分为四个等级：第一等为"经"的可信部分，第二等为"补"（源出于经，而今仅见于传记），第三等为"备览"，第四等为"存疑"。参见《胡适文集》（7），北京大学出版社1998年版，第133页。

③ 《中国哲学史大纲》是胡适在自己的博士学位论文《先秦名学史》和北京大学中国哲学史讲义的基础上修改扩充而成的，初版于1919年2月。出版后两个月内再版，到1922年已出至第八版，在当时的学术界乃至整个文化界有很大反响。

伪原因、伪书分类、辨伪方法等方面进行了分析和论述。这些论述虽是针对哲学史籍而言，但也适用于其他一般史书。

关于作伪理由和动机，胡适认为主要可以分为两种情况：第一种是"托古改制"的书，这是因为作伪的人担心自己人微言轻，于是便借用古人之名申述自己的主张。这与胡应麟《四部正讹》所说"掇古人之事而伪""挟古人之文而伪""传古人之名而伪""蹈古书之名而伪"① 较为类似，梁启超将其概括为"托古"作伪，称其为"比较上最纯洁，我们还可以相当的原谅"，"手段虽然不对，动机尚为清白"② 的作伪。这类作伪古已有之，这是因为中国人喜欢古董，"以古为贵"，《庄子》所谓"重言"，康有为所谓"托古改制"，均为此意。"托古改制"的另一个原因则是古人死无对证，他人可随意托古改制。比如先秦诸子言必称尧舜，其中一个重要原因就是因为尧舜年代久远，他们可以任意把他们理想中的制度推到尧舜的时代，然后借尧舜之名弘扬自己的思想主张，推行自己心目中理想的政治制度。《黄帝内经》假托黄帝，《周髀算经》假托周公，都是这个道理。这种现象，春秋战国时最多。这是因为这一时期社会剧烈变动，思想较为自由。诸子为了宣扬自己的学术和思想，往往都援引古人思想主张做护身符，这样才足以使人信服。之后他们的门生变本加厉，于是伪书盛行。胡适认为，"托古改制"的书，"往往有第一流的思想家在内"。③ 第二种是"托古发财"的书，这些人为了钱财有意伪作古书，梁启超称其为"邀赏"④，他们伪造假书的心理与伪造古董的心理一样，都是为了赚钱。如汉武帝和唐太宗"稽古右文"，于是下令悬赏征求古籍，有些人为了卖钱做官，便大造伪书。最显著的例子为汉景帝之子河间献王，他修学好古，实事求是，曾以亲王的力量，亲

① （明）胡应麟：《四部正讹》卷上《叙论》，朴社1929年版，第1页。
② 梁启超演讲，周传儒等笔记：《古书真伪常识》，中华书局2012年版，第25页。
③ 胡适：《中国哲学史大纲》，商务印书馆2011年版，第13页。
④ 梁启超演讲，周传儒等笔记：《古书真伪常识》，中华书局2012年版，第27页。

贤下士，访求典籍，得书异常之多。他尤其喜欢秦汉以前古文字，搜罗不遗余力，所以古文各经书，俱从河间献王而出，汉朝经师有今古文之争辩，其来源于此。河间献王所求之古书，真的固然很多，假的亦颇不少。胡适认为，假书大多为东拉西扯，篇幅较长，因为越长越可多卖钱，如《管子》《晏子春秋》诸书即属此类。还有一种情况是得到了真本古书，但是真本古书的篇幅太短，不能多卖钱，于是便东拉西扯，胡乱拼凑，无端增加许多卷数，如《庄子》《韩非子》就属于这类情况。这一类假书，对于书中年代事实，往往不曾考校。他们的买主，大半是一些假充内行的收藏家，没有真正的鉴赏本领。相对于"托古改制"的书，"托古发财"书的造假者多是一些下流人才，他们作伪的动机"既不高尚"，作伪的方法和手段也不"精密"，故"最容易露出马脚来"。①

胡适极为重视史料的审定，他认为，近代西方史学的进步与发达，多是因为其审定史料的方法更为科学和严密。他还说："史料若不可靠，所作的历史便无信史的价值。"② 因此，对于审定史料的方法（即辨伪方法），胡适也进行了总结并将其作为史学家的"第一步根本功夫"。他说，审定史料的真伪，必须要有切实的证据，这样才能够使人心服口服。③ 由此可见，证据在审定史料中发挥了不可替代的作用。

胡适认为，这种审定史料的"证据"大概可以分五种：第一，史事。也就是说，书中陈述的史事，必须与作书的人的年代相符。若不相符，便可证那一书或那一篇是假的。第二，文字。胡适认为，每个时代的文字都带有那个时代特有的烙印，故每个时代有每个时代的文字，它们不可能完全相同。在这种情况下，通过文字之间的比对就可鉴别出作伪的痕迹。如《关尹子》中所用词如"斗中摄鬼、杯中钓鱼、画门可开、上鬼可语"等，这些都是道士用语；而"石火"

---

① 胡适：《中国哲学史大纲》，商务印书馆 2011 年版，第 13—14 页。
② 胡适：《中国哲学史大纲》，商务印书馆 2011 年版，第 11 页。
③ 胡适：《中国哲学史大纲》，商务印书馆 2011 年版，第 14 页。

"想""识""五识并驰"等，则是佛家用语，这些都可以成为作伪之证据。第三，文体。胡适指出，文体也是鉴别作伪的重要手段与方法，每个时代的文体都不相同，每个人的文体也绝不相同。后人可以仿古，但古人绝不可仿今。如《管子》那种长篇累牍的文体，绝不是孔子前一百多年所能作的；《关尹子》中的一些语句，也绝不像佛经输入之前的文体。第四，思想。胡适认为，通过对书中的思想学说进行比对，看其前后是否一致，也可帮助证明此书的真伪。他说，大凡能够著书立说之人，其思想学说体系总有系统和轨迹可寻，同一书中绝不会有自相矛盾之处。因此，对书中前后思想学说的对比鉴别也是辨别伪书的重要方法。如《韩非子》的前两篇思想就不一致，前者劝秦王攻韩，后者劝秦王存韩，这种自相矛盾即可证明《韩非子》的某些篇章为伪。胡适还说，每个时代有每个时代的思想，一种新的学说产生之后，一定会对后世产生影响。如《墨子》里《经上》《经下》等篇所讨论的问题，绝不是墨翟时代所能提出的，而是在墨翟之后百余年才产生的。因此，可以推测这些篇章不是墨翟自己做的。《关尹子》中体现的极端的万物唯心论的思想完全可以证明其为佛教传入之后的书，绝不是周秦时代的书，因为周秦诸子并无人受这种学说的影响。以上四种辨别伪书的"证据"都是从本书中发现的，胡适将它们称为"内证"。

除了"内证"之外，还有一种证据是通过其他书找寻出来的，胡适称为"旁证"。胡适强调，旁证有时候也很重要，在很多情况下，可与内证相当。如西方哲学史家考订柏拉图的著作，凡是其弟子亚里士多德书中曾称引的书，都定为真是柏拉图的书。在中国，这样的情况也不乏其例，如清代惠栋、阎若璩等人考证梅氏《古文尚书》之伪，所用"证据"则几乎全是"旁证"。还有以《荀子·正论》《尹文子》《庄子·天下》《孟子》等篇互相印证，证明宋钘、尹文的学说。①

---

① 胡适：《中国哲学史大纲》，商务印书馆 2011 年版，第 14—16 页。

以历史的视角来看，胡适辨别史料的方法和"证据"似乎都可以从胡应麟《四部正讹》"辨伪八法"中找到其"影子"和痕迹。第一"史事"与胡应麟"核之事以观其时"较为类似，即通过古书中的史事是否与成书年代相符来判断古书的真伪。第二"文字"和第五"旁证"与胡"核之并世之言以观其称""核之异世之言以观其述"较为相像。正如胡适所言，"一时代有一时代的文字"。通过比较不同时代著述中称引的文字，也可以发现造伪的嫌疑。第三"文体"同"核之文以观其体"比较接近，即通过不同时期的文体、风格、文辞等方面来判定古书的真伪。① 胡适认为，史料的审定对于中国哲学史的研究意义重大。为此，他还进一步引用《韩非子·显学》"无参验而必之者，愚也"说明这一道理，这里的"参验"即是胡适所说的"证据"。对于谢无量《中国哲学史》以"邃古哲学"作为中国哲学"初萌"之时的说法，胡适不以为然。他认为，东周以前的史料，多不可信。即使《尚书》二十八篇之"真古文"，也有可能是儒家造出的"托古改制"的书，或是古代歌功颂德的官书。只有《诗经》似乎"可算是中国最古的史料"，至于《易经》等全无哲学史料价值可言。因此，胡适的中国哲学史的研究，是从老子、孔子说起的。胡适认为，这样做虽然比不上别的史家的渊博，但可免"非愚即诬"之讥评。

在 20 世纪初中西文化交融的时代，胡适大力倡导西方的科学方法，通过对中国传统辨伪实践的总结，提出了自己的辨伪学理论和方法。尽管略显粗疏，也不够周详和系统，但在较大程度上推动了中国辨伪学理论的发展，其所具有的示范带动效应确是不容忽视的。

---

① 相对于胡适的辨伪方法而言，胡应麟的"辨伪八法"有较强的逻辑性，体系更严密，如1、2 条从目录方面来考辨，3、4 条从典籍引文来考察，5、6 条从古籍内容的各个方面予以辨析，7、8 条则是从撰者和传者的学识、品性等角度来考察典籍的著述和传承，进而辨别真伪。胡适的辨伪方法难以与之一一对应，只能是"类似"。有现代学者也曾对二胡的辨伪方法进行了对比（参见彭树欣《梁启超文献学思想研究》，光明日报出版社 2010 年版，第 143—145 页），与本文结论略有不同。

### 三　梁启超对辨伪学理论的奠基之功

梁启超不仅是"传统辨伪方法的总结者"①，同时也是民国辨伪学理论的奠基者。作为现代辨伪学开创性人物之一，其辨伪学研究"实际上促成了辨伪学从古代的重辨伪实践向现代的重理论建构的转型"②。梁启超的辨伪学理论阐述集中出现在其20世纪20年代③的相关著述中，如《中国历史研究法》（1921）、《中国近三百年学术史》（1924）和《古书真伪及其年代》（1927）等。

（一）《中国历史研究法》中的辨伪学理论

在《中国历史研究法》一书中，梁启超首先概括了伪书的主要形式。他认为，伪书大致可以分为两大类，一类是全部为后人伪造，另一类为部分伪造，而且他们作伪的途径多为"托诸古人"④，即以"托古"的方式造伪。关于辨伪对于史学研究的重要作用，梁氏也有所论及："是故苟无鉴别伪书之识力，不惟不能忠实于史迹，必至令自己思想途径，大起混乱也。"⑤ 梁氏认为，书愈古，伪品愈多。他还分析了战国秦汉间多伪书的原因：一为当时学者本有"托古"之风气，明明为自己的主张，但他们多引古人以自重；二为传抄前人几种未标名或未定本著述合为一本而漫题一名，如果书中涉及某人较多，便指为某人所作；三是为了发财而作伪，如汉初人士往往剿钞旧籍，托为古代某名人所作以炫售，从而达到获利的目的。⑥

接下来梁氏重点论述了鉴别伪书的十二种方法，在这十二种方法

---

① 陈力：《二十世纪古籍辨伪学之检讨》，《文献》2004年第3期。
② 彭树欣：《梁启超文献学思想研究》，光明日报出版社2010年版，第150页。
③ 因梁启超横跨晚清民国两个时期，故有些学者将其列入近代人物，如杨绪敏《中国辨伪学史》（天津人民出版社2007年版）就将梁氏的辨伪学放入"辨伪学的成熟时期——明清近代"而非"辨伪学的再发展时期——现当代"。但因梁氏的辨伪学理论论述集中出现在20世纪20年代，故将其放入"现当代"部分更为合适，也更加符合历史事实。
④ 梁启超：《中国历史研究法》，中华书局2009年版，第102页。
⑤ 梁启超：《中国历史研究法》，中华书局2009年版，第102页。
⑥ 梁启超：《中国历史研究法》，中华书局2009年版，第103页。

中，前九种为依据"具体"的反证进行鉴别的方法，后三种为依据"抽象"的反证进行鉴别的方法。① 彭树欣认为，梁氏对文献辨伪方法的总结，"基本上袭取了朱熹、胡应麟和胡适的方法，特别是胡应麟的方法（从思想方面来辨伪是袭取朱熹的一条和胡适的一条，其余的是胡应麟的）"②。对此，梁氏并没有回避，他在后来的演讲中已经明确表达了对胡应麟《四部正讹》中辨伪方法的沿袭并进一步进行了归纳和总结。③

（二）《中国近三百年学术史》中的辨伪学理论

在《中国近三百年学术史》一书中，梁氏就辨别伪书的重要性、伪书高产的六个历史时期及其原因、古今伪书性质的分类、辨伪书的发展史及主要方法进行了论述。梁氏认为，中国传统学术多为书本学问，而中国伪书有很多，因此辨伪书为研究传统学术非常重要的一项工作。关于作伪的动机，梁氏指出，"好古……实为伪书发达之总原因"。④ 接下来梁氏归纳了中国历史上伪书出现的六个高发期并逐一分析了当时的局势，这六个高发期为战国末年、西汉初年、西汉末年、魏晋之交、两晋至六朝、明中期之后。他认为这六个历史时期伪书大量出现，究其原因，仍是"好古""托古"之风所致。而宋元年间，伪书较少，是因为"他们喜欢自出见解，不甚借古人为重"⑤。唐代伪造佛典的情况较多，而儒家典籍作伪的情况较少，这是因为佛学在当时社会和学界占有重要地位。

在伪书的分类方面，梁氏在《中国历史研究法》一书中的论述极为简单，即全部伪和部分伪。在《中国近三百年学术史》一书中，梁氏对此进行了较为详细和系统的分类，分别为：后人依古书中偶见书名伪造者；后人窃久佚书名伪造者；后人嫁名伪造者；伪中出伪

① 梁启超：《中国历史研究法》，中华书局 2009 年版，第 103—107 页。
② 彭树欣：《梁启超文献学思想研究》，光明日报出版社 2010 年版，第 145 页。
③ 梁启超演讲，周传儒等笔记：《古书真伪常识》，中华书局 2012 年版，第 53—54 页。
④ 梁启超：《中国近三百年学术史》，东方出版社 2004 年版，第 274 页。
⑤ 梁启超：《中国近三百年学术史》，东方出版社 2004 年版，第 275 页。

者；真书中杂入伪文者；书不伪而书名伪者；书不伪而撰人姓名伪者；原书本无作者姓名年代，后人妄推定为某时某人作品，因以成伪或陷于时代错误者；书虽不全伪，然确非原本者；伪书中含有真书者。对比梁氏在《中国历史研究法》中的分类，我们可以发现，这里论述的前四种为全伪，而后六种为部分伪。显然，梁氏此处的分类是对《中国历史研究法》中全伪和部分伪的细化，在分类性质和思想方面似乎没有本质的变化。其实，胡应麟在《四部正讹》一书中早已对伪书进行了分类，在卷上《叙论》部分，他将伪书分为二十一类①，后来他又分为八类②，但他没有言明分类的标准③。如果与胡应麟《四部正讹》中的分类相比，梁氏的分类共有六条与胡的分类大致相当。④ 由此可见，梁氏的伪书分类法是在继承胡应麟《四部正讹》伪书分类的基础上按照自己的逻辑思想体系（即全部伪和部分伪）作了进一步的推进。同时，我们也应该看到，胡氏的分类虽比较详细，但仍不够周全，如梁氏提出的"伪中出伪者""书不伪而撰人姓名伪者""原书本无作者姓名年代，后人妄推定为某时某人作品，因以成伪或陷于时代错误者""书虽不全伪，然确非原本者"四条是胡应麟不曾提出的。

在该书中，梁氏还简单梳理了辨伪书的发展史。他认为，辨伪的

---

① 即"有伪作于前代而世率知之者；有伪作于近代而世反惑之者；有援古人之事而伪者；有掇古人之文而伪者；有传古人之名而伪者；有蹈古书之名而伪者；有惮于自名而伪者；有耻于自名而伪者；有袭取于人而伪者；有假重于人而伪者；有恶其人伪以祸之者；有恶其人伪以诬之者；有本非伪人托之而伪者；有书本伪人补之而益伪者；有伪而非伪者；有非伪而曰伪者；有非伪而实伪者；有当时知其伪而后世弗传者；有当时记其伪而后世弗悟者；有本无撰人后人因近似而伪托者；有本有撰人后人因亡逸而伪题者"。[（明）胡应麟《四部正讹》卷上《叙论》，朴社1929年版，第1—3页]

② 即"全伪者；真错以伪者；伪错以真者；真伪错者；真伪疑者；残补讹不得言伪者；名讹但非伪者；出晚但非伪者"。参见（明）胡应麟《四部正讹》卷下《结论》，朴社1929年版，第77页。

③ 有人认为，第一种是以伪的情状分，第二种是以伪的程度分。（参见王嘉川《布衣与学术——胡应麟与中国学术思想史研究》，商务印书馆2005年版，第218页）对于这种观点，笔者并不认同。

④ 彭树欣：《梁启超文献学思想研究》，光明日报出版社2010年版，第139页。

观念和思想由来已久，如《汉书·艺文志》中就有明注"依托""似依托""增加"者；隋僧法经著《众经目录》别立"疑伪"一门，这些都足以体现出古人对于辨伪重要性的认识，但他们对于辨伪的方法还未曾言及。他还说，宋人疑古最勇，如司马光疑《孟子》、欧阳修疑《周礼》等、朱熹疑《古文尚书》等、郑樵疑《左传》等，宋代的疑古思潮开启了辨伪学的先河。梁氏认为，辨伪书的最早专著当为明代胡应麟的《四部正讹》。至清代，辨伪书蔚然成风，进入一个兴盛时期。清初最勇于疑古辨伪的是姚际恒，他著《尚书通论》《礼经通论》《诗经通论》辨伪《古文尚书》《周礼》《礼记》和《毛序》，另外还有专为辨伪而作的《古今伪书考》。梁氏还特别强调，清初和清末辨伪书的风气较浓，而乾嘉时期相对较谈。梁氏认为，这是因为乾嘉诸儒好古甚笃，不肯轻易怀疑，"他们专用绵密功夫在一部之中，不甚提起眼光超览一部书之外"，"他们长处在此，短处也在此"。① 梁氏在此提到的乾嘉诸老的"辨伪"实为辨别"伪史"或者"伪事"。对于清儒的辨伪工作，梁氏指出，其"可贵者"不在"其所辨出之成绩"，而在"其能发明辨伪方法而善于应用"。② 他还对清儒与宋儒进行了对比分析，认为在怀疑"古书发生问题"方面，"清儒不如宋儒之多而勇"。但在解决问题方面，"宋儒不及清儒之慎而密"。他强调宋儒多轻蔑古书，其辨伪动机，往往在于一时的主观冲动；而清儒多尊重古书，其辨伪程序，"常用客观的细密检查"。③ 应该说，梁氏的分析有其合理之处，但其否定宋儒发明辨伪方法的观点则有待进一步商榷。恰恰相反，朱熹④等人提出的辨伪方法则直接

---

① 梁启超：《中国近三百年学术史》，东方出版社 2004 年版，第 279—280 页。

② 梁启超：《中国近三百年学术史》，东方出版社 2004 年版，第 276 页。

③ 梁启超：《中国近三百年学术史》，东方出版社 2004 年版，第 276 页。

④ 现代学者认为，对辨伪方法最早进行总结的是朱熹，他在《答袁机仲》中说："熹窃谓，生于今世而读古人之书，所以能别其真伪者，一则以义理之所当否而知；二则以其左验之异同而质之，未有舍此二途而能直以臆度悬断之者也。"（参见彭树欣《梁启超文献学思想研究》，光明日报出版社 2010 年版，第 142 页）

影响了清代乃至后世，从而为后来的学者所继承，为中国辨伪学的发展奠定了基础。

　　对于辨伪方法的分析论述是梁氏辨伪思想的重要内容，在《中国近三百年学术史》一书中，梁氏以较大的篇幅举例考察了清儒的辨伪实践，并对其辨伪方法进行了详细总结，大致归纳为六个方面：从著录传授上检查，从本书所载事迹、制度或所引书上检查，从文体及文句上检查，从思想渊源上检查，从作伪家所凭借的原料上检查，从原书佚文佚说的反证上检查。梁氏还说，清儒鉴别伪书，多用这些方法，严密调查，方下断语。上述方法，"虽未完备，重要的大率在此"①。由此可知，梁氏在此所做的总结并不全面；但我们也应该看到，相对于《中国历史研究法》中"辨伪十二法"来说，《中国近三百年学术史》一书中的总结更为系统化且具有较强的理论色彩，显示了梁氏在辨伪学理论认识上的巨大进步。

　　（三）《古书真伪及其年代》中的辨伪学理论

　　《古书真伪及其年代》为梁氏辨伪学思想的集大成著作，它凝聚了梁氏对辨伪学的深邃思考和精见卓识。该书原为梁氏 1927 年在燕京大学的讲演稿，后由清华国学研究院周传儒、姚名达、吴其昌三位学生记录整理而成。2012 年，中华书局将其纳入"跟大师学国学"系列，改名为"古书真伪常识"。全书由总论和分论两部分组成，总论为辨伪学的理论部分，共有五章，分别为：辨伪及考证年代的必要、伪书的种类及作伪的来历、辨伪学的发达、辨别伪书及考证年代的方法、伪书的评价。分论为辨伪的具体研究成果，即实践部分。在这一部分，梁氏依次考证了十三经的真伪及成书年代。最后附录部分，讨论了五种子书（《本草》《素问》《灵枢》《甲乙经》《阴符经》）。

　　在第一章"辨伪及考证年代的必要"中，梁氏分别从史迹、思

---

　　①　梁启超：《中国近三百年学术史》，东方出版社 2004 年版，第 279 页。

想、文学三个方面举例论述了辨伪的重要性，这三个方面分别对应20世纪初"新史学"之后兴起的史学、哲学、文学三门学科。在"史迹方面"，梁氏认为，若"书籍参杂"，没有进行真伪鉴别，可令"史迹发生下列四种不良现象"，即导致"进化系统紊乱""社会背景混淆""事实是非倒置""由事实影响于道德及政治"。在"思想方面"则可出现"时代思想紊乱""学术源流混淆""个人主张矛盾""害学者枉费精神"四个方面的情况。① 与胡适在《中国哲学史大纲》中的相关表述②相比，梁氏的分析更为全面。至于"文学方面"的书，若对于书的真假，或相传的时代不弄清楚，"亦有前面所述"。③ 这里的"前面"指的是在"思想方面"的论述。

对于伪书的分类，梁氏也表达了自己的观点。他说："伪书的种类很多，各家的分类法亦不同"，"按照性质，用不十分科学的方法"，大致可以分为十类。④ 接下来梁氏还分析了这些伪书的来历，他认为主要有四种情况：好古；秘密性；散乱及购求；因秘本偶然发现而附会。上述伪书的种类，是以书的"性质"来分的，大概有十种。若以作伪的动机来分，又可以分为两大类：一类是有意作伪，另一类是非有意作伪。有意作伪的动机又可归纳成六项，分别为：托古；邀赏；争胜；炫名；诬善；掠美。梁氏强调，在这些作伪动机中，"除第一种可原外，其余五种动机皆坏"⑤。非有意作伪的情况更为复杂，大致可以分为两类：一类是全书误题或妄题者，一类是部分

---

① 梁启超演讲，周传儒等笔记：《古书真伪常识》，中华书局2012年版，第10页。
② 胡适说："若把那些不可靠的材料信为真书，必致（一）失了各家学说的真相；（二）乱了学说先后的次序；（三）乱了学派相承的系统。"（胡适《中国哲学史大纲》，商务印书馆2011年版，第11页）
③ 梁启超演讲，周传儒等笔记：《古书真伪常识》，中华书局2012年版，第14页。
④ 这十类分别是：全部伪；一部伪；本无其书而伪；曾有其书，因佚而伪；内容不尽伪，而书名伪；内容不尽伪，而书名人名皆伪；内容及书名皆不伪而人名伪；盗窃割裂旧书而伪；伪后出伪；伪中益伪。参见梁启超演讲，周传儒等笔记《古书真伪常识》，中华书局2012年版，第19—22页。
⑤ 梁启超演讲，周传儒等笔记：《古书真伪常识》，中华书局2012年版，第33页。

误编或附入。第一类的作品又可以分为四种①，第二类的作品可分为五种②。最后，梁氏进行了总结，他说："有意作伪，动机很坏，非辨别不可。无意作假，虽无坏的动机，亦当加以考订。为求真正知识，为得彻底了解起见，对于古书，应当取此种态度。""否则年代错乱，思潮混杂，是非颠倒，在学术界遗害甚大。而且研究的结论如果建筑在假的材料上，一定站不住，很容易为他人所驳倒。"③梁氏之所以对伪书的分类如此考究，一方面在于其治学的严谨，同时也与其对伪书危害的认识密不可分。彭树欣对胡应麟和梁氏的分类法进行了比较，认为此书继承了胡应麟的分类法十条，但他也肯定了梁氏对伪书分类的贡献，认为胡氏的分类"主要还停留在经验的层面，缺乏理性的概括；而梁氏的分类则具有较强的理性色彩，形成了科学的分类体系"④。应该说，这一评价是符合实际的，也是客观公允的。

对中国辨伪学史的研究也是梁氏辨伪学的重要组成部分，在该书的第三部分"辨伪学的发达"一章中，梁氏以时间为序系统梳理了中国辨伪学的发展并提出了诸多对后世影响较大的观点。梁氏认为，伪书最早出现在战国，而随后疑古思想渐露端倪。汉代司马迁不只是史学的始祖，也是辨伪学的始祖。三国到隋，学者们注重清谈和辞章，对于考证辨伪，则较少留意。唐代柳宗元虽能辨子书之伪而却不能大胆地怀疑经书。到了宋代，辨伪学便很发达了。最早怀疑古书的是欧阳修，他也是北宋辨伪学的第一人。此外，王安石、苏轼、司马光都有疑古辨伪的成绩。南宋时期出现了朱熹、叶适、晁公武、陈振

---

① 分别为：因篇中有某人名而误题；因书中多述某人行事或言论而得名；不得主名而臆推妄题；本有主名，不察而妄题。参见梁启超演讲，周传儒等笔记《古书真伪常识》，中华书局2012年版，第33—36页。

② 分别为：类书误作专书；注解与正文同列，混入正文；献书时求增篇幅；后人续作；编辑的人无识贪多。参见梁启超演讲，周传儒等笔记《古书真伪常识》，中华书局2012年版，第36—39页。

③ 梁启超演讲，周传儒等笔记：《古书真伪常识》，中华书局2012年版，第39页。

④ 彭树欣：《梁启超文献学思想研究》，光明日报出版社2010年版，第140页。

孙、王应麟、黄震、赵汝楳等辨伪学者。明初宋濂著《诸子辨》，辨别四十部子书的真伪。明后期辨伪大师胡应麟《四部正讹》是"专著一书去辨别一切伪书，有原理有方法"的重要学术著作，"辨伪学到了此时，才成为一门学问"。① 清代辨伪学的代表人物是阎若璩、胡渭、万斯同、姚际恒、惠栋、崔述等。到了 20 世纪初，以胡适、钱玄同疑古最勇、辨伪最有力。梁氏对中国辨伪学发展史的论述深入浅出、有理有据。作为"中国第一个梳理辨伪学史的人"，其论述尽管比较简略，"但是纲举目张，中国辨伪学史的基本线索已经清晰"。② 其中的诸多观点为后世学者继承和发展③，在中国辨伪学乃至文献学、学术史领域产生了重要影响。

辨伪学方法也是梁氏在该书中论述的重点，相对于《中国历史研究法》和《中国近三百年学术史》来说，梁氏在该书中构建的体系和结构更为科学，逻辑层次更为清晰，内容也比前人更完善、更精细，其详细处达到五级分类。④ 梁氏之所以能够取得如此的成就，与其继承前人的成果尤其是胡应麟的辨伪方法密不可分，故在开篇便论述胡应麟《四部正讹》中的"辨伪八法"并予以肯定。他还指出，"我现在所讲的略用他的方法，而归纳为两个系统"，这两个系统分别为"就传授统绪上辨别"和"就文义内容上辨别"。梁氏强调，这两个系统"一则注重书的来源，一则注重书的本身"。"前者和《四部正讹》中的第一、第二、第七、第八四个方法相近；后者和《四部正讹》的第三、第四、第五、第六四个方法相近。而详略重轻，却各不同。"⑤ 除了继承胡应麟的辨伪方法，梁氏对朱熹、胡适的辨

① 梁启超演讲，周传儒等笔记：《古书真伪常识》，中华书局 2012 年版，第 48 页。

② 彭树欣：《梁启超文献学思想研究》，光明日报出版社 2010 年版，第 149 页。

③ 如郑良树《古籍辨伪学》（台北：学生书局 1986 年版）、杨绪敏《中国辨伪学史》（天津人民出版社 1999 年版）及其他通论性文献学著作。

④ 彭树欣曾以梁氏该书第四章"辨别伪书及考证年代的方法"所述内容做一图示，结构清晰，令人一目了然。参见彭树欣《梁启超文献学思想研究》，光明日报出版社 2010 年版，第 147 页。

⑤ 梁启超演讲，周传儒等笔记：《古书真伪常识》，中华书局 2012 年版，第 53—54 页。

伪方法和思想也有所承袭，如"从思想上辨别"就与朱熹提出的"以其义理之所当否而知之"和胡适的第四条"思想"有异曲同工之妙。正是在继承前人优秀学术成果的基础上，梁氏构建了一个更为全面系统的辨伪学方法体系。对此，现代学者孙钦善也给予了较高的评价，他说："梁启超在《古书真伪及其年代》中，对辨伪的方法条分缕析，有更为详尽的概括，堪称辨伪方法的集成之作。"① 但也有学者对此提出质疑，如陈力认为，梁氏提出的"从传授统绪上辨别的八种方法没有一种是绝对的"，而就文义内容上辨别的"五大法门"则是"带有很大的主观性和不确定性，只能作为我们分析古籍时的一种参考"。② 但瑕不掩瑜，梁氏对辨伪学方法的系统总结的历史功绩却是不可抹杀的。

对伪书的评价也是梁氏辨伪学思想的重要组成部分。梁氏认为，伪书自有其价值所在，尤其是唐以前或汉以前的伪书。因为伪书不是凭空产生的，它的产生必有其特定的时代背景，伪书中一定蕴含了特定的时代信息。同时伪书的产生也必定参考无数真书，正如梁氏所言，"假中常有真宝贝"③。如秦始皇焚书和董卓焚书之前的材料今大多已不复存在，那么，战国人伪造的书和汉人伪造的书里面就保存了这些资料，我们可以从这些伪书中提取历史的真实信息，这些伪书便成为弥足珍贵的重要历史资料。因此，这类伪书，可以把它们当作类书用，其功用全在保存古书。伪书的第二种功用是保存古代的神话。神话虽然不是历史，但可以在一定程度上表现古代的社会状况及民众的心理，通过它可以了解古代的文化。尤其对于无文字可考的历史，研究神话则显得更为重要。伪书的第三个功用是保存古代的制度。如《起信论》《楞严经》，如果根据它们来研究印度的佛教思想，固然不可，但若根

---

① 孙钦善：《古代辨伪学概述》（上），载《文献》第14辑，书目文献出版社1982年版，第215—216页。

② 陈力：《二十世纪古籍辨伪学之检讨》，《文献》2004年第3期。

③ 梁启超演讲，周传儒等笔记：《古书真伪常识》，中华书局2012年版，第77页。

据它们来研究中国化的佛教的一种思想，却又是极重要的一种资料。又如《周礼》，虽然不是周公所作，但用它来研究战国至汉初的政治制度，便成为重要的历史资料。最后一种为保存古代思想的功用。梁氏最后强调，对于伪书，应该持辩证的态度看待，一方面指出其伪造的证据，另一方面"还他那些卖出的家私，给他一个确定的批评"①。这样，许多伪书便有了用武之地，同时造伪的人隐晦的思想也能够得以彰显。综上所述，在对伪书的评价方面，梁氏的思想中闪耀着辩证法的光芒，同时也为后世学者利用伪书研究历史开辟了新的道路。

在该书总论部分的最后，梁氏还附上了宋濂《诸子辨》、胡应麟《四部正讹》和姚际恒《古今伪书考》三家所论列古书对照表，对他们的辨伪成果进行了比较分析，令人一目了然，对于后世的辨伪学和文献学研究具有重要的借鉴意义。

《古书真伪及其年代》集中体现了梁氏的辨伪学理论和思想，其构建的辨伪学体系为后世学者继承和发展，从而奠定了其在中国辨伪学史上的历史地位。同时，梁氏辨伪学也开启了现代辨伪学的先河，为中国辨伪学的发展做出了巨大贡献。著名文献学家张舜徽曾说该书"甚便初学。所举条例很清晰，而论证很平实，初学辨识伪书，必由此入门"②。郑良树谓其"缜密周详，很值得初学者参考"③。这些评价恰恰说明该书在现代辨伪学史上的奠基之功。

通过梳理梁氏 20 世纪 20 年代的相关辨伪学著述，我们可以发现，其辨伪学思想发展的脉络清晰可见。在继承前人优秀学术成果的基础上，经过自己的创造，梁氏辨伪学体系逐渐完善。至《古书真伪及其年代》，梁氏辨伪学的"基本理论框架已经形成"④。从此，中国辨伪学进入由重实践研究到理论构建的重要历史时期，在此过程

---

① 梁启超演讲，周传儒等笔记：《古书真伪常识》，中华书局 2012 年版，第 79 页。
② 张舜徽：《中国历史要籍介绍》，湖北人民出版社 1957 年版，第 215 页。
③ 郑良树：《古籍辨伪学》，台北：学生书局 1986 年版，第 115 页。
④ 彭树欣：《梁启超文献学思想研究》，光明日报出版社 2010 年版，第 150 页。

中，梁氏辨伪学理论发挥了重要的奠基作用。①

## 四　顾颉刚对中国辨伪学史的系统总结

作为中国现代著名历史学家和古史辨学派的创始人，顾颉刚不仅史学研究和辨伪考证方面成就斐然，而且在辨伪学理论方面也有卓越建树。顾颉刚（1893—1980），中国现代著名历史学家、民俗学家，古史辨学派创始人，现代历史地理学和民俗学的奠基人、开拓者。1893 年生于江苏吴县（今苏州），原名诵坤，字铭坚。笔名有天游、无悔、张久、诚吾、桂姜园、余毅、康尔典、劳育、周堃等。1920年毕业于北京大学文科中国哲学门，后历任厦门大学、燕京大学、北京大学、云南大学、复旦大学等校教授。

（一）疑古辨伪思想的溯源

顾颉刚是现代著名疑古辨伪大师，其研究方法和成就均超越前人，这与其本人的治学经历密不可分。顾氏出身书香门第，家中藏书颇丰。少年时代他就注意到了崔东壁，② 14 岁在读高等小学时，顾氏又注意到了姚际恒。当时顾氏生病卧床在家，闲暇之余，翻看了王谟编刻的《汉魏丛书》，自我感觉良好，汉魏及六朝之书均加以研读，对这一时期的历史也有深入的了解。后来无意中又发现了姚际恒所著《古今伪书考》，姚氏断定汉魏、六朝之书多为宋、明人伪作，并非出自当时人之手。这一观点对顾颉刚影响颇大，在他的脑海里"起了一回大震荡"。从此，顾颉刚"开始对姚际恒这个人注意起来"③。

---

① 现代学者刘重来认为，梁氏为"辨伪理论的奠基人"。他说："这三部书（即《中国历史研究法》、《中国近三百年学术史》和《古书真伪及其年代》）构建了辨伪学的理论体系。"他还提出了自己确立这一观点的理由，即梁氏著述的"系统性""科学性"和"开创性"（参见刘重来《中国二十世纪文献辨伪学述略》，《历史研究》1999 年第 6 期）。笔者赞同这一观点。

② 顾颉刚：《我是怎样编写古史辨的》，载《古史辨》（一），上海古籍出版社 1982 年版，第 7 页。

③ 顾颉刚：《我是怎样编写古史辨的》，载《古史辨》（一），上海古籍出版社 1982 年版，第 4—5 页。

由此可见，正是在姚际恒和崔东壁的学术启蒙下，顾氏逐渐走上了疑古辨伪的道路。

在顾氏的学术生涯中，夏曾佑的《中国历史教科书》和康有为的《新学伪经考》《孔子改制考》也对其产生了重要影响。夏曾佑的《中国历史教科书》总称三皇五帝时代为"传疑时代"，直到周武王灭商，才称为"化成时代"，顾氏对这一观点极为赞赏。顾氏认为康有为的《新学伪经考》"论辩的基础完全建立于历史的证据上"，而《孔子改制考》第一篇论上古事茫昧无稽，顾氏认为此说"即极惬心餍理"，同时他还表达了对于康有为"锐敏的观察力"的"敬意"。① 可见，康有为的著述对顾氏疑古辨伪思想的形成起了重大作用。

1912 年进入北京大学，在几位著名学者的指引下，顾氏逐渐走向学术研究的道路。通过研读刘勰《文心雕龙》、刘知几《史通》和章学诚《文史通义》，顾氏逐渐认识到"文学、史学都该走批评的路子"。这时候他找到了郑樵的《通志》，他认为这部书不仅涉及的范围极为广泛，而且富有批判精神，有自己独创性的见解，郑樵的"魄力"是应该肯定的。除此之外，郑樵还著有《诗辨妄》，对于《诗经》诸家之说均有批评，但却遗失不存。后来，顾氏"从许多别人的书里把它辑出来看，觉得他（指郑樵）的说法很对，他胆子大，敢于批评前人，和清朝人的全盘接受前人的做法不同"②。郑樵认为，《诗》《书》可信，然而不必字字可信。对郑樵的研究，逐渐启发了顾氏对《诗经》的怀疑。由此可知，正是在崔述、姚际恒、康有为、郑樵等人思想的影响和启示下，顾颉刚的疑古辨伪思想意识逐渐萌发。

---

① 顾颉刚编著：《古史辨·自序》，载《古史辨》（一），上海古籍出版社 1982 年版，第 26 页。

② 顾颉刚：《我是怎样编写古史辨的》，载《古史辨》（一），上海古籍出版社 1982 年版，第 11 页。

顾颉刚疑古辨伪思想的形成也与钱玄同和胡适的教育和帮助密不可分。钱玄同在日本留学时曾为章太炎的弟子，回国后又接受了崔适①的思想。章太炎为古文学家，崔适为今文学家。钱玄同受这两种相反思想的影响，却对它们都不满意，他常常告诫顾颉刚说"这两派对于整理古籍不实事求是，都犯了从主观成见出发的错误"②。正是在钱玄同的启发下，顾氏写出了《五德终始说下的政治和历史》和《秦汉的方士与儒生》。胡适对顾颉刚的影响主要体现在学术观念和学术方法上。胡适十分推崇西方的进化史观，在这种观念的引导和启发下，顾颉刚对此也表现出浓厚的兴趣。在《古史辨》第一册"自序"中，顾颉刚也多次表达了胡适对自己的影响。他指出，胡适发表的很多论文使他对史学产生了浓厚的兴趣，知道适合自己性情的学问是史学。更为重要的是，这些论文在"研究历史的方法"方面对自己有所启迪。由此可见，胡适的治学理念和方法对顾颉刚影响颇深。

在北大图书馆和研究所任职期间，顾颉刚阅读了大量的著述，其中令他受益最多的是罗振玉和王国维的著述。正是罗、王二人的著述使顾颉刚认识到仅破坏伪古史系统是不够的，还必须"从实物上着手"，致力于建设真实的古史。因此，罗、王二人的著述使顾颉刚的古史研究思路和方法发生了重大变化。顾氏以历代相传的古书记载、考古发掘的实物材料及民俗学的材料互相印证，被王煦华称为"三重论证"，说"比王国维又多了一重"，并因此高度评价顾氏的疑古辨伪是"既大胆又严谨的"③。

---

① 崔适（1852—1924），浙江吴兴人，字怀瑾，一字觯甫。初受学于俞樾，与章太炎同门，治校勘训诂之学。后受康有为《新学伪经考》的影响，专治今文经学，成为近代今文经学的代表之一。曾任教于北京大学。所著《春秋复始》，以《春秋穀梁传》为古文；《史记探源》，以《史记》本是今文学，为刘歆所窜乱，及杂有古文说。其他著作有《五经释要》《论语足征记》等。

② 顾颉刚：《我是怎样编写古史辨的》，载《古史辨》（一），上海古籍出版社1982年版，第13页。

③ 王煦华：《〈秦汉的方士与儒生〉导读》，载顾颉刚《秦汉的方士与儒生（附〈中国辨伪史略〉）》，上海古籍出版社1998年版，第5—6页。

通过上述顾氏的学术经历，我们不难发现，其疑古辨伪思想是在继承中国传统疑古辨伪优秀研究成果的基础上，充分吸收西方理论和方法如历史进化论、民俗学和考古学而形成的。

（二）《中国辨伪史略》的成书过程

《中国辨伪史略》原是顾颉刚为《崔东壁遗书》所作的序言。《崔东壁遗书》1921 年由顾颉刚开始标点整理，1925 年整理完毕。但由于顾氏"好求完备的习性"，"总觉得应当加些新材料进去"，于是继续搜求，然而十年已过，新材料不但没有加进，《崔东壁遗书》也未能及时出版。直至 1936 年，该书才由上海亚东图书馆印行。

1934 年，顾颉刚为"使读者们明白东壁先生在辨伪史中的地位"，逼着自己写一篇关于"二三千年中造伪和辨伪"的序文，以便"明白我们今日所应负的责任"。① 后因俗务缠身，只完成战国秦汉间的一段。其后西北旅行，其母病逝，始终未能续写。1935 年，燕京大学《史学年报》索稿，顾氏略加修改后以"战国秦汉间人的造伪与辨伪"为题目将其发表在该刊第二卷第三期，后又收入《古史辨》第七册上编，文字与《史学年报》所载略有不同。同年，上海亚细亚书局出版顾氏《汉代学术史略》时又将其作为附录载入，仍题原名。对于汉代以后部分的续写，顾氏自谓已经收集一些材料，其中的"问题不多"，只要有时间"总是可以写下去的"。

1975 年 5 月，顾氏翻阅以前的日记，在日记中又写下了一段"附记"，感慨时光流逝，为《崔东壁遗书序》未能完成而唏嘘不已，他说："《崔东壁遗书序》，虽写得已不少，终以事冗未能写完，其后改题为《战国秦汉间人的造伪与辨伪》，交燕大《史学年报》发表，实半篇耳。予是时社会关系已多，不可能如初入燕京时之专心，予之性格，

① 顾颉刚：《〈战国秦汉间人的造伪与辨伪〉附言》，载《汉代学术史略》，东方出版社 1996 年版，第 209 页。

青年之趋附，时代之动荡，三者各有其阻力，而壮年之光阴已去，势不许其如愿，思之愤懑！"① 由此我们不难看出这篇序文在顾氏心目中的地位。其实，顾氏很早就有"做一部《辨伪学史》"的心愿②，直至1934年，顾氏在《崔东壁遗书》序言中对此仍有所提及："我誓言于此：只要我有时间，我决不舍弃这个志愿。"③ 因此，作为20世纪初古史辨派的健将和发起者，编写辨伪学史成为顾氏毕生的心愿。正是在这种心愿支配下，顾氏在80年代借上海古籍出版社再版《崔东壁遗书》之机得以续写《序言》，但直至去世仍未完成。④ 后在其弟子王煦华的积极努力下，遵照顾氏生前意愿，续写出了三国、六朝至清代的八节。这篇序文既是赓续前作，因此，"汉以前的部分就仍沿用原文，只作了少许文字上的修改"，"汉以后的部分，则是根据以前的草稿，加以补充修改的"。⑤

　　王煦华认为，阅读顾氏《秦汉的方士与儒生》⑥ 一书，要有中国辨伪学史的知识，这样更容易理解本书的内容，"而知其所以然"。《崔东壁遗书序》"实际上是一篇'中国辨伪史要略'⑦，而目前尚无

---

① 顾颉刚：《中国辨伪史略》，载《秦汉的方士与儒生（附〈中国辨伪史略〉）》，上海古籍出版社1998年版，"前记"第134页。

② 顾颉刚在1920年与胡适的通信中就已经提出要编写"订疑学"或"订疑学小史"，当时胡适曾经说到"略述'订疑学'之历史，——起王充，以至于今"［胡适：《告拟作〈伪书考〉长序书》，载《古史辨》（一），上海古籍出版社1982年版，第15页］，而这也正是顾氏要考虑的问题。

③ 顾颉刚编订：《崔东壁遗书》，亚东图书馆1936年版，"序言"。

④ 王煦华说："这篇序是我一九八〇年开始协助顾氏写的，由于常有其他工作插进来，时写时辍，一直到他逝世也没有能完成，让他作最后的改定，亲自了却他多年来的宿愿，这是我感到非常遗憾的事。"［王煦华：《〈中国辨伪史略〉附记》，载顾颉刚《秦汉的方士与儒生（附〈中国辨伪史略〉）》，上海古籍出版社1998年版，第258页］

⑤ 顾颉刚：《中国辨伪史略》，载顾颉刚《秦汉的方士与儒生（附〈中国辨伪史略〉）》，上海古籍出版社1998年版，"前记"第134页。

⑥ 顾颉刚《汉代学术史略》1955年由上海群联出版社重版时改名为《秦汉的方士与儒生》，1998年该书再次以《秦汉的方士与儒生》由上海古籍出版社出版。

⑦ 关于此文题目说法不一，《秦汉的方士与儒生（附〈中国辨伪史略〉）》上海古籍出版社1998年版权页和目录均为"中国辨伪史略"，而王煦华《导读》和书眉则题为"中国辨伪史要略"，本文从版权页均称"中国辨伪史略"。

比这更详尽的专著"①。因此，王煦华建议上海古籍出版社将该序文附在后面。不仅如此，该序文后还附有王煦华1981年6月撰写的"附记"。按照王煦华的说法，此文的战国秦汉部分后来收入《古史辨》第七册时"作了一些文字上的修改"，在顾氏"自己藏的一本《古史辨》第七册上又做过一些校订，这次都照改了"。同时顾氏为了使该序文"清楚醒目"，还为第九节至十二节加了标题，说明他后来想每一节都加上标题，只是没有全部拟定加上，这也是顾氏晚年的习惯。按照这一惯例，王煦华为序文第一至第八节各拟补了一个标题。对于汉代以后部分的补写情况，王煦华也做了交代。因顾氏先前已有了关于此序文的三个草稿，因此，汉以后部分的撰写，"凡是顾师草稿中有的，大都沿用了他的原文，只在个别衔接的地方作了一些改动，后来在其他文章中看法有变动的，就改用后来的文字，草稿中列了题目而没有做的，则尽量找出他别的文章中的有关论述，予以补上"。因此，"这篇序文的后半部分，我只是遵照他的原意把他未完成的草稿联缀补充成文而已"②。综上所述，《崔东壁遗书序》（即《中国辨伪史略》）虽最终成书于20世纪80年代，但其主要思想和雏形则早在三四十年代就已经形成。

（三）《中国辨伪史略》的主要内容及评价

在《中国辨伪史略》中，顾氏按照历史发展的顺序将内容分了二十一节，分别为"古人缺乏历史观念""战国秦汉间好古者的造伪""孔子对于历史的见解""战国以前的古史是'民神杂糅'的传说""墨子的托古""种族融合过程中造成的两个大偶像""孟子的托古""阴阳五行说所编排的古史系统""道家的托古""战国与西汉的疑古""司马迁与郑玄的整齐故事""东汉的疑古""萌芽阶段

① 王煦华：《〈秦汉的方士与儒生〉导读》，载顾颉刚《秦汉的方士与儒生（附〈中国辨伪史略〉）》，上海古籍出版社1998年版，第16页。

② 王煦华：《〈中国辨伪史略〉附记》，载顾颉刚《秦汉的方士与儒生（附〈中国辨伪史略〉）》，上海古籍出版社1998年版，第258—259页。

的结论""三国六朝的造伪与辨伪""唐代的辨伪""宋代辨伪的发展""明代的造伪与辨伪""清代的辨伪""崔述的《考信录》""唐以后辨伪的发展趋势和标点问题"。其中战国秦汉部分的十三节占本书内容的一半，这与顾氏"希望真能作成一个'中古期的上古史说'的专门家"① 的治学旨趣相吻合。这里说的"中古期的上古史说"，是指他"对于秦汉学术史的研究"②。因此，前十三节真正能够反映出顾颉刚的学术特色。

在前十三节中，顾氏首先强调了"审查史料"在史学研究工作中的重要性。他认为，只有"有了正确的史料做基础，方可希望有正确的历史著作出现"③。顾氏这里说的"审查史料"，实际上就是文献辨伪的工作。他强调辨伪工作对于历史研究的重要性，显然有其积极的意义。顾氏认为，史料分为三类，即实物、记载和传说。这突破了传统史学对史料范围的界定，是对史学研究的重大贡献。当然，这与20世纪初中国考古学的发展、大量考古文物的出现尤其是殷墟甲骨的问世密不可分。顾氏的这种观点也为后世学者继承并进一步发扬光大，如张舜徽认为，记录古代文献的材料有甲骨、金石、竹木、缣帛和纸。④ 这里的"古代文献"就是史料，因此，张舜徽的这一说法是对顾氏观点的细化。顾氏认为，作伪可分为两类，即有意的作伪和无意的作伪。他还进一步强调说，作伪之所以能成伪，与作伪者所处的时代环境密不可分。顾氏自谓"搜集战国、秦、汉间人的造伪与辨伪的事实"，目的是"希望读者认识这两种对抗的势力，以及批评精神与辨伪工作的演进"，从而进一步明白自己所应处的地位。顾氏指出，古人缺乏历史观念，"历史观念超过现实，它的利益不是一般

---

① 顾颉刚：《〈古史辨（二）〉自序》，上海古籍出版社1982年版，第6页。1935年，他再次重申这一观点："我只望做一个中古期的上古史说的专门家。"（顾颉刚《战国秦汉间人的造伪与辨伪》，载《汉代学术史略》，东方出版社1996年版，"附言"第211页）

② 吴少珉、赵金昭、张京华：《二十世纪疑古思潮》，学苑出版社2003年版，第114页。

③ 顾颉刚：《秦汉的方士与儒生（附〈中国辨伪史略〉）》，上海古籍出版社1998年版，第134页。

④ 张舜徽：《中国文献学》，中州书画社1982年版，第5—15页。

人所能了解，所以非文化开展到了相当程度"，历史观念"决不会存在于人们的头脑里。将来不可知；截至目前止，它还只限于少数人的使用。古代当然更不必说"。而恰恰相反，人类的"致用观念"，早在石器时代就有了。正是有了这一观念，人类才能够制造出石器，进而"成就了今日的精致和奇伟的物质文明"。① 顾氏还说，即使现在少数有历史观念的人"发之于言行"，由于多数人没有这种观念，最终不得不少数服从多数，"被他们的宗教信仰或致用观念所打倒"。那么如何避免这种局面？顾氏提出了两点建议：一是遇事勿随波逐流，要多动脑；二是要学会宽容，能够容纳不同观点的议论和著作，不要党同伐异。显然，这里顾氏所说的"历史观念"实际上就是一种"疑古"和"辨伪"的思维，他所陈述的"古人缺乏历史观念"也是大体符合历史事实的。我们知道，先秦时期虽有"零星"疑古"意识"和"思想"的出现，即顾氏所说的"少数人"，但终归为涓涓细流，没有出现梁启超在《清代学术概论》中所说的那种因"环境之变迁"和"心理之感召"，"不期而思想之进路，同趋于一方向，于是相与呼应汹涌，如潮然"② 之现象。作为一种治学的方法和原则，顾氏提出的两点建议对于我们今天的学者仍有重要的借鉴意义。同时，顾氏本人在治学过程中也践行自己的这一主张。在他主编的《古史辨》中，不仅有不同意见的文章，甚至有反对他的观点的论文。顾氏的这种做法显示了其海纳百川、兼容并包的优秀品质，值得后世学习。在第一节的最后，顾氏进行了总结，再次强调了古史成伪的原因及辨伪工作对于历史研究的必要性。③ 通观本文及顾氏的其他

---

①　顾颉刚：《秦汉的方士与儒生（附〈中国辨伪史略〉）》，上海古籍出版社1998年版，第135页。

②　梁启超：《清代学术概论》，中国书籍出版社2006年版，第2页。

③　顾颉刚说："凡是没有史料做基础的历史，当然只得收容许多传说。这种传说有真的，也有假的；会自由流行，也会自由改变。改变的缘故，有无意的，也有有意的。中国的历史，就结集于这样的交互错综的状态之中……你要逐事逐物去分析它们的真或假罢，古代的史料存下来的太少了，不够做比较的工作。所以，这是研究历史者不能不过而又极不易过的一个难关。既经研究了历史，谁不希望得到真事实？"[顾颉刚：《秦汉的方士与儒生（附〈中国辨伪史略〉）》，上海古籍出版社1998年版，第137—138页]

考证著述，我们不难发现，顾氏首先在观念上对古史作了有伪的"预设"，然后再进行自己的论述，从中依稀可以看到胡适"大胆假设"方法论对其产生的深刻影响。但很多时候顾氏只继承了胡适学说的一部分，"不经过验证直接将假设判定为结论"①。因此，其学说被解读为过度"疑古"，颇受时人及后世诟病，②便也在情理之中了。

对于战国秦汉间伪书出现的原因，顾氏也进行了分析，他认为伪书出现是因为中华民族有一种"癖性"，"喜欢保留古代的语言方式"。他还以《孟子·万章上》的一段话为例进行了说明，说他们不但没有新发现的史料，也没有时代的观念，只凭了个人的脑子去想，而且用了貌似古人的文体。还说司马相如作《封禅文》，"简直不讲文法，专堆生字，到了画符念咒的地步"。"他们既已为了没有历史观念，失去许多好材料，又为了没有历史观念，喜欢用古文字来作文，引出许多伪书。在这双重的捣乱之下，弄得中国的古书和古史处处成了问题。"③这里顾氏强调通过文字和文体进行辨伪，实际上正是胡适在《中国哲学史大纲》中提出的对哲学史料进行辨伪方法的运用和实践。

顾氏强调，战国以前的古史带有浓厚的宗教色彩，可谓"民神杂糅"。接下来他以墨子、孟子、老子和庄子为例说明战国时期伪说、伪史盛行的原因。按照顾氏辨伪的思路和方法，首先他分析了战国时期社会环境的巨大变化，他认为，战国以前的整个社会建立在世官制度之上，到了战国，因交通的便利，商业的发达，庶民有了独立的地位，传统的社会秩序被打破。又因诸侯兼并、土地开发，大国愈

---

① 张京华：《古史辨派与中国现代学术走向》，厦门大学出版社 2009 年版，第 335 页。

② 如张荫麟认为顾氏超出限度使用默证为"根本方法之谬误"［张荫麟：《评近人对中国古史之讨论》，载《古史辨》（二），上海古籍出版社 1982 年版，第 271—272 页］。王汎森指出："古史辨一开始就带有全盘'抹煞'上古信史的精神——在还没有逐步的检视每一件史事（或大部分重要史事）前，就先抹煞古书古史。"（王汎森：《古史辨运动的兴起：一个思想史的分析》，台北：允晨文化实业股份有限公司 1987 年版，第 217 页）

③ 顾颉刚：《秦汉的方士与儒生（附〈中国辨伪史略〉）》，上海古籍出版社 1998 年版，第 139 页。

益富强，管理国家的任务已非传统世家大族所能为，于是庶民中的贤者逐渐崛起，跻身于世家大族的行列。在这种情况下，为了顺应急剧变化的社会形势，一些智者如墨子等便以托古的方式提出自己的政治主张，从而使"古史传说遂更换了一种面目"①。由于各家宣传的主张不同，因此他们伪造的古史也不尽相同。为此，他们互相攻讦。如孟、荀二氏不同意墨家的禅让之说，然而想不到如何从根本上解决这个问题，因此他们的反对便显得苍白无力。究其原因，主要是他们"没有历史观念，自身又被包围于这样的空气之中，所以虽觉得这些话不对，而竟找不出辨伪的方法来"。②

顾氏指出，战国时期急剧的社会变动，不仅破坏了原有的社会秩序，而且加速了种族的融合。强大部族为了消灭别的弱小部族并使其臣服于自己，就以托古的方式来打破各方面的种族观念，于是塑造了两大偶像，即种族的偶像黄帝和地域的偶像大禹。在顾氏的心目中，中国两千多年来种族和地域之所以没有较大的改变，就是因为"这两个大偶像已规定了一个型式"③。同时这一时期还出现了阴阳五行说。但另一个不容忽略的事实是，以战国时人的智力，他们已不再完全相信神话，于是出现了"疑古"的思想。由于他们的胆子小，不敢明说神话为假，于是便设法进行解释。同样是因为胆小的缘故，他们不敢自己负解释的责任，于是把这些解释的话推托到孔子的身上。由此可知，虽然他们的出发点是疑古和辨伪，但最终结果却是在造

---

① 顾颉刚：《秦汉的方士与儒生（附〈中国辨伪史略〉）》，上海古籍出版社 1998 年版，第 144—145 页。

② 顾颉刚：《秦汉的方士与儒生（附〈中国辨伪史略〉）》，上海古籍出版社 1998 年版，第 148 页。对于诸子伪造古史这一说法，陈明以上博简《荣成氏》为例，否认了其存在的可能性。他说："诸子对于古史谱系有极大的共识，诸子学的历史素材是基于口述的历史传说和记忆，如果有差别则是出自现实的原因，而一般不至选取历史为伪造对象，疑古学者把子学间的差异表述成史学上的矛盾，从而断定古史为伪造，逻辑上难以成立。"（参见张京华《古史辨派与中国现代学术走向》，厦门大学出版社 2009 年版，第 327 页）笔者同意陈明的这一观点。

③ 顾颉刚：《秦汉的方士与儒生（附〈中国辨伪史略〉）》，上海古籍出版社 1998 年版，第 156 页。

伪，也就是"造了孔子的假话和古代的伪史来破除神话"。但"这样总比胡乱信仰的好一点，因为它已经有了别择真伪的萌芽了"。①

顾氏认为，西汉时最有辨伪眼光的是司马迁。他所著的《史记》这部书虽也常被人批评为不谨慎，但他的"载籍极博，犹考信于'六艺'"这个标准，在考古学没有发达的时候，实在不失为一种有效的方法。顾氏又指出，考信于"六艺"虽然不失为一个审查史料的标准，但若没有别的附加条件，这标准也会显得太简单。由于受时代所限，司马迁不可能有更好的方法，正如他在《史记·太史公自序》中所说的"厥协'六经'异传，整齐百家杂语"，这就是他的方法。因此，对于"六经"的异传，他要调和；百家的杂语，他要整齐。这种"整齐故事"的方法，也是汉代儒生和经师常用的基本方法，其结果"不知为学术界中缠上了多少葛藤"。对于冲突抵牾的材料，他们不懂得别择，只懂得整齐。这样下去，旧问题没有解决，新问题又出现了。他们虽非有意造伪，但其方法会随时引诱他们造伪。到了东汉，学者们重训诂，但他们的"历史观念"不够，导致其训诂的方式不是随文敷义，就是附会曲解。他们的目标在于贯通群经，而实际则是张冠李戴。最后顾氏做了总结，他说："战国大都是有意的作伪，而汉代则多半是无意的成伪。"但他又说，只要我们把战国的伪古史放在战国史里而不放在上古史里，把汉代的伪古史放在汉代史里而不放在上古史里，就可以使这些材料得到恰如其分的"安插"，这也是今日我们所应该担负的"责任"。② 顾氏的这种对伪史料的"移置"③ 运用有其科学的成

---

① 顾颉刚：《秦汉的方士与儒生（附〈中国辨伪史略〉）》，上海古籍出版社1998年版，第176页。

② 顾颉刚：《秦汉的方士与儒生（附〈中国辨伪史略〉）》，上海古籍出版社1998年版，第193—194页。

③ "移置"这一说法为顾氏提出的，他说："伪史的出现，即是真史的反映。我们破坏它，并不是要把它销毁，只是把它的时代移后，使它脱离了所托的时代而与出现的时代相应而已。实在，这与其说是破坏，不如称为'移置'的适宜。"［顾颉刚编著：《古史辨》（三），上海古籍出版社1982年版，"自序"第8页］

分，因为伪史料当中常常蕴含着作伪时代某些真实的信息，通过它们可以"了解那个时代的思想和学术"，正如梁启超所说"假中常有真宝贝"①。但由于顾氏过度疑古的理念，对两汉及其后历代学术基本的否定，"整体的'移置'变成了整体的否定"②。于是，顾氏笔下的中国学术史便陷入了"造伪"和"辨伪"的无限循环中。

《中国辨伪史略》是"迄今所能看到的较为详尽的辨伪学专著"③。由于顾氏"学术启蒙于江浙，对目录版本之学极为谙熟，一生治学实以目录之学为主线"，加之受西方思潮的影响，其对中国史学传统中的史官制度、实录精神、书法义例缺乏必要的认识和了解，从而对中国传统史学做了过低估计。④但不可否认的是，作为辨伪学史上较为详尽的专著，顾氏所具有的开拓精神及本书所具有的导向意义却是不容忽视的，书中的某些观点及顾氏勾勒的中国辨伪学史的发展线索一直为后世所沿袭。⑤

## 五　张心澂《伪书通考》：文献辨伪集大成之作

在中国传统辨伪方法和理论的基础上，经过 20 世纪初期胡适、梁启超、顾颉刚、曹养吾等人的系统总结和研究，中国辨伪学理论取得了长足发展。受此影响，张心澂积十年之力完成的《伪书通考》一书，成为 20 世纪文献辨伪的集大成之作。其中有关辨伪学理论的阐述，将民国辨伪学理论推进到一个新的发展阶段。

张心澂（1887—1973），中国近现代学者，著名文献学家。字仲

---

① 梁启超演讲，周传儒等笔记：《古书真伪常识》，中华书局 2012 年版，第 77 页。
② 张京华：《古史辨派与中国现代学术走向》，厦门大学出版社 2009 年版，第 329 页。
③ 杨绪敏：《中国辨伪学史》，天津人民出版社 2007 年版，第 296 页。
④ 吴少珉、赵金昭、张京华：《二十世纪疑古思潮》，学苑出版社 2003 年版，第 138—139 页。
⑤ 如"辨伪工作，萌芽于战国、秦、汉，而勃发于唐、宋、元、明，到了清代濒近于成熟阶段"（顾颉刚：《秦汉的方士与儒生（附〈中国辨伪史略〉）》，上海古籍出版社 1998 年版，第 248 页）这一观点就被杨绪敏继承并进一步发展，在《中国辨伪学史》（天津人民出版社 2007 年版）一书中以篇章标题的形式呈现出来。

清，号冷然，广西桂林永福苏桥人。张氏出身于书香门第，早年就读于京师大学堂译书馆，主修英语。毕业后先后任职于北洋政府邮传部和南京国民政府交通部，后担任广西经济委员会委员、广西政府会计委员会主任委员及广西政府会计长，长期从事会计工作。1949 年广西解放前夕，出任广西大学会计银行学系教授。新中国成立后，先后任广西文史研究馆馆员、桂林规划委员会委员、桂林风景文物管理委员会委员等。在长期的学术生涯中，张氏笔耕不辍，共编著有 30 多部会计学和史学著作。1973 年，病逝于桂林。

（一）编著缘起及过程

20 世纪初，西方思想和文化大量涌入中国，新文化运动如火如荼，民主和科学的观念深入人心。在此种思潮的激荡下，人们的思想进一步解放，对传统文化的认识也发生了深刻变化，由此产生了一个以顾颉刚为代表的、以疑古辨伪为特征的史学派别——古史辨派，这一学派在当时的社会和学术界产生了重大影响。张心澂《伪书通考》就是在这种时代和学术背景下出现的。

浓郁的传统文化学术氛围和张氏本人的刻苦训练也是《伪书通考》成书的重要原因。据《桂林张氏族谱》记载，其家族原籍为应天府江宁县，明末清初为躲避战乱才迁居桂林，后移居苏桥。自始祖之后的十三代三百五十年中，张氏家族注重推崇礼乐教化，书礼传家。这样的环境使得张氏家族人才辈出，佼佼者数不胜数，如其祖父张增垣、父亲张其镪和堂叔张其锽均为前清进士，他们由学入仕，亦官亦学，公务之余，潜心学术。因此，张氏幼承庭训，受到了严格的传统文化训练。同时由于家中藏书颇丰，① 张氏能够博览群书，这些都为其日后从事文献辨伪工作奠定了坚实的基础。

除此之外，张氏本人对辨伪工作重要性的认识是促成他编著这部

---

① 据桂林市图书馆工作人员介绍，张氏家族新中国成立前在北京藏书逾万册，新中国成立后，桂林市人民政府曾组织人力前往搜求，以便为公共图书馆所藏，但大多散佚。参见李岚《张心澂与〈伪书通考〉》，硕士学位论文，广西师范大学，2001 年。

书的直接原因。他认为，对伪书不能一概否定，伪书也有自己的价值和用处，也就是说，"假中常有真宝贝"①。他特别强调，伪书或有伪问题之书并不能代表其所伪托时代的社会和思想状况。张氏直言，《伪书通考》就是"为解决这个问题而编著的"②。考辨史料的真伪是学术研究工作的第一步，这一点早已成为学界的共识，无论在当时还是现在。③ 正是有了这样重要的认识，张氏才决定编纂"一部工具书"，以备"检查和研究之用"。④ 由此也可以看出张氏甘愿为学术研究尤其是史学研究做"铺路石"的奉献精神。

关于《伪书通考》的编著原因及经过，张氏有所述及，他指出正是顾颉刚《古史辨》第一册的出版使其认识到辨伪工作对于学术研究的重要性。后来他又研读了姚际恒的《古今伪书考》、宋濂的《诸子辨》和胡应麟的《四部正讹》，对伪书辨别的兴趣愈加浓厚。他将这三部书中的辨伪材料"拼合"起来，涉及历史上某一部书的辨伪之说，便将其"集合"在一起，"以书名为纲"。最初是为了方便自己阅览，"无意于编著"。后来看到其他书中的辨伪材料，"随时加入，逐渐发展，所集渐多"。辨伪材料的逐渐增多，最终促使其产生编著《伪书通考》的设想，"遂立意编著一部《伪书通考》，以供读者参考"⑤。

《古史辨》第一册出版于 1926 年，由此可知，张氏是在 20 世纪 20 年代中叶之后才开始《伪书通考》一书的资料收集和整理工作。当时张氏正在政府部门从事会计工作，"工作繁忙，不能经常做这工作"，导致该书的撰写时断时续，这也是其迟迟未能完成的重要原

---

① 梁启超演讲，周传儒等笔记：《古书真伪常识》，中华书局 2012 年版，第 77 页。

② 张心澂：《伪书通考》，商务印书馆 1957 年版，"修订版序"第 11 页。

③ 如郭沫若就曾有类似的表述，他说："无论做任何研究，材料的鉴别是最必要的基础阶段。材料不够固然大成问题，而材料的真伪或时代性如未规定清楚，那比缺乏材料还要更加危险。因为材料缺乏，顶多得不出结论而已，而材料不正确便会得出错误的结论。这样的结论比没有更要有害。"（郭沫若《十批判书》，科学出版社 1956 年版，第 2 页）

④ 张心澂：《伪书通考》，商务印书馆 1957 年版，"修订版序"第 11 页。

⑤ 张心澂：《伪书通考》，商务印书馆 1957 年版，"修订版序"第 11 页。

因。后由于"不能化耿直孤僻素性，不善因应"① 的性格特点，张氏愤然辞去了南京国民政府的相关职务，回上海寓所专门从事该书的创作。正是在这段时间，张氏完成了该书的编著，正如他自己所说："在一九三六年至一九三七年之间，失业约有一年的时间，住在上海，遂专做这事，把它编著完成了，经商务印书馆于一九三九年二月出版。"② 但当时正处于抗战时期，时局动荡，该书并未引起足够的重视。时隔二十年之后，1953 年全国高等学校院系调整时，张氏由广西大学转入广西文史研究馆，专门从事文史研究工作。在此期间，张氏"重操旧业"，再次开始了对伪书考辨的研究并对《伪书通考》进行了重新修订，修订本分别于 1955 年和 1957 年由商务印书馆出版。

在《伪书通考》序言中，张氏还申明了该书的素材和材料的主要来源，分别为清代姚际恒的《古今伪书考》、元末明初宋濂的《诸子辨》和明代胡应麟的《四部正讹》。张氏强调此书是在"拼合"这三部书的基础上，添加其他材料，"以书名为纲"编著而成的。但通观全书可以发现，该书绝不仅仅是一部"拼合"之作，而是有着张氏本人的辨伪成果和理论创新，同时也渗透着张氏的辨伪思想和理念。作为治学严谨的文献学家，张氏在其著述中体现了学术的继承和创新，同时也奠定了《伪书通考》在中国辨伪学史上承前启后的重要历史地位。

（二）内容、体例及特色

《伪书通考》由例言、总论、经部、史部、子部、集部、道藏部、佛藏部组成。其中例言共十二条，说明该书的编纂原则。总论的十个专题③为《伪书通考》的理论部分。经部分为诗类、书类、礼类、易类、春秋类、孝经类、经总类、四书类、小学类，初辨书七十

---

① 张心澂：《交通会计》，商务印书馆 1934 年版，"自序"。
② 张心澂：《伪书通考》，商务印书馆 1957 年版，"修订版序"第 11 页。
③ 这十个专题依次为：何以辨伪、伪的程度、伪书产生、作伪原因、伪书发现、伪书范围、辨伪发生、辨伪规律、辨伪方法、辨伪条件，此为 1957 年修订版总论目录；1939 年初版目录与之略有不同，分别为：辨伪之缘由、伪之程度、伪书之来历、作伪之原因、伪书之发现、辨伪律、辨伪方法、辨伪手续、辨伪事之发生九个条目。

三部，后辨八十八部；① 史部分为正史类、编年类、纪事本末类、别
史类、杂史类、传记类、地理类、职官类、政书类、史评类，初辨九
十三部，后辨九十八部；子部分为儒、道、墨、法、名、兵、农、
医、杂、小说、历算、术数、艺术、谱录和类书，初辨三百十七部，
后辨三百二十四部；集部分为楚辞、别集、诗集、词曲、总集、诗文
评类，初辨一百二十九部，后辨一百四十五部；道藏部分洞真、洞
玄、洞神、太清、太平、太玄和正一类，初辨三十一部，后辨三十三
部；佛藏部分晋、梁、隋、唐、宋、明、近世七类，初辨四百十六
部，后辨四百十七部。修订后的《伪书通考》共辨书一千一百另四
部，较初版时增加四十五部。与初版相比，修订版对于所列各书是否
在各代经籍志和艺文志有记载，也做了补充说明，这是为适应明代胡
应麟在《四部正讹》中所说辨伪方法中的“核之群志以观其绪”之
用。修订版和初版中的按语也有所不同，有些更换了新的说法，有些
为新增加的内容，这主要是因为随着客观环境的变化，所见日益增
多，研究逐渐深入所致。其中如对于《周易》《关尹子》等的按语，
张氏自认为是经过深入的研究所得的结果。在文体的使用方面，初版
文言文和语体文相杂糅，修订版则倾向于使用语体文。② 对于原书初
版各家之说有漏注出处的，也多一一找寻，加以说明。各家之说先后
次序的排列错误及书内字和标点符号错误之处，也多给予更正③。由
此可知，正是张氏的这种严谨的治学作风和一丝不苟的治学精神，才
确立了其在中国辨伪学发展史上的重要地位。

---

① 《伪书通考》1939 年初版和 1957 年修订版辨别文献的数量有所不同，此处的“初辨”
指代 1939 年初版考辨伪书数目，“后辨”指 1957 年修订版数目，下同。

② 语体文即白话文，指的是以现代汉语口语为基础，经过加工的书面语，它是相对于文言
文而说的。《伪书通考》初版以用文言文为主，但所引用的近人著作，则使用语体文。修订版除
总论改用语体文之外，对其内容也进行了少许修改和增加。新增列各家之说，文言和语体仍按照
其原录入。另作和新加的按语，则一律用语体文。原来的按语用语体文的，照旧不动。这样便
于读者比较修订版与初版的区别所在。

③ 以上说法均参照《伪书通考》1957 年 11 月修订版序言，特此说明。

关于《伪书通考》的编纂原则及体例，张氏在"例言"中给予了详细的说明。① 其中前四条对《伪书通考》一书记载"伪书"的种类进行了归纳和总结，它不仅包括"全部伪"和"部份伪"及"发生伪造之疑问"而伪之书，还包括"书本非伪"，"因误认撰人及时代"之书，更包括"合于前两项"的佚亡之书及与辨伪有关之书。一言以蔽之，所有"伪书"及与辨伪相关之书，张氏都尽力予以收录。因此，《伪书通考》对伪书的收集是较为全面的。虽然该书"时历数载"，但因种种主观与客观原因，1939 年初版时仍有部分书未被收录。因此，在 1957 年修订版中，张氏予以增补，在原书一千零五十九部的基础上，"增加了四十五部"②，使得该书更为全面。不仅如此，其"全面性"还体现在对伪书"辨伪之说"的收录上，它不仅包括"古今人"关于此书的"辨伪"之说，还包括"有驳议或辨其不伪"及"批评他人之所辨"之语。也就是说，张氏在收录相关"辨伪之说"时，并未凭自己的主观判断有所选择，而是尽力将各种正反之说均囊括其中予以详细著录。即使对于辨伪之作中"篇幅过多"之"专书"和"无从摘录"的"已佚"之书，张氏也未曾放过，而是著录其要点和列其书名。因此，《伪书通考》对"辨伪之说"的收集也是较为全面的。

《伪书通考》的编纂也体现了张氏客观审慎、严谨求真的科学态度。如该书所列古今人之说，均"一一注明其出处"。对于"从他书所引者"，无从查明原书的，则"注明某书所引"。③ 对于"编撰"非一人或"撰人不明"之书，则列举书名。作为一部学术著作，《伪书通考》绝不仅仅是资料的汇编，其中渗透了张氏多年的研究心得，他将这些研究心得和"个人意见"以"按语"的形式"列于各说之

---

① 具体内容参见张心澂《伪书通考》，商务印书馆 1939 年版，"例言"第 1—2 页。
② 张心澂：《伪书通考》，商务印书馆 1957 年版，"修订版序"第 12 页。
③ 张心澂：《伪书通考》，商务印书馆 1957 年版，"例言"第 14 页。对于此类情况，1939 年初版为"暂从缺"，1957 年修订版改为"注明某书所引"，特此说明。

末"。如欲对于某说中的某句话提出自己的见解，就在某句话之下加括弧，以"澂按"之语引入并予以说明。张氏认为，作为一部"可供检查和研究之用"的辨伪"工具书"，对每一部书应当有一个结论，但这个结论也并非所谓的定论。① 但张氏又强调，在推翻这个结论之前，一定要有足够的证据。在1939年该书初版之"辨伪手续"中，张氏还提出了"公平之态度"和"科学之方法"，"以科学之方法，充分利用以上之辨伪方法。措辞须合于论理学，辨证须有条理"②。张氏以上所述，足以表明其实事求是的治学态度。

该书作为"工具书"③ 的特性也十分明显。一般来说，工具书主要供查考、检索之用，《伪书通考》一书的编纂体现了这一特性。其一，全书分理论和实践两个部分。理论即"总论"部分，分别按辨伪学的理论、方法、思想以辨伪缘由、伪之程度、伪书来历、作伪原因、伪书发现、辨伪方法、辨伪手续、辨伪条件一一胪列，逻辑层次清晰，易检易查。实践部分是按照中国传统文献的四部分类法以经、史、子、集为序依次著录。同时，张氏还根据当时的学术发展状况，将道、佛两藏从子部抽出单列成篇。在经史子集四部各类的排列上，张氏基本上也遵循了《四库全书》的次序。对于每书所列古今人之说，则"略以其人的时代先后为序"④。张氏通过这样的编排，使得全书结构合理，层次清晰，较多具备了一般工具书的特性，颇便检索。为了更好地方便读者，该书1957年在商务印书馆重印时，增编了四角号码索引，方便了读者的检索和使用。其二，工具书的另一个

---

① 《伪书通考》对于每书所下结论的种类是历代最多的，分别为：伪；疑伪；不伪；误认作者；伪题撰者、并疑有窜乱；非本人、乃后人所辑；袭取成作；撰人可疑；书经割裂、有续注；误全题原注者名；自他书节钞；疑系摭拾；非本书；摘自他书、编者不明；他书别名；二人之作混淆；撰人失考；下卷伪；编辑者不明；抄本存疑；窜乱难辨。张氏的这种分类较之前代学者的研究更为深入、细致，表明了其严谨审慎的治学态度。

② 张心澂：《伪书通考》，商务印书馆1939年版，第16页。

③ 张氏在《伪书通考》1957年修订版序中就明确指出："这部《伪书通考》是一部工具书，可供检查和研究之用。"（张心澂：《伪书通考》，商务印书馆1957年版，"修订版序"第11页）

④ 张心澂：《伪书通考》，商务印书馆1957年版，"例言"第14页。

特性体现在内容方面，即所提供的知识、信息相对比较成熟，叙述要简明扼要，概括性强。这些特性在《伪书通考》中都有体现，如修订版中的很多按语是新增的，"因今昔所见不同，有些更换了新的"①，这些按语，张氏自认为是"经过深入的研究"所得。在语言的叙述方面，张氏也力求简练，如对于辨伪之作成为专书篇幅过多的，即"摘录它的要点"②。对于辨别著者的真伪，长篇累牍以大量篇幅铺陈的，如辨别《老子》的真伪，则删繁就简。

　　在"总论"部分，张氏关于传统辨伪的理论与方法基本上沿袭了胡应麟《四部正讹》、胡适《中国哲学史大纲》、梁启超《古书真伪及其年代》、高本汉《左传真伪考》等著作中的论述，但也有张氏自己的观点和理论创新。如在"总论"的第一个专题"为什么要辨别伪书"中，张氏首先概述了梁启超《古书真伪及其年代》中的说法，接下来对梁启超"事实是非颠倒"这一观点提出质疑，他说："以上梁氏所说的虽大体不差，惟'事实是非倒置'一点，不见得完全正确。"③为此，他还举了《碧云騢》一书为例进行说明，此书说是魏泰托名梅尧臣而作。书的内容是揭露当时在朝要人的短处和黑幕，若真为梅氏所作，可能他会因为自己没有做大官而失意，然后通过造谣来泄愤，此书的内容可能与实际不符。若是魏氏所作，可能所说的那些人的短处完全或大部分是真实的。因为是大家不敢说的黑幕，故用别人的姓名发表。因此，有些假托他人之名的作品，其内容或许更为真实。此外，张氏对史事之真与文献之真的关系进行了说明，但他更强调史事之真，他说："除梁氏所说外，我还有一点补充的，就是我们凡事都要求得客观的实在状况，对于一部书是应该知道它到底是什么时代什么人做的，没有受它的欺骗隐瞒，而得它的真实情况，然后我们根据它或引用它所说的，来讨论或批判某件事或某个

---

①　张心澂：《伪书通考》，商务印书馆 1957 年版，"修订版序"第 12 页。

②　张心澂：《伪书通考》，商务印书馆 1957 年版，"例言"第 14 页。

③　张心澂：《伪书通考》，商务印书馆 1957 年版，第 15 页。

理论，才不至于发生错误。"张氏还进一步说明了伪书与文化遗产之间的关系，他认为有的书虽为伪造或伪托某人所著，但却反映了那一时代的"真实情况"，有它的"相当价值"，是我国宝贵的文化遗产，"我们不应当因为它牵涉到伪的问题，而舍弃了它不顾"①。如《本草》称神农氏撰，《素问》称黄帝撰，虽然是伪托，但《本草》却是我国医学上最早的有用的书，是十分珍贵的文化遗产。又如《周礼》虽假托周公所作，却是研究先秦历史不可或缺的珍贵资料，正如郭沫若所说："《周礼》虽然是有问题的书……仍然有丰富的先秦资料存在。"② 如果说梁启超《古书真伪及其年代》等书是为辨伪而辨伪的一般学术理论著作，那么张氏著《伪书通考》则更多地强调为读者提供历史研究所必需的真实历史资料，其"致用性"的倾向更凸显了《伪书通考》作为"工具书"的特性。

张氏的理论创新还体现在他提出了六条辨伪的规律，这是前人未曾论及的。③ 张氏认为，辨伪规律在辨伪过程中发挥了重要作用。若不遵循辨伪规律，就会出现"辨别的人越多，所说的就越杂乱，这人说是真的，那人又说是伪的，这人疑惑是伪的，那人又疑惑是真的，使得我们反而迷糊了，不知那一说是正确的，这也是一个问题"④。张氏认为，要解决这一问题，必须有一个辨伪的规律为辨伪的人所遵循。他说："不违背这规律，所辨别的结果可以是正确的。我们要考查他的结论是否正确，可以考查他是否合于这规律。""这辨伪规律，应当是合于客观事实的。"基于这一原则，张氏提出了六条辨伪规律：（1）不可和其他目的相混淆。简言之，就是以"求真"为目的。换句话说，"目的就在于求客观的真实，不过对象是某一部

---

① 张心澂：《伪书通考》，商务印书馆 1957 年版，第 16 页。
② 郭沫若著作编辑出版委员会编：《郭沫若全集·历史编》，人民出版社 1982 年版，"奴隶制时代"第 30 页。
③ 杨绪敏：《中国辨伪学史》，天津人民出版社 2007 年版，第 325 页。
④ 张心澂：《伪书通考》，商务印书馆 1957 年版，第 25—26 页。

书"。张氏在这里强调辨别伪书要"刨根问底"，不但要"知其然"，而且要"知其所以然"。对于求真之外的"其他目的"，张氏认为主要有以下几种：第一种是"为了拥护圣道而辨伪的"。如以尧舜为圣人者，遇着说尧舜好的记载，就认定为真；反之，则认定为伪。第二种是以自己"学术或政治的派别"为立足点，遇有某书为伪对自己所在派别有利，就多方辨明其伪。若认为是真对自己有利，就多方辨明其不伪。第三种是"以炫耀自己的学识才能"为辨伪目的。这类辨别伪书的人，他们为了多发现伪书，"强词夺理，吹毛求疵"，这样好像是为辨伪而辨伪，实际上是"以矜奇好异为目的，以破坏为目的，以捣乱为目的"，是不合于辨伪规律的。张氏强调辨别伪书还应当与书的清理工作（即其进步性或保守性）相区分，他说："我们要判断一书的立场、观点、方法，是有进步性或保守性，有人民性的或反人民性的，一定要以根据辨伪规律而辨别的书做对象，才能做出正确的结论。"① 由此可见，在张氏的心目中，求真是辨别伪书的首要任务和根本目的。（2）不可有主观的唯心的成见。张氏认为，辨别伪书是要求得"客观的唯物的实在"。若辨别伪书的人心中预先就有一个成见，用主观主义唯心论进行辨伪，其辨伪所得的结论，就有可能不会正确。他还强调："倾向和假定不同，如为论证方法，先假定某书或它的某部为伪或不伪，然后一一列举其证据，以得出论证的结果与假定相符或不符，这方法是可用的。"但倾向的"态度"就不可取了，因为它"不免已偏向于一方面进行，会失掉公平的判断，得错误的结论。"② （3）不可以一般来概括全体。张氏指出，不能以书内部分之伪，如某个字词、某句话、某些名词与著者的时代不合，便因此断定此书整体为伪。如后代人刻书为避讳而改字的，就不能认定此书为伪品。（4）不可和书的价值问题相混淆。张氏强调，书的

① 张心澂：《伪书通考》，商务印书馆1957年版，第27页。
② 张心澂：《伪书通考》，商务印书馆1957年版，第28页。

真伪和书的价值是两个概念，不能相互混淆。伪书不一定无价值，真书不一定有价值。[①]（5）不可和书中所说的真伪问题相混淆。他认为，伪书与否与书中所说事实之真伪是两个问题，有时书为真，但书中所叙事实并非为真；有时书为伪，而书中所述事实并非为伪，反之亦然。[②]（6）不可和书的存废相混淆。张氏指出，并非经过鉴别的所有真书都应该存留，所有伪书都应该废弃。因为真书并非都有价值，都有保存的必要，而伪书也并非全无价值。书的保存与废弃要具体情况具体分析，不可一概而论。正如张氏所言，有的书虽是后人伪造的，但它本身确实有价值，那就应当保存，或"留作参考之用"[③]。梁启超亦云，伪书"辨别以后，并不一定要把伪书烧完。固然也有些伪书可以烧的，如唐、宋以后的人所伪造的古书。但自唐以前或自汉以前的伪书却很宝贵，又另当别论"。[④] 这些论断都为我们认识伪书的价值提供了参考和建议。

对辨伪条件的论述是张氏辨伪学理论的又一创新。所谓辨伪条件是指作为一个辨伪学家在辨别伪书之前必须具备的知识、素养、条件、眼光、方法等。张氏提出的辨伪条件主要有六条：（1）必须有丰富的书籍。"工欲善其事，必先利其器"，"要辨别伪书，不能专拿着所要辨别的书做研究的材料，要参证他种很多的书籍。"如果没有足够的藏书，可以充分利用图书馆。（2）必须有深厚的学术素养。即"要有平日学问上的修养。对于本书要有深切的认识，更要有普通的科学知识及国学的知识，能应用很多之书籍，文理通畅，无辞不达意或奥晦难明之弊"。（3）必须了解前人的成说。在辨别伪书之前应对前人的研究成果有足够的认识和了解，否则就会枉费心思或被别

---

① 梁启超也有类似的说法，"伪书有许多分明是伪而仍是极端有价值的，我们自然要和没有价值的分别看"。（梁启超演讲，周传儒等笔记：《古书真伪常识》，中华书局2012年版，第79页）

② 张心澂：《伪书通考》，商务印书馆1957年版，第29页。

③ 张心澂：《伪书通考》，商务印书馆1957年版，第29页。

④ 梁启超演讲，周传儒等笔记：《古书真伪常识》，中华书局2012年版，第77页。

人讥为抄袭。（4）用锐利的眼光。张氏强调，只有具有敏锐的眼光，才能使"应用的资料无隐遁，而悉集于手下，则作伪之处及前人所说之错误，能发现它，而不为它所朦蔽"。（5）用公平的态度。即按照辨伪规律而辨伪，不和其他目的相混淆，不存成见，以客观的态度和方法来辨伪。（6）用科学的方法。直到今天，张氏的相关论述仍发挥着积极的借鉴作用。①

张氏的辨伪学理论是在对前人辨伪学思想和方法继承基础上的创新，是辨伪学理论的集大成之作。学如积薪，后来者居上。张氏正是在 20 世纪初中国辨伪学理论勃发的历史时期，应时而起，荟萃前人成果，从而成就了其理论的辉煌。

（三）地位及影响

《伪书通考》出版之后，在学术界引起了强烈反响，同时也得到了较高的赞誉，如黄云眉谓其"搜辑之勤，良不可没"②；郑良树认为该书为"学术界迄今乐于采用的辨伪工具书"③，"从事文史哲研究及古籍辨伪学者，皆必备此书"④。台湾学者林庆彰指出，该书"收录伪书一千零五十九种，可谓集伪书大成之作……则数千年来伪书和辨伪之言，大抵已萃于是。学者执一编而备众说，其有功于学术自不待言"⑤。现代学者李学勤和李零都对该书给予了较高评价，李零还说该书为国外汉学家"必读"之书。⑥《伪书通考》在中国学术史尤其是辨伪学史及文献学史上的地位于此可见一斑。

在《伪书通考》的影响和带动下，郑良树《续伪书通考》⑦《古籍

---

① 张心澂：《伪书通考》，商务印书馆 1957 年版，第 35—36 页。
② 黄云眉：《古今伪书考补证》，山东人民出版社 1959 年版，"重印引言"第 2 页。
③ 郑良树编著：《顾颉刚学术年谱简编》，中国友谊出版公司 1984 年版，第 29 页。
④ 郑良树：《古籍辨伪学》，台北：学生书局 1986 年版，第 254—255 页。
⑤ 林庆彰：《评郑良树编著续伪书通考》，载《图书文献学论集》，台北：文津出版社 1990 年版，第 66 页。
⑥ 李学勤：《走出疑古时代》，辽宁大学出版社 1994 年版，"导言"第 10—11 页。
⑦ 目前笔者所见该书版本为台湾学生书局 1984 年版，32 开精装本。

辨伪学》和邓瑞全、王冠英主编的《中国伪书综考》① 等相继问世。郑良树《续伪书通考》是继张心澂《伪书通考》之后又一部集典籍辨伪之大成的著作，该书皇皇三巨册，不仅书名显示了与《伪书通考》的继承关系，而且编排的体例与《伪书通考》雷同，首先按照经、史、子、集四部分类，然后各部下再分类。其所收辨伪成果既包括各类学报、学术期刊发表的辨伪论文，还包括后来刊出古籍的书前书后辨伪序跋、各专书内涉及的辨伪章节及已收入《古史辨》但未被《伪书通考》收录的内容。该书对张氏《伪书通考》的失收资料有所增补，但重点在于收集 20 世纪的伪书考辨成果，便于我们了解疑古辨伪学的新发展。《中国伪书综考》也是按照经、史、子、集、道、佛六部的顺序来编排的，这一点与《伪书通考》相同，只是《中国伪书综考》在第七部分增加了"近代伪书"一部。此外，《中国伪书综考》在体例和内容上也有所创新，它除了《伪书通考》既有的内容之外，还特别"注意伪书产生的政治、文化前景，社会、学术风尚，及该书的学术价值等"，为的是便于读者了解伪书的全面情况。同时，它还"较多地吸收了当代学术界的新成果，因而基本上能反映目前的学术进展和现状"。② 从这一意义上说，《中国伪书综考》是对《伪书通考》一书的继承与发展。

尽管《伪书通考》对众多古书进行了考辨和编排，取得了不少成绩，但由于各种主观和客观原因，其仍存在一些不足之处。黄云眉谓其"取材多非原始，别择断制，亦嫌不足"。③ 司马朝军认为《伪书通考》存在四大"缺失"。④ 但瑕不掩瑜，不能由此否定《伪书通

---

① 该书由来自北京师范大学、中国历史博物馆、中国人民大学等十余家单位的专家学者编纂而成，1998 年由黄山书社出版。

② 邓瑞全、王冠英主编：《中国伪书综考》，黄山书社 1998 年版，"序"第 3 页。

③ 黄云眉：《古今伪书考补证》，山东人民出版社 1959 年版，"重印引言"第 2 页。

④ 即"材料与方法完全脱节""书中的核心概念'伪书'始终模糊不清""大量征引康有为的《新学伪经考》""没有严格遵守学术规范"。参见司马朝军《文献辨伪学研究》，武汉大学出版社 2008 年版，第 296—297 页。

考》在中国辨伪学史上的地位及其所发挥的承前启后的作用，也不能由此否定张心澂对辨伪学所做出的贡献，其所开创的编纂体例和形式经受住了时代的考验。

# 第二节　辑佚学

"辑"，通"缉"，收集、编次之意；"佚"，通"逸"，意为散失。"辑佚"[①] 作为合成词较早出现在清代中后期的文献中，道光年间，马国翰将其多年搜辑的古佚书结集整理，总其名曰《玉函山房辑佚书》。之后，皮锡瑞《经学历史》、梁启超《清代学术概论》及《清史稿·艺文志》中都出现过"辑佚"字样。[②] 虽然"辑佚"一词出现较晚，但辑佚却由来已久。目前关于辑佚的起源有晋代说、唐代说、宋代说。从现存的资料来看，"辑佚起源于宋代说最有说服力"。在主张"宋代说"的三人（陈景元、高似孙、王应麟）中，"从时间上来看，陈景元最早；从影响上来说，王应麟最大"。[③] 同时，在这一时期也产生了辑佚理论。[④] 经过元、明两代的逐渐发展，到了清代，受考据学的影响，辑佚学得到空前发展，[⑤] 出现了一批辑佚学者，辑佚成果蔚为大观。20 世纪初，随着西方自然科学和人文社会

---

① 何为"辑佚"？学术界目前有"狭义说"和"广狭义兼顾说"两大类。"狭义说"强调辑佚的对象是"古有今亡"之书，辑佚的成果应尽可能地符合原书的面貌。广狭义兼顾的辑佚除了包括狭义的辑佚，还包括汇辑散佚的文字资料，常见的有汇集散见的诗文、汇辑佚文编出一部新书、辑录罕见的书籍，即通常所说的汇编、辑录之意。这种汇编辑录是"本无其书"，人们出于某种目的，把相关的资料汇总在一起，它是新编，不存在还原的问题。"辑佚"作为独立的特定学术研究对象，"狭义说"更为科学，这样不至于使研究的对象散漫无边。参见郭国庆《清代辑佚研究》，民族出版社 2011 年版，第 2—5 页。

② 喻春龙：《清代辑佚研究》，上海古籍出版社 2010 年版，第 3 页。

③ 郭国庆：《清代辑佚研究》，民族出版社 2011 年版，第 11 页。

④ 孙钦善：《中国古文献学》，北京大学出版社 2006 年版，第 207 页。

⑤ 关于辑佚学是否在清代已经成为一门独立的学科，目前学界尚有争议。梁启超、曹书杰否认这一观点，喻春龙撰文予以驳斥。参见喻春龙《清代辑佚学形成的三大标志》，《东北史地》2011 年第 5 期。

科学理论和方法的引进，中国的辑佚学理论在传统辑佚学成就的基础上得到较快发展，出现了一批辑佚学理论的研究成果，如梁启超的《中国近三百年学术史·清代学者整理旧学之总成绩·辑佚书》、刘咸炘的《目录学·存佚·辑佚书纠缪》、蒋元卿的《校雠学史·校雠学的鼎盛时期·辑佚与辨伪》①、蒋伯潜的《校雠目录学纂要·搜辑佚文》②、张舜徽的《广校雠略·搜辑佚书论》、王重民的《清代两个大辑佚书家评传》③ 等。

### 一　民国辑佚学的进步

民国时期辑佚学的研究取得了较大进步，胡朴安、胡道静《校雠学》一书下卷"校雠方法"中有"逸书搜辑"篇，在该篇中，胡氏对牛弘和王应麟"五厄"说进行了较为完整系统的介绍并将其称为"十厄"，他说："自书经十厄，所以《汉志》之著录求之《隋志》而已缺；《隋志》之著录，求之《唐志》而又阙。迄于近世，代有佚书。夫搜集坟典，为校雠家之责任；况欲比勘，必先备篇籍；故网罗逸书，乃校雠学之先务。"④ 胡氏认为，搜集佚书是校雠学的首要任务，故将其放在卷首。显然，胡氏是从校雠学的整体视角来论述辑佚书的。接下来他们对郑樵《校雠略》中的"求书八法"进行了说明，在此基础上，提出了辑佚当以宋黄伯思《东观余论·相鹤经》系从《意林》《文选注》抄出大略为鼻祖的观点。⑤ 对清儒辑佚方法和成就的论述是胡氏论述的又一重要内容，在列举相关的辑佚成就之后，胡氏给予了高度评价："故清世著录之富，迥非前代可比。揪五

---

①　该书最初由商务印书馆 1935 年出版。

②　该书最初由重庆正中书局 1936 年出版。

③　该文最初刊于《辅仁学报》第 3 卷第 1 期（1932 年 1 月），后收入《中国目录学史论丛》（中华书局 1984 年版）。

④　胡朴安、胡道静：《校雠学》，岳麓书社 2013 年版，第 59 页。

⑤　此观点系由叶德辉《书林清话　书林余话》卷八"辑刻古书不始于王应麟"沿袭而来，详参叶德辉《书林清话　书林余话》，岳麓书社 1999 年版，第 182—183 页。

厄之散亡，扬万古之文明，传先哲之精蕴，启后学之困蒙。诸儒之功，诚伟矣哉。"① 辑佚学史上的"马窃章"案也是胡氏关注的重点，通过分析杨守敬的论述，胡氏认可杨守敬得出的"《玉函》非攘窃章氏书"的结论。杨守敬还进一步解释"马窃章"一说之所以能够兴起是因为"迩来学者，群声附和，良由马氏平日声称不广"。胡氏认为，"杨氏（杨守敬）考证甚详，足为马氏（马国翰）辨诬，惜此节世人仍不多见，故马窃章书之说，依然未熄。因转载焉"。② 此外，胡氏还提出辑佚汉人经书可从其宗派著述中钩稽遗说的观点。③

蒋伯潜《校雠目录学纂要》对辑佚书也设立专门章节"搜辑佚文"进行了论述。蒋氏认为，"搜辑佚文"与"征求遗书"不同，"征求遗书"中"遗书"是指"书籍之遗散于民间者言，全书是仍在的"；而"搜辑佚文"是指"书已久亡，绝对不能求得全书者，则不得不求之他书。考其佚文，掇拾补录，以存残编"。④ 由此可见，蒋氏对辑佚概念的阐述较为科学，也是符合现代辑佚学的理念的。他赞同章学诚《校雠通义·补郑》中有关辑佚的说法，但对章学诚提出的辑佚书起于王应麟的观点则不认同。蒋氏认为，明代虽然出现了姚士粦、孙彀、陶宗仪等辑佚家及一些辑佚著述，但"成绩不很多，亦不很精"。到了清代，"始精而且盛"。⑤ 如马国翰《玉函山房辑佚书》、黄奭《汉学堂丛书》（又名《逸书考》）、严可均《全上古三代秦汉三国六朝文》、洪颐煊《经典集林》四种，"所辑佚书，范围都广，作者不限于一人，学术文章亦不限于一类，都是大规模的工作"。⑥ 而余萧客《古经解钩沉》三十卷、任大椿《小学钩沉》十九卷、陈鳣《论语古训》十卷、严可均《尔雅一切注音》十卷、孔广

---

① 胡朴安、胡道静：《校雠学》，岳麓书社 2013 年版，第 66 页。
② 胡朴安、胡道静：《校雠学》，岳麓书社 2013 年版，第 66 页。
③ 胡朴安、胡道静：《校雠学》，岳麓书社 2013 年版，第 67 页。
④ 蒋伯潜：《校雠目录学纂要》，北京大学出版社 1990 年版，第 138 页。
⑤ 蒋伯潜：《校雠目录学纂要》，北京大学出版社 1990 年版，第 141 页。
⑥ 蒋伯潜：《校雠目录学纂要》，北京大学出版社 1990 年版，第 142 页。

森《通德遗书所见录》七十二卷、袁钧《郑氏佚书》七十九卷，这六种辑佚之书，"无论以某种学术为范围，以某书或某人底著作为范围，较之前节所举四种，规模大小，迥然不同，但以校辑之精粗，价值之高低而论，则都不下于前节所举的四种"。① 关于汉儒经说的辑佚，蒋氏指出，"汉儒传经笃守师法家法；其师所传，往往不敢稍有变易增损，故治某氏之学者，其说经之言，亦必为某氏之说。倘某氏之书已亡，就其同一宗派的学者之著述中，亦可钩稽其遗说"。② 这与胡氏《校雠学》中的观点不谋而合。他还说："为学如积薪，后来居上。筚路蓝缕，当然事倍功半。就前人未竟之绪，作更深更密更完备的研究，当然成就更大。这种搜辑遗说的方法，虽和搜辑佚文不尽相同，而其性质则完全一致。"③ 辑佚是为了恢复古书的原貌，因此在搜辑佚文时，须求已亡之书的原文，故"必古书中明引此书者，方可采入"。但即使这样，也需要认真地比对校勘，稍一疏忽，便易致误，这是因为"古书引述某人或某书之言，往往稍有不同"，"有用其大意，而不拘其原文"者，有"引诗而合两句为一句者"。④ 对此，张舜徽在《广校雠略》中也有类似的说法。最后，蒋氏进行了总结，他强调辑佚并非易事，"如但见某书中有引此书者，按条钞录，便算辑佚，则只需几个书记，便可了事。这正和校勘一样，现在印刷所中的校对，把底本对校初印底样张，也不能说他们是校勘家。因为不是易事，所以搜辑佚文，如能成绩斐然，便可成一有名的学者"。⑤ 诚哉斯言，真正的辑佚家必须有深厚的知识积累和较高的理论素养。在此基础上，还需要扎实认真地工作，才能够在辑佚方面做出突出的成就。

---

① 蒋伯潜：《校雠目录学纂要》，北京大学出版社 1990 年版，第 143 页。
② 蒋伯潜：《校雠目录学纂要》，北京大学出版社 1990 年版，第 143 页。
③ 蒋伯潜：《校雠目录学纂要》，北京大学出版社 1990 年版，第 143—144 页。
④ 蒋伯潜：《校雠目录学纂要》，北京大学出版社 1990 年版，第 144—145 页。
⑤ 蒋伯潜：《校雠目录学纂要》，北京大学出版社 1990 年版，第 145 页。

蒋元卿《校雠学史》对辑佚的有关论述大多继承了梁启超的观点，如辑佚兴起的原因、辑佚书的发展史、辑佚的方法和途径等。但蒋氏对清代两大辑佚家严可均、马国翰的辑佚成就进行了认真的研究并将其总目列于其后，为后人留下了极其宝贵的历史资料。在严可均的《全上古三代秦汉三国六朝文》总目表中，蒋氏对每种书的朝代、卷数、人数进行了认真的统计。该书所采，"以经史诸子，旁及各类书所引古文辞为主，辅以梅氏《文纪》，张氏《百三家集》等书，起上古，迄隋世，鸿篇钜制，片语单词，罔弗综录，竭二十余年之力，搜罗详备，巨细不遗，较之梅（鼎祚）张（溥）二氏，实十百过之，诚可谓文章之渊薮，艺林之宝筏"①。对马国翰《玉函山房辑佚书》的辑佚情况按类目、种数、卷数、阙卷数进行统计。此外，对于"马窃章"案，蒋氏还以清末杨守敬之言为马氏之诬辩白。

萧一山《清代通史》②卷中第三篇第十四章"总述清代学者之重要贡献"中有关于辑佚的论述。在辑佚的方法和途径方面，萧氏与梁启超的观点不谋而合。但对于清代辑佚的成就，萧氏述之甚详。他认为，在清代，辑佚已经成为风尚，"几于专门之业矣"。"辑佚之工作，乾嘉以后，诸大经师几乎无不尝试。而专以此为业，则以黄奭、马国翰为最著。黄氏《汉学堂丛书》共辑二百一十六种，马氏《玉函山房辑佚书》共辑六百三十种，可谓盛矣。"③接下来他对包括黄、马在内的清儒辑佚的成就按经史子集四部分别归纳总结，逻辑层次清晰，令人一目了然。

此外，陈钟凡《古书读校法》④、张涤华《类书流别》⑤、胡朴安

① 蒋元卿：《校雠学史》，黄山书社 1985 年版，第 184 页。

② 萧一山（1902—1978），名桂森，号非宇，江苏铜山人。1924 年毕业于北京大学，历任北京大学、清华大学、河南大学、东北大学、西北大学等校教授。1948 年到台湾，长期从事历史研究，撰有多部著作。《清代通史》上卷 1923 年由中华书局出版，次年中卷问世。

③ 萧一山：《清代通史》（二），中华书局 1986 年版，第 756 页。

④ 此书上海商务印书馆 1923 年出版，1931 年再版。

⑤ 商务印书馆 1943 年出版，1958 年重印，1985 年再版。

《古书校读法》①、许学浩《辑佚书议》②、孙德谦《刘向校雠学纂微》③ 等均涉及辑佚学的理论问题。

### 二　民国代表性辑佚学家

#### （一）梁启超的开拓性研究

《中国近三百年学术史》是梁启超晚年的一部学术著作，共十六讲，二十六万字，讲述明末至民国初年中国学术思想的变迁史。它写于 1923 年冬至 1925 年春，原为其在清华大学、南开大学等校讲授中国学术所编讲义，后整理成书，1926 年由上海民智书局正式出版。民国时期的其他版本有 1932 年的中华书局版《饮冰室合集》本，1936 年中华书局单行本。该书的《清代学者整理旧学之总成绩》曾于 1924 年 6 月至 9 月连载于《东方杂志》。④

在该书中，梁氏首先对"辑佚之业"兴起的原因做了简单的介绍，他认为辑佚是由于古书的散佚造成的。在典籍流传的过程中，由于"书籍递嬗散亡"，一些嗜书之士"按索不获"，于是乎"辑佚之业"应运而生。⑤ 有散佚才会有辑佚，而中国古籍的散佚令人吃惊，"古书累代散亡，百不存一，观牛弘'五厄'之论，可为浩叹"⑥。为了更为具体直观地解释这一现象，梁氏还以《隋书·经籍志》之史部书为例进行说明，他说："他项书勿论，即如《隋书·经籍志》中之史部书，倘其中有十之六七能与《华阳国志》《水经注》《高僧

---

① 此书作于 1925 年，有安吴胡氏刊行本，1985 年江苏古籍出版社重新出版。

② 此书刊于《国学论衡》民国 23 年第 3 期。

③ 此书有元和孙氏四益宧 1923 年刊本。

④ 第 21 卷 12、13、15—18 期。

⑤ 梁启超：《中国近三百年学术史》，东方出版社 2004 年版，第 287 页。在《清代学术概论》一书中，梁氏对辑佚的原因、方法和重要性也有所论及，他说："吾辈尤有一事当感激清儒者，曰辑佚。书籍经久，必渐散亡，取各史艺文、经籍等志校其存佚易见也。肤芜之作，存亡固无足轻重，名著失堕，则国民之遗产损焉。"（梁启超《清代学术概论》，上海古籍出版社 1998 年版，第 61 页）

⑥ 梁启超：《中国历史研究法》，中华书局 2009 年版，第 62 页。

传》等同其运命，原本流传以迄今日者，吾侪宁不大乐？然终已不可得。"① 正是有了这样的认识，一些好学之士应时而起，纷纷以辑佚书为业。一方面满足了自己的求知欲望，另一方面也保存了传统文化，为中华文化的传承做出了重要贡献。

梁氏对"辑佚书"的发展历史做了简单的梳理，他认为最初从事于辑佚者为宋代的王应麟。② 明中叶之后，孙毂辑《古微书》，但"范围既隘，体例亦复未善"。到了清代，随着考据学的兴起，辑佚书遂成专门之业。对清代辑佚书的总结是梁氏论述的重点，他指出，清代辑佚之业，"本起于汉学家之治经"。惠栋将诸经汉人佚注搜罗殆尽，其弟子余萧客辑《古经解钩沉》30 卷为清代辑佚之开端，"然未尝别标所辑原书名，体例仍近自著"③。梁氏认为，清代辑佚成就最大的是辑《永乐大典》之佚书。他指出，《永乐大典》为古今最拙劣之类书。乾隆年间朱筠奏请开设四库馆，即是以辑《永乐大典》佚书为言。因此，《四库全书》的编纂，其最初的动机实为辑《永乐大典》佚书，这是清儒辑佚书的先声。④ 正是在四库馆臣诸儒的努力之下，清代辑佚书成就突出，他们先后从《永乐大典》辑出之书，其辑录及存目多达 375 种，4926 卷。其中经部 66 种，史部 41 种，子部 103 种，集部 175 种。在总结了清儒在经、史、子、集四部辑佚书方面的主要成就之后，梁氏还对清代的辑佚家做了说明，他认为，嘉庆、道光之后，辑佚工作者甚多。但专以此为业且辑佚成果丰硕者，当为黄奭和马国翰两家。梁氏还指出，黄、马两家虽成绩很大，但

---

① 梁启超：《中国历史研究法》，中华书局 2009 年版，第 62 页。

② 皮锡瑞也有类似的说法："宋王应麟辑《三家诗》、郑氏《易注》，虽搜采未备，古书之亡而复存者实为首庸。"（皮锡瑞：《经学历史》，中华书局 2011 年版，第 241 页）而叶德辉否认这种说法，在《书林清话》"辑刻古书不始于王应麟"一条中指出："古书散佚，复从他书所引搜辑成书，世皆以为自宋末王应麟辑《三家诗》始，不知其前即已有之。……《相鹤经》皆一卷。……据此，则辑佚之书，当以此经为鼻祖。"（叶德辉：《书林清话 书林余话》，岳麓书社 1999 年版，第 182—183 页）

③ 梁启超：《中国近三百年学术史》，东方出版社 2004 年版，第 287 页。

④ 梁启超：《清代学术概论》，上海古籍出版社 1998 年版，第 61 页。

"其细已甚，往往有两三条数十字为一种者，且其中有一部分为前人所辑，转录而已，不甚足贵"。对于马氏《玉函山房辑佚书》在每种之首冠以一简短提要，说明本书来历及辑佚沿革，梁氏颇为赞赏。

由于《永乐大典》所收多为明初现存书，然而古书多在宋元时期就已散佚，同时，由于清儒"好古成狂，不肯以此自甘"，于是他们继续向上一步辑佚。也就是说，将《汉书·艺文志》和《隋书·经籍志》中曾经著录而现今已散佚者，依次辑出。在这个过程中，清儒所依据的资料主要有唐宋间类书，汉人子史书及汉人经注，唐人义疏，六朝唐人史注，各史传注、古选本及金石刻。① 应该说，这不仅是梁氏总结的有关清儒辑佚书所"凭借之重要资料"，更是适用于后世辑佚学的一般的理论、方法和途径。现当代著名文献学家张舜徽在其专著《中国文献学》一书中明确提出辑佚工作者用力的途径和方法②即在此基础上发展而来。因此，在辑佚书的理论和方法方面，梁氏所发挥的先导作用是不容忽视的。

关于如何鉴定辑佚书之优劣，梁氏提出了四条标准：（1）能够注明佚文出自何书且举其最先者为优，否者劣。（2）所辑佚文多者优，少者劣。例如《尚书大传》，陈辑优于卢、孔辑。（3）既须求备，又须求真，若贪多而误认他书为本书佚文者劣。例如秦辑《世本》劣于茆、张辑。（4）极力整理原书篇第，求还其书本来面目者为优，例如邵二云辑《五代史》，功等新编，故最优。此外，辑佚书时还应考虑原书价值如何，"若寻常一俚书或一伪书"，虽然搜辑完备，"亦无益费精神也"。③ 直至今日，梁氏提出鉴定辑佚书的四条标

---

① 梁启超：《中国近三百年学术史》，东方出版社 2004 年版，第 289—290 页。

② 张舜徽认为辑佚工作者用力的途径和方法，有以下几点："一、取之唐宋类书，以辑群书；二、取之子史及汉人笺注，以辑周秦古书；三、取之唐人义疏，以辑汉魏经师遗说；四、取之诸史及总集（如《文苑英华》之类），以辑历代逸文；五、取之《经典释文》及《一切经音义》（以慧琳《音义》为大宗），以辑小学训诂学。"（张舜徽：《中国文献学》，上海古籍出版社2011 年版，第 166 页）

③ 梁启超：《中国近三百年学术史》，东方出版社 2004 年版，第 295 页。

准仍可借鉴，具有重要的参考价值。

梁氏还对清儒辑佚书的价值问题进行了评判，其中有褒有贬。如在肯定清儒辑佚书价值时称其"于学术界有重要关系者颇不少"。为了更为具体清晰地论证这一观点，梁氏还列举了诸多事例进行说明。比如东汉时期班固、刘珍所著《东观汉记》，在元代已经散佚。后清儒辑得二十四卷，不但可以存最早官修史书之面目，而且可以补范晔《后汉书》之不足。再比如对五代历史的记载，薛书（薛居正《旧五代史》）早出，欧书（欧阳修《新五代史》）晚出。但由于欧阳修在政治、文学上均负有盛名，故其书流传较广。随后薛书寝微，遂至全佚。欧书的一个重要特点是模仿《春秋》笔法，"文务简奥"，言简意赅，重要史事多从刊落。在这种情况下，欲全面了解五代历史，就需要对薛史进行辑佚。在这方面，清儒也做出了重大贡献。还有中国古代的数学书，后皆散佚。四库馆臣将它们从《永乐大典》中辑出刊布，从而唤起后世学者研究数学之兴趣。梁氏指出，"凡此之类，皆纂辑《大典》所生之良结果也"。[1] 他还说："吾辈尤有一事当感激清儒者，曰辑佚。"[2] 在肯定了清儒辑佚书的成就之后，梁氏也指出清儒辑佚的内在缺陷与不足，他认为清儒"毕竟一钞书匠之能事耳"。应该说，梁氏对清儒辑佚书的评价较为客观、公正，这种渗透着朴素辩证法因素的评价态度也折射出梁氏治学的"实事求是"精神。

在《中国近三百年学术史》一书中，梁氏在总结前代辑佚理论的基础上对辑佚兴起的原因、辑佚书的发展史、辑佚的方法和途径、鉴定辑佚书优劣的标准、辑佚的价值和意义、补辑和校辑的界定等方面的问题进行了较为全面的论述和阐释，从而使中国古代零散的、感性的辑佚理论进一步条理化和系统化，使其具有规律性和科学性，开

---

[1] 梁启超：《中国近三百年学术史》，东方出版社 2004 年版，第 288 页。
[2] 梁启超：《清代学术概论》，上海古籍出版社 1998 年版，第 61 页。

启了近代辑佚理论研究的先河，从而为辑佚学的进一步发展乃至屹立于学术之林奠定了坚实的理论基础。

（二）刘咸炘《辑佚书纠缪》

在《目录学》一书中，刘氏指出，古书在流传的过程中，由于种种主观和客观原因，散佚是必然的，"书之不能无佚，势也"①。对于古书散佚的原因，他分别列举了隋朝牛弘和明朝胡应麟提出的"五厄"②之说。刘咸炘认为，为收拾散亡之古书，必然有求书之道。对此，郑樵曾提出"求书八法"③。明代祁承㸁在郑樵"求书八法"之外提出"三说"④。刘氏认为，郑樵"求书八法"前四条"甚精"，中间三条亦较为周全，但最后一条人人皆知，不足为一法也。对于祁承㸁"三说"，刘氏强调其第一说为辑佚，第二说则仅为著录之法，不当为求书法。在这里，刘氏对"辑佚""著录"进行了较为明确的界定，将"辑佚"从广义的"求书"中分离出来。

刘氏指出，辑佚在清代得到较快的发展，"辑佚之事近代为盛，始自惠栋之治汉经义，后乃罩及四部，章宗源专以此为业"。但对于辑佚的起源，刘氏提出了自己的观点，他说："上溯其原，实不始于王应麟……宋世所传唐人小说，及唐以上人文集卷数……盖皆出于宋人掇拾而成，此即辑佚之事也。"刘氏还进一步解释说："今传唐人小说多本《说郛》，而《说郛》中本多辑古佚书，吾疑此类多是辑

---

① 刘咸炘：《目录学》，载《刘咸炘学术论集》（校雠学编），广西师范大学出版社 2010 年版，第 270 页。

② 牛弘"五厄"说是指秦至梁，书经"五厄"（一为秦皇之焚；二为莽末之烬；三为后汉迁都之散亡；四为刘石乱晋之失坠；五为梁元帝失江陵时之焚烬），后胡应麟谓六朝之后，复有"五厄"（一为大业广陵之烬；二为天宝安史之灰；三为广明黄巢之乱；四为靖康女真之祸；五为绍定蒙古之师）。参见《刘咸炘学术论集》（校雠学编），广西师范大学出版社 2010 年版，第 270 页。

③ 郑樵求书八法指：一曰即类以求；二曰旁类以求；三曰因地以求；四曰因家以求；五曰求之公；六曰求之私；七曰因人以求；八曰因代以求。（明）祁承㸁撰；郑诚整理；吴格审定，上海古籍出版社 2020 年版。

④ 最早记载于《澹生堂藏书约》购书训中，可参阅《刘咸炘学术论集》（校雠学编），广西师范大学出版社 2010 年版，第 271—272 页。

本，此语若信，则陶宗仪当为辑佚大家矣。"① 刘氏以宋代流传下来的唐人小说、唐以前人文集作为辑佚的开端，这种认识有其合理之处，其立论的根据为广义的辑佚之说。但也有学者提出质疑，如陈光贻说："刘咸炘和叶德辉有同样看法，以辑佚在王应麟以前就有了。关于辑佚古书这问题，我们不能和整理古籍、汇编经史、编辑前人文集，混为一谈；辑佚是辑录见载于目录著录，今已散佚的书，章学诚指为开始于王应麟，是比较合理的断论。"② 此论对辑佚之说的广义狭义之分做了明确的界定，认为真正的辑佚应为恢复"古有今亡"之书的原貌而非"本无其书"的汇编。而张富祥也是以狭义辑佚说作为立论的根据，"文集的情况比较复杂，即使前世曾有之书，后人掇拾抄编意在保存佚文，若原编无目录保存下来，要恢复原貌恐怕一般是不大可能的，因此很难要求这类书符合辑佚书的规范"③。由此可见，学者对辑佚起源的分歧在于其对辑佚概念理解的差异，刘咸炘更多是从广义辑佚的视角来提出自己的观点，而陈光贻和张富祥则恰恰相反。

对于"辑佚者所取资最多者"——"三注四大类书"④，刘氏也提出了自己的看法，"顾此举其著者言之耳，因类以求，取资者广，孙诒让于《春秋集解纂例》赵匡说中得《竹书纪年》遗文七事，缪荃孙于《苏诗施注》《天中记》中得《意林》逸文二条，皆他人辑本所未采，盖又出于因类以求之外矣。赵圣传辑《左传》服注，谓《公羊》《周官》《仪礼》疏皆六朝旧本，所引《左传》注多是服注，此则得间于无形，尤为巧矣"。刘氏指出，《太平御览》等类书"失校已久，讹舛甚多，条件颠倒"。因此，就会出现诸家之辑佚书"每

---

① 刘咸炘：《目录学》，载《刘咸炘学术论集》（校雠学编），广西师范大学出版社 2010 年版，第 277—278 页。

② 陈光贻：《辑佚学的起源、发展和工作要点》，《史学史研究》1983 年第 1 期。

③ 张富祥编著：《宋代文献学散论》，青岛海洋大学出版社 1993 年版，第 239 页。

④ "三注"分别为《三国志注》《水经注》《文选注》；"四大类书"为《北堂书钞》《艺文类聚》《太平御览》《太平广记》。

见引自《御览》者词意不类，时代不合"① 等情况，这是诸家辑佚书时应该注意的。

刘氏强调，"辑书非易事也，非通校雠，精目录，则讹舛百出"②。清代虽然辑佚成就较大，但"佳者实少"。基于此，刘氏特撰《辑佚书纠缪》③ 一文，把清人辑佚存在的问题分为四弊。

第一曰漏。此弊人皆知之，而能免者实少。如马（国翰）辑颜延之《庭诰》，泛采逸文，而不录本传所载长篇；辑《古今乐录》，于《乐府诗集》所引，半取半不取，则不可解者也。

第二曰滥。凡有三端：一曰臆断附会。此弊最易犯而最隐。如马氏《绎史》载《吕览》《农书》四篇，谓盖古农家野老之言，本是疑词，马氏遂据采以当《野老》书，因《别录》称《尹都尉书》有种瓜芥葵蓼诸篇，遂全录《齐民要术》种瓜芥诸篇为《尹都尉书》。《汉书·律历志》引《易传》，有"辰有五子"之语，马遂录其文以当《古五子》，且并录其下文《易》九厄，《传》九厄之说实与推五子无关也。又如因《汉书·天文志》载十八妖星有五残，遂录其文，当《五残杂变星》书，余星固非五残也。……二曰本非书文。马辑何承天《礼论》，以《通典》所载驳难入之，辑荀万秋《礼论钞略》，以《通典》所载议郊庙乐制入之。按《礼论》者乃是纂集旧说删定之事，非国有礼事议奏之文，以此当彼，殆不免误。……三曰臆定次序。马辑韩氏《易传》，谓盖宽饶引"五帝官天下"一语当是《系辞》"苟非其人"二句下说，余萧客《古经解钩沈》以褚少孙引

---

① 刘咸炘：《目录学》，载《刘咸炘学术论集》（校雠学编），广西师范大学出版社 2010 年版，第 278 页。

② 刘咸炘：《校雠述林》，载《刘咸炘学术论集》（校雠学编），广西师范大学出版社 2010 年版，第 182 页。

③ 作于丙寅（1926）十月二十日，最初收于《校雠述林》（第二册），后转载于《目录学》，内容略有不同。

《春秋大传》说社语属庄公二十五年"鼓用牲于社"下。按古传说多依经起义，不必专说某句，强配者不知体例也。余书此弊尤甚。

第三曰误。此弊生于不考。一曰不审时代。……《宋书·州郡志》连引称《太地记》，王隐云：盖合二书言之。黄氏辑《太康地记》悉钞入之，遂使太康三年之书而有太康七年改合浦属国都尉为宁浦之事。……二曰据误本。俗本《意林》《传子》与杨泉《物理论》互讹，孙氏、黄氏辑《物理论》，据而不察，则《传子》入之矣。《御览》传写多讹，尤不可恃，如《古今乐录》陈沙门智匠撰，而《御览》引其文称隋文帝云云，若斯之类，所在有之。

第四曰陋。此弊生于无识，凡有二端：一曰不审体例。……如《后汉书》《晋书》各有体例，何纪何传，今犹可考大略，而汪氏、汤氏所辑则止以人名标条，略不考证，反有混易原书体例之嫌，亦大疏也。二曰不考源流。马辑谯周《五经然否论》，以诸书所引谯周《礼祭集志》及诸论礼之文入之，不知谯周曾继蔡邕、董巴而撰《汉志》，诸文或是彼文，不尽《然否论》也。①

刘氏提出的这些问题，不仅存在于清代辑佚书的实践活动中，而且贯穿于整个中国辑佚学史的发展过程，因此可视为辑佚书纠谬的通则。刘氏的这些细致入微的研究对辑佚学的发展做出了巨大的贡献，为此也获得了较高的赞誉。② 在中西文化交流及学术日益细化的时代背景下，刘氏顺应了时代发展的潮流，无疑推动了辑佚学在民国时期

---

① 刘咸炘：《校雠述林》，载《刘咸炘学术论集》（校雠学编），广西师范大学出版社 2010 年版，第 182—186 页。

② 现代学者认为，"刘氏的这些论述，较梁氏（梁启超）更为丰富详实，非专心披览，学术渊博者所不能言也"。（曹书杰：《中国古籍辑佚学论稿》，东北师范大学出版社 1998 年版，第 273 页）

的进一步发展。

（三）王重民的辑佚学家研究

王重民（1903—1975），字有三，号冷庐主人，河北高阳人。著名文献学家及图书馆学教育家。1924 年考入北京高等师范学校国文系，从杨树达、陈垣、高步瀛等学习文史。1928 年毕业后，曾任职于北平图书馆并兼职于河北大学、辅仁大学。1934 年起先后在欧美等国图书馆搜求珍贵文献。1947 年回国后主持北京大学图书馆学的创建和教学工作。王重民一生从事文史及图书馆学方面的教学和研究，其主要成就有四个方面：一是研究和传授目录学；二是编著和主编大批目录索引；三是搜集、研究和介绍流散于国外的中国珍贵文献；四是校辑整理文化遗产。作为著名的古文献学家，其文献学方面的著述有《〈校雠通义〉通解》《中国目录学史论丛》《普通目录学》《敦煌古籍叙录》等。①

《清代两个大辑佚书家评传》（以下简称《评传》）是王重民辑佚学研究成果②中具有较强理论色彩的一篇文章。该文最初发表于1932 年 1 月的《辅仁学志》第 3 卷第 1 期，现已收入王重民《中国目录学史论丛》（中华书局 1984 年版）。在文章的开始，王氏谈了自己撰述此文的动因，他说："清代为学术极盛的时期，而近人所修

---

① 王重民著述颇多，其《冷庐文薮》（上海古籍出版社 1992 年版）附录二为《王重民著述目录》，对王氏著述以专著、编纂、论文分类，按写作或发表的时间先后为序编排，是"目前我们能见到最完备的著述目录"。后王媛对此目录又进行了增订。详见王媛《〈王重民教授著述目录〉补遗》，《图书情报工作》2003 年第 5 期。

② 曹书杰认为，王重民为民国年间辑佚学研究成果较多的学者，其先后共撰写发表有 9 篇此方面的相关成果，分别为《〈补晋书艺文志〉书后》（《北平北海图书馆月刊》1 卷 5 期，1928 年 10 月）、《读〈汉书艺文志拾遗〉》（《北平图书馆月刊》3 卷 3 期，1929 年 9 月）、《孙渊如外集·序》（《图书馆学季刊》5 卷 3、4 期，1932 年 12 月）、《清代两个大辑佚家评传》（《辅仁学志》3 卷 1 期，1932 年 1 月）、《补晋书艺文志》（《学文》1 卷 5 期，1932 年 5 月）、《苍颉篇辑本述评》（《辅仁学志》4 卷 1 期，1933 年 12 月）、《〈永乐大典〉的续纂及其价值》（1963 年修订）（《社会科学战线》1980 年 2 期）、《〈七志〉与〈七录〉》（《图书馆杂志》1962 年 1 期），后两篇为新中国成立后发表，曹说此处疏忽。详见曹书杰《中国古籍辑佚学论稿》，东北师范大学出版社 1998 年版，第 273 页。

《清史稿》，于学者的列传，每多缺略不详。即如乾嘉朴学极盛时候，一位以辑佚书著称的专家章宗源，《清史稿》只在《章学诚传》后附了一个一两行的小传；在乾嘉朴学极盛之后，一位辑佚书成绩最富的马国翰，竟没有立传，我认为是最大的缺点，所以作这篇《清代两个大辑佚书家评传》。"① 从这里我们可以看出，一方面，王氏撰写此文的动机在于辑佚学研究的需要，而此时关于辑佚学的研究尤其是辑佚学史的研究仍是较为薄弱的环节，为弥补这一缺憾，王氏才萌发了撰写此文的念头。另一方面，说明了辑佚学在民国学界的发展状况。

《评传》长达三万字，"对章、马二人的生平家世、学术修养、辑佚的年代和过程、辑佚的成就和数量等做了极其深入的研究和考辨"②。在考辨的过程中，或继承前人观点，或反驳他人论据。其运用资料之多，考证问题之详，令人钦佩。同时他还以自己扎实的考据功底对章、马二人的辑佚成果进行了编年和梳理，为后人保存了难得的历史资料和素材，其中的诸多按语犹有令人感慨之处。在行文的过程中，王重民对辑佚学的发展过程也有所论述，他说："辑佚的事情，自宋王应麟开始，至清而大盛，惠栋和他的弟子余萧客等，都有很大的贡献，并且益加缜密了。及开四库全书馆，从《永乐大典》中辑出佚书数百种，乾隆末年，流风弥炽。"③ "清代辑佚书事业，在汉学家是一很大很要的工作，收获之丰富，实足惊人！余眷录辑佚家著述，已得四十余种，六朝以前散佚的古书，几于都返其魂。诸家中最称专门者，余萧客有《古经解钩沉》，任大椿有《小学钩沉》，严可均有《全上古秦汉三国六朝文》，王谟有《汉魏遗书钞》《汉唐地理遗书钞》，黄奭有《汉学堂丛书》，竹吾先生《玉函山房辑

---

① 王重民：《清代两个大辑佚书家评传》，载《中国目录学史论丛》，中华书局 1984 年版，第 277 页。

② 曹书杰：《中国古籍辑佚学论稿》，东北师范大学出版社 1998 年版，第 274 页。

③ 王重民：《清代两个大辑佚书家评传》，载《中国目录学史论丛》，中华书局 1984 年版，第 283 页。

佚书》，较为晚出，可是搜罗的完备，卷帙的繁富，是以前任何人所不及的！严氏全文虽有七百余卷，但是所从取材料的地方，如金石碑刻之属，易于凭藉，所以清代辑佚，我推先生（马国翰）为第一家。"① 此观点与梁启超等人对辑佚学史的分析较为吻合。

对"马窃章"这一流传甚广的历史疑案进行考证是此文对学术界的又一大贡献，在考证的过程中，王重民搜集了诸多资料，对众多说法进行了分析，他极为欣赏蒋式惺的观点，他说："蒋式惺作《书马竹吾玉函山房辑佚书后》② 三篇，力避众说，较有卓识。最主要体现在以下三点：（一）《隋书·经籍志·史部考证》各书下所附佚文，与《玉函山房辑佚书》史部所辑，多寡不同，立说各异。（二）《玉函山房辑佚书》所据张惠言、丁杰、臧庸、王照圆、张澍、焦循诸家辑本及著述，其成书与雕本，皆在逢之先生卒后，非先生所及见。（三）《玉函山房辑佚书》序有称某人某书已别著录者甚多，或已散失，或未刊行，其有原书或辑本尚存者，则指其家所藏，均著录在他的藏书簿上的意思。《马氏藏书簿自序》上已明言之。"③ 在占有大量材料的基础上，王重民经过严密的考证得出"马非窃章"的观点。最后王氏对这一学术疑案进行了总结，他说："按历史的眼光说，总是后来者居上，辑佚书亦然。后人得因前人已成之业，罅漏补苴，易于为功，所以竿头进步，必是后一代的人。《玉函山房辑佚书》内就自序里可知道的，《子夏易传》是依据张澍的辑本，《干氏注》依据姚士、桀丁杰的辑本，《蜀才注》依据《蜀典》中辑本之类，虽是后人的便宜处，亦正是后人所以能成功处。先生（马国翰）一向做外官，没有机会与朝大夫们来往，

① 王重民：《清代两个大辑佚书家评传》，载《中国目录学史论丛》，中华书局1984年版，第299页。

② 此文王重民以附录形式列于书中，详见《中国目录学史论丛》，中华书局1984年版，第306—308页。

③ 原北平辅仁大学编：《1900—1949年中国学术研究期刊汇编·辅仁学志3》，线装书局2009年版，第3—750页。

孤军特起，为当时学者所不注意，后人又不详察，适有邵二云的弟子章实斋的本家孙渊如、朱少白、武虚谷等人的朋友章逢之其人者，毕生辑佚，稿子未曾刊布出来，因而谣言大起，反把先生（马国翰）当贼看待了。"① 对于皮锡瑞《经学历史》以《玉函山房辑佚书》为章宗源所著，② 王重民提出了批评，"皮鹿门《经学历史》，竟称章宗源《玉函山房辑佚书》，章、马二先生，地下有之，不知作何酬答？在我们看来，皮氏之粗莽，未免有失学者的精神呀"③。学如积薪，后来者居上，在继承前贤时哲研究成果的基础上进一步发展，正是学术发展和进步的客观过程。没有继承就无所谓发展，没有继承的发展就是空中楼阁，相反，没有发展的继承则会导致学术的停滞不前。我们不能以学术的继承否定后人的发展，也不能以后人的发展来否定前人做出的成绩，这是评价学术研究尤其应该注意的。章、马之间的学术疑案恰恰就是学术的继承与发展的问题，不能以学术的继承当作剽窃，否则就否定了学术发展的客观进程。明乎此，一切问题即迎刃而解。

　　在考辨章、马学术疑案的过程中，王重民先生追根溯源的治学精神也是值得提倡的，正如他自己所说："余作学问的态度，凡不指明娘家的证据，尝不肯轻于信从，朱修伯的话，未指明'家实斋'三字见于何书何序，于未遍阅玉函山房全书之前，未敢轻声附和。乃发愤废了一月之力，细阅各序，并将全书涉猎一过，所谓'家实斋'者，并未看到，则朱氏之说，恐亦耳食之谈罢了。"④ 正是在王重民先生的考辨之下，章、马之间的学术疑案基本得到解决。

---

　　① 原北平辅仁大学编：《1900—1949 年中国学术研究期刊汇编·辅仁学志 3》，线装书局 2009 年版，第 3—772 页。

　　② 详情可参阅皮锡瑞《经学历史》，中华书局 1959 年版，第 330 页。

　　③ 王重民：《清代两个大辑佚书家评传》，载《中国目录学史论丛》，中华书局 1984 年版，第 305—306 页。

　　④ 王重民：《清代两个大辑佚书家评传》，载《中国目录学史论丛》，中华书局 1984 年版，第 284 页。

（四）张舜徽的辑佚思想和理论

张舜徽《广校雠略》作于 1943 年，[①] 在该书中有"搜辑佚书论"五篇，这五篇分别为："辑佚之依据""古人援引旧文不可尽据""辑佚之难始于择""辑佚之必须有识""辑佚为学成以后之事"。

在该书中，张氏对辑佚兴起的原因进行了分析，他说："载籍历时久远，虽不经兵燹而亡佚自多……雕板至宋方盛行，宋以上书籍传布至难，故先唐之书散佚不传者尤夥，于是而有好古之士，或私淑诸人，或歆慕其学，深憾书之不传于后，百思有以搜罗而补缀之，以复古人之旧，此辑佚之所由兴也。"[②] 他认为，辑佚之业发端于宋代王应麟辑《三家诗》《周易郑氏注》各一卷，此后明代孙瑴辑纬书佚文成《古微书》，"其途虽隘，亦仍王氏矩矱也"。至清代，辑佚之业遂成专门之学，清儒乃欲将汉、隋志中不传于今者之著录书次第辑出，其所依据之资料，不外五端。为更明确起见，张氏还特别列举出北宋之前可以考见古人遗书之史注与类书等，如裴松之《三国志注》、郦道元《水经注》、刘孝标《世说新语注》、李善《文选注》、慧琳《一切经音义》、欧阳询《艺文类聚》、徐坚《初学记》和《太平御览》，"凡此皆古书之渊薮也"。比如《太平御览》一书，所引秦汉以来之书多达一千六百九十余种，而这些书传于今者不足十之二三，有《太平御览》，可谓存秦汉遗书千余种。再如《永乐大典》《四库全书》，均搜罗包藏大量古书，故"搜辑遗籍虽不能全复古人之旧，亦可缀拾某书之一部，理董成编，佚者使之复存，散者使之复合，其为功于学术至无穷尽也"[③]。

张氏对辑佚的相关问题有着较为深入的研究。他认为，虽然北宋

---

① "此书始属稿于一九四三年，后二年始付刊行，仅刷印五百部，故流布甚稀。"［张舜徽：《广校雠略·自序》，载《张舜徽集》（第一辑），华中师范大学出版社 2004 年版，第 4 页］

② 张舜徽：《广校雠略》，载《张舜徽集》（第一辑），华中师范大学出版社 2004 年版，第82 页。

③ 张舜徽：《广校雠略》，载《张舜徽集》（第一辑），华中师范大学出版社 2004 年版，第83 页。

以前史注及类书是历代辑佚家所依据的主要材料，但古人引书，并非像今之考证学者征用原文一字不漏。在列举大量实例的基础上，张氏归纳了古人引书的几种情况，有"但取其意而简约其辞者……有直改其字者，有直易其语者，有误甲为乙者，有移彼于此者"。最后他还总结说："援引圣贤遗言，犹复错乱若斯，况其下焉者乎！搜辑佚书者，又不可不审知古人援引之不尽可据也。"① 张氏旧学功底深厚，对相关文献较为熟稔，同时又有着深厚的文献理论素养。在长期深入研究的基础上，张氏提出了"古人援引旧文不可尽据"这一说法，显示了其深厚的学术功底和独具慧眼的学术洞察力，可谓不刊之论。

治史贵在有识，辑佚亦是如此，"否则妄以他书为本书，厚诬古人矣"。为此，张氏以辑《别录》《七略》者为例进行了说明："自来辑《别录》、《七略》者，有严可均（《全汉文编》）、洪颐煊（《经典集林》）、马国翰（《玉函山房丛书》）、姚振宗（《师石山房丛书》）、顾观光（稿本旧藏北京图书馆）诸家，盖犹不免乎斯累。其显见者约有二失：一曰误以原书之文为刘氏《叙录》语也。……二曰误以近似之书为刘氏《七略》也。"② 如《史记正义》引阮孝绪《七录》，通行本往往误为《七略》，更有称阮氏《七略》者，这是因写刻疏忽导致错误的明证。再如《汉志》有《小雅》一篇，也就是后世的《小尔雅》。此书本依据《尔雅》而作，故名之为《小雅》，唐人引之，多以此名相称，如李善《文选注》、慧琳《一切经音义》，皆不别增"尔"字。但也有人将其称为"尔雅"者，这大概是"小""尔"二字形近而导致的错误，故"今日取唐以前援引二书之文以校本书，有引及《尔雅》而但见之《小雅》者，亦有明标《小雅》而其文实在《尔雅》者，淆乱已久，其迹犹易推寻。若以后

① 张舜徽：《广校雠略》，载《张舜徽集》（第一辑），华中师范大学出版社 2004 年版，第 83—84 页。

② 张舜徽：《广校雠略》，载《张舜徽集》（第一辑），华中师范大学出版社 2004 年版，第 84—85 页。

世讹误之本以上定古书，反以不佚为佚，则其失则宏"①。鉴于以上情况，张氏认为在辑佚古书之前，必须对古书的著述体例、篇章结构、内容真伪等问题进行认真甄别。只有这样，辑佚工作才能得以顺利进行。② 由此可见，在张氏心目中，辑佚工作只有与目录、版本、校勘、辨伪、考证等其他文献整理工作结合在一起，其辑佚的成效才能最大，辑佚的失误才会更少，仅仅为辑佚而辑佚是不可取的。应该说，张氏的这一观点与其主张会通的学术旨趣是吻合的，也与其主张"辨章学术、考镜源流"的学术追求是相通的。

此外，学必求真也是张氏一直倡导的，他以服虔《左传注》被后人辑为郑玄遗书为例进行说明："郑玄遍注群经，而独不及《春秋左氏传》。后之辑北海遗书者，率取服虔《左传注》以入录，盖据《世说新语》以为服氏注出于郑，即郑学也。"张氏认为，出现这一现象的原因是很多人并没有理解《世说新语》的本意，他还引用《世说新语·文学》的具体内容进行分析，最后得出"郑书未成"，而"服书早成，郑君闻其谊，自以无能踰之，故辍不复为"的结论，他还感慨"彼文甚明，何由而遽谓服书皆出于郑耶？且康成言当以所注与之，而未必果与也"。此外，张氏还以《后汉书·儒林传》的记载再次强调了服注《春秋左氏传》的真实性。对于惠栋补注《后汉书》之说，张氏也进行了批驳："夫贤智所见，不谋而同，千载悠悠，犹多暗合，况并世而生，同为儒宗，识议相符，无足怪也。即以郑氏所注群书言，其同于先郑及许叔重者多矣，庸讵能为北海之书即诸家之学乎？且惠氏但见其同者，而未暇考其不同者。"张氏还以《礼记》《论语》注与《春秋左氏传》注中的差异说明了《左传》注

---

① 张舜徽：《广校雠略》，载《张舜徽集》（第一辑），华中师范大学出版社 2004 年版，第85 页。

② 张氏曾说："学者苟有志乎搜辑佚书，首必究心著述流别，审知一书体例，与之名近者几家，标题相似者有几，皆宜了然于心，辨析同异，次则谛观征引者之上下语意，以详核之本书，庶几真伪可分，是非无混，别择之际，或可遽过耳。"［张舜徽：《广校雠略》，载《张舜徽集》（第一辑），华中师范大学出版社 2004 年版，第 85 页］

出自服虔之手，因此，"凡辑佚之家，录郑注而兼及服氏书，皆妄也。大氐有志读书者，必不佞于一人，乃能见学术之功，辑佚家亦须从事于斯矣"。① 综上所述，虽然张氏学宗"二郑"，但在具体的学术研究中，却能够"不佞于一人"，以"求真"为旨归。应该说，这是"有志读书者"必须遵循的基本原则，唯如此，方能见"学术之功"。张氏的这种治学精神是值得后人认真学习的。

张氏还提出了"辑佚非初学所宜言"之论。因为在张氏看来，辑佚的产生最早是由于博览群书之辈在学成之后"视天地间见存之书无复可究心者"，于是迫不得已寻求"不存之书"读之。在这种情况下，辑佚应运而生。张氏强调，辑佚的产生"非特势所必至，亦次第宜然耳"②。也就是说，没有对现存之书大量研读、充分考证，就没有资格谈论辑佚的问题。但到了清代，情况并非如此，乾嘉诸多学者"盛张许、郑之帜"，对郑氏之书"见存者不耐讨索，散而求之残缺废弃之余，于是不辨其是非真伪，务以一句之获一字之缀为工。及其以赝为真，又不复考其矛盾龃龉之故，甚而拘守伪文，转强真文以谬与之合"，于是出现"士削足以适履，铩头以便冠，而郑氏本义沽没于尊郑之人"之情况。对于这种状况，焦循予以强烈抨击，张氏认为"焦氏之言，至为警厉，足以发拘虚者之蒙"。张氏还特别提出，虽然清儒治汉学推崇许、郑之学，但能对"许、郑见存之书通贯大例，以推得作者用心"者则寥寥无几。如"治《易》者，未能究王弼、程颐之义，而必远求汉师佚说。习《左氏传》者，不识杜预何所道，而必上探贾、服残诂，读《论》《孟》以称举朱注为羞，说《诗》以涉及宋人为耻，一言以蔽之，曰：佞汉而已耳。汉人之书不尽传，则又感叹追慕于千载之下，悉思旁搜博采以复其旧，卒之

① 张舜徽：《广校雠略》，载《张舜徽集》（第一辑），华中师范大学出版社2004年版，第86页。

② 张舜徽：《广校雠略》，载《张舜徽集》（第一辑），华中师范大学出版社2004年版，第87页。

汉人遗书未能尽复，而通经之效益晦"。[①] 因此，在张氏看来，治学
必须博通，只有在博通的基础上才能追求专精。学术的发展是一个连
续的过程，只有对其有一个全面通贯的了解，才不至于偏离学术的轨
道，真正回归学术的本源，正如张氏所言"学术有本末，而致力有
先后，学者苟明于始终缓急之宜，则辑佚之事，非初学所宜言也"[②]。
张氏之论，可谓高瞻远瞩，颇具卓见。同时这也与张氏治学主张
"会通"的学术旨趣一脉相承。

　　通过上述分析，我们可以发现，虽然张氏没有像梁启超那样对辑
佚学理论（如辑佚书的发展史、辑佚的方法、鉴定辑佚书优劣的标
准、辑佚的价值和意义、补辑和校辑的界定）进行泛化的研究，但
却提出了诸多颇有识见的辑佚思想，这些思想为后来的辑佚家所继
承，大大促进了辑佚学理论和实践的发展。

---

　　① 张舜徽：《广校雠略》，载《张舜徽集》（第一辑），华中师范大学出版社 2004 年版，第
87 页。
　　② 张舜徽：《广校雠略》，载《张舜徽集》（第一辑），华中师范大学出版社 2004 年版，第
87 页。

# 第 六 章
## 民国文献学的相关学科

关于文献学的相关学科和边缘学科，白寿彝、刘乃和、周少川等人都曾有过相关的表述。在此基础上，结合民国文献学的实际情况，本章对典藏、年代、史讳几门专学进行论述，从而粗略窥见这些学科本身的特点及其与文献学发展之间的相互关系。

## 第一节　典藏学

在中国传统文化中，"典"和"藏"分别有动词和名词两种用法。① "典"作动词时，有"管理"之意，如《礼记·文王世子》中有"秋学礼，执礼者诏之；冬读书，典书者诏之"；作名词时，有"典籍"之含义，如《尚书·五子之歌》有"明明我族，万邦之君，有典有则，贻厥子孙"。"藏"作动词时，一般指"收藏""保管"，如《左传·襄公十一年》："夫赏，国之典也，藏在盟府。"《墨子·天志下》："书之竹帛，藏在府库。""藏"作名词指档案、文书、藏书及其他藏品，如《周礼·天官冢宰》述宰夫之职："五曰府，掌官契以治藏。"郑玄注曰："治藏，藏文书及器物。"刘歆《七略》曰："武帝广开献书之路，百年之间，书积入丘山，故外有太史、博士之

---

① 关于"典"与"藏"的原始含义参考了程千帆、徐有富《校雠广义·典藏编》（齐鲁书社 1998 年版）第一章"典藏学的建立与典藏的功用"的相关内容。

藏；内有延阁、广内、秘书之府。"综上所述，我们可以认为，"典藏"一词专指"收藏保管图书"①，典藏学则是"研究我们古代古籍保管与利用规律的一门学问"②。

中国古代关于图书搜求、保管和利用的研究由来已久。③ 南宋郑樵《通志·校雠略》中的"求书之道有八论"系统总结了搜集图书的理论、方法与途径。明代晚期著名藏书家祁承㸁著有《澹生堂藏书约》，在郑樵"求书八法"的基础上提出"三说"。④ 清代此方面的文献以孙庆增《藏书纪要》、叶德辉《藏书十约》为代表，二书对图书的购求、鉴别、校雠、钞录、装潢、编目、收藏、陈列、印记等方面的问题进行了全面探讨，颇受好评。民国时期，诸多学人都有典藏学方面的论述⑤，现举其要者分述如下。

## 一 袁同礼的古代藏书史研究

袁同礼（1895—1965），著名图书馆学家和目录学家，河北徐水人。1916 年毕业于北京大学，后赴美深造并获得文学学士和图书馆学学士学位，之后还曾到英国伦敦大学和法国巴黎古典学校进行短暂的学习。袁同礼为中国近现代图书馆事业做出了杰出贡献，曾先后任职于清华园图书馆、广东岭南大学图书馆、国立北京大学图书馆、国立北平图书馆。尤其是在担任国立北平图书馆馆长期间，积极开展图书馆业务如藏书、编目等，广泛招罗人才，派人出国深造，创办馆刊

---

① 程千帆、徐有富：《校雠广义·典藏编》，齐鲁书社 1998 年版，第 2 页。

② 程千帆、徐有富：《校雠广义·典藏编》，齐鲁书社 1998 年版，第 2—3 页。

③ 程千帆认为，"典藏学的内涵与现代图书馆学是一致的"（程千帆、徐有富：《校雠广义·典藏编》，齐鲁书社 1998 年版，第 2 页），而现代图书馆学又与多个学科（如文献学、历史学等）有着千丝万缕的联系，因此，程氏在梳理典藏学的相关理论文献时列举了诸多史料，同时分析典藏学与它们之间的关系。详情可参阅氏著《校雠广义·典藏编》，齐鲁书社 1998 年版，第 4—9 页。

④ 最早记载于《澹生堂藏书约》之"购书训"中，可参阅《刘咸炘学术论集》（校雠学编），广西师范大学出版社 2010 年版，第 271—272 页。

⑤ 可参阅李希泌、张椒华编《中国古代藏书与近代图书馆史料》（春秋至五四前后），中华书局 1982 年版。

并进行学术研究，树立了中国现代图书馆的楷模，获得图书馆学界的广泛好评。此外，他还曾担任国立北京大学目录学和图书馆学教授。袁同礼在中国图书馆学方面著述宏富，主要编有《现代中国数学研究目录》《新疆研究丛刊》《中国美术学目录》等书刊，撰有论文数十篇。在中国古代藏书史方面，袁同礼亦有深入研究，著有《宋代私家藏书概略》①《明代私家藏书概略》②《清代私家藏书概略》③《皇史宬记》④ 等文，史料翔实，多有精辟之论。《宋代私家藏书概略》《明代私家藏书概略》和《清代私家藏书概略》现已收入《中国古代藏书与近代图书馆史料》（春秋至五四前后）一书，成为研究袁同礼中国古代私家藏书论的主要资料。

在《宋代私家藏书概略》一文中，袁氏首先对北宋初年官方藏书状况进行了说明，他说：“宋初承五季抢攘之后，书多荡焚。建隆初，官府所藏，仅万二千卷。乾德元年（963），平荆南……均收其图籍，以实三馆。钱俶来朝，又收其书。自是稍加哀集，群书渐备。”接下来对私家藏书兴起的原因进行了分析，“北宋一百六十年间，屡下诏征求遗书。凡献书者，或支绢，或给钱，或补官，莫不以利诱之。是当时之书，多散在民间。加以雕板流行，得书较易，士大夫以藏书相夸尚，实开后世学者聚书之风”⑤。袁氏认为，宋代私家藏书兴盛的一个重要原因是官方“以利诱之”，另一个重要原因则为雕版印刷术的流行，从而在客观上促进了书籍的生产和传播，为私家藏书的兴盛准备了条件。袁氏从主观和客观两个方面总结宋代私家藏书兴盛原因的观点得到了后世学者的认可，如台湾学者潘美月在总结

---

① 原载《图书馆学季刊》第二卷第三期。
② 原载《图书馆学季刊》第二卷第一期。
③ 原载《图书馆学季刊》第一卷第一期。
④ 原载《图书馆学季刊》第二卷第三期。
⑤ 袁同礼：《宋代私家藏书概略》，载李希泌、张椒华编《中国古代藏书与近代图书馆史料》（春秋至五四前后），中华书局1982年版，第406页。

宋代私家藏书风气之兴盛时说："私家藏书的风气，至宋代而大盛。五代战乱之后，北宋初年的公家藏书零落，凡有赖于私人收藏。加以雕版流行，得书比较容易，故藏书家不可胜数，士大夫以藏书相夸尚，实开后世学者聚书之风气。"① 周少川对两宋私家藏书兴盛原因也有总结，他说："有宋一代……屡次下诏向民间求书，并以绢匹、钱帛或官职对献书者给以奖励。由此可见，当时书籍多散于民间。再者，两宋的雕版印刷，在唐代开创的基础上有了提高。除官刻本外，私人刻印的'家塾本''坊刻本'也日渐盛行。雕版印刷既已流行，在技术上又能精益求精，不论校勘、刻版、用纸、选墨都有讲究。书的形制也由卷轴改为册页，购置和收藏都比较方便。藏书家不仅得书较易，而且多了份喜爱的感情，于是私家藏书之风，至宋而大盛。"② 综上可知，官方的征求和"利诱"及雕版印刷的流行为两宋私家藏书兴盛的两大动因，这一观点如今已被公认，在学界得到较大范围和较大程度的认可。对宋代私人藏书家及藏书情况的考证是《宋代私家藏书概略》一文论述的重点，袁氏以历史时序分阶段对其进行介绍和研究。如宋初的江正、王溥、李昉、杨徽之、毕士安等人以及此后的宋敏求，宋仁宗时的应天府王洙父子、邯郸李淑父子，此外还有亳州祁氏、鄱阳吴氏、荆州田氏、濡滇秦氏、历阳沈氏、大梁蔡氏等均为当时著名的藏书家。皇祐以降，士大夫中著名的藏书家还有司马光、李常及刘恕。元祐以后，晁说之及贺铸等人不但富有藏书，而且精于校雠，"靖康之变，海内俶扰，中秘所藏，与士大夫之家，悉为乌有。高宗南渡，北方为金、元所蹂躏，南方亦多士气之不振。文学凋零，图籍散佚，藏书者寥寥可数。惟叶梦得（字少蕴，吴县人，1077—1148）少年贵盛，平生好读书，逾十万卷，置之雪川弁山山

---

① 潘美月：《宋代藏书家对图书文献之搜集、整理与利用》，载《宋代文化研究》（第十七辑），四川大学出版社 2009 年版，第 37 页。

② 周少川：《藏书与文化——古代私家藏书文化研究》，北京师范大学出版社 1999 年版，第 35 页。

居，建书楼以贮之，极为华焕"①。北宋灭亡后，随着政治文化中心的南移，南方也出现了诸如叶梦得、晁公武等藏书家。南宋藏书家，以越、闽两地最为集中，越地藏书家主要有陆宰、石公弼和诸葛行仁等。闽中由于"不经兵火，故家文籍多赖保存"，藏书之家多集中在莆田，如郑氏（郑樵、郑侨、郑寅）、陈氏、方氏，此外还有漳州吴氏。中兴之后，士大夫藏书家中当推尤袤和陈振孙。宋朝末年，江南地区又出现了许棐和周密等藏书家。对于两宋时期的这些藏书家，袁同礼都进行了详细周密的考证，引用古籍文献多达数十部且一一注明其出处，可谓字字珠玑，由此可见其治学之严谨与学识之渊博。通过对宋代藏书家的个人生平及在图书文献的搜辑、整理、分类、编目、利用及归宿等方面的研究，袁氏也表达了自己的思想和观点，其中不乏精辟之论。如称晁公武为"宋以来著录家之祖"②。对郑樵《通志·校雠略》的评价："南宋诸儒，大抵崇义理而疏考证，樵撰《通志》以博洽闻于时，其《校雠略》尤为精心之作。虽不无武断之处，然其论类例，论亡书，论求书，皆典籍中之经济，至今尤可奉为圭臬也。"③ 袁氏还认为尤袤"书目（《海山仙馆》本、《常州先哲遗书》本）兼载数本，开版本学之先河"④。对宋代私家藏书整体状况的评价："宋代私家藏书，多手自缮录，故所藏之书，钞本为多……然自雕板流行，得书较易，直接影响于私家藏书者亦甚巨……北宋藏书家多在四川、江西，南宋藏书家多在浙江、福建。"⑤ 这些观点大多得

---

① 袁同礼：《宋代私家藏书概略》，载李希泌、张椒华编《中国古代藏书与近代图书馆史料》（春秋至五四前后），中华书局 1982 年版，第 410 页。

② 袁同礼：《宋代私家藏书概略》，载李希泌、张椒华编《中国古代藏书与近代图书馆史料》（春秋至五四前后），中华书局 1982 年版，第 411 页。

③ 袁同礼：《宋代私家藏书概略》，载李希泌、张椒华编《中国古代藏书与近代图书馆史料》（春秋至五四前后），中华书局 1982 年版，第 412 页。

④ 袁同礼：《宋代私家藏书概略》，载李希泌、张椒华编《中国古代藏书与近代图书馆史料》（春秋至五四前后），中华书局 1982 年版，第 412 页。

⑤ 袁同礼：《宋代私家藏书概略》，载李希泌、张椒华编《中国古代藏书与近代图书馆史料》（春秋至五四前后），中华书局 1982 年版，第 413 页。

到后世学者的认可并在学术界产生越来越大的影响。此外，袁氏在该文中还引用了一些典故，[①] 增加了其趣味性与可读性，避免了多数学术文章的枯燥与晦涩。

明代是中国古代藏书史上又一个重要发展阶段。在这一时期，不仅私人藏书家大量涌现，而且藏书数量不断增多，规模日益扩大，甚至"超过了官府藏书"[②]。藏书家们在抄书、刻书、校书、著书过程中，促进典籍保护和文化传播，为中华民族的文化传承做出了重要贡献，同时为后来清代"私家藏书事业的鼎盛奠定了基础"[③]。袁同礼对明代私家藏书也有深入的研究，在其《明代私家藏书概略》一文中，袁氏首先对明代的学风及私家藏书的总体情况进行了阐述，他说："明代自姚江倡致良之说，学者渐忽读诵之功，学术空疏，风气堕落，学者束书不观，猖狂自肆，虚伪之习，靡然全国。然二百年间，颇多缥缃之贮，对于空疏之习，多所纠正。而且嘉靖以降，海宇平定，私家藏书，极称一时风尚，是不可不为之记。"[④] 接下来袁氏对明代私人藏书情况分别进行论述，他认为明代私家藏书，"当以诸藩为最富"，而诸藩之中首推周、晋二府。诸藩之外，则有金华宋濂，"聚书数万卷"。此外浦江、昆山、太仓、长洲分别有郑潪（仲养）、叶盛（与中）、陆容（文量）、吴宽（原博）等著名藏书家。宪宗朝之后，藏书之风更加盛行，苏州有朱存理（性甫）、杨循吉（君谦）、都穆（元敬）、文璧（徵明）等人；华亭有徐献忠（伯臣）、何良俊（元朗）等；上海有陆深（子渊）及黄标（良玉），以

---

① 如引用《遂初堂书目跋》和杨万里《益斋藏书目序》中李寿所言，谓"延之（尤袤字延之）于书靡不观，观书靡不记，每公退则闭门谢客，日计手钞若干古书，其子弟及诸女亦钞书。一日，谓予曰：吾所钞书，今若干卷，将汇而目之，饥读之以当肉，寒读之以当裘，贫贱读之以当友，孤寂而读之以当友朋，幽忧而读之以当金石琴瑟也"。此段文字描述惟妙惟肖，将尤袤藏书心态较为形象地表达出来，增强了文章的感染力和可读性，令人兴趣盎然。

② 康芬：《明代私家藏书特点试析》，《江西图书馆学刊》2001 年第 4 期。

③ 周少川：《藏书与文化——古代私家藏书文化研究》，北京师范大学出版社 1999 年版，第 64—65 页。

④ 袁同礼：《明代私家藏书概略》，载李希泌、张椒华编《中国古代藏书与近代图书馆史料》（春秋至五四前后），中华书局 1982 年版，第 414 页。

上"诸人藏书之地,俱未出江苏之境者也"。嘉靖、隆庆年间,"天下承平,学者出其绪余,以藏书相夸尚,浙江与江苏乃互相颉颃"。武进唐顺之、太仓王世贞、长洲钱榖、海虞杨仪、归安茅坤、乌程沈节甫、嘉兴项元汴、宁波范钦等"均富收藏,开清代私家藏书之端绪焉"。① 万历以降,巨儒宿学,"亟亟以搜罗典籍为务",其中最著名者为焦竑、李鹗翀、钱谦益、朱承爵,他们皆"晚明江阴之藏书家也"。此外,陈继儒、王圻、施大经、宋懋澄、俞汝辑等人"均为万历间沪上藏书之富者"。在江南地区,这一时期还出现了一些著名的藏书楼,如赵琦美的脉望馆、钱谦益的绛云楼,以及毛晋的汲古阁,"均以藏书雄视于东南"②。此外还有山阴祁氏澹生堂、余姚纽氏世学堂、黄氏续钞堂,均以藏书丰富闻名于时。晚明万历以降,福建亦是藏书家之重镇,其中最为著名的是连江陈第。在明代武人中也有一些藏书家,如陈第和涿州高儒等人。此外,陈遑、马森、林懋和、谢肇淛等人亦颇好藏书,然"捐馆未几,书尽散亡"。有明一代,相对于南方,北方藏书家较少。嘉隆年间,濮州有李廷相,开州有晁瑮,涿州有高儒,章丘有李开先。天启之后,顺天有孙承泽,真定有梁清标,祥符有周亮工。在这些藏书家中,以章丘李开先为冠,"开先藏书之富,甲于齐东,然经百余年后,散逸无遗。西亭王孙得其大半,余则归于徐乾学及毛扆"。最后,袁同礼对明代私家藏书进行了总结和概括,"明人好钞书,颇重手钞本。藏书家均手自缮录,至老不厌。每以身心性命,托于残编断简之中。而兵火迭侵,一生辛勤之力,顷刻云散者,亦数见不鲜。岂天地菁英,有聚必散耶? 抑当时缺乏公共收藏机关,有以使之然耶? 吾人记其概略,益因之而有感矣"③。

---

① 袁同礼:《明代私家藏书概略》,载李希泌、张椒华编《中国古代藏书与近代图书馆史料》(春秋至五四前后),中华书局1982年版,第415页。

② 袁同礼:《明代私家藏书概略》,载李希泌、张椒华编《中国古代藏书与近代图书馆史料》(春秋至五四前后),中华书局1982年版,第417页。

③ 袁同礼:《明代私家藏书概略》,载李希泌、张椒华编《中国古代藏书与近代图书馆史料》(春秋至五四前后),中华书局1982年版,第420页。

　　清代的藏书事业蔚为大观，"就私家藏书的数量而论，当推各代首位；就质量而言，更是集中国古代典籍之大成"①。清代私家藏书事业之所以如此发达，原因固然有很多，但清代的学术发展尤其是朴学发展应是其中不可忽视的重要因素。②袁同礼在《清代私家藏书概略》对此也有论及，"清代私家藏书之盛，超逸前代，其故果何在乎？简言之，则对于晚明理学一反动也。明代学术界虚伪之习，靡然全国。所刻之书，或沿袭旧讹，或窜改原文，昔人谓明人刻书而书亡，盖有由矣。嘉靖以前，风尚近古，时有佳本。万历以后，风气渐变，流弊极于晚季。流弊既多，故有反动。反动之动机，一言蔽之，曰恢复古书之旧而已。有清学者，以实事求是为学鹄，力矫颓风，或广搜善本，亲手校勘，或翻刻孤本，以广流传。故校雠簿录之学，绝胜前代，而丛书之盛，卓越千古，俨然与类书对抗焉。反动之初期，虽断断于求真，而循是以往，流泽益衍，直接影响于藏书者甚巨"③。学术的发展自有其独特的规律，从历史的长时段观察，梁启超提出了学术思潮的"反动"之说④，袁同礼在这里重新提出显然有承袭梁启超之意。但以学术发展来论证藏书之盛则似袁氏首创，从而将"治学"与"治书"二者紧密联系起来。袁氏认为，明代藏书楼中"岿然独存而又影响于清代藏书者，则范氏天一阁及毛氏汲

　　①　谢灼华：《清代私家藏书的发展》，《图书情报知识》2000 年第 1 期。类似的表述还有："清代乃中国古代私家藏书最为兴盛的时期，无论是数量还是质量，都是前所未有的。"（陈东辉：《清代私家藏书与学术发展之互动关系》，《文献》2003 年第 4 期）"据粗略统计，有藏书事迹记载的清代以前的藏书家将近两千人，而有清一代，就有藏书家两千一百人左右，超过了其前历代之总和。清代仅藏书在万卷以上的藏家，就有五百四十多家。其中藏书业绩卓著、贡献突出，因藏书而名诸后世的著名藏书大家就有不下百人。"（李万健：《清代藏书家及其书目》，《图书馆工作与研究》2010 年第 1 期）据范凤书在《中国私家藏书史》（大象出版社 2001 年版）一书中的统计，有清一代确有文献记载藏书事实者，共计 2082 人，超过了此前历代藏书家的总和。由此可见，清代是我国私家藏书业的鼎盛时期。

　　②　现代学者认为，"清代私家藏书与学术发展存在着互为因果、互相促进的互动关系"。（陈东辉：《清代私家藏书与学术发展之互动关系》，《文献》2003 年第 4 期）

　　③　袁同礼：《清代私家藏书概略》，载李希泌、张椒华编《中国古代藏书与近代图书馆史料》（春秋至五四前后），中华书局 1982 年版，第 420 页。

　　④　可参考梁启超《清代学术概论》，上海古籍出版社 1998 年版，第 1—12 页。

古阁二家而已"①。明清之交，虞山藏书家除毛氏外，尚有钱氏绛云楼、钱氏述古堂。此外还有金陵黄氏千顷堂、昆山徐氏传是堂、禾中曹氏倦圃、秀水朱氏曝书亭、仁和赵氏小山堂、钱塘吴氏瓶花斋，"均著闻于一时"。清代乾隆以降，"海宇平定，学者得有余裕以自属于学。既矫晚明刻书之陋，乃博征善本以校雠之，而校勘学又彪然成一专门学"。卢文弨、顾千里、孙星衍等均成就斐然，而此数人，"又以藏书相夸尚"②。在乾嘉大藏书家中，以吴县黄丕烈为巨擘，此外还有长沙周仲连（锡瓒）、元和顾抱冲（之逵）、吴县袁又恺（延梼）藏书尤多，并称为四大藏书家。这一时期的藏书家还有海昌吴槎客（骞）及陈仲鱼（鳣）、常熟陈子准（揆）及张若云（海鹏）、福州陈兰麟（徵芝）。道光末年，著名藏书家有上海郁万枝（松年），其"善搜罗典籍，复饶于财，梯航所至，访求不遗余力，尽收艺芸书舍、水月亭、小读书堆、五研楼之藏。全国精华，集于沪渎，俨然乾嘉时之黄荛圃（丕烈）也"。太平天国起义，江南图书遭受灭顶之灾，其所残剩者归于聊城杨氏海源阁和常熟瞿氏铁琴铜剑楼；而当时东南士大夫以藏书闻于海内者有仁和朱学勤、丰顺丁日昌、长沙袁芳瑛。同治初年，"宜稼堂之书，散失殆尽，所收艺芸书舍之藏，归于海源阁，其他宋元旧椠名抄精校，归于持静宅，其余精帙，俱归陆氏皕宋楼。而持静宅之书，旋复分散，今归涵芬楼及日本，结一庐之书，今归丰润张氏，卧雪庐之书，于光绪壬申散出，今归德化李氏"③。此一时期，陆氏皕宋楼与常熟瞿氏铁琴铜剑楼、聊城杨氏海源阁、钱塘丁氏八千卷楼并称"四大藏书楼"，"足与乾嘉之黄、周、顾、袁相辉映"。光绪中叶之后的藏书家有吴县潘伯寅（祖荫）、常熟翁叔平（同龢）、

---

① 袁同礼：《清代私家藏书概略》，载李希泌、张椒华编《中国古代藏书与近代图书馆史料》（春秋至五四前后），中华书局 1982 年版，第 420—421 页。

② 袁同礼：《清代私家藏书概略》，载李希泌、张椒华编《中国古代藏书与近代图书馆史料》（春秋至五四前后），中华书局 1982 年版，第 423 页。

③ 袁同礼：《清代私家藏书概略》，载李希泌、张椒华编《中国古代藏书与近代图书馆史料》（春秋至五四前后），中华书局 1982 年版，第 425 页。

宗室盛伯希（昱）、江阴缪筱珊（荃孙）、湘潭袁漱六（芳瑛）、元和江建霞（标），"百宋千元，相与竞美"。此后的藏书家有江安傅增湘、武进董康、德化李盛铎、长沙叶德辉、乌程张均衡、上元邓邦述，"均足与瞿、杨之藏相发明"。袁氏通过对清代藏书家藏书状况的研究，总结出治学与藏书之间的关系，即如他所言，"有清一代藏书，几为江浙所独占，考证之学，盛于江南者，盖以此也"。同时还以清代书籍之厄呼吁建立现代图书馆。① 作为民国时期中西会通的著名图书馆学家，袁氏从事中国古代私家藏书史的研究，显示了其学以致用的治学之道和浓郁的现实关怀。他以中西方藏书之间的差异及学术与藏书之间的关系呼吁建立现代图书馆，对于现代图书馆在民国时期的出现，发挥了积极的促进作用。

袁同礼关于中国古代私家藏书史的研究，虽然略显粗疏，但却大致勾勒了宋、明、清三代私家藏书发展的线索，为后世学者从事此方面的研究奠定了良好的基础，其筚路蓝缕的开拓之功不容忽视。袁氏的私家藏书系列研究论文，资料翔实，考证严密，是关于中国古代藏书史研究的经典之作。

## 二 陈登原《古今典籍聚散考》

陈登原（1900—1975）②，原名登元，字伯瀛，浙江余姚（今慈溪）人。1921 年考入东南大学历史系，毕业后先后任教于东南大学、

---

① 袁氏说："明刻臆改错讹，妄删旧注，清儒苦之，遂宝宋本。而丧乱之余，古书多毁于火……后世研究书史者，亦无所稽考，此亦清代藏书家之普遍现象也……全国缺乏公共收藏机关，实学术不发达之主要原因。此则愿今之服务典籍者，以有力矫之矣。"［袁同礼：《清代私家藏书概略》，载李希泌、张椒华编《中国古代藏书与近代图书馆史料》（春秋至五四前后），中华书局 1982 年版，第 426 页］

② 陈登原生卒年均有两说：生年一说为 1899 年，一说为 1900 年；卒年一说为 1974 年，一说为 1975 年。范凡认为，陈登原"生于 1900 年 1 月 29 日，1975 年 1 月 7 日病逝"（范凡：《陈登原及其文献学论著》，《图书情报工作》2006 年第 2 期）。若范凡所说为公历 1900—1975，则阴历应为 1899—1974。由此可知，郭海清《陈登原学术研究》（硕士学位论文，华东师范大学，2005 年）采用（1899—1975）说似将公历农历混为一谈，显然为误。

金陵大学，1935 年升任教授。后历任杭州之江大学、广州中山大学教授，20 世纪 50 年代后任西北大学教授。毕生从事教育和学术研究，长于文献学和史学，著述达数十种，总字数不下千万①，主要有《天一阁藏书考》《中国土地制度》《中国文化史》《古今典籍聚散考》《中国田赋史》等。

《古今典籍聚散考》，又名《艺林四劫》②，撰成于 1932 年 10月③。1936 年 1 月由商务印书馆出版，同年 5 月再版。其后该书多次重印，充分说明其在学术界无可替代的学术地位和学术价值。为此，现代学者也给予了较高评价，如谢灼华认为《古今典籍聚散考》是"中国文献史研究的滥觞"④；王余光认为，该书是 20 世纪初主要的文献史研究著作之一⑤。

在该书的"凡例"部分，陈氏对《古今典籍聚散考》的主要内容及编纂原则进行了说明。对于其内容，他说："本书叙述古今典籍聚散之由，而以各事分隶四厄，一曰政治，二曰兵燹，三曰藏弃，四曰人事。"⑥ 将聚散之故分为四种，是陈氏在继承前人学说基础上的创新。对此，陈氏进行了较为详细的阐述。他首先分析了历史上学者们（如牛弘、封演、洪迈、周密、胡元瑞）关于书籍散亡的相关论述，然后做了进一步的归纳和总结，他说："综观前言，历征聚散，其故可分为四：秦之焚书，群经淆乱，则独夫之淫威也；永嘉之乱，荡析无遗，则兵燹之结果也。此牛弘、封演所言者也。杨文庄、毕文

---

① 周锦泉：《陈登原生前点滴事》，载政协慈溪市文史资料委员会编《慈溪文史》（第三辑），第 68 页。

② 陈登原有言："兹编所述，以书之聚散为经，而以年事为纬。其在聚散之际，艺林故事，足资兴怀，亦如采录。因颜吾书，曰《艺林四劫》，又名为《古今典籍聚散考》云。"（陈登原：《古今典籍聚散考》，华东师范大学出版社 2010 年版，第 14 页）

③ 该书的"凡例"中注有"民国二十一年十月，余姚陈登原记"（陈登原：《古今典籍聚散考》，华东师范大学出版社 2010 年版，"凡例"第 2 页）。由此可知，该书撰成于 1932 年 10 月。

④ 谢灼华、朱宁：《20 年来我国文献学理论研究综述（1978—1998）》，《津图学刊》1999年第 3 期。

⑤ 王余光：《20 世纪中国文献学研究综论》，《图书情报工作》2002 年第 11 期。

⑥ 陈登原：《古今典籍聚散考》，华东师范大学出版社 2010 年版，"凡例"第 1 页。

简之书，一夕化为灰烬；晁以道之书，火亦告谴，则自然之人事不臧
也。此洪迈所增言者也，至如先世藏书，不善保存，遭时多故，不免
散佚，收藏家之子孙，不能维护勿坠，则收藏之困厄也。此周密所增
言者也。聚散之故，可得论矣。"① 此外，陈氏这一观点的另一理论
依据则是谢肇淛《文海披沙》卷六《物聚必散》中的相关论述②，对
此，陈氏毫不讳言。他认为，谢肇淛之言虽与其他学者所论不同，但
对书画器具之聚散，皆扼腕叹息、痛心不已。对于牛弘"五厄"说
和胡应麟"十厄"说，陈氏也表达了自己的看法，"以今论之，牛弘
言书有五厄，如弘所记，古往今来，何可胜计？数决不止五，亦不必
如胡元瑞之足成十厄也"。在综合多家学说的基础上，陈氏强调，
"若以性质相近，比属而论，默推典籍聚散之故，盖以一则受厄于独
夫之独断而成其聚散；二则受厄于人事之不臧而成其聚散；三则受厄
于兵匪之扰乱而成其聚散；四则受厄于藏弄者之鲜克有终而成其聚
散"③。在该书中，"政治卷"即"志典籍之受厄于独夫之专断"；"兵
燹卷"即"志典籍之受厄于兵匪之莅临"；"藏弄卷"即"收藏卷"，
主要叙述"历代藏弄家之聚书，及其散书"，而叙述之结果，则基于
"藏书者之鲜克有终，故典籍反受其厄"，本卷所述各代大藏书家，除
散见于他卷者外，"言其散必志其聚，论其始亦详其终，略存私人藏书
略史之意也"；"人事卷"即"志典籍之以人谋不臧而聚散也"，他还
特别指出，某些典籍的散逸，直接原因固然可归为自然灾害的发生如
水火等，但最终原因仍是人事的不作为，"盖文献所聚，昔人以为造物

---

① 陈登原：《古今典籍聚散考》，华东师范大学出版社 2010 年版，第 14 页。
② 谢肇淛《文海披沙》卷六《物聚必散》云："大凡尤物，聚极必散。毋论货财，即书画
器具，裒集甚难，而其究也，或厄于水火，或遘于兵燹，或败坏于不肖子孙，或攘夺于有力豪
势。如隋嘉则之书籍，宋宣和之玩好，李卫公平泉之木石，赵明诚校雠之书刻，以四海之物力，
毕世之精神，而一旦澌灭，无复子遗。"（转引自陈登原《古今典籍聚散考》，华东师范大学出版
社 2010 年版，第 14 页），上述四说可分别对应于陈氏"聚散之故"四种，即人事、兵燹、藏弄
和政治。
③ 陈登原：《古今典籍聚散考》，华东师范大学出版社 2010 年版，第 14 页。

所妒，即指水火之荐临也。然揆之于事，水火之劫盖非由于灾异，而实由于人事之不修"[1]。作为历史学家的陈登原不仅对历史上的文献聚散进行了仔细梳理和认真考证，而且还有浓郁的现实关怀和强烈的时代责任感。[2] 在论述了文献"四劫"之后，针对民国时期的藏书情况，陈氏提出了三条建议：一曰孤本罕笈急待印行；二曰遗著稿本急待收拾；三曰藏书家应有高度的自觉意识。陈氏认为，虽然民国政府颁布有保护古籍之法令，在一定程度上可以避免历史上出现的人存书存、人亡书亡之现象。但"人爱其私，人恋其藏，要非国家功令所能深入"[3]。为此，他倡议藏书家效仿梁启超将藏书归之于公，或者以廉价的方式"售之于公家图书馆"而保留以为后人"阅读之便利"[4]。

关于本书的编纂体例，陈氏有言，"史实之编排，以事为经，以时为纬"，如"人事卷"中，以火厄为聚散之大故，因另辟一类。其历来火厄之灾及典籍，则依时代之先后编入。[5] 在编排的原则方面，陈氏提出四条：一曰贵因。如清修《四库全书》，政治作用是主因，故凡关于《四库全书》编修背景、经过及其流传和今日之状况，悉入《政治卷》中。二曰贵果。若聚书之因查无可考者，而其散书之"果"确有可征者，则以"果"为准进行归类。如《永乐大典》，确以八国联军入侵而流离失所，故将《永乐大典》之始末，全部归入《兵燹卷》中。三曰贵今。陈氏认为，"史家所记，往往乐于道古而忽于述今"，而《古今典籍聚散考》一书则"爰反其例"，对近世与典籍相关之事均记之，如浙江之修复文澜阁、山东海源阁之遭劫、上

---

① 陈登原：《古今典籍聚散考》，华东师范大学出版社 2010 年版，第 15—20 页。

② 正如他说言，"盖历史之学，贵在明往知来，促人反省，故语曰前事之覆，后事之师。本书虽专为记载聚散而著，然于当日典籍之盛，及其所以衰落之故，亦未敢忽。盖前者所以资鉴戒，后者所以动眷恋，必有鉴戒而后知家国文献之可贵，有眷恋而知文献难征之可悲，竟若相反，而实相成，故曰'聚散'也。"（陈登原：《古今典籍聚散考》，华东师范大学出版社 2010 年版，第 15 页）

③ 陈登原：《古今典籍聚散考》，华东师范大学出版社 2010 年版，第 21 页。

④ 陈登原：《古今典籍聚散考》，华东师范大学出版社 2010 年版，第 380 页。

⑤ 陈登原：《古今典籍聚散考》，华东师范大学出版社 2010 年版，"凡例"第 1 页。

海图书馆之焚毁。四曰辩证。作为一个严谨的历史学家，陈氏以恢复历史真实为己任，他不盲从，不独断，考证史事则"引各家之说，推求其故，明其究竟，以符考实之意"。对于不能以类收入者，则随事附记，如论藏书家之后世子孙，语及阮元修《曝书亭诗》，则以曝书亭来由附焉；论二老阁之火，则举二老阁来由附焉。① 陈氏的这种"以事为经，以时为纬"的编排体例，难免给人以割裂之感，如将《四库全书》列"政治卷"，《永乐大典》列"兵燹卷"，皕宋楼列"藏弄卷"，而绛云楼则列"人事卷"。对此，陈氏有明确的认知。为更好地方便读者阅读，避免"可议之处"，陈氏"特制索引以当书后"，"索引既成，检阅自易"。如"海源阁之一志于卷二，再志于卷三者，集斑而观，可观全豹，前后可以比属矣"②。但陈氏所提"索引"，各版本均未见附③，是陈氏之未做抑或出版之疏忽，不得而知。但瑕不掩瑜，陈氏《古今典籍聚散考》在藏书史和文献学史上的地位却是毋庸置疑的。

陈氏《古今典籍聚散考》一书系全面研究中国藏书史上典籍图书散佚、毁失现象的著作，也是陈氏文献学研究的集大成之作，被誉为"中国藏书史上第一部史论结合的专著"。陈氏提出的"解决典籍聚散的方案，均体现出作者神圣的历史责任感"。今天我们重读此书，依然可以"感受到其中蕴含的深刻理论意义和强烈的现实意义"④。

除此之外，关于民国时期典藏学的理论著述还有觉迷《铁琴铜剑楼藏书》（1913）、洪有丰《清代藏书家考》系列论文（1926—1927）、聂光南《山西藏书考》（1928）、王献唐《海源阁藏书之损失与善后处理》（1931）、陈登原《天一阁藏书考》（1932）、何多源《广东藏书家考》（1933）、赵万里《重整范氏天一阁藏书记略》

---

① 陈登原：《古今典籍聚散考》，华东师范大学出版社 2010 年版，"凡例"第 2 页。
② 陈登原：《古今典籍聚散考》，华东师范大学出版社 2010 年版，第 21 页。
③ 陈登原：《古今典籍聚散考》，华东师范大学出版社 2010 年版，"凡例"第 2 页。
④ 范凡：《陈登原及其文献学论著》，《图书情报工作》2006 年第 2 期。

（1934）等，限于篇幅，兹不一一列举。①

# 第二节　年代学

年代学，又称历史年代学，是"考索历史事件和历史文献等的年代的学科"。在历史研究和文献研究中，年代学发挥了重要作用，因此多数学者认为其为"历史学的辅助学科"。② 同时，年代学的研究还是"历史文献学研究的主要课题"③。年代学最基础的概念是纪年和历法，这两个概念可以看作年代学研究的基础和标准。年代学对于历史学来说，其重要性不言而喻。因此，作为历史学辅助学科的年代学，历来为中外史家所重视。

民国时期对历史年代学做出重大贡献的是史学家陈垣，他先后编著有《中西回史日历》和《二十史朔闰表》等年表，这些年表至今仍是人们考索历史年代不可或缺的重要工具书。陈垣早年致力于外来宗教研究，在研究中经常遇到宗教历史事件发生的时间问题，因当时没有正确的日历对照工具书，各书记载参差纷乱，陈垣认为编制中西回史日历可以给历史学研究和中外文化交流研究带来极大便利，于是决心编撰一本中西回史日历，正如他自己在该书叙中所说："民国纪元以前，中西历法不同。西历岁首恒在中历岁暮。少者差十余日，多者差五十余日。今普通年表多只为中西年之比照，而月日阙焉。据此计年，中西历恒有一岁之差异。"④ 为了更为深入详细地阐述这一问

---

① 其他关于民国时期典藏学方面的学术论文可参阅李希泌、张椒华编《中国古代藏书与近代图书馆史料》（春秋至五四前后），中华书局1982年版，第428—502页。

② 吴泽、杨翼骧主编：《中国历史大辞典·史学史卷》，上海辞书出版社1983年版，第161页。

③ 白寿彝：《要继承这份遗产——纪念陈援庵先生诞生一百周年》，载陈智超编《励耘书屋问学记》（增订本），生活·读书·新知三联书店2006年版，第106—107页。

④ 陈垣：《中西回史日历叙》，载《二十史朔闰表（附西历回历）》，古籍出版社1956年版，第237页。

题，陈垣还以诸多例证进行说明，例如施闰章之生年，在明万历四十六年，据普通年表为西历之 1618 年，此亦无误。但施闰章之生日在中历十一月廿一日，若以西历推算，当为 1619 年 1 月 6 日。在上述具体事例的基础上，陈垣进行了总结，"泰西名人之生卒在岁一二月者，以中历纪之，恒为前一年之十一二月"①。因此，要想对历史人物生卒年和历史事件时间在中历和西历之间进行准确的换算，必须"有精密之中西长历为工具不可"。在对中历和西历进行比较之后，他还对中西历与回历进行了对比，"西历如此，回历尤甚。中西历每年鳞接之际，虽时有一年之误计，然积年尚大体无异。回历则以不置闰月之故，岁首无定。积三十二三年即与中历差一年，积百年即与中西历差三年"②。为此，陈垣同样以史书中的材料进行具体说明，"《明史·历志》谓回回历起西域阿喇必年，下至洪武甲子七百八十六年，本无误也。然按中历上推七八六年，谓其历元为隋开皇己未，则大误。若按回历上推七八六年，则实为唐武德五年壬午……又如《册府元龟》卷九九九，载唐开元七年二月康国王诉大食侵略。其表有曰：'大食只合一百年强盛，今年合满。'此指回回历也。若照中历由唐武德五年计至开元七年，只九十七年耳。不有中回长历，于此等史料何由解释之？又如《长春西游记》，纪长春于辛巳岁至塞蓝城。十一月四日土人以为年，旁午相贺。此回历六一八年十月回教开斋大节也，非年也。不有中回长历，何以知其误会之由？此尤为研究中西交通史及西域史者所亟需之工具也"③。正是基于这样的考虑，在较长时间酝酿的基础上，结合自己平日读书和写作积累的材料，从 1922 年起，陈垣曾先后制订了《回历岁首表》《中历西历岁首表》

　　① 陈垣：《中西回史日历叙》，载《二十史朔闰表（附西历回历）》，古籍出版社 1956 年版，第 237 页。
　　② 陈垣：《中西回史日历叙》，载《二十史朔闰表（附西历回历）》，古籍出版社 1956 年版，第 237 页。
　　③ 陈垣：《中西回史日历叙》，载《二十史朔闰表（附西历回历）》，古籍出版社 1956 年版，第 237—238 页。

《二十史朔闰表》等图表。1926 年，他将这些图表加以综合增补修订，以《陈氏中西回史日历》为题定稿付梓，先以陈垣书斋名"励耘书屋"的名义初版。后交由北京大学研究所国学门出版。中华人民共和国成立之后，1956 年北京古籍出版社影印再版，1962 年经陈垣修订增补后，由中华书局再次出版。

《中西回史日历》的编制表达了陈垣的学术理想和学术抱负，他认为中国史学学术研究的水平，应该走在世界的前列。对于当时国内回历的研究水平和学术状况，陈垣也表达了自己的不满和遗憾，"夫日本民族，固无回族也。然四十五年前，日人已注意及此。吾国号称有回教徒若干万，有明一代，参用回回历法者又二百六十余年。而中回历比照年表，从未之见。年表且无，何有日表？故至今言回教者，犹时循《明史》以来之误，谓回历始于隋开皇己未。古今史实之谬，罕有如是之甚者也。海通而后，市上有所谓中西月份牌。汉回错杂之区，又有所谓西域斋期单。固中西回日表也。然皆一年一易，旋即废弃，无裨于考史……余之不惮烦，亦期为考史之助云尔，岂敢言历哉"①。他还曾不止一次地告诫他的学生，要把汉学研究中心夺回中国，夺回北京。② 陈垣的学生柴德赓回忆说，援庵老师"深以中国史学不发达为憾"③。《中西回史日历》的编制体现了陈垣甘为人梯、不甘落后、学术报国的学术情怀和学术品质，这种精神也对他的学生起到了潜移默化的作用，正如郑天挺所说："直到今天，我仍喜欢说，我们要努力，要使中国学问的研究水平，走在世界水平前面，实在是重申陈老（陈垣）遗教。"④

---

① 陈垣：《中西回史日历叙》，载《二十史朔闰表（附西历回历）》，古籍出版社 1956 年版，第 239 页。

② 郑天挺：《深切怀念陈援庵先生》，载《励耘书屋问学记》（增订本），生活·读书·新知三联书店 2006 年版，第 14 页。

③ 柴德赓：《我的老师——陈垣先生》，《文献》1980 年第 2 期。

④ 郑天挺：《深切怀念陈援庵先生》，载《励耘书屋问学记》（增订本），生活·读书·新知三联书店 2006 年版，第 15 页。

　　《二十史朔闰表》是《中西回史日历》的压缩本，正如陈垣所说："始吾欲为中西二千年日历，曾先将中史二千年朔闰考定。迨中西回史日历告成，凡二十卷，卷帙较繁，一时不能付印。而朋辈索观及借钞者众，故特将中史朔闰表先付影印，而西历、回历亦附见焉。"① 这两书"繁简不同"，可以"互相为用"。在《二十史朔闰表》例言中，陈垣对前代学者的历法著述进行了系统研究并提出了自己的看法，他说："秦以前历法无考，汪曰桢为《历代长术辑要》，起周共和，然鲁隐以后与《春秋》不合，非史实也。顾栋高仿杜氏《长历》为《春秋朔闰表》，与《春秋》合矣，然与推算不符，亦不足征信。惟《通鉴目录》载宋刘义叟《长历》，断自汉高元年，今从之。""清《万年书》每朝例预推二百年，然预推之朔日，后来每有改定。今悉以当年颁行之《时宪书》为主，不以《万年书》预推之月朔为主。幸故宫图书馆历年《时宪书》尚存，可供参校。"② 《二十史朔闰表》的编制参考了众多前人的研究成果，如刘义叟《长历》、耶律俨《辽宋闰朔考》等，"刘氏《长历》止于五代，续之者有耶律俨《辽宋闰朔考》，载于《辽史·历象志》。南宋、辽、金、元有钱侗《四史朔闰考》，明以来有汪氏《长术》，清有《万年书》，今表即根据诸书，参以各史纪志，正其讹误，终于清宣统三年，为旧历作一总结"③。

　　接下来陈垣结合中西回历三者的不同特点用较大篇幅阐述了《二十史朔闰表》的编制原则。他指出，西历的前身，始于罗马共和国独裁官儒略，以罗马七〇九年一月一日实行，即耶稣纪元前四十五年，汉元帝初元三年十一月二十九日。儒略历原定每四年一闰，即逢中历子、辰、申年为闰年。平年三百六十五天，闰年三百六十六天。儒略历每月天数，原定一、三、五、七、九、十一月各三十一天，四、六、八、十、十二月各三十天，二月平年二十九天，闰年三十

---

① 陈垣：《二十史朔闰表（附西历回历）》，古籍出版社1956年版，"例言"第1页。
② 陈垣：《二十史朔闰表（附西历回历）》，古籍出版社1956年版，"例言"第1页。
③ 陈垣：《二十史朔闰表（附西历回历）》，古籍出版社1956年版，"例言"第1页。

天。全年平年三百六十五天，闰年三百六十六天。但儒略历实行以后，误为每三年一闰，积三十六年应闰九日者，已闰十二日。奥古斯都觉察其误，于是下令连续十二年不置闰，并改定每月日数一、三、五、七、八、十、十二月各三十一天，四、六、九、十、十一月各三十天，二月平年二十八天，闰年二十九天，此为奥古斯都修正之儒略历，亦称旧历。至一五八二年，教皇格里高利十三世又觉历法不合，再次商议修订历法。以该年十月五日为十五日，中间消去十日，并定逢百之年不闰，逢四百年仍闰，是为格勒哥里历，又称新历。儒略历制订以前，历法纷乱不可记。儒略改历以后，因误置闰者三十余年，不置闰者又十余年，每月日数又与后来历法不同，故陈垣在编制《二十史朔闰表》时，自耶稣元年始，一五八二年以前用旧历，一五八二年以后用新历。"新历虽较旧历精密，然一五八二年以前，旧历却为史实也。"① 西历在欧洲各国实行的情况也不尽相同，"泰西各国采用新历，先后不同。大抵天主教各国采用最先，至一千七百年耶稣教各国始用之，一七五二年英国始用之，一九一八年俄国始用之。今我国所用者即格勒哥里历，日本则一八七三年已采用之也"②。他还指出，以耶稣降生之岁纪元，本起于五二七年罗马教士之推定。"今表于罗马未亡以前，并记罗马纪年。又耶稣之生，实在今纪元之前数年，第各国沿用已久，不便更正，故仍之耳。"③

回历系纯太阳历，与中西历都不相同。回历每月的天数固定，单月大尽，各三十天；双月小尽，各二十九天。每隔二三年有一次闰年，逢闰年十二月末加一天，成为三十天。所以回历平年三百五十四天，闰年三百五十五天。因回历不设闰月，每年岁首不定，又无三十一日，故与季节无关。回历和中历对算，每经三十二三年就差一年，即回历每过三十二三年就比中历多一年，每一百年多三年多。如不了

---

① 陈垣：《二十史朔闰表（附西历回历）》，古籍出版社1956年版，"例言"第3页。
② 陈垣：《二十史朔闰表（附西历回历）》，古籍出版社1956年版，"例言"第3页。
③ 陈垣：《二十史朔闰表（附西历回历）》，古籍出版社1956年版，"例言"第3页。

解这种差异，必然会出现很多错误。更因为在《明史·历志》里谈到回历时，说回历"起西域阿喇必年（原注：隋开皇己未），下至洪武甲子，七百八十六年"。洪武甲子是洪武十七年（1384），由这一年按回历上推七百八十六年，是回历纪开始，本来不错。上推七百八十六年应为唐高祖武德五年壬午（622），但《明史》在下面注"隋开皇己未"，这就大错了。隋开皇己未是隋文帝开皇十九年（599），这是因为《明史》作者错误地按中历上推了七百八十六年，则把回历纪元的开始提早了23年。从此，很多人就按着这个错误的推算来计算回历纪元，因此在历史文献典籍上，凡涉及中回历比较时，大多错误。对于历史上改历的情况，陈垣在表中以粗墨线示之，"以明月之地位不移，而月之名称有已改易者"①。

至于中国历史上的改朝换代、列国分立等情况的年号记载，陈垣都一一进行了说明，如"至于两朝递嬗之际，亦用此例。凡前朝未尽覆亡，必著其年号于上，而将新朝年号著于下，如陈之祯明、宋之祥兴、明之永历是也。汪氏《长术》于明万历四十四年即冠以清元，甚所不取，今特矫之"；"又正统闰位之说，今日实无辩论之价值。惟当列国分立之际，本表限于篇幅，不能将诸国年号并列，故只得取史家通例，任择一国列之，而将同时与国之年号分列于下，固无正闰之见存也"；"三国、南北朝朔闰异同，亦以一国为主，其殊异少者记于本年之下，其殊异较多者另为一表，附于卷末"。② 《二十史朔闰表》内容起于汉高祖元年（前206）。自汉平帝元始元年（1）起加入西历，以中历朔闰可求西历年月日；自唐高祖武德五年（622）起加入回历，以回历岁首可求中西历年月日。西历四七六年（刘宋后废帝元徽四年）前，并注明罗马历。"卷末附日曜表，何年起应用何表，以数字识于眉端。"③ 此表以中历为基础，每页十年，分十行，每行一年（以顶上一个干支纪年作为

---

① 陈垣：《二十史朔闰表（附西历回历）》，古籍出版社1956年版，"例言"第1—2页。
② 陈垣：《二十史朔闰表（附西历回历）》，古籍出版社1956年版，"例言"第2页。
③ 陈垣：《二十史朔闰表（附西历回历）》，古籍出版社1956年版，第11页。

一行）。表前还有"年号通检"，将《二十史朔闰表》中的年号以笔画列之，下注西历纪年，极易查寻。

20世纪前半叶，陈垣在前人研究的基础上编制的《中西回史日历》《二十史朔闰表》等各种年表、历表是"中国近代历表编制的创举……使中国近代史学研究由传统走上科学"；"援庵于史学研究所追求的实事求是的精神通过这两部历书的编著，进一步确立起来，并在工具和方法方面赋予近代史学以科学精神"。① 《二十史朔闰表》甫一问世，学术界颇多赞誉，如胡适认为"这是一部'工具'类的书，治史学的人均不可不备一册……给世界治史学的人作一种极有用的工具"②。民国著名学者陈庆年认为《二十史朔闰表》为"史界未有之作"，他致函陈垣说此书有两大功能，即不仅可以解决中外历史上的很多纠纷，而且"可腾耀于外邦也"。他还进一步评论说："把卷细读，惟见其条理分明，朱墨朗然，二千年之历日，一检即得，中西回之比照，方便法门，莫过于是。非我公之精勤卓绝，造诣深邃，曷克臻此。从此嘉惠史林，为功当无伦比，不朽事业，此其选矣。"③

陈垣所著《二十史朔闰表》《中西回史日历》二书并非尽善尽美，④ 但正如刘乃和所说，"这是我国第一次有中西回三历对照的年代工具书，尽管这书还有值得商榷的地方，但半个多世纪以来，这两部书给学者以极大便利"⑤。

---

① 牛润珍：《陈垣学术思想评传》，北京图书馆出版社1999年版，第184页。
② 胡适：《介绍几部新出的史学书》，载《古史辨》（第二册），上海古籍出版社1982年版，第331—333页。
③ 陈庆年1927年致陈垣函，载陈智超编《陈垣来往书信集》（增订本），生活·读书·新知三联书店2010年版，第63页。
④ 邱靖嘉在《〈辽史·历象志〉溯源——兼评晚清以来传统历谱的系统性缺陷》（《中华文史论丛》2012年第4期）指出，"由晚清汪曰桢开始建立、并由陈垣最终奠定的近二百年来通行历谱，存在着两大缺陷：一是推步依据本身存在某些漏洞，二是历谱推算结果缺乏历史文献的校验"。此结论是否成立还有待于进一步研究。
⑤ 刘乃和：《试论陈垣同志的史学研究》，《文献》1980年第3期。

## 第三节　避讳学

避讳学（又称史讳学）是与文献学密切相关的一门学科，[①] 如今在学界已得到较大程度的认同。避讳是中国古代社会特有的一种现象，是专制社会独有的产物。其主要表现即为在著书立说时必须采用改字、空字、缺笔等方式回避君王及尊亲名字。避讳的结果往往人为造成某些人名、地名、事物名以及其他词语的改变，造成书面语言的混乱，给阅读古书增加困难。避讳是社会政治因素影响汉语变化和正常应用的一个重要方面，这种现象在中国由来已久，最早可以追溯到先秦时期，直至辛亥革命才退出历史舞台，在中国延续了两千多年。正是由于避讳现象的长期存在，一些学者开始着力于对这种现象的研究。但直至陈垣《史讳举例》一书的出现，避讳学（或史讳学）才作为近代史学的辅助学科确立了自己的学科地位，避讳学开始受到越来越多学者的重视，从而大大方便了后世学者对文献的阅读、理解、研究和应用。

《史讳举例》撰成于 1928 年 2 月，同年 4 月首次发表于《燕京学报》第 4 期；1934 年陈垣将其收入《励耘书屋丛刻》第 2 集；20 世纪 50 年代，陈垣助手刘乃和对全书引文出处及卷数页码等进行全面检校，1958 年由科学出版社重新排版印行；1963 年中华书局再版；后有台湾文史哲出版社 1987 年版；1996 年 8 月，河北教育出版社出版《中国现代学术经典》丛书之《陈垣卷》，亦将此书收录；1997

---

　　① 除白寿彝的相关论述外，吴怀祺、牛润珍、周少川、张俊燕等均以不同方式表达了这一观点。如吴怀祺《陈垣先生在历史文献学上的贡献》（《史学史研究》1984 年第 1 期）、牛润珍《陈垣学术思想评传》（北京图书馆出版社 1999 年版）第二章"主要著作与学术成就"中的第三节"中国历史文献学研究"、周少川《陈垣的避讳学研究——论〈史讳举例〉的历史文献学价值》[《淮北煤炭师范学院学报》（哲学社会科学版）2006 年第 4 期]、张俊燕《试论陈垣对中国历史文献学的贡献》[《广西师范大学学报》（研究生专辑）1992 年增刊]、肖雪《论陈垣先生的历史文献学思想》（《图书与情报》2004 年第 3 期）等均认为陈垣《史讳举例》为文献学著作。

年上海书店出版社再版；2004 年和 2012 年中华书局分别重新出版。从数家出版社多次再版的现象中，亦可见该书在学术界的地位和价值。其实，早在 20 世纪 20 年代，胡适就曾专为该书撰写书评，认为其"一面是结避讳制度的总账，一面又是把避讳学做成史学的新工具"。20 世纪以来，诸多学者利用《史讳举例》进行古籍整理和史学考证就足以说明该书在学术界所产生的重要影响。

　　在该书自序中，陈垣对"避讳"和"避讳学"进行了严格的区分。① 他不仅对"避讳"一词进行了准确的定义，而且对避讳发展的历史及其出现所产生的问题进行了说明。更为重要的是，陈垣从中发现了避讳的规律，将之应用于校勘学及考古学的研究，从而使之成为"史学中一辅助科学"，正式确立了其科学的地位②，这是陈垣对避讳学③的重大贡献。但在陈垣之前，也有学者对避讳现象进行研究，正如他自己所说，宋代避讳之风最为浓厚，因此宋人著述中有诸多关于历朝历代避讳之记载，如洪迈《容斋随笔》、王观国《学林》等。到了清代，考据学盛行，顾炎武《日知录》、钱大昕《十驾斋养新录》、王鸣盛《十七史商榷》等对于避讳"皆有特别著录之条"。在清代史学家的著述中，钱大昕《廿二史考异》"以避讳解释疑难者尤多"，惜其"散在诸书"，"未能为有系统之整理"。嘉庆年间，周广业以三十年之

---

　　①　他说："民国以前，凡文字上不得直书当代君主或所尊之名必须用其他方法以避之，是之谓避讳。避讳为中国特有之风俗，其俗起于周，成于秦，盛于唐宋，其历史垂二千年。其流弊足以淆乱古文书，然反而利用之，则可以解释古文书之疑滞，辨别古文书之真伪及时代，识者便焉。盖讳字各朝不同，不啻为时代之标志，前乎此或后乎此，均不能有是，是与欧洲古代之纹章相类，偶有同者，亦可以法识之。研究避讳而能应用之于校勘学及考古学者，谓之避讳学。"（陈垣：《史讳举例》，中华书局 2012 年版，"序"第 1 页）

　　②　现代学者认为，《史讳举例》一书已经构建了避讳学的基本理论框架，主要体现在三个方面：一是"归纳避讳通例，总结避讳规律"；二是对"避讳史和历代讳例"的总结；三是"利用避讳学的知识校勘古籍，考证史实"（邓瑞全：《陈垣的〈史讳举例〉》，《文史知识》1999 年第 7 期）。这三方面兼及理论、历史和方法，具备了一门学科应有的基本条件，故我们可以认定，此时避讳学作为一门学科已经形成。

　　③　"避讳学"这一概念是陈垣首先提出的。1928 年年初，他在北京平民大学的讲演中说："避讳学……这个名词，乃是我个人硬造出来的。能成立与否，尚不敢确定。"（陈垣：《历史辅助科学的避讳学》，载《史讳举例》，中华书局 2012 年版，第 236—237 页）

力著《经史避名汇考》四十六卷，可谓"集避讳史料之大成"，然其书未曾刊行，甚为可惜。此后通行专言避讳之著述有陆费墀《帝王庙谥年讳谱》一卷、黄本骥《避讳录》五卷、周榘《廿二史讳略》一卷。但此三书"同出一源，谬误颇多"，"其所引证，又皆不注出典"，"其所记录，又只敷陈历代帝王名讳，未能应用之于校勘学及考古学上发人深思"。① 前贤的研究虽有这样那样的问题，但却是陈垣避讳学研究的基础和前提。在研究大量宋人、清人有关避讳的著述，并收集引用诸多古籍材料的基础上，陈垣终于撰成了避讳学方面的总结性著作《史讳举例》，"自《史讳举例》出，避讳学才真正成为一门新的专门学问"②，从而也开启了避讳学研究新的历史时期。

《史讳举例》全书共九万字，分为八卷，八十二类例，分析并说明了历代避讳的种类、避讳所用的方法及其利用情况，以及与避讳相关的问题。如卷一"避讳所用之方法"举出避讳改字、空字、缺笔和改音四例；卷二"避讳之种类"举出避讳改姓、改名、改干支名、改经传文、改物名、文人避家讳、文人避外戚讳、宋辽金夏互避讳、宋金避孔子讳、宋禁人名寓意僭窃、清初书籍避"胡虏夷狄"字、恶意避讳等共十七例；卷三"避讳改史实"举出避讳改前人姓、改前人名、改前人谥、改前代官名、改前代地名、改前代书名、改前朝年号共七例；卷四"因避讳而生之讹异"举出因避讳改字而致误、因避讳缺笔而致误、因避讳改字而原义不明、因避讳空字而误作他人、因避讳空字后人连写而出现脱字、讳字旁注本字而混入正文、因避讳使一人二史异名、因避讳使一人一史前后异名、因避讳导致一人数名、因避讳使二人误为一人或一人误为二人、因避讳使一地误为二地或二地误为一地、因避讳使一书误为二书、避讳改前代官名而遗却本名、避讳改前代地名而遗却本名共十四例；卷五"避讳学应注意

---

① 陈垣：《史讳举例》，中华书局 2012 年版，"序"第 1—2 页。
② 牛润珍：《陈垣学术思想评传》，北京图书馆出版社 1999 年版，第 194 页。

之事项"举出十一个问题，即避嫌名、二名偏讳、已祧不讳、已废不讳、翌代仍讳、数朝同讳、旧讳新讳、前史避讳之文后史沿袭未改、避讳不尽或后人回改、避讳经后人回改未尽、南北朝父子不嫌同名；卷六"不讲避讳学之贻误"举出不知为避讳而致疑、不知为避讳而致误、不知为避讳而妄改前代官名、不知为避讳而妄改前代地名、非避讳而以为避讳等七例；卷七"避讳学之利用"举出因讳否不画一知有后人增改等共十一例；卷八"历朝讳例"，历述秦汉、三国、晋、南北朝、唐、五代、宋、辽金、元、明、清共十一个时期的避讳历史。该书所论，"以史为主，体例略仿俞氏《古书疑义举例》，故名曰《史讳举例》"①，"《举例》在内容上多论史书避讳，于经书、文集避讳例举较少"②。他强调撰著此书的目的是"为避讳史作一总结束，而使考史者多一门路一钥匙也"③；他还说："避讳为民国以前吾国特有之体制，故史书上之记载，有待于以避讳解释者甚众，不讲避讳学，不足以读中国之史也，吾昔撰《史讳举例》问世，职为是焉。"④由此可见，他撰写此书不仅是为了总结中国的避讳史，而且还要为史学研究提供一种治史的利器。因此他在书中卷七"避讳学之利用"中，总结了如何利用避讳考证人物、考证地理或年代、辨别典籍真伪、校勘典籍内容等十一种方法，从而发挥了避讳学考史的重要作用。《史讳举例》一书的撰著既源于陈垣作为历史学家的责任感，同时也与其学术风格有关。⑤

对于避讳学的学术地位和学科属性，陈垣也有论述，他说："校

---

① 陈垣：《史讳举例》，中华书局2012年版，"序"第2页。
② 牛润珍：《陈垣学术思想评传》，北京图书馆出版社1999年版，第193页。
③ 陈垣：《史讳举例》，中华书局2012年版，"序"第2页。
④ 陈垣：《通鉴胡注表微·避讳篇》，载《史讳举例》，中华书局2012年版，第257页。
⑤ 邓瑞全在《陈垣的〈史讳举例〉》（《文史知识》1999年第7期）一文中指出："陈垣学术风格中的一个重要特点就是善于在纷繁的历史现象中寻找一般规律，归纳成具有高度概括性的类例，简洁明了而又不失全面系统，能使读者触类旁通，很快掌握某一门学问的要领，《史讳举例》就是陈垣用这种类例笔法撰写的第一部专著。"

勘学和古文字学，近来研究的很多，避讳学可说是校勘学的一支，也可说是和古文字学有同等的重要。我们要研究校勘学或古文字学，也应该研究避讳学。避讳学研究的结果，可以利用他来解决古书的真伪和时代，以及其他种种的讹误。所以我们便叫他做历史的补助科学，也可说是历史的工具科学。"① 职是之故，将避讳学纳入文献学的相关学科就在情理之中了。

《史讳举例》一书"寓理于事例，不仅论证方法严密，而且于考证操作示范性极强。拆开来每一案例即为一史实，合起来别为类例足能说明一问题，各类例辑为一书，有关避讳学的系统理论便可形成"②。该书厚积薄发，言简意赅，学术水平很高；同时，文字通俗易懂，不失为一本较好的普及性读物。80 多年过去了，它影响了一代又一代史学家，诸多史学家以之为工具，整理古籍，考证史实，在学术上做出了巨大贡献。近年来，虽然有学者曾指出《史讳举例》一书的瑕疵，③ 但这丝毫不影响其价值及在史学界乃至相关学科学术界的地位。

---

① 陈垣：《历史辅助科学的避讳学》，载《史讳举例》，中华书局 2012 年版，第 236 页。
② 牛润珍：《陈垣学术思想评传》，北京图书馆出版社 1999 年版，第 193—194 页。
③ 马秀兰《〈十驾斋养心录〉〈史讳举例〉"刘聘君"避讳改字说商榷》（《文献》2012 年第 2 期）、李学铭《"至道三年避真宗讳"考》（《学术研究》2001 年第 8 期）、杨朝明《东晋后讳并不甚严说——陈垣先生〈史讳举例〉中的一处疏失》（《历史教学》1991 年第 7 期）、郭康松《对〈史讳举例〉的补充与修正》［《湖北民族学院学报》（社会科学版）1996 年第 4 期］、王旭光《对〈史讳举例〉的一条补充》（《文献》1989 年第 3 期）等均对《史讳举例》一书进行了修正和补充。

# 结　　语

民国时期，古籍整理和古文献学发展处于新旧交替的历史时期。它上承传统校雠学，下启现代文献学，具有显著的时代特点，在中国文献学发展史上占有重要地位。通过对民国时期古籍整理和古文献学发展的研究，我们可以得出如下几点认识。

## 一　民国时期古籍整理呈现"新旧结合"特征

民国时期的古籍整理呈现"新旧结合"的总体风貌，古籍整理的手段、方法和类型趋于多样化。

民国年间，围绕中西文化引发了一系列论争，传统学术的价值与地位一再受到质疑，利用西方知识结构整理国故，成了很多人的选择。独特的历史环境决定了此期古籍整理事业"新旧结合"的独特风貌。这种特色的表现是多方面的，从整理者来看，既有传统的藏书家、旧式书坊，亦有新崛起的出版机构、专业研究机构及融旧学新知于一炉的学者等。从整理方法来看，源远流长的校勘、注释、辑佚诸法依然有着很强的生命力，标点、今译、影印、索引等全新的整理手段也在不断的实践与探索中。甚至从典籍的装帧形式的来看，线装书、洋装书也是各行其道。新旧结合，也不仅仅是新旧之间的对立与并存，很大程度上也表现为新旧之间的融合。如印刷技术与古籍整理方法的融合，在古籍影印、排印方面所取得的重大成绩。再如传统注释之学，在研治《墨子》时运用西方自然科学知识、解读《孙子兵法》时辅以西方军事学理论，此类种种，均是新旧融合之明证。在推翻帝制向民主共和迈进的时代变革中，古籍整理事业被赋予了特殊的烙印。

自孔子整理六经起，在数千年古籍整理的实践中，逐渐建立起了一套以目录、版本、校勘、注释、辑佚等为核心的古籍整理方法。这套方法经过历代实践，在清代乾嘉朴学的发扬之下，到达了顶峰。民国年间古籍整理的方法，在秉承和延续这些传统的基础上，充分借鉴利用了西方科技文化的成果，方法也日渐多元。比如，融传统校勘法与西方影印技术于一体，在古籍影印上成绩显著。白话文的兴起，标点符号的使用，促成古籍标点与今译应运而生。索引（index）更是在中国传统备检的基础上，吸收西来的引得技术，形成的一种古籍整理方法，在文字和内容的检索方面确为学术研究提供了诸多便利。民国时期的古籍整理方法，在校勘、辑佚、注释等传统方法的基础上，发展出标点、今译、索引编制、影印等新方法。这些新方法的实践，既丰富了古籍整理的手段与方法，也赋予了古籍整理作品更为多元的呈现方式，满足了不同层次读者的使用需求。

民国时期古籍整理在范围上的拓宽，集中表现为两大突破，即从地上到地下和从境内到海外。19世纪末20世纪初，西北汉简、敦煌经卷的问世，直接促使此期古籍整理的范围不再局限于传世典籍，而是逐渐将出土文献也纳入其中。汉简以及敦煌经卷经过民国年间的初步整理，其基本整理范式和研究路径得以确定，为以后分化为专门之学奠定了基础。随着中外文化交流的增多，域外汉籍也纳入到此期古籍整理的范围之中，中国学者走出国门，充分了解了日本、欧美等地的汉籍收藏状况，并以编目、抄录、摄影等方式促成了部分汉籍的回归，功不可没。古籍整理领域与范围的拓宽，推动了学术资源的开发与利用，尤其是此期应用"二重证据法"的史学实践、戏曲小说研究的热潮，与古籍整理息息相关。

## 二 民国时期古籍整理活动与文献学发展相辅相成

民国文献学科的建立与古籍整理活动的开展相辅相成。从事中国传统文化研究者，需要整理中国古籍文献，民国文献学及其各分支学科是作为其学术研究的辅助工具而出现的；而在古籍文献整理活动过程中，民国学者总结归纳了诸多相关理论，这又成为民国文献学及各分支学科的理论基础。

民国古籍整理的理论依据是中国传统校雠学。梁启超《清代学者整理旧学之总成绩》一书是民国时期古籍整理理论著述中的代表作之一，贯穿其中的脉络是清代学者所从事的古籍整理和对其研究的发展历程。其中所列条目如校注先秦子书及其他古籍、辨伪书、辑佚书等，都属于传统校雠学范畴。

民国文献学及其各分支学科是在古籍整理实践中提出来的。如陈垣《校勘学释例》是民国时期校勘学经典之作，该书所提出的"校勘学四法"（对校法、本校法、他校法、理校法）是陈垣在整理《元典章》过程中逐渐形成的。

在中国，"文献"一词的出现可谓源远流长，但"文献学"在典籍中的最早出现是在民国时期，梁启超第一次提出"文献学"的概念，郑鹤声、郑鹤春所撰《中国文献学概要》是第一部以"文献学"命名的专著。此后随着文献学分支学科理论不断发展，相关各学科著作陆续出版，促进了古籍整理和学术研究的发展。如胡道静在《校雠学》中称"校雠学"为"读书之工具矣"。[①] 刘纪泽之《目录学概论》继承张之洞之说，认为目录学为"读书入门之学也"。[②] 钱基博的《版本通义》分为原始（版本产生发展）、历史（版本流传）、读

---

① 胡朴安、胡道静：《校雠学》，上海商务印书馆1934年版，"序"。
② 刘纪泽：《目录学概论》，台北：中华书局1979年版，"自序"第4—5页。

本（常见版本）、余记（个人心得）四部分，将版本学视为学人和普通读者鉴定、购买、利用古籍的工具。① 陈垣《校勘学释例》是整理《元典章》的理论成果，但陈垣认为校勘并非其最终目的，他将校勘学视为"读史先务，日读误书而不知，未为善学也"。② 胡适在《中国哲学史大纲》一书中集中阐述了他的辨伪学理论，是将辨伪学研究直接运用于学术研究的案例。③ 张心澂《伪书通考》一书认为伪书亦有其价值，是作伪时代的体现。梁启超在总结清代辑佚学理论时，一方面肯定了清儒辑佚工作的勤苦和成就，另一方面批判他们工作得不偿失，其原因在于他对整理文献目的的看法——他认为文献整理工作的目的是治学。因此，耗费费大量时间用以辑佚，放置主要文献不用，是一种本末倒置的做法。④

　　总之，民国时期文献学主要是作为一门辅助学科出现的，其旨在指导古籍文献整理，以从事相关学术研究，而学术研究又反过来促进了文献学及其分支学科的发展。

## 三　民国时期文献学及分支学科得以初步构建

　　民国学者初步构建了中国文献学的学科发展框架，对传统文献学和现代文献学有了一定程度的认识，文献学的分支学科和相关学科有所发展，中国文献学的基本格局已经形成。

　　20 世纪初，西学东渐，在中与西、新与旧的激烈碰撞中，中国学术经历着知识观念和学术制度两个层面的转型。由于这一转型明显受到现代西方制度与思潮的影响，并带有强烈的民族主义、科学主义

---

① 钱基博：《版本通义》，上海古籍出版社 2007 年版，第 52 页。
② 陈垣：《校勘学释例》，上海书店出版社 1997 年版，"序"第 1 页。
③ 蔡元培：《中国古代哲学史大纲序》，载胡适《中国哲学史大纲》，商务印书馆 1926 年版，第 1 页。
④ 梁启超：《中国近三百年学术史》，载《梁启超全集》（第 8 册），北京出版社 1999 年版，第 4442 页。

色彩以及反传统倾向，我们将之称为中国学术的"现代化"。在这一转变过程中，西方现代学术的某些理念、方法、范式以压倒性的优势风靡中国学界。正是在这样的时代潮流中，梁启超顺势而为，通过借鉴西方相关学术理念及挖掘中国传统文化，提出了"文献学"和"中国文献学"的概念，同时也构建了自己的文献学学术体系，现代中国文献学由此发端。正是在梁启超的努力之下，中国传统文献学一度实现了与西方现代精神和科学方法的对接。同时，作为西学背景下具有现代学科色彩的中国文献学也开始在学术现代化进程中蹒跚前行。

梁启超认为，中国文献学由传统文献学和现代文献学两部分构成，而传统文献学又有狭义与广义之分。狭义的传统文献学指的是"史学"，即传统学术分类"四部"中的"史部"之学，而广义的"文献学"指的是"史料"之学，其范围涵盖"经史子集"四部。他还指出，中国传统文献学是国学的主要组成部分，国学应包括两个方面，即"文献的学问"和"德性的学问"，二者紧密相连、相辅相成、不可分离。现代文献学包括文字学、社会状态学、古典考释学、艺术鉴评学等。由此可见，梁氏心目中"文献学"的概念不仅包括中国传统学术，还包括中西学术激荡下的"现代"学术。换言之，对作为学术载体的"文献"，梁氏认为它不仅包括"古书"，而且包括"新书"，即"现代"文献。这不仅是因为"今天"的"材料"必将成为"明天"的"史料"，更为重要的是这些"现代"材料中蕴含着"历史"的信息。应该说，在20世纪初中国文献学的发轫时期，梁氏对文献学体系的构建较为全面而系统，有其科学合理之处。梁氏将文献学分为传统文献学和现代文献学的理念对后来中国文献学的发展影响深远，此后的文献学通论性著述大多采纳了这一观点。更为重要的是，梁氏阐述了文献学的研究对于学术文化的促进和国民素质的提高所发挥的重要作用，一定程度上提高了文献学在现代学术体系中的地位。但梁氏以西方学科理论裁剪中国传统学术，过度迷信西方所谓的"科学方法"，认为中国传统学术无"学"的观念则有待进一步商榷。

在梁启超文献学概念和体系的影响下，郑鹤声、郑鹤春兄弟编纂了中国学术史上首部以"文献学"命名的通论性著作——《中国文献学概要》。郑氏以文献的生产来定义"文"，以文献的传播来定义"献"，迥异于马端临以"文""叙事"、以"献""论事"的观点，是对传统"文献"一词解释的颠覆，这是郑氏在中西文化交流冲突背景下对中国文献学体系构建所做出的努力和尝试。由于郑氏"学衡"派的文化理念和立场，更强调中国文化的本位意识，强调中国文献在世界的地位和价值。因此该著首叙"中国文献的渊源与价值"和"中国文献之世界化"，全书以结集、审订、讲习、翻译、编纂和刻印构建文献学体系。通过分析，我们不难发现，郑鹤声的文献学观念是在继承传统文献学理论的基础上，糅合了现代文献学的元素，显示了中西文化激烈碰撞的时代背景下文献学理论探索的某些特征。同时，由于时代的局限，《中国文献学概要》一书的缺陷与不足也是难以避免的，比如全书所述均是对"古籍"的整理、传播和利用，对于非古籍但有文字记录的甲骨、金石、竹木、缣帛等载体未曾涉及；注重对文献学发展史的梳理而忽略了对文献学基本理论和方法的探讨。

民国时期还出现了诸多以"校雠学"命名的著作，如胡朴安、胡道静《校雠学》，向宗鲁《校雠学》，刘咸炘《校雠述林》和《续校雠通义》，蒋伯潜《校雠目录学纂要》，蒋元卿《校雠学史》，张舜徽《广校雠略》等。这些学者们的著作通过总结历史上文献整理和开发的实践经验和理论，逐渐构建起了自己的文献学理论体系，为中国文献学的学科发展和理论提升做出了积极的贡献。

民国时期，文献学分支学科的建设也取得了较大成就。就目录学来说，这一时期目录学家人才辈出，目录学著作亦层出不穷，这些著作大致可以分为三派：传统派、现代派和折中派（新旧俱全）。传统派以余嘉锡《目录学发微》和刘纪泽《目录学概论》为代表，现代派以杜定友《校雠新义》和楼云林《中文图书编目法》为代表，折中派以汪辟疆《目录学研究》和姚名达《目录学》《中国目录学史》为代表。此外，还有容肇祖《中国目录学大纲》、黎锦熙《新目录学论丛》、裘开明《中国图书编目法》、蒋元卿《中国图书分类之沿革》等。这些目录学著作或继承传统的目录学理论，或借鉴西方的目录学观念，为后来中国目录学的理论建设做出了重要贡献。

20 世纪初，版本学真正从校雠学、目录学中分离出来。这一时期出现了诸多版本学理论著作，如叶德辉《书林清话》和《书林余话》、钱基博《版本通义》、孙毓修《中国雕板源流考》等。叶氏著述奠定了民国版本学研究的基础，纠正了乾嘉时期对目录版本学的错误认识，为版本目录学走上良性发展轨道产生了积极影响。钱基博《版本通义》是第一部以"版本"命名的学术著作，更是第一次试图从理论和实践两方面对版本学进行研究的专著。该著对现代版本学的建立和版本学学科建设的开创之功将会随着版本学自身的发展而不断得以彰显。其他诸如孙毓修《中国雕板源流考》等也对中国版本学的发展做出了积极贡献。

民国时期是现代学科意义上校勘学理论的滥觞时期，在这一发展阶段，梁启超开其端绪，其提出的五种校勘方法奠定了现代校勘学的理论基础，对后世校勘学发展产生了深远影响。此后，陈垣在校补《元典章》的实践经验基础上，结合梁启超等人总结的校勘学的理论与方法，提出了"校勘四法"，从根本上确立了现代校勘学的学科地位，标志着现代校勘学的正式创立。作为校勘学发展史上的里程碑成果，胡适的《校勘学方法论》通过总结陈垣校勘《元典章》的经验，结合自己的校书体会，对校勘学的理论与方法进行了系统总结。《校勘学方法论》集理论、方法、历史于一身，将校勘学发展提升到一个新的高度，使它更加具有自己的理论体系，这是胡适对中国校勘学理论发展的贡献。民国时期，张舜徽对校勘学的理论创新也做出了重要贡献，他强调在校书时应坚持实事求是的原则，不能拘泥于某种或某类具体校勘方法的运用。他认为任何校勘的方法都不是绝对的，为此，他强调博学明辨在典籍校勘中的重要作用，强调"博稽广揽，融会错综"思想在校勘学中的运用。

中国文献辨伪学作为一门学科，其真正构建是在 20 世纪初至 30 年代末。主要标志是辨伪学理论由过去传统、零散的经验总结逐渐形成科学、完整、系统的理论体系，一些现代学科（如考古学、社会学、逻辑学等）的理论和方法也逐渐加入辨伪的理论和方法中。在这一过程中，胡适扮演了"开风气之先"的角色。在辨伪实践方面，胡适虽然有一些成果，但与其方法论相比，毕竟相形见绌。因此，胡适的辨伪学成就和影响主要体现在方法论层面。作为现代辨伪学开创性人物之一，梁启超不仅是传统辨伪方法的总结者，更是民国辨伪学理论的奠基者，其辨伪学研究实际上促成了辨伪学从古代的重辨伪实践向现代的重理论建树的转型。顾颉刚《中国辨伪史略》是较早全面系统论述中国辨伪学史的学术作品，书中的很多观点及顾氏勾勒的中国辨伪学史的发展脉络一直为后世所沿袭。在前人辨伪学理论和方法的基础上，张心澂积十年之力完成的《伪书通考》，成为 20 世纪文献辨伪的集大成之作。其中有关辨伪学理论的阐述，将民国辨伪学推进到一个新的发展阶段。

民国时期，梁启超开启了辑佚学理论研究的先河，第一次对清代的辑佚活动和成就做了较为全面系统的总结，为辑佚学的进一步发展奠定了坚实的理论基础。刘咸炘《辑佚书纠缪》为中国辑佚学发展史上的经典之作，刘氏提出的清代辑佚存在的问题（"漏""滥""误""陋"）不仅存在于清代辑佚书的实践活动中，而且贯穿于整个中国辑佚学史的发展过程，因此可视为辑佚书纠缪的通则。王重民《清代两个大辑佚书家》专门论述了章宗源、马国翰两大辑佚家，同时对"马窃章"这一流传甚广的历史疑案进行了考证，得出"马非窃章"的观点。张舜徽的辑佚理论和思想则颇有识见，为后来的辑佚学家所继承，大大促进了辑佚学理论和实践的发展。民国关于辑佚学的理论前后相承，其内在理路历历可循。

除此之外，民国时期还出现了有关典藏学的研究论著，如袁同礼的宋明清私家藏书史研究、陈登原的《古今典籍聚散考》等。陈垣作为著名历史学家和文献学家，其在年代学、史讳学、史源学方面的研究和理论成就为民国文献学的现代转型做出了重大贡献。

综上所述，正是民国文献学家在继承前代文献学相关理论的基础上进行的开拓性研究，使得这一时期的文献学分支学科和相关学科得到较快的发展，为后来文献学的学科建设产生了积极影响。

## 四　民国文献学奠定了后世文献学发展的基础

民国时期文献学逐渐开始摆脱对传统学术的依附，向着独立学科的方向发展。这一时期的文献学奠定了后世文献学发展的基础，形成了文献学著作的博通与普及、文献学理论趋同与差异的局面。

中国古代学术是以经史子集为主体的四部之学，即以儒家经典为基础、人文社会科学为主流的传统学术。在这种学术格局下，中国文化精神的指向主要是成就道德而不是成就知识，汲取知识主要是为了涵养道德，它更多地强调知行合一。也就是说，中国古代传统学术为修身之学，即内圣外王之学，这与西方社会"为知识而知识"的传统有着本质的区别。对此，梁启超也有明确的认识。他指出，国学应包括两个方面，即"文献的学问"和"德性的学问"，并且强调"德性的学问"是"我们最特出之点"。他还说，儒学和佛学是"德性的学问"的"源泉"。① 在这样的理念指引下，读书人为了达到修身的目的，必须对传统经典进行开发整理（"文献的学问"），在此基础上熟读典籍并进而领悟经典的含义，然后躬行实践（"德性的学问"）。

---

① 梁启超：《治国学的两条大路》，载《读书指南》，中华书局2010年版，第180—184页。

也就是说，"德性的学问"内在地包含了"文献的学问"，"文献的学问"始终附属于"德性的学问"，一直未曾脱离。

20 世纪以来，随着西方自然科学和人文社会科学理念、思想和方法的传入，中国传统学术在此发生嬗变，文献学逐渐开始脱离传统学术的母体向着独立的方向发展。在梁启超、郑鹤声等一大批学者和文献学家的努力下，中国传统文献学（即"校雠学"）被逐渐纳入现代学科体系并与西方文献学融合。同时，文献学理论也在这一时期蓬勃发展，出现了一大批文献学的理论专著。从此，文献学理论的涓涓细水逐渐汇成洪流，为中国文献学在现代学术分科中确立自己的地位做出了巨大的贡献。20 世纪 50 年代之后，随着王欣夫《文献学讲义》和张舜徽《中国文献学》的出版，文献学作为独立学科的发展已势不可挡。80 年代之后，大量通论性文献学著作的出现使得文献学这门学科完全摆脱传统学术的羁绊而进入现代学科之林。从这一意义上说，民国文献学理论的发展为文献学作为独立学科的出现奠定了坚实基础。

在中国，文献学经历了一个漫长的发展过程，其发展的路向可分为两种，即博通与专精。正如张舜徽所说："从历史记载中，看过去二千年间的我国学术界，可以肯定从汉初以至清末，学者们做学问的风气，有着两条道路：一是博通的道路，一是专精的道路。"① 在这里，张氏所说的"做学问的风气"实际上就是文献学的发展道路，这与张氏主张广义文献学的概念一脉相承，对此，张氏曾有明确的表述，他说："文献学的范围，包罗本广。"他还进一步分析说，从中国古代两千多年的学术发展来看，刘向、刘歆父子校书秘阁是整理文献的工作，郑玄遍注群经也是整理文献的工作，即便如司马迁写成皇皇巨著《史记》，同样是文献整理的工作。下至于清代乾嘉时期的考

---

① 张舜徽：《清代扬州学记·顾亭林学记》，载《张舜徽集》（第二辑），华中师范大学出版社 2005 年版，第 219 页。

证之学，"如果以史家的眼光去估计他们的成绩，也不过是替我们整理了一部分文献资料而已"①。综合上述说法，我们可以得出结论，中国古代文献学的发展道路可分为博通与专精两种。从先秦到清末直至民国时期，专精与博通两种文献学的发展道路并行不悖。春秋之前，学在官府，学官各司其职。春秋时期，学术下移，诸子百家兴起。汉武帝时置五经博士，从此开始了文献整理与研究的专精之路。直至清代，治学越来越走向专精。正如梁启超所言，清代考据学的特色之一，是"喜专治一业，为'窄而深'的研究"②。文献学研究的专精化趋势，是由学术研究的特点和文献整理本身的特点决定的。相对于专精来说，中国古代博通的文献学家较少，为大家所熟知的有汉朝时期的司马迁、扬雄、刘向、郑玄，此后有唐代的陆德明，宋代的郑樵，清代的纪昀。纵观中国文献学的发展道路，可以看出，专精的学术之路发展到一定阶段，必然出现博通的文献学家，对此前的研究进行总结和反思，继之而起的则是更为专精的文献学研究之路，学术发展就在专精—博通—专精—博通的历史循环中不断得以突破，从而实现文献学的发展与创新，这也是学术本身的发展规律决定的。

清代文献学发展的专精之路决定了民国时期的文献学必然走向博通的道路，这一时期不仅出现了一大批带有解题或没有解题的导读书目，如梁启超的《国学入门书要目及其读法》（1923）和《要籍解题及其读法》（1925）、钱基博的《论语解题及其读法》（1925）、陈衍的《要籍解题》（1935）等；同时还出现了一批概论性的学术读物，如梁启超的《清代学术概论》（1920）、周予同的《群经概论》（1931）、吕思勉的《先秦学术概论》（1933）、范文澜的《群经概论》（1933）、蒋伯潜的《十三经概论》（1944）；更为重要的是，这一时期关于文献学通论性的理论著述也大量涌现，如刘咸炘《目录

① 张舜徽：《中国文献学》，上海古籍出版社 2011 年版，"前言"第 1 页。
② 梁启超：《清代学术概论》，上海古籍出版社 1998 年版，第 47 页。

学》（1928），郑鹤声、郑鹤春《中国文献学概论》（1929），胡朴安、胡道静《校雠学》（1934），蒋元卿《校雠学史》（1934），向宗鲁《校雠学》（1944），蒋伯潜《校雠目录学纂要》（1944），张舜徽《广校雠略》（1945）等。其中很多著作不仅使用了流行的章节体，而且使用了白话文。这些书目的出版对于文化的传播和普及发挥了重要作用，同时对于文献学理论的发展也起到了积极作用。

在中国，文献整理与开发的历史源远流长，但文献学理论研究的历史却相对薄弱。即使有个别文献学家如郑樵、胡应麟等总结了些许理论，但寥若晨星且余绪不振。民国时期，西学东渐，文献学家在总结中国传统文献学（古文献学）理论和借鉴西方人文社会科学理论的基础上，尝试创建中国文献学的理论架构和学科体系，为中国传统文献学（古文献学）作为一门独立学科屹立于学术之林做出了重大贡献。

民国时期，梁启超首先提出了"文献学"和"中国文献学"的概念并就文献学的研究方法、原则、标准及体系等问题进行了初步探讨。因此，有学者指出，中国近现代文献学的创立和发展，始于"新史学"的代表人物梁启超。[①] 遗憾的是，梁氏对文献学理论的论述散见于其部分学术著作、论文和演讲文稿中，文献学理论的专门之书并未出现。梁氏之后，大约从 20 年代中后期开始，文献学的理论研究开始出现建立综合性研究体系的趋向。也就是说，随着时代的变化和中外文化交流的加剧，学者们开始尝试运用近现代科学研究的方法，结合中国古代传统文献研究的理论和实践，逐步建立起一个相对独立的文献学理论体系和学科框架。在这种背景下，郑鹤声、郑鹤春《中国文献学概要》一书应运而生，此书是我国目前所见第一部以"文献学"命名的学术理论专著，在中国近现代文献学发展史上享有较高的地位。该书以章节体的形式，涉及文献学研究的多个领域，构

---

① 张家璠、黄宝权主编：《中国历史文献学》，广西师范大学出版社 1989 年版，第 328 页。

建了自己的文献学体系，其中不乏创新之处。①

　　由于时代的局限，以"文献学"命名的著作仍属空谷足音，但以"校雠学"命名的著作则大量涌现，如胡朴安、胡道静《校雠学》（1934），蒋元卿《校雠学史》（1934），向宗鲁《校雠学》（1944），蒋伯潜《校雠目录学纂要》（1944），张舜徽《广校雠略》（1945）等。名为"校雠学"，实为"文献学"。② 虽然名称有异，但它们同样为构建文献学理论体系做出了自己的贡献。通过研究发现，民国时期的多数校雠学著述均将"校雠学"（"文献学"）定义为"治书之学"且强调其相对独立性。对于目录、版本、校勘各个组成部分之间的关系，他们认为彼此紧密相连、不可分割，这一观点在较大范围内得到认同。但他们对校雠学（文献学）体系的构建却有所不同，归纳起来，大致可分为三类：第一类主张校雠学是由目录、版本、校勘构成的，如蒋元卿《校雠学史》、向宗鲁《校雠学》、刘咸炘《目录学》、张舜徽《广校雠略》；第二类认为校雠学除包括目录、版本、校勘之外，还包括辨伪和辑佚，如胡朴安、胡道静《校雠学》，蒋伯潜《校雠目录学纂要》；第三类是以程千帆、徐有富《校雠广义》为代表的包括目录、版本、校勘和典藏在内的四位一体的校雠学体系。同时，在校雠与目录、版本、校勘关系方面，蒋元卿《校雠学史》、程千帆《校雠广义》主张目录、版本、校勘三者可独立成学，而张舜徽《广校雠略》则反对这一说法。向宗鲁《校雠学》认为，在校雠学体系中，"是正文字"（校勘）为"本务"，"辨章学术"（目录）为"余事"；而刘咸炘则认为校雠学是"以部次书籍为职，而书本真伪及其名目篇卷亦归考定"，其意在"辨章学术，考镜源流"。在对校雠学

---

　　① 　如《中国文献学概要》专题论述了"讲习""编纂""翻译"，而这些内容是传统文献学不曾涉及的。尤其"翻译"一章，为其他传统文献学著作所罕见。

　　② 　张舜徽认为，古代的校雠学就是现代的文献学，二者名异实同，这是因为古代文献的整理、编纂和注释都是由校雠学家来完成。参见张舜徽《中国文献学》，上海古籍出版社 2011 年版，第 3 页。

和目录学关系的理解上，刘咸炘《目录学》和蒋伯潜《校雠目录学纂要》均认为校雠、目录为同一概念，校雠学即是目录学，目录学也是校雠学，其他学者则不认同这一观点。此外，张舜徽《广校雠略》和程千帆、徐有富《校雠广义》均认为校雠学为治书之学并强调各个组成部分之间的会通与相互联系。但不同的是二者对校雠学体系的构建。程千帆主张校雠学的各个组成部分目录、版本、校勘独立成学，而张氏则恰恰相反。但不可否认的是他们均是主张广义校雠学的，这不仅因为二书都有一个"广"字，更重要的是他们"力图在实践中扩大和确立校雠学的学科定义"①。上述校雠学著作在文献学体系构建方面做出的努力和尝试对于现代中国传统文献学学科体系的建立，发挥了积极的作用。

　　20 世纪 50 年代之后，学者们已经普遍使用"文献学"的名称，"校雠学"这一称呼也逐渐淡出了人们的视野；文献学著作的内容涵盖了文献学的理论、方法和历史；文献学是由目录、版本、校勘三者组成的，这是文献学理论著述相同的地方。但对于文献学的分支学科和相关学科的构成，则有较大的争议，文献学的理论和学科体系建设还有很长的路要走。

## 五　民国古籍整理促进了文化建设和社会发展

　　民国年间的古籍整理活动对当时的文化建设和社会发展产生了广泛而深刻的影响。一方面，古籍整理既是古籍流通的过程，也是文化传承的过程，古籍流通有利于促进学术研究，而文化传承对增强民族精神至关重要。另一方面，在西学东渐的民国时期，古籍整理事业对于正确认识和评价中国文化、抵御全盘西化发挥了重要作用。因此，

---

　　① 李晓明：《20 世纪上半期有关校雠学定义的辨析》，《华中科技大学学报》（社会科学版）2007 年第 5 期。

民国时期古籍整理事业有利于中华优秀传统文化的传承与弘扬，对于推动我国文化事业和社会事业发挥了积极作用。

晚清以降，国势衰微，大量典籍或毁于战火，或被外人所掠。民国年间，思想文化领域的中西文化论争、时局的动荡进一步加剧了典籍的流散之势，大量私人藏书家珍藏不断散出。这一时期，国外诸多文化机构纷至沓来，他们以各种方式搜罗古籍，致使典籍不断流出。如抗战期间日本就强行掠夺中国古籍，"在陷落前，敌人即以精密调查，事后按图索骥，尽数运去"①。民国时的古籍整理，通过加强收藏，整理国故，很大程度上遏止了古籍流散的颓势。古籍整理事业在整理国故目标的号召下，不断地发展，特别是古籍影印，在保存古籍方面作用极为突出。此期整理的古籍影印类作品，如《四部丛刊》《百衲本二十四史》《四库全书珍本丛刊》《景印元明善本丛书》《国立北平图书馆善本丛书》《天禄琳琅丛书》等，其版本来源非常多样，学术价值自然不言而喻。它们的影印整理，有利于古籍的保存与流通。

在保存古籍的基础上，通过多样化的整理方式，将古代典籍发扬光大，满足不同层次读者的阅读需求，则是此期古籍整理事业的又一文化贡献。在整理国故运动的影响下，通过影印、标点、注释、今译等手段，对传统典籍进行全方位的整理，古籍整理作品大量出现。这一时期，无论是在大小书店，或是各类图书馆中，古籍整理作品均随手可得，"其内容则经史百家，包罗万有，其价值则宋元善本，名家校藏。在昔时士庶之家，一部犹不可得者，至此以千余元即可集古今图书之精英，其有关学术文化之普及，与夫善本书籍之流传，影响之巨，不仅中外钦崇，实自乾隆时纂修《四库全书》而后，数百年来，无此大成绩也"②。古籍整理作品的流通，在保存维护古籍资源的同

---

① 吴晗：《论图籍之厄》，载《吴晗文集》（第3卷），北京出版社1988年版，第112页。

② 谢兴尧：《书林逸话》，载张静庐辑注《中国近现代出版史料补编》，上海书店出版社2003年版，第430页。

时，有利于传统文化的传承与普及，对于坚守传统文化阵地产生了积极影响。

民国时期声势浩大的整理国故运动引发了国学研究热潮，这一时期整理的古籍作品，为国学研究提供了基本素材，有力促进了学术研究。20 世纪初，敦煌经卷、西北汉简、甲骨卜辞陆续发现，对这些新材料的整理工作旋即展开。在资料整理公布的基础上，学者们尝试对其进行研究，开启了敦煌学、简牍学、甲骨学方面的研究。陈寅恪说："一时代之学术，必有其新材料与新问题。取用此材料，以研求问题，则为此时代学术之新潮流。"① 民国时期通过对新材料的集中整理，推动了史学、文学等诸多研究领域的纵深。对于传世古籍而言，通过影印、出版等方式大量整理文献，进一步满足了学者的基本需求，推动了学术研究的开展。在此之前，古籍虽然也在不断流通，但受到印刷技术的制约，流传毕竟有限，如清人孙从添有所谓购书"六难"② 之说。因此，古籍整理作品尤其是影印类古籍的大量问世，为学术研究提供了基本资料。此外，民国年间古籍索引的编制，为学术研究提供了极大便利，得到学术界的普遍认可。如陈垣指出，"把每一部重要书籍的内容范式有名可治的，都编成索引，使检查者欲知某事某物系在某书之某卷某篇，皆能由索引内一索即得……故学者研究学问时间极省而效能极高"③。顾颉刚也极为称道索引对于学术研究的作用，他说："索引也是研究的基础的一种，它能给你一个钥

---

① 陈寅恪：《陈垣敦煌劫余录序》，载《陈寅恪史学论文选集》，上海古籍出版社 1992 年版，第 503 页。

② 孙氏所谓的"六难"是指："知有是书而无力购求，一难也；力足以求之矣，而所好不在是，二难也；知好之而求之矣，而必欲较其值之多寡大小焉，遂致坐失于一时，不能复购于异日，三难也；不能搜之于书佣，不能求之于旧家，四难也；但知近求，不能远购，五难也；不知鉴识真伪，检点卷数，辨论字纸，贸贸购求，每多缺帙，终无善本，六难也。"（转引自孙从添《藏书纪要》，中华书局 1957 年版，第 1 页）

③ 陈垣：《中国史料的整理》，载《陈垣学术论文集》（第 2 集），中华书局 1982 年版，第 335 页。

匙，使你在许多头绪不清的材料中找出头绪，而得到你所需要的东西。"① 由此可见，对古籍进行"索引式"整理不仅是对古籍本身的研究，同时也在客观上带动了其他学科的学术研究。

民国古籍整理事业的发展受到社会局势的深刻影响，面对深重的民族危机，一些爱国知识分子以古籍为载体，利用整理古籍的契机，积极宣传爱国思想，振奋民族精神，为保家卫国的抗战助力。由于这一时期的民族危机很大程度上是由边疆领土问题引发的，因此出现了一些关于边疆史地和平息外祸的古籍整理作品，如《中国内乱外祸历史丛书》《边疆丛书甲集》《边疆丛书续编》《辽海丛书》，这些丛书的整理、出版和流传，有利于激发广大民众的爱国热情。

民国时期，传统社会逐渐向现代社会转型。由于白话文的提倡，语言、文体的巨大变化，以及西方思想文化的影响，由此开始的百年古籍整理和古文献学在目标、手段等许多方面都与以前迥然有别，故民国时期的古籍整理和古文献学呈现了初兴的特征。从社会环境看，民国社会长期动荡，外国入侵，产生了不少消极影响，但传承民族文化，激扬民族精神的抗争从未停息。由于初兴，故有新旧之争，也有在摸索中存在的不完善之处；但也由于初兴时的跨越旧事物，每次变革都表现出明显的可贵突破，民国时古籍整理和古文献学科的兴起，为百年传统文献学发展奠定了基础。

---

① 　顾颉刚：《燕京大学引得编纂处的引得》，《图书评论》1933 年第 9 期。

# 主要参考文献

## 一 古籍

中华书局编:《四部备要》,中华书局 1920—1936 年版。

商务印书馆编:《四部丛刊》,商务印书馆 1922 年版。

(明)胡应麟:《四部正讹》,朴社 1929 年版。

陈子展:《诗经语译》,上海太平洋书店 1934 年版。

王云五主编:《丛书集成初编》,上海商务印书馆 1935—1937 年版。

国立中央图书馆筹备处:《四库全书珍本初集》,上海商务印书馆 1935 年版。

陈漱琴:《诗经情诗今译》,上海女子书店 1935 年版。

国学整理社编:《诸子集成》,世界书局 1935 年版。

中国历史研究社编:《中国内乱外祸历史丛书》,神州国光社 1936 年版。

顾颉刚编订:《崔东壁遗书》,亚东图书馆 1936 年版。

张元济辑:《百衲本二十四史》,商务印书馆 1936 年版。

(清)崔述:《考信录提要》,上海商务印书馆 1937 年版。

唐圭璋编:《全宋词》,长沙商务印书馆 1940 年版。

王季烈校:《孤本元明杂剧》,上海商务印书馆 1941 年版。

沈元起、张兆瑢注释:《白话论语读本》,上海广益书局 1946 年版。

刘承幹:《嘉业堂丛书》,民国间吴兴刘氏嘉业堂刻本。

刘承幹:《吴兴丛书》,民国间吴兴刘氏嘉业堂刻本。

张钧衡:《适园丛书》,民国乌程张氏刊本。

二十五史刊行委员会编：《二十五史补编》，中华书局 1956 年版。

（清）徐松辑：《宋会要辑稿》，中华书局 1957 年版。

马叙伦：《老子校诂》，中华书局 1974 年版。

郭沫若：《卷耳集》，人民文学出版社 1981 年版。

卢弼：《三国志集解》，中华书局 1982 年版。

（清）章学诚：《章学诚遗书》，文物出版社 1985 年版。

金毓黻：《辽海丛书》，辽沈书社 1985 年版。

（清）章学诚著，叶瑛校注：《文史通义校注》，中华书局 1985 年版。

（元）马端临：《文献通考》，中华书局 1986 年版。

（清）章学诚著，王重民通解：《校雠通义通解》，上海古籍出版社
　　1987 年版。

（清）阮元：《清经解》（第四册），上海书店 1988 年版。

丁福保编纂：《说文解字诂林》，中华书局 1988 年版。

张纯一编著：《墨子集解》，成都古籍书店 1988 年版。

刘文典：《淮南鸿烈集解》，中华书局 1989 年版。

程树德撰，程俊英、蒋见元点校：《论语集释》，中华书局 1990 年版。

（清）刘宝楠撰，高流水点校：《论语正义》，中华书局 1990 年版。

陈存仁编校：《皇汉医学丛书》，上海中医学院出版社 1993 年版。

吴毓江：《墨子校注》，中华书局 1993 年版。

支伟成编纂：《管子通释》，上海书店 1996 年版。

李泽厚：《论语今读》，安徽文艺出版社 1998 年版。

（清）朱一新著，吕鸿儒、张长法点校：《无邪堂答问》，中华书局
　　2000 年版。

闻一多著，李定凯编校：《闻一多学术文钞·楚辞校补》，巴蜀书社
　　2002 年版。

［日］丹波元胤著，郭秀梅、［日］冈田研吉校释：《医籍考》，学苑
　　出版社 2007 年版。

许维遹：《吕氏春秋集释》，中华书局 2009 年版。

高亨：《周易古经今注》，清华大学出版社 2010 年版。

高亨：《老子正诂》，清华大学出版社 2011 年版。

林义光：《诗经通解》，中西书局 2012 年版。


## 二　古文献学著作

郑鹤声、郑鹤春：《中国文献学概要》，上海商务印书馆 1930 年版。

裘开明：《中国图书编目法》，上海商务印书馆 1931 年版。

叶德辉：《书目答问斠补》，江苏省立苏州图书馆 1932 年刊本。

姚名达：《目录学》，上海商务印书馆 1933 年版。

胡朴安、胡道静：《校雠学》，上海商务印书馆 1934 年版。

叶绍钧编：《十三经索引》，开明书店 1934 年版。

蒋元卿：《中国图书分类之沿革》，上海中华书局 1941 年版。

向宗鲁：《校雠学》，上海商务印书馆 1944 年版。

楼云林：《中文图书编目法》，上海中华书局 1951 年版。

陈垣：《二十史朔闰表（附西历回历)》，古籍出版社 1956 年版。

二十五史刊行委员会编：《二十五史人名索引》，上海中华书局 1956
　　年版。

（清）俞樾、刘师培：《古书疑义举例》，中华书局 1954 年版。

张舜徽：《中国历史要籍介绍》，湖北人民出版社 1957 年版。

张心澂：《伪书通考》，商务印书馆 1957 年版。

黄云眉：《古今伪书考补证》，山东人民出版社 1959 年版。

张舜徽：《广校雠略》，中华书局 1963 年版。

王重民：《敦煌古籍叙录》，中华书局 1979 年版。

余嘉锡：《四库提要辨证》，中华书局 1980 年版。

顾颉刚主编：《尚书通检》，书目文献出版社 1982 年版。

罗孟祯：《中国古代目录学简编》，重庆出版社 1983 年版。

王重民：《中国善本书提要》，上海古籍出版社 1983 年版。

中华书局编辑部编：《丛书集成初编目录》，中华书局 1983 年版。

吕绍虞：《中国目录学史稿》，安徽教育出版社 1984 年版。

王重民：《中国目录学史论丛》，中华书局 1984 年版。

郑良树编著：《续伪书通考》，台北：学生书局 1984 年版。

蒋元卿：《校雠学史》，黄山书社 1985 年版。

李万健、赖茂生编：《目录学论文选》，书目文献出版社 1985 年版。

张舜徽选编：《文献学论著辑要》，陕西人民出版社 1985 年版。

洪业等编纂：《辽金传记三十种综合引得》，上海古籍出版社 1986
  年版。

洪业等编纂：《八十九种明代传记综合引得》，上海古籍出版社 1986
  年版。

洪业等编纂：《三十三种宋代传记综合引得》，上海古籍出版社 1986
  年版。

洪业等编纂：《四十七种宋代传记综合引得》，上海占籍出版社 1986
  年版。

引得编纂处编纂：《史记及注释综合引得》，上海古籍出版社 1986 年版。

张君炎：《中国文学文献学》，江西人民出版社 1986 年版。

郑良树：《古籍辨伪学》，台北：学生书局 1986 年版。

洪业编纂：《水经注引得》，上海古籍出版社 1987 年版。

倪其心：《校勘学大纲》，北京大学出版社 1987 年版。

曹慕樊：《目录学纲要》，西南师范大学出版社 1988 年版。

程千帆、徐有富：《校雠广义》，齐鲁书社 1988 年版。

王余光：《中国历史文献学》，武汉大学出版社 1988 年版。

戴南海：《版本学概论》，巴蜀书社 1989 年版。

李国祥：《古籍整理研究八种》，武汉工业大学出版社 1989 年版。

马开樑：《中国史部目录学》，云南教育出版社 1989 年版。

杨燕起、高国抗主编：《中国历史文献学》，书目文献出版社 1989
  年版。

张家璠、黄宝权主编：《中国历史文献学》，广西人民出版社 1989

年版。

东北师大古籍整理研究所编著：《中国古籍整理研究论文索引》，江苏古籍出版社1990年版。

蒋伯潜：《校雠目录学纂要》，北京大学出版社1990年版。

倪波主编：《文献学概论》，江苏教育出版社1990年版。

杜定友：《校雠新义》，上海书店1991年版，据中华书局版影印。

李修生主编：《古籍整理与传统文化》，辽宁大学出版社1991年版。

杨忠主编：《高校古籍整理十年》，江西高校出版社1991年版。

赵国璋、潘树广主编：《文献学辞典》，江西教育出版社1991年版。

曹之：《中国古籍版本学》，武汉大学出版社1992年版。

张富祥编著：《宋代文献学散论》，青岛海洋大学出版社1993年版。

周彦文：《中国文献学》，台湾：五南图书出版公司1993年版。

安平秋：《安平秋古籍整理工作论集》，中国书籍出版社1994年版。

孙钦善：《中国古文献学史》，中华书局1994年版。

王锦贵主编：《中国历史文献目录学》，北京大学出版社1994年版。

彭斐章、谢灼华、乔好勤编：《目录学研究文献汇编》，武汉大学出版社1996年版。

周少川：《古籍目录学》，中州古籍出版社1996年版。

陈垣：《校勘学释例》，上海书店出版社1997年版。

洪湛侯：《中国文献学新编》，杭州大学出版社1997年版。

洪湛侯：《中国文献学要籍解题》，杭州大学出版社1997年版。

王燕玉：《中国文献学综说》，贵州人民出版社1997年版。

曹书杰：《中国古籍辑佚学论稿》，东北师范大学出版社1998年版。

邓瑞全、王冠英：《中国伪书综考》，黄山书社1998年版。

倪士毅：《中国古代目录学史》，杭州大学出版社1998年版。

叶德辉著，李庆西标校：《叶德辉书话》，浙江人民出版社1998年版。

杨绪敏：《中国辨伪学史》，天津人民出版社1999年版。

叶德辉：《书林清话　书林余话》，岳麓书社1999年版。

曾贻芬、崔文印：《中国历史文献学史述要》，商务印书馆 2000 年版。

倪波、张志强主编：《文献学导论》，贵州科技出版社 2000 年版。

潘树广、黄镇伟、涂小马：《文献学纲要》，广西师范大学出版社 2000
　　年版。

汪辟疆：《目录学研究》，华东师范大学出版社 2000 年版。

熊笃、许廷桂：《中国古典文献学》，重庆出版社 2000 年版。

程毅中：《古籍整理浅谈》，北京燕山出版社 2001 年版。

杜泽逊：《文献学概要》，中华书局 2001 年版。

冯浩菲：《中国古籍整理体式研究》，高等教育出版社 2001 年版。

黄永年：《古籍整理概论》，上海书店出版社 2001 年版。

申少春：《中国近现代目录学史》，中国致公出版社 2001 年版。

余嘉锡：《余嘉锡说文献学》，上海古籍出版社 2001 年版。

刘青松：《中国古典文献学概要》，湖南大学出版社 2002 年版。

全国古籍整理出版规划领导小组办公室编：《古籍整理出版十讲》，
　　岳麓书社 2002 年版。

徐有富、徐昕：《文献学研究》，江苏古籍出版社 2002 年版。

姚名达：《中国目录学史》，上海古籍出版社 2002 年版。

黄永年：《古文献学四讲》，鹭江出版社 2003 年版。

来新夏：《古籍整理讲义》，鹭江出版社 2003 年版。

刘琳、吴泽洪：《古籍整理学》，巴蜀书社 2003 年版。

彭斐章、乔好勤、陈传夫编著：《目录学》，武汉大学出版社 2003
　　年版。

王以宪编著：《中国文献学纲要》，江西高校出版社 2003 年版。

华中师范大学历史文献研究所编：《历史文献学论集》，崇文书局
　　2003 年版。

全国古籍整理出版规划领导小组办公室编：《古籍整理出版漫谈》，
　　上海古籍出版社 2004 年版。

叶树声、许有才：《清代文献学简论》，安徽大学出版社 2004 年版。

余敏辉：《历史文献学散论》，安徽大学出版社 2004 年版。

张舜徽：《中国古代史籍举要》，华中师范大学出版社 2004 年版。

张元济：《百衲本二十四史校勘记》，商务印书馆 2004 年版。

牟玉亭：《中国古典文献学》，社会科学文献出版社 2005 年版。

全国古籍整理出版规划领导小组办公室编：《古籍整理出版丛谈》，
　　广陵书社 2005 年版。

王欣夫：《文献学讲义》，上海古籍出版社 2005 年版。

张大可、俞樟华：《中国文献学》，福建人民出版社 2005 年版。

赵荣蔚编著：《中国古代文献学》，中国文史出版社 2005 年版。

赵晓岚主编：《中国古典文献学研究》，湖南师范大学出版社 2005
　　年版。

孙钦善：《中国古文献学》，北京大学出版社 2006 年版。

王俊杰主编：《中国古典文献学概论》，齐鲁书社 2006 年版。

张富祥：《宋代文献学研究》，上海古籍出版社 2006 年版。

曹林娣编著：《古籍整理概论》，北京大学出版社 2007 年版。

陈智超编注：《陈垣史源学杂文》（增订本），生活·读书·新知三联
　　书店 2007 年版。

迟铎、党怀兴主编：《中国古典文献学》，西北大学出版社 2007 年版。

邓声国：《文献学与小学论考》，齐鲁书社 2007 年版。

钱基博：《版本通义》，上海古籍出版社 2007 年版。

王叔岷：《校雠学　校雠别录》，中华书局 2007 年版。

孙毓修等：《中国雕板源流考　中国书史》，上海古籍出版社 2008 年版。

董恩林主编：《中国传统文献学概论》，华中师范大学出版社 2008
　　年版。

梁启超：《国学要籍研读法四种》，北京图书馆出版社 2008 年版。

刘咸炘：《刘咸炘论目录学》，上海科学技术文献出版社 2008 年版。

司马朝军：《文献辨伪学研究》，武汉大学出版社 2008 年版。

杨牧之主编：《古籍整理与出版专家论古籍整理与出版》，凤凰出版

社 2008 年版。

陈登原：《古今典籍聚散考》，华东师范大学出版社 2010 年版。

黄爱平主编：《中国历史文献学》，中国人民大学出版社 2010 年版。

彭树欣：《梁启超文献学思想研究》，光明日报出版社 2010 年版。

余嘉锡：《目录学发微》，中国人民大学出版社 2010 年版。

喻春龙：《清代辑佚研究》，上海古籍出版社 2010 年版。

全根先编著：《中国近现代目录学家传略》，国家图书馆出版社 2011
年版。

郭国庆：《清代辑佚研究》，民族出版社 2011 年版。

张舜徽：《中国文献学》，上海古籍出版社 2011 年版。

陈垣：《史讳举例》，中华书局 2012 年版。

杜定友：《杜定友文集》，广东教育出版社 2012 年版。

梁启超演讲，周传儒等笔记：《古书真伪常识》，中华书局 2012 年版。

### 三　其他著作

［美］卡特：《中国印刷术的发明和它的西传》，吴泽炎译，商务印书馆
1957 年版。

顾颉刚编著：《古史辨》（一），上海古籍出版社 1982 年版。

郭沫若著作编辑出版委员会编：《郭沫若全集·历史编》，人民出版
社 1982 年版。

郑良树编著：《顾颉刚学术年谱简编》，中国友谊出版公司 1984 年版。

萧一山：《清代通史》，中华书局 1986 年版。

王汎森：《古史辨运动的兴起：一个思想史的分析》，台北：允晨文
化实业股份有限公司 1987 年版。

梁启超：《饮冰室合集》，中华书局 1989 年版。

张秀民：《中国印刷史》，上海人民出版社 1989 年版。

史全生主编：《中华民国文化史》，吉林文史出版社 1990 年版。

张舜徽：《清儒学记》，齐鲁书社 1991 年版。

王重民：《冷庐文薮》，上海古籍出版社 1992 年版。

费正清编：《剑桥中华民国史》，中国社会科学出版社 1994 年版。

张煜明编著：《中国出版史》，武汉出版社 1994 年版。

谢兴尧：《堪隐斋随笔》，辽宁教育出版社 1995 年版。

陈垣著，刘乃和编校：《中国现代学术经典·陈垣卷》，河北教育出版社 1996 年版。

李维武编：《中国人文精神之阐扬》，中国广播电视出版社 1996 年版。

梁启超：《中国近三百年学术史》，东方出版社 1996 年版。

陈垣：《通鉴胡注表微》，辽宁教育出版社 1997 年版。

梁启超：《清代学术概论》，上海古籍出版社 1998 年版。

张君劢：《明日之中国文化》，山东人民出版社 1998 年版。

牛润珍：《陈垣学术思想评传》，北京图书馆出版社 1999 年版。

杨军昌：《中国方志学概论》，贵州人民出版社 1999 年版。

高增德、丁东编：《世纪学人自述》，北京十月文艺出版社 2000 年版。

陈寅恪：《金明馆丛稿二编》，生活·读书·新知三联书店 2001 年版。

梁启超著，夏晓虹导读：《论中国学术思想变迁之大势》，上海古籍出版社 2001 年版。

路新生：《中国近三百年疑古思潮研究》，上海人民出版社 2001 年版。

桑兵：《晚清民国的国学研究》，上海古籍出版社 2001 年版。

柳曾符、柳佳编：《劬堂学记》，上海书店 2002 年版。

许冠三：《新史学九十年》，岳麓书社 2003 年版。

吴怀祺主编：《中国史学思想通史》，黄山书社 2004 年版。

梁启超著，夏晓虹辑：《〈饮冰室〉集外文》，北京大学出版社 2005 年版。

唐兰：《中国文字学》，上海古籍出版社 2005 年版。

陈智超编：《励耘书屋问学记》（增订本），生活·读书·新知三联书店 2006 年版。

张宪文等著：《中华民国史》，南京大学出版社 2006 年版。

刘咸炘著，黄曙辉编校：《刘咸炘学术论集》，广西师范大学出版社
　　2007 年版。

麻天祥：《中国近代学术史》，武汉大学出版社 2007 年版。

周鼎：《刘咸炘学术思想研究》，巴蜀书社 2008 年版。

黄兴涛主编：《中国文化通史·民国卷》，北京师范大学出版社 2009
　　年版。

张京华：《古史辨派与中国现代学术走向》，厦门大学出版社 2009 年版。

梁启超：《中国历史研究法》，中华书局 2009 年版。

梁启超：《读书指南》，中华书局 2010 年版。

梁启超：《中国历史研究法补编》，中华书局 2010 年版。

张舜徽：《张舜徽壮议轩日记》，国家图书馆出版社 2010 年版。

胡道静：《胡道静文集》，上海人民出版社 2011 年版。

胡适：《中国哲学史大纲》，商务印书馆 2011 年版。

柳和城：《孙毓修评传》，上海人民出版社 2011 年版。

皮锡瑞：《经学历史》，中华书局 2011 年版。

吴怀祺编，王记录著：《中国史学思想通论·历史文献学思想卷》，
　　福建人民出版社 2011 年版。

## 四　论文

杨家骆：《中国古今著作名数之统计》，《新中华》1946 年第 7 期。

顾廷龙：《版本学与图书馆》，《四川图书馆》1978 年第 11 期。

张舜徽：《中国校雠学叙论》，《华中师范学院学报》（哲学社会科学
　　版）1979 年第 1 期。

柴德赓：《我的老师——陈垣先生》，《文献》1980 年第 2 期。

刘乃和：《试论陈垣同志的史学研究》，《文献》1980 年第 3 期。

白寿彝：《谈历史文献学——谈史学遗产答客问之二》，《史学史研
　　究》1981 年第 2 期。

王绍曾：《胡适〈校勘学方法论〉的再评价》，《学术月刊》1981 年

第 8 期。

乔好勤：《略论我国 1919—1949 年的目录学》，《云南图书馆》1982
　　年第 1 期。

申畅：《李敏修和清代中州文献》，《史学月刊》1982 年第 3 期。

白寿彝：《关于历史文献学问题答客问》，《文献》1982 年第 4 期。

孙钦善：《古代辨伪学概述》（上），《文献》1982 年第 4 期。

陈光贻：《辑佚学的起源、发展和工作要点》，《史学史研究》1983
　　年第 1 期。

孙钦善：《古代辨伪学概述》（中），《文献》1983 年第 1 期。

孙钦善：《古代辨伪学概述》（下），《文献》1983 年第 2 期。

姜亮夫：《古籍辨伪私议——有关古籍整理研究的若干问题之四》，
　　《学术月刊》1983 年第 6 期。

吴怀祺：《陈垣先生在历史文献学上的贡献》，《史学史研究》1984
　　年第 1 期。

艾力农：《试论先秦诸子书的辨伪》，《齐鲁学刊》1984 年第 3 期。

孔智华：《我国古籍中的伪书与辨伪学》，《新世纪图书馆》1985 年
　　第 1 期。

吴华：《〈古今典籍聚散考〉漫谈》，《图书馆学研究》1986 年第
　　1 期。

董恩林：《文献之我见》，《文献》1986 年第 4 期。

秋枫：《目录学家刘纪泽》，《江苏图书馆学报》1986 年第 4 期。

王士让：《鲁迅古籍整理研究概述》，《古籍整理研究学刊》1986 年
　　第 4 期。

徐雁：《读〈书林清话〉》，《图书情报研究》1986 年第 4 期。

陈江：《古籍整理家与中国童话的创始人——孙毓修》，《出版史料》
　　1986 年第 5 辑。

朱建亮：《论文献观》，《图书情报工作》1986 年第 6 期。

李向群：《〈四部备要〉版本纠谬》，《陕西师范大学学报》1987 年第

3 期。

杨宝玉：《中法汉学研究所与巴黎大学汉学研究所所出通检丛刊述评》，《北京大学学报》1987 年第 4 期。

华夫：《中国文献与子母工具书纵论》，《天津大学学报》1987 年第 6 期。

胡道静：《孙毓修的古籍出版工作和版本目录学著作》，《出版史料》1989 年第 3、4 期。

王旭光：《对〈史讳举例〉的一条补充》，《文献》1989 年第 3 期。

葛民：《大众传播理论与目录学》，《图书与情报》1990 年第 1 期。

陈漱渝：《辨伪古今谈》，《齐齐哈尔大学学报》1990 年第 2 期。

崔文印：《说校勘四法》，《史学史研究》1990 年第 3 期。

袁华：《丁福保与出版事业》，《江苏图书馆学报》1990 年第 5 期。

刘修业：《王重民 1935—1939 英德意诸国访书记》，《文献》1991 年第 4 期。

吴忠匡：《吾师钱基博先生传略》，《中国文化》1991 年第 4 期。

杨朝明：《东晋后讳并不甚严说——陈垣先生〈史讳举例〉中的一处疏失》，《历史教学》1991 年第 7 期。

罗欣：《梁启超对文献学的贡献》，《高校图书馆工作》1992 年第 4 期。

林夕：《十年与廿年——影印四库全书珍本初集始末》，《读书》1993 年第 6 期。

王国强：《"辨章学术考镜源流"之再评判》，《图书与情报》1994 年第 1 期。

闵定庆：《维新派目录学的文化内涵》，《学术研究》1994 年第 3 期。

黄建国：《嘉业堂藏书楼的刻书》，《中国典籍与文化》1994 年第 4 期。

陈华：《文献辨伪与社会文化》，《浙江社会科学》1996 年第 3 期。

郭康松：《对〈史讳举例〉的补充与修正》，《湖北民族学院学报》（社会科学版）1996 年第 4 期。

刘跃进：《从文献学角度看国学研究的新起点》，《中国文化研究》

1998 年第 2 期。

张小乐：《刘知几辨伪探微》，《山东社会科学》1998 年第 4 期。

谢灼华、朱宁：《20 年来我国文献学理论研究综述（1978—1998）》，《津图学刊》1999 年第 3 期。

牟玉亭：《明清辨伪学的发展》，《文史杂志》1999 年第 5 期。

刘重来：《中国二十世纪文献辨伪学述略》，《历史研究》1999 年第 6 期。

邓瑞全：《陈垣的〈史讳举例〉》，《文史知识》1999 年第 7 期。

鲁远军：《从〈版本通义〉看版本研究思想》，《新疆师范大学学报》（哲学社会科学版）2000 年第 1 期。

王国强：《20 世纪 30 年代中国目录学的历史地位》，《图书与情报》2000 年第 1 期。

谢灼华：《清代私家藏书的发展》，《图书情报知识》2000 年第 1 期。

于鸣镝：《试论大文献学》，《图书馆工作与研究》2000 年第 1 期。

潘树广：《大文献学散论》，《图书馆工作与研究》2000 年第 3 期。

白国应：《杜定友图书分类思想的发展》，《晋图学刊》2000 年第 4 期。

冯浩菲：《我国文献学的现状及历史文献学的定位》，《学术界》2000 年第 4 期。

路新生：《诸子学研究与胡适的疑古辨伪学》，《华东师范大学学报》（哲学社会科学版）2000 年第 4 期。

牛润珍：《陈垣与 20 世纪中国新考据学》，《史学史研究》2000 年第 4 期。

于鸣镝：《再论大文献学》，《图书馆工作与研究》2000 年第 6 期。

冯广宏：《考古发现对辨伪学的冲击》，《文史杂志》2001 年第 1 期。

张利：《顾颉刚对崔述古史辨伪学说的继承和超越》，《浙江学刊》2001 年第 2 期。

乔好勤、李锦兰：《当代目录学的观论与实践》，《图书与情报》2001 年第 3 期。

康芬：《明代私家藏书特点试析》，《江西图书馆学刊》2001 年第 4 期。

傅荣贤：《中国古代目录学研究之我见》，《图书与情报》2001 年第 4 期。

牛润珍：《陈垣对清史研究的贡献》，《清史研究》2001 年第 4 期。

李学铭：《"至道三年避真宗讳"考》，《学术研究》2001 年第 8 期。

高俊宽：《从校雠学到文献学：中国文献学理论认知的轨迹探讨》，《图书情报工作》2002 年第 10 期。

王余光：《20 世纪中国文献学研究综论》，《图书情报工作》2002 年第 11 期。

冯浩菲：《试论中国文献学学科体系的改革》，《文史哲》2002 年第 1 期。

洪认清：《顾颉刚的"疑古辨伪"思想与胡适的学术影响》，《安徽史学》2002 年第 1 期。

俞君立：《20 世纪上半叶中国文献分类法理论与实践的发展及其历史经验》，《中国图书馆学报》2002 年第 2 期。

吴效华：《我国现代图书馆事业的先驱——袁同礼》，《河南图书馆学刊》2002 年第 4 期。

韦顺莉：《论张舜徽在考证、辨伪、辑佚诸领域的理论建设》，《广西社会科学》2002 年第 5 期。

韦顺莉：《张舜徽先生的校勘学思想探析》，《东南亚纵横》2002 年第 7 期。

周国林：《张舜徽先生历史文献学成就述要》，《安徽大学学报》2003 年第 1 期。

陈东辉：《清代私家藏书与学术发展之互动关系》，《文献》2003 年第 4 期。

胡萍：《我国目录学研究对象的发展轨迹》，《中南民族大学学报》2003 年第 4 期。

李志等：《目录学理论研究与"三基点"》，《津图学刊》2003 年第

4 期。

王国彬：《1914 年设立清史馆的几件史料》，《历史档案》2003 年第
　4 期。

张谦元：《辨伪学论纲》，《甘肃社会科学》2003 年第 4 期。

林艳红：《张心澂与〈伪书通考〉》，《津图学刊》2003 年第 5 期。

王媛：《〈王重民教授著述目录〉补遗》，《图书情报工作》2003 年第
　5 期。

冯淑静：《中国文献学学科体系建设的成就与发展构想》，《理论学
　刊》2004 年第 11 期。

刘尚恒：《蒋元卿先生事略》，《大学图书情报学刊》2004 年第 2 期。

王树民：《古籍整理与辨伪求真》，《河北师范大学学报》2004 年第
　2 期。

陈力：《二十世纪古籍辨伪学之检讨》，《文献》2004 年第 3 期。

肖雪：《论陈垣先生的历史文献学思想》，《图书与情报》2004 年第
　3 期。

陈光祚：《我的目录学实践活动及对现代目录学理论的思考》，《图书
　馆论坛》2004 年第 6 期。

江贻隆：《蒋元卿先生的文献学成就》，《安庆师范学院学报》（社会
　科学版）2005 年第 1 期。

吴建伟：《浅谈刘知几对经史的辨伪方法》，《河南图书馆学刊》2005
　年第 1 期。

林艳红：《从〈伪书通考〉中考寻张心澂的辨伪学思想及贡献》，《桂
　林师范高等专科学校学报》（综合版）2005 年第 3 期。

王鑫义：《〈我国文献学的分级分类表解〉评议》，《学术界》2005 年
　第 3 期。

张涛：《钱大昕的史籍辨伪》，《史学史研究》2005 年第 4 期。

张子侠：《关于中国历史文献学基本理论的几点认识》，《安徽大学学
　报》2005 年第 4 期。

蒋海升：《从主流到边缘：20 世纪 50 年代初期的史料考订派》，《山东大学学报》2005 年第 6 期。

黄爱平：《中国古代的文化传统与图书编纂》，《理论学刊》2006 年第 10 期。

范凡：《陈登原及其文献学论著》，《图书情报工作》2006 年第 2 期。

江敏、张立新：《试述中国文献学学科体系建设的特点》，《社会科学家》2006 年第 2 期。

张开选：《中国古典目录学的源流与发展》，《学术界》2006 年第 4 期。

朱梅光：《章学诚辨伪学成就初探》，《湖南社会科学》2006 年第 4 期。

王琼：《胡适的辨伪学理论和实践》，《兰州教育学院学报》2006 年第 4 期。

周国林：《二十世纪中国古文献学检论》，《淮北煤炭师范学院学报》2006 年第 4 期。

周少川：《陈垣的避讳学研究——论〈史讳举例〉的历史文献学价值》，《淮北煤炭师范学院学报》（哲学社会科学版）2006 年第 4 期。

曹萌、张次第：《古典文献学术传播研究及其对传统文献学的拓深》，《沈阳师范大学学报》2006 年第 5 期。

孙钦善：《古文献学的内涵与意义》，《江西社会科学》2006 年第 8 期。

韩松涛：《目录学基本理论探讨》，《图书情报工作》2006 年第 9 期。

安尊华：《略论梁启超的古籍整理思想》，《贵州文史论丛》2007 年第 1 期。

徐道彬：《戴震辨伪成就述论》，《古籍整理研究学刊》2007 年第 1 期。

张京华：《辨伪学与辨伪史的再评价——顾颉刚〈中国辨伪史〉读后》，《咸阳师范学院学报》2007 年第 1 期。

陈晓华：《历史文献学学科建设及教学的思考》，《历史教学》（高校版）2007 年第 2 期。

徐有富：《目录学与中国学术史》，《新世纪图书馆》2007 年第 2 期。

王娜：《辩证看待古人辨伪》，《晋图学刊》2007 年第 3 期。

李勤合：《目录观发微》，《九江学院学报》2007 年第 5 期。

李晓明：《20 世纪上半期有关校雠学定义的辨析》，《华中科技大学学报》（社会科学版）2007 年第 5 期。

张永瑾、袁轶青：《文献学的多途发展与学科整合》，《大学图书情报学刊》2007 年第 5 期。

李本军：《论陈垣与梁启超二家校勘方法论异同及渊源》，《安徽文学》（下半月）2008 年第 10 期。

丁伟国：《崔述与辨伪》，《贵图学刊》2008 年第 1 期。

傅荣贤：《中国古代目录学学术价值之反思》，《图书情报知识》2008 年第 2 期。

杨俊杰：《对文献学研究中若干问题的思考》，《河南图书馆学刊》2008 年第 2 期。

董恩林《论传统文献学的内涵、范围和体系诸问题》，《史学理论研究》2008 年第 3 期。

赵海丽、王希平：《"郑""张"中国文献学著述之比较》，《重庆交通大学学报》（社会科学版）2008 年第 3 期。

赵艳平、张小芹：《浅论梁启超的校勘学思想》，《编辑之友》2008 年第 3 期。

郑春汛：《〈版本通义〉学术特色浅议》，《图书馆理论与实践》2008 年第 3 期。

董恩林：《传统文献学几个理论问题再探讨》，《陕西师范大学学报》2008 年第 5 期。

臧其猛：《梁启超在辑佚学理论方面的成就》，《巢湖学院学报》2008 年第 5 期。

张小乐：《刘知几的疑古思想与辨伪实践》，《华南师范大学学报》

2008 年第 5 期。

袁世亮：《对目录学核心问题的研究综述》，《大学图书情报学刊》
　　2008 年第 6 期。

卢颖：《余嘉锡目录学思想考略》，《兰台世界》2009 年第 11 期。

张慧丽：《程千帆先生的文献学成就》，《图书情报工作》2009 年第
　　11 期。

常兰会：《浅谈梁启超对史料的辨伪方法》，《兰台世界》2009 年第
　　17 期。

陈博：《老子及其著述辨伪》，《唐都学刊》2009 年第 1 期。

付先华：《试论目录学的功能演绎与发展规律》，《高校图书情报论
　　坛》2009 年第 1 期。

胡喜云、王磊：《清代辑佚学研究综述》，《图书与情报》2009 年第
　　1 期。

王化平：《刘咸炘先生目录学成就浅述》，《中华文化论坛》2009 年
　　第 1 期。

徐有富：《试论刘咸炘的成材之路》，《古籍整理研究学刊》2009 年
　　第 1 期。

涂耀威：《现代学术文化与 20 世纪古文献学研究》，《云梦学刊》2009
　　年第 2 期。

谢贵安：《中国历史文献学与中国史学史的交叠与分野》，《湖北大学
　　学报》2009 年第 2 期。

臧其猛：《论张舜徽先生的辑佚学思想》，《大学图书情报学刊》2009
　　年第 2 期。

董恩强：《顾颉刚疑古辨伪原因新探》，《三峡大学学报》2009 年第
　　3 期。

沈志富：《论蒋元卿的图书分类思想与实践》，《贵图学刊》2009 年
　　第 4 期。

于峻嵘：《中国古典文献学研究的当代价值谫论》，《社会科学论坛》

2009 年第 4 期。

马林：《中国文献学的开山之作——读郑鹤声、郑鹤春〈中国文献学概要〉》，《山东教育学院学报》2009 年第 5 期。

李吉东：《现代文献学学科建设新论》，《理论学刊》2009 年第 6 期。

陈峰：《文本与历史：近代以来文献学与历史学的分合》，《山东社会科学》2010 年第 1 期。

李万健：《清代藏书家及其书目》，《图书馆工作与研究》2010 年第 1 期。

李华斌、鲁毅：《〈广校雠略〉在张舜徽学术著作中的地位》，《古籍整理研究学刊》2010 年第 2 期。

梁瑶：《蒋元卿先生的图书分类学成就》，《山东图书馆学刊》2010 年第 3 期。

刘玉才：《古典文献学的定义、知识结构与价值体现》，《文献》2010 年第 3 期。

孙钦善：《关于古文献学内涵的全面认识与具体贯彻》，《文献》2010 年第 3 期。

周少川：《新世纪古文献学研究的交叉与综合》，《文献》2010 年第 3 期。

黄海烈：《从辨伪到疑古：顾颉刚的新史学之路》，《古代文明》2010 年第 4 期。

贾艳艳：《刘咸炘文献学贡献初探》，《信阳师范学院学报》（哲社版）2010 年第 4 期。

牛润珍：《"旧学商量加邃密"——记梁启超、王国维、陈垣、胡适之间的学术论辩》，《晋阳学刊》2010 年第 4 期。

阚红柳：《还原与提升：中国历史文献学研究国际化》，《中国社会科学报》2011 年 5 月 19 日。

李晓菊：《历史文献学的学科地位》，《中国社会科学报》2011 年 9 月 15 日。

王化平：《刘咸炘论古籍辨伪》，《西南大学学报》2011 年第 1 期。

董恩林：《简谈历史文献学的定位定性及其面临的几个问题》，《淮北师范大学学报》（哲学社会科学版）2011 年第 2 期。

周生杰：《刍议历史文献学理论的基本特点与研究方法》，《淮北师范大学学报》2011 年第 2 期。

王记录：《中国古代文献校勘思想三论》，《河北学刊》2011 年第 3 期。

陈晓华：《全球史视野下的中国历史文献学学科建设》，《史学理论研究》2011 年第 3 期。

周国林：《学贯四部、业兼体用——张舜徽先生的学术成就与治学精神》，《华中师范大学学报》（人文社会科学版）2011 年第 3 期。

张昌红：《古籍辨伪献疑》，《图书馆论坛》2011 年第 4 期。

喻春龙：《清代辑佚学形成的三大标志》，《东北史地》2011 年第 5 期。

陈尚胜：《全球化与民族性：郑鹤声史学精神探析》，《文史哲》2011 年第 5 期。

林霞：《西学东渐对中国近代目录学分类体系的影响》，《图书馆学刊》2011 年第 8 期。

黄爱平：《明末清初学术潮流的转换与文献学的发展》，《江淮论坛》2012 年第 1 期。

牛润珍：《"史学二陈"及其学术精神》，《河北学刊》2012 年第 1 期。

马秀兰：《〈十驾斋养心录〉〈史讳举例〉"刘聘君"避讳改字说商榷》，《文献》2012 年第 2 期。

董恩林：《论古文献编纂及其主要形式》，《史学理论研究》2012 年第 3 期。

邱靖嘉：《〈辽史·历象志〉溯源——兼评晚清以来传统历谱的系统性缺陷》，《中华文史论丛》2012 年第 4 期。

张昳、郭瑞芳：《我国文献学研究的"现代性"蠡论——基于外部视角的考察》，《图书馆理论与实践》2012 年第 5 期。

周少川：《当前历史文献学学科建设刍议》，《淮北师范大学学报》
　　2012 年第 6 期。

邓怡舟：《民国时期的校勘学研究》，《编辑之友》2012 年第 9 期。

黄爱平：《历史文献学学科基础理论与教材编写的思考》，《文献》
　　2013 年第 1 期。

陈冬冬、周国林：《西方校勘学中的"理校"问题——兼评胡适介绍
　　西方校勘学的得失》，《河南大学学报》（社会科学版）2013 年第
　　2 期。

## 五　学位论文

黄家安：《胡适古籍整理思想研究》，硕士学位论文，广西师范大学，
　　2000 年。

李岚：《张心澂与〈伪书通考〉》，硕士学位论文，广西师范大学，
　　2001 年。

刘洪权：《民国时期古籍出版研究》，博士学位论文，北京大学，
　　2003 年。

卢毅：《"整理国故运动"与中国现代学术转型》，博士学位论文，北
　　京师范大学，2003 年。

杨丽莹：《扫叶山房史研究》，博士学位论文，复旦大学，2005 年。

朱新民：《叶德辉及其历史文献学研究》，硕士学位论文，湖南师范
　　大学，2005 年。

周鼎：《"取釜铁于陶冶"——刘咸炘文化思想研究》，博士学位论
　　文，四川大学，2006 年。

陈一梅：《汉代文献学及其思想研究》，博士学位论文，西北大学，
　　2007 年。

杜少霞：《民国时期古籍版本学研究》，硕士学位论文，郑州大学，
　　2007 年。

彭树欣：《梁启超与中国文献学的发展》，博士学位论文，华中师范

大学，2007 年。

刘斌：《民国〈论语学〉研究》，博士学位论文，山东大学，2008 年。

盛韵：《观念与材料——论近代诸子考辨方法之变迁》，博士学位论文，复旦大学，2008 年。

刘佳：《20 世纪版本学史研究》，硕士学位论文，河北大学，2009 年。

卢佳妮：《〈四部丛刊〉初编散考》，硕士学位论文，复旦大学，2009 年。

江瑞芹：《叶德辉〈书林清话〉版本学思想研究》，硕士学位论文，华中师范大学，2009 年。

齐琳：《20 世纪上半叶中华书局古籍出版情况研究》，硕士学位论文，东北师范大学，2009 年。

刘萌：《商务印书馆古籍出版研究》，硕士学位论文，河南大学，2010 年。

王吉伟：《刘咸炘史学研究》，硕士学位论文，华东师范大学，2010 年。

董川：《伟大的未完成——评整理国故运动》，硕士学位论文，苏州大学，2010 年。

倪梁鸣：《民国目录学研究——以传统目录学为中心》，博士学位论文，中国人民大学，2010 年。

乐怡：《孙毓修版本目录学著述研究》，博士学位论文，复旦大学，2011 年。

何周：《吕思勉的文献学成就》，博士学位论文，安徽大学，2012 年。